아동상담

Child Counseling

Child
Counseling

아동상담

강문희 · 손승아 · 안경숙 · 김승경

(주)교 문 사

머리말

아동기는 자아개념을 형성하여 자아존중감을 키워나가며, 사회인으로서 성장해 나가기 위한 사회적 기술을 익히는 중요한 시기로, 인간의 모든 측면의 발달에서 기초를 형성한다. 아동기동안 경험하는 다양한 사건들이나 문제들은 이후의 발달에 영향을 미쳐 청소년기나 성인기동안의 성격발달이나 정신건강, 사회적인 적응에 부정적인 영향을 미칠 수 있을 정도로 중요하다. 실제로 성인이나 청소년과의 상담을 하다 보면 그 과정에서 중요한 이슈가 되는 것 중 하나가 내담자가 아동기동안 어떠한 경험을 하였는지에 대한 것들이었다. 내담자들이 어린 시절 경험한 다양한 심리적 충격이나 상처는 단지 그 순간에 경험으로 끝나버리는 것이 아니라 청소년이나 성인이 되어서도, 심지어는 일생동안 지속적으로 영향을 받아 성격문제나 대인관계문제 혹은 나아가 부적절한 행동양식 등 인간의 다양한 발달영역에 영향을 미치는 것을 볼 수 있었다.

과거에는 상담에 대한 부정적인 견해가 많은 편이어서 상담의 필요성은 인정하면서도 막상 상담이라고 하면 어떤 정신적인 큰 문제를 가지고 있는 것이라 생각하여 상담받기를 거북해 하는 경우가 많았다. 뿐만 아니라 어린 시절의 문제는 나이가 들어가면서 점차 해결될 것이라고 치부하여 큰 관심을 가지지 않고 미루어두는 경우도 많았다. 그러나 최근 들어 급격한 사회변화와 더불어 아동기 정신건강의 중요성과 아동기동안의 경험과 성격발달에 관한 다양한 지식이 누적되었고, 더 나아가 상담의 필요성과 그 효과를 밝히는 관련 및 인접 전문분야의 연구결과가 속속 발표되면서 아동상담에 대한 일반인들의 인식도 변화를 가져오게 되었음은 반가운 일이라고 하겠다. 이에 따라 유아기 아동기 및 청소년기의 많은 아동들이 부모의 손에 이끌려 혹은 교사의 권유로 또는 자발적으로 상담을 받으러 오게 되었다. 실제로 상담을 받으러 오는 아동들은 심리적인 장애를 가진 아동과 같이 심각한 문제를 가진 경우뿐만 아니라, 산만하거나 위축된 아동, 학교에 잘 적응하지 못하는 아동, 친구를 잘 사귀지 못하는 아동, 나아가 부모와 함께 예방차원의 상담을 받고자 하는 아동들도 상담실을 찾는 빈도가 증가하게 되었고, 많은 연구 결과들에 의해 조기에 문제를 발견하여 치료하는 것이 아동을 위해 가장 바람직한 것이라는 점이 점차 강조되고 있다.

이 책은 아동상담에 대한 이러한 욕구와 필요성을 가지고 아동심리상담을 하거나 아동교육분야 혹은 복지분야 등 아동상담관련 전문분야에 종사하고 있는 분들에게 조금이나마 도움이 될 수 있으면 하는 바람으로 준비되었다. 이 책은 크게 3부로 구성되어 있다. 제1부는 상담에 관한 기초적인 내용으로, 상담이론과 상담과정에 관해 설명하고 있다. 제2부는 놀이치료, 미술치료, 동작치료, 모래놀이치료, 음악치료, 심리극 등 다양한 상담접근법을 제시하고 있으며, 제3부에서는 각 상담유형별로 가족상담, 집단상담, 위기상담 등을 다루고 있다.

이 책이 발간되기까지 저자들이 많은 의견교환을 통해 아동상담에 관한 다양한 내용을 구성하기 위해 준비하고자 하였으나, 준비과정에서 가졌던 의욕만큼 많은 내용을 충실히 다루지 못하고 다소 미진한 점이 보여 아쉽게 생각한다. 그러나 저자들이 여러 해 동안 대학에서 아동상담 강의를 하면서, 그리고 실제 현장에서 아동들을 상담하면서 그동안 느끼고 이론적으로 필요로 해온 내용들을 담고자 노력하였으며, 이러한 내용들이 앞으로 독자의 평가와 질책을 통해, 그리고 수업에서 학생들의 피드백을 통해 더욱 더 충실해지고 발전할 수 있기를 기대한다. 또한 저자들과 같은 길을 가고 있는 아동상담 관련 전문가들이나 앞으로 같은 길을 가기 위해 어려운 교육과 훈련의 길을 가고 있는 많은 후학들이 이 책을 통해 조금이나마 아동상담에 대한 이해를 넓혀가길 바란다.

이 책이 나오기까지 많은 분들의 격려와 지원이 있었다. 무엇보다도 인내심을 갖고 기다려주신 (주)교문사 류제동 사장님과 양계성 상무님, 신중하고 꼼꼼하게 편집과 교정을 해주신 편집부 여러분들에게 감사의 말씀을 전한다.

2007년 겨울

저자 씀

차 례

머리말 iv

Part I 아동상담의 이론적 기초

Chapter 1 아동상담의 기초

1. 아동상담의 필요성 2
2. 아동의 문제행동과 진단의 기준 5
3. 발달의 의미와 중요성 6
4. 상담자의 전문적 자질과 윤리 13

Chapter 2 아동상담의 이론적 모델

1. 정신분석적 상담이론 19
2. 행동주의적 상담이론 27
3. 인간중심 상담이론 33
4. 인지-정서 상담이론 39

Part II 아동상담의 과정

Chapter 3 준비과정

1. 상담소의 물리적 환경구성 46
2. 상담도구의 선택 49
3. 아동상담의 유형 54
4. 아동상담에서 고려해야 할 점 56

Chapter 4 평가과정

1. 접수 면담 60
2. 체계적인 관찰 65
3. 심리검사 73

Chapter 5 사례개념화와 상담계획

1. 사례개념화 86
2. 상담계획 92

Chapter 6 상담과정

1. 초기단계 102
2. 중기단계 110
3. 종결단계 121

Part III 아동상담의 기법

Chapter 7 놀이치료

1. 놀이치료의 발전 과정 126
2. 놀이의 치료적 가치 129
3. 놀이치료실의 환경구성 132
4. 놀이치료의 과정 139
5. 치료자의 역할 141

Chapter 8 모래놀이치료

1. 모래놀이치료의 개념 및 역사적 배경 143
2. 모래놀이치료의 특징 및 이점 146
3. 모래놀이의 실제 152

Chapter 9 심리극

1. 심리극의 개념 163
2. 심리극의 특성 165
3. 심리극의 구성 167
4. 심리극의 단계 169
5. 심리극의 기법들 174

Chapter 10 미술치료

1. 미술의 개념 179
2. 아동미술치료 183
3. 미술치료의 실제 191

Chapter 11 문학치료

1. 문학치료의 개념 205
2. 문학치료의 실제 209

Chapter 12 음악치료

1. 음악치료의 개념 222
2. 아동발달과 음악치료 226
3. 음악치료의 실제 229

Chapter 13 무용/동작치료

1. 무용/동작치료의 개념 244
2. 무용/동작치료의 실제 248

Part IV 아동상담의 접근

Chapter 14 집단상담

1. 집단상담의 개념 256
2. 집단상담의 장점과 단점 257
3. 집단상담자의 태도와 자질 259
4. 집단상담의 치료적 요인 261
5. 집단상담의 과정과 내용 266
6. 집단상담 계획하기 266
7. 집단의 단계 270
8. 아동을 위한 집단상담 프로그램의 예시 275

Chapter 15 가족상담

1. 가족의 특성 285
2. 가족상담의 발달 288
3. 가족평가 289
4. 가족상담접근 296

Chapter 16 위기상담

1. 위기의 개념 304
2. 위기상담 309
3. 아동들을 위한 위기상담 312

참고문헌 328

찾아보기 338

Child Counseling

PART I

아동상담의 이론적 기초

Chapter 1 아동상담의 기초

Chapter 2 아동상담의 이론적 모델

1 아동상담의 기초

현대사회의 복잡한 구조와 관계 속에서 주어진 물리 · 심리적 환경에 적응해야 하는 아동은 다양한 형태의 정서 · 행동적 문제를 표출하게 되는 경우가 많다. 특히 핵가족화와 저출산 현상은 한 가정에 소수의 자녀만을 두게 되는 결과로 이어졌고, 이에 따라 소수 자녀에 대한 부모와 사회의 기대와 요구가 집중됨으로써 아동의 심리적 부담과 스트레스가 과부하되고, 이것은 아동이 적응상의 문제를 일으키는 중요한 원인으로 작용하고 있다.

이 장에서는 아동상담의 필요성은 무엇이고, 아동상담에서 목표로 삼는 최적의 아동발달은 무엇을 의미하는지, 그리고 이를 위한 적극적인 중재자로서 상담전문가의 자질은 무엇이며, 이들이 지키고 따라야 할 전문인으로서의 윤리는 무엇인지, 더 나아가서는 상담상황에서의 아동의 권리와 아동보호자의 권리는 어떠한지에 대하여 살펴보기로 하겠다.

1. 아동상담의 필요성

현대사회는 가족구조의 변화로 인한 아동의 스트레스 증가뿐만 아니라 가족구성원 모두에게 각자 나름대로의 문제점이 도출되고 있다. 예를 들면 가족의 개념이 바뀌면서 이혼이나 별거하는 가정의 수가 증가하였고, 교육수준의 향상과 양성성의 가치를 지향하면서 취업모의 급격한 증가도 중요한 변수로 가족관계의 질을 결정하고 있다. 새로운 상황은 아니지만 여전히 빈곤이나 부모의 실직문제, 또는 가족의 장기적인 질병 문제는 가족구성원들의 생활에 부정적인 영향을 주고 있는데, 아동의 나이가 어린 경우에 오히려 그 피해는 더욱 심각할 수 있다는 점에서 정신건강전문가들이나 아동의 신체 · 정신적 복지에 관심을 가지고 있는 관계자들을 긴장하게 만들기도 한다. 이러한 현대사회의 특성으로 인하여 야기된 아동의 부적응 문제는 때로는 가족관계에서, 때로는 학교생활에서, 그리고 또래관계에서 문제 행동으로 나타나게 됨으로써 이에 대한 대책과 개입이 시급한 실정이다.

근래에 이르러 아동이 각자가 가지고 태어난 발달의 잠재능력을 최대한으로 실현할 수 있도록 도와야 한다는 전문가들의 관심이 높아지면서 각 전문영역에 따른 개입 방안이 과거보다 더욱 적극적이고 구체적으로 활발히 논의되고 있다. 아동상담은 아동의 최적의 발달을 도모하기 위한 방안의 하나로 도입되고 있으며 아동 문제 행동의 예방과 개입 및 치료에 효과적이라는 대전제하에 계속해서 연구되고 발전하고 있는 학문으로서의 의의를 가지고 있다.

아동상담의 필요성이 현대사회에 이르러 증가하게 된 이유를 살펴보면 다음과 같이 요약할 수 있다.

(1) 아동발달과 관련된 과학적 정보의 축적과 아동문제 지도에 대한 관점의 변화

과거에는 아동을 어른의 축소판이나 무능한 존재로 여겨 왔으며 부모나 양육자가 기본적인 생리적 욕구를 충족시키면 별다른 문제가 없이 자연스럽게 성장발달하는 것으로 인식해 왔다. 그러나 태아기에서부터 신생아기, 영유아기 그리고 아동기에 이르기까지 의학, 심리학, 교육학 등 각 학문 분야에서 아동에 대한 연구가 활발히 진행되면서 아동은 출생 후 이른 시기부터 이미 감각적으로나 운동적으로 많은 것을 할 수 있고, 느낄 수 있으며, 자기를 둘러싸고 있는 환경을 탐색하면서 자기의 욕구와 호기심을 충족하기 위해 부단히 노력하는 존재임이 밝혀졌다.

또한 더 나아가 아동은 발달단계에 따라 나름대로의 문제해결능력도 가지고 있으며 분노, 좌절, 질투, 갈등 등 부정적인 정서를 경험하고 애정, 기쁨, 환희 등 긍정적인 정서도 경험하면서 자기의 존재에 대한 개념을 발달시켜 나가고 있다는 연구결과가 보고되고 있다. 이러한 과학적 증거는 긍정적인 아동발달의 측면뿐만 아니라 아동에게 부정적인 영향이 미치게 되면서 어린 시기에서부터 행동문제의 시발점이 되는 여러 가지 발달적 특성들이 나타날 수 있음도 함께 보고하고 있다.

이에 따라 과거에는 아동이 전문적 도움을 필요로 하는 심각한 문제 행동을 보여도 이를 간과하거나 저절로 성장하여 극복하게 될 것으로 여겨 별다른 관심을 가지지 않는 경향이 있었으나, 현대에는 축적된 아동관련 정보에 기초하여 아동의 성격발달이나 정신병리, 문제행동의 원인 등을 보다 체계적으로 이해할 수 있게 되면서 유아기 또는 아동기부터 정신건강의 문제와 문제행동을 보이는 아동을 조기에 발견하고 이에 따르는 적절한 치료적 접근과 개입, 지도의 필요성이 강조되는 계기가 되었다.

(2) 급격한 사회변화와 부적응아동 및 청소년의 증가

현대인들은 과거 그 어느 때보다도 급격한 사회변화를 경험하고 있다. 급속한 경제성장과 산업의 현대화를 이룩하고 있고, 경제발전에 따른 산업과 취업구조의 변화는 인구의 도시집중화, 핵가족화, 여성취업의 증가 그리고 빈부의 격차를 가속화하고 있다. 더 나아가 1990년대부터 정보화의 질과 양이 증가하면서 세대 간의 갈등과 의사소통 수단의 변화 그리고 새로운 형태의 지식의 전달이라는 또 다른 과제와 문제점을 안겨 주었다(강문희 등, 1998).

이러한 급격한 사회변화는 부모가 자녀를 양육하는 태도와 방법에 반영되어 물질만능주의적인 의식과 지나치게 성취지향적인 요구가 팽배하는 경향이 있다. 이러한 추세는 아동에게 스트레스와 불안을 야기함으로써 심리적 압박을 받게 되고 학교생활과 또래관계를 원만히 수행해 나가는 데 부정적 영향을 주게 된다. 실제로 서울시 소아청소년정신보건센터에서 2006년 4월에 서울시내의 초 · 중 · 고등학생 및 학부모를 대상으로 역학조사를 실시한 결과에 의하면, 초 · 중 · 고등학생의 약 35%가 정신건강에 문제가 있음이 밝혀졌다(동아일보, 2006. 4. 10). 이와 같은 수치들은 아동의 정신건강과 부적응 문제가 근래에 이르러 매우 심각해지고 있음을 알려 주는 결과라고 하겠다.

이에 따라 과거보다 더 많은 아동들이 심리적 요인으로 인한 다양한 행동문제를 보여 주게 됨으로써 보다 광범위한 차원에서 상담과 심리치료의 전문적 도움을 필요로 하는 아동 및 청소년 인구가 증가하게 되었다고 볼 수 있다.

(3) 가족유형의 다양화와 아동적응의 문제점

산업사회의 도래는 전 세계적으로 가족관계의 변화와 함께 여성–남성관계의 변화를 가져왔다. 특히 가족의 구조가 전통적인 가족주의에서 개인주의적인 방향으로 바뀌었다는 점이 지적된다(Drew, 1998). 이러한 개인주의적인 가족의 개념은 현대사회에서 결혼과 출산, 그리고 육아에 대한 개념에 영향을 줌으로써 결혼과 출산은 인간 삶의 필수적 과정이며 의무라기보다는 개인의 선택이라는 신념이 사회에 팽배하게 되었다. 이러한 현대인의 가족개념의 변화는 가족의 형태에도 영향을 주어 종래의 대가족, 확대가족 또는 핵가족뿐만 아니라 독신, 별거, 이혼 등 가족의 유형에 다변화를 가져 왔다. 특히 아동에게 있어서 부모간의 별거나 이혼은 물리적인 측면에서나 심리적인 측면에서 직접적인 영향을 받게 되는데, 그 결과로 심리적인 스트레스와 불안 등으로 인한 신경증적인 경향 또는 급성 소아정신분열증의 증후를 보이거나 도벽, 가출, 공격적 행위 등 문제행동을 보이면서 학교생활 적응에 실패하는 사례를 자주 접할 수 있다.

따라서 현대인이 가지고 있는 개인주의적인 가족개념은 지나치게 개인적인 관점에서 욕구충족을 추구하는 경우 가족관계의 붕괴와 함께 성인 당사자에게만 영향을 주는 것으로 끝나지 않고 가족관계를 이루고 있는 구성원인 아동에게 부정적인 영향을 줌으로써 부적응 행동을 하도록 만드는 원인 중의 하나가 될 수 있다. 이러한 아동의 사례 증가는 이들을 위한 상담의 필요성을 증가시키는 원인이 될 뿐만 아니라 현대 가족관계에서 발생되는 다양한 문제를 사전에 개입하고 아동의 정신건강을 보살피며 부적응 문제를 예방할 수 있는 체계적인 방안의 필요성 또한 증대되었다.

2. 아동의 문제행동과 진단의 기준

임상현장에서 상담자의 도움을 필요로 하는 아동의 문제는 다양하다. 특히 아동기의 행동문제를 보는 관점과 문제해결을 위해 접근하는 방법에 따라 문제행동을 진단하는 기준은 조금씩 다르다고 보아야 할 것이다. 그러나 사실상 아동기의 문제행동은 진단의 기준이 중요하다기보다는 아동이 가지고 있는 현재의 문제행동을 어떻게 도와 주는가가 더 중요하다는 점을 고려할 때 하나의 이론적 접근에 지나치게 의존하기보다는 보다 광범위한 이론과 접근방법을 적용하는 것이 보다 효율적으로 아동을 도울 수 있다(Lazarus, 1981).

라자루스(Lazarus, 1976)에 의하면 상담에서 자주 다루게 되는 아동의 문제 영역은 다음과 같이 크게 7가지로 나누어 볼 수 있다고 하면서 이를 BASIC-ID라는 모형으로 압축하여 설명하고 있다.

① **B : 행동문제(Behavior)**

- 싸움하기
- 방해하기
- 도벽
- 게으름, 할일을 뒤로 미루기

② **A : 감정문제(Affect)**

- 분노표현
- 불안
- 공포
- 우울

③ **S : 감각/학교문제(Sensation/School)**

· 두통 · 학업실패

· 요통 및 위통 · 지각-운동문제

④ **I : 상상과 관련된 문제(Imagery)**

· 악몽 · 낮은 자아개념

· 거부(거절)에 대한 공포 · 과도한 백일몽과 환상

⑤ **C : 인지문제(Cognition)**

· 비합리적 사고 · 목표설정의 어려움

· 의사결정문제 · 문제해결의 어려움

⑥ **I : 대인관계문제(Interpersonal relationships)**

· 타인에게 수줍어함 · 성인과의 갈등

· 또래와의 갈등 · 가족문제

⑦ **D : 약물/체중조절문제(Drugs/Diet)**

· 과잉행동 · 체중조절문제

· 약물중독 · 담배, 알코올, 기타 약물중독

이상에서 살펴본 라자루스의 BASIC-ID모형은 아동이 보이는 거의 모든 행동문제들을 망라하고 있기 때문에 상담자가 상담을 할 때 또는 아동의 문제행동의 성격을 파악하고자 할 때 도움이 될 것이다.

3. 발달의 의미와 중요성

미국의 한 통계에 의하면 유아기와 학령기 아동 중 약 20% 정도가 학교나 가정, 지역사회 등에서 일상생활을 원활하게 해나가기 어려울 정도의 심각한 정서적 · 행동적 문제를 보이고 있다고 한다(Schroeder & Gordon, 2002). 이러한 수치는 비단 미국에만 한정된 것이 아니어서 산업화의 급진전을 체험하고 있는 한국, 일본을 비롯한 아시아 및 남미 등에서도 관찰될 수 있는 공통된 세계적 추세라고 하겠다. 행동문제를 보이는 아동의 수가 산업사회에서 높은 점유율을 보이며 증가하는 것도 문제이기는 하지만, 사실상 현저하게 문제행동을 보이는 20% 내외의 아동인구에게 그들의 정신건강문제를 돕기 위하여 전문적인 상담서비스를 어떻게 제공해야 하느냐는 것은 말할 것도 없이 중요한 상담전문가들의 당면과제이다. 한편 이에 못지않게 중요한 상담전문가나 임상심리학자의 과제에는 아동인구의 20%를 점하는 문제행동을 보이는 아동뿐만이 아니라 나머지 80%의 소위 '정상 아동'이라는 범위에 속해 있는 아동들이 각자의 발달 잠재력을 잘 달성하도록 돕는 일도 포함되어야 한다. 왜냐하면 아동과 부모들은 거의 누구나 성장 · 발달하는 과정에서 때로는 극복하기 어려울 정도의 심한 스트레스를 경험할 가능성이 있기 때문이다(Schroeder & Gordon, 2002).

아동기는 발달이 급속하게 진행되는 시기이다. 신체적 발달은 물론 인지적 · 정서적 · 사회적 발달이 발빠르게 진행되는 시기이므로 각 발달단계에 따르는 행동의 특징도 현저하게 다를 수 있다. 따라서 상담자들은 아동기의 발달적 특성을 정확하고 광범위하게 파악해야 한다. 왜냐하면 동일한 행동이라고 해도 이 행동이 유아기에 나타났느냐 아니면 아동기 또는 청소년기에 나타났느냐에 따라 그 행동을 이상 또는 정상으로 분류하는 기준이 다를 수 있기 때문이다. 예를 들면 말을 더듬는다던가, 야뇨증을 보이는 아동의 경우 이러한 행동이 유아기인 3~4세경에 보이는 경우에는 어느 정도 발달의 정상범위에 속한다고 할 수 있으나 아동기인 8~9세경이 넘어서도 지속적으로 보인다면 이러한 행동은 전문적인 도움이 필요하다고 할 수 있는 발달의 정상범위를 벗어난 이상행동이라고 분류될 수 있다. 따라서 상담전문가들은 반드시 아동이 보이는 행동특징이 발달의 정상범위에서 벗어난 것인지 아니면 발달의 정상범위 내에서 보이는 특징인지를 파악할 수 있기 위하여 태아기에서부터 영유아기, 아동기 그리고 청소년기에 이르기까지 아동발달의 각 단계에 따라 각 발달영역의 행동특징을 충분히 이해하고 이에 대한 지식과 정보를 축적하고 활용할 수 있어야 한다.

아동상담자가 아동발달에 대한 지식을 가지고 있어야 하는 또 다른 이유는 문제를 가지고 있는 아동을 돕기 위해서는 아동의 발달 수준을 알고 이에 따라 적절한 상담의 목표와 상담의 방향을 구체적으로 확립할 수 있기 때문이다. 예를 들면 4세 아동의 인지적 · 언어적 발달수준은 8세 아동의 발달수준과는 다르기 때문에 상담을 진행할 때 4세 아동에게 적용되는 상담의 접근방법과 상담의 내용은 8세 아동에게 적용되는 상담의 내용이나 방법이 달라지는 것이 일반적인 경향이다. 아동의 사회적 · 인지적 · 정서적 발달 수준에 따라 상담자와 아동 간의 상호작용 방법과 수준도 다르기 마련이다. 이와 같이 상담자가 내담 아동의 필요와 욕구를 알고 이에 알맞은 상담의 방법과 내용을 결정하기 위해서는 아동의 발달 수준을 아는 것이 필수적이라고 하겠다.

발달은 아동의 유전적 특성과 개인이 처해 있는 환경적 특성에 따라 진행되는 속도가 다르며 발달적 변화의 양상에도 개인차가 있음을 충분히 인식하고 인정해야 한다. 그럼에도 불구하고 아동상담자들이 반드시 숙지하고 있어야 한다고 생각되는 몇 가지 발달적 특성들은 다음과 같다.

01 영아기 발달에서 상담자가 고려해야 할 주요 특성(출생~1세)

(1) 안정된 신체발달

두뇌의 발달을 포함하여 영아는 기본적인 생리적 욕구를 충족시키고 이를 통해 전반적으로 안정된 신체적 발달을 이루어 나가는 기능이 확립되어야 한다. 또한 감각, 지각, 운동기술 등의 기본적인 능력을 발달시킴으로써 앞으로 대인관계를 원만하게 맺고 의사소통을 할 수 있는 기틀을 마련할 수 있어야 한다. 신체적 발달이 안정적으로 진행되지 못하고 다양한 이유로 인해서 지체되거나 장애를 경험한다면 영아는 그 이후의 발달에 지속적으로 부정적인 영향을 받게 될 가능성이 있음을 상담자는 고려해야 한다.

(2) 애 착

애착은 영아가 자신과 가장 가까운 사람(주로 어머니, 일차적 양육자)과 강한 정서적 유대를 맺는 것을 뜻한다(강문희 등, 1998). 볼비(Bowlby)나 애인스워스(Ainsworth)등 애착이론가들에 따라 애착의 형성과정에 대한 견해는 다소 차이가 있으나 일반적으로 영아는 애착을 통해 그를 둘러싸고 있는 물리적 · 심리적 환경에 대한 기본적인 신뢰감과 안전감을 발달시킨다는 견해에는 일치된 입장을 보이고 있다. 특히 영아기에 형성된 애착이 그 이후에 유아기나 아동기에 이르기까지 지속적으로 발달에 영향을 주며 아동의 정신건강에 매우 중요한 영향력을 가진 요인으로 인정을 받고 있다.

예를 들면 어머니, 즉 일차적 양육자와 안정된 애착을 형성한 4세 유아는 자기존중감과 사회적 유능성이 높고, 협동적이며 자율적이어서 또래들에게 인기가 있는 반면, 불안정한 애착을 형성한 4세 유아는 또래와 관계를 잘 맺지 못하여 고립되고, 양가적인 애착을 형성한 4세 유아는 파괴적이고, 까다로우며, 화를 잘 낸다고 보고되었다(Sroufe, Fox, & Pancake, 1983; Jacobson & Wille, 1986). 국내에서 수행된 연구에서도 아동의 애착 수준과 사회적 능력과는 긍정적 상관이 있는 것으로 나타나 안정된 애착을 형성한 아동이 불안정한 애착을 형성한 아동보다 사회적 능력이 유능함을 보여주고 있다(윤은수, 1994). 따라서 영아기의 안정된 애착을 형성할 수 있는 환경적 여건이 매우 중요하며 이러한 여건이 주어지지 않았을 때 영아는 발달이 진행되면서 계속해서 대인관계에서의 문제행동을 보여 주거나 적응상의 여러 가지 행동문제를 나타낼 가능성이 높다는 점을 상담전문가는 고려해야 한다.

(3) 기 질

기질에 대한 초기 연구는 토마스와 체스(Thomas & Chess, 1977)에 의해 이루어졌다.

이 연구에서 토마스와 체스는 실제로 아기가 생후 수주일이 지나면서 이미 환경과의 상호작용을 하는 행동이나 반응에서 자기의 독특한 방식을 보여 주고 있음을 발견하면서 이는 아기가 선천적으로 가지고 태어나는 기질 때문이라고 설명하였다. 즉, 기질이란 환경적 자극에 대한 정서반응의 질과 강도에서 안정적으로 나타나는 개인의 특성으로 정의할 수 있다(Goldsmith, 1987).

기질에 관한 관심은 심리적 문제를 지닌 아동들을 상담하고 지도하는 아동상담 전문가들의 실제적 관심에서 비롯되었다. 이들 아동상담 전문가들은 심리적 문제를 지닌 아동들의 부적응의 원인을 주변 환경(예: 가정) 탓으로만 돌리는 것에는 한계가 있으며 아동 자신의 기질적 특성과 아동을 양육하는 주 양육자, 즉 모친과의 상호작용에 그 원인을 찾아볼 수 있는 것으로 생각하게 되었다. 이러한 토마스와 체스의 연구는 영아의 기질적 특성이 환경 자극에 의해 쉽게 상처를 받거나 스트레스를 이겨내지 못하는 아동들을 파악하는 데 중요한 요인이 된다는 것을 시사하고 있다. 따라서 문제를 가지고 있는 아동이 전문적 상담의 도움을 받으러 왔을 때 부모와의 면접을 통해 아동이 영아기에 보여 준 기질적 특성에 관한 정보를 수집하고 이를 이해하는 것은 아동이 현재 보여 주고 있는 행동문제와 대인관계의 특성을 이해하고 기질과 관련된 행동문제를 예방하는 데 도움을 주는 중요한 영역이라고 하겠다.

02 유아기 발달에서 상담자가 고려해야 할 주요 특성(2~5세)

(1) 자율성

출생 후 두 번째 해에 접어 들면서 유아는 본격적으로 주위환경을 탐색하고자 하는 욕구가 커지지만 아직은 완전하게 혼자서 독립적으로 호기심을 충족시키거나 독자적으로 환경을 탐색하기에는 역부족인 상태에 있다. 따라서 부모의 지시를 따르고 부모가 정해 주는 행동의 제한과 한계를 받아들이면서 점차적으로 정서와 충동적 행동을 통제하는 능력을 발달시키고, 또 다른 한편으로는 놀이와 의사소통능력과 인지능력이 증가하게 된다.

그러나 만약 부모의 행동제한이 지나치게 엄격하거나 아니면 반대로 지나치게 허용적이거나 또는 일관적이지 못하고 부모의 기분이나 상황에 따라 유동적으로 적용될 때 아동은 정서적으로 혼란이 가중되어 환경을 독립적으로 탐색하는 것을 포기하거나 또는 불복종과 고집으로 대처하는 등의 행동문제를 보이기 쉽다.

(2) 자기통제

유아기는 자기의 감정이나 충동을 언어와 같은 사회적으로 바람직한 방법으로 표현할 수 있는 능력이 아직 충분히 발달하지 못한 시기이기 때문에 자기가 원하는 것을 얻지 못하거나 욕구가 즉각적으로 충족되지 못할 때 흔히 소리를 지르거나, 물고, 발로 차고, 분노를 터뜨리는 등의 행동을 보여 준다(Davies, 1999). 즉, 아직 어린 유아들은 자기의 정서와 행동을 통제하기 어려운 시기라고 할 수 있다. 유아들은 일상생활 속에서 나름대로 여러 가지 문제 상황에 부딪치면서 좌절을 참아내야 한다든지, 불안과 두려움을 대처해 나가야 한다든지, 또래를 사귀기 위해 자기의 감정을 조절해야 하는 등 상황에 따르는 문제를 해결해 나가야 한다.

자기통제란 개인이 정해 놓은 목표를 달성하기 위해서 순간의 충동적인 욕구나 행동을 억제할 수 있는 능력으로서(정옥분, 2002) 자기통제를 할 수 있기 위해서는 최소한 자기의 주변에서 자기에게 원하는 것이 무엇인지를 알아야 하고, 그러한 요구에 맞추기 위해 어떻게 행동을 적응시켜야 하는지를 이해해야 한다(강문희 등, 2004). 아동의 자아통제능력은 연령이 더해 가면서 증가하는 것으로 알려져 있는데, 그 이유는 여러 가지가 있겠으나 무엇보다도 아동의 인지능력이 향상되면서 상황에 대처하는 능력, 즉 상황에 대한 판단이 보다 정확해진다는 점과 외부의 규준을 준수하고 이를 자기행동에 반영시키는 준거가 점차로 내재화되면서 자기행동을 조절할 수 있는 능력이 증가한다는 등의 이유를 생각해 볼 수 있다(강문희, 2007).

연구결과에 의하면 자기통제능력과 자아존중감 그리고 자신감 등은 정적 상관이 있는 것으로 밝혀지고 있으며, 이러한 상관은 아동기뿐만 아니라 청년기까지도 비교적 안정적인 경향을 보이는 것으로 보고되고 있다(Berk, 2006). 따라서 자아개념과 자아존중감이 형성되는 시기인 유아기와 아동기 초기에 자기통제능력을 길러 주도록 돕는 것은 아동이 환경과의 상호 작용에서 잘 적응하도록 돕는 데 필수적인 요소라고 하겠다.

03 아동기 발달에서 상담자가 고려해야 할 주요 특성(6~12세)

(1) 인지능력의 발달과 학업수행능력

대부분의 나라에서 법적으로 의무교육이 시작되는 만 6세의 아동은 무엇보다도 읽기, 쓰기, 셈하기의 학업을 수행해 나갈 수 있는 기본적인 인지적 능력을 발달시키는 것이 중요하다. 그러나 미국정신치료학회의 자료(1994)에 의하면 학령기 아동의 약 2~10%에 해당하는 아동들이 학업을 정상적으로 수행해 나가는 데 어려움을 경험하고 있으며, 그 중 5% 정도는 심각한 정도의 학업장애로 고통을 받고 있다고 보고하고 있다. 학업문제는 대부분이 행동문제를 수반하기 때문에 상담실로 의뢰되는 아동의 상당수는 말할 것도 없이 학업문제와 연계된 행동문제를 가진 아동이라고 해도 과언이 아니다.

주의력 결핍-과잉행동장애를 보이는 초등학교 아동들의 대부분도 학업장애의 문제를 가지고 있다(Durlak, 1992).

이러한 학업장애의 문제는 학업부진으로 단순히 끝나는 것이 아니라 아동의 공격성, 또래관계에서의 문제, 우울 등의 문제로 이어지며 청소년기에 이르러서는 학교폭력, 범죄, 학교에서의 중도 퇴학 그리고 정신장애에 이르기도 하는 심각한 문제행동의 원인이 된다는 점에서 상담자들이 중요하게 다루어야 할 발달의 주제라고 생각된다.

(2) 자아개념과 자아존중감

자아개념과 자아존중감은 유아기, 아동기 그리고 청소년기에 거쳐 대부분이 발달하는 것으로 알려져 있다. 그러나 가장 중요한 자아개념의 발달 시기는 초등학교에 다니는 아동기에 이루어진다(Schroder & Gordon, 2002). 자아개념을 자기자신에 대한 개인의 견해라고 한다면, 자아존중감은 자기자신에 대한 개인의 평가, 또는 실제의 자아개념과 이상적 자아 간의 격차라고 정의 내리기도 한다(Harter, 1983).

초등학교 시기의 학업수행능력은 교사나 부모 또는 또래 등으로부터 '좋은 평가' 또는 '좋지 않은 평가' 등의 피드백을 받게 되는데, 이러한 사항은 아동의 자아개념과 자아존중감에 점차로 중요한 영향을 미치게 된다. 특히 10세 전후의 아동들은 자아존중감이 사회적 · 정서적 발달에 절대적인 역할을 한다. 상담을 필요로 하여 의뢰되는 상당수의 아동이 낮은 자아존중감을 가진 아동들임을 고려해 볼 때 자아존중감에 대한 이해는 상담전문가들이 반드시 가지고 있어야 할 영역이라고 생각된다.

(3) 또래관계

사회적 관계의 발달을 연구한 하텁(Hartup, 1989)에 의하면 인간은 자기보다 지식이 더 많고 사회적 힘을 가지고 있는 타인과의 '수직적 관계'를 가지는 것도 중요하며 동시에 자기와 동등한 정도의 지식과 사회적 힘을 가지고 있는 타인과의 '수평적 관계'를 가지는 것도 중요하다고 하였다. 왜냐하면 수직적인 관계, 즉 어른과의 관계는 아동에게 심리적 안정감과 보호를 제공해 주는 반면에 수평적 관계는 자기와 비슷한 수준에 있는 사람, 즉 또래관계를 통해 동등성, 협동성, 친밀감과 같은 사회적 기술을 배울 수 있기 때문이다.

아동기는 아직 부모의 절대적인 보호 아래 성장하면서 학교교육과 함께 다양한 물리적 · 사회적 환경에서 여러 가지 학습이 진행되는 시기이다. 이에 따라 유아기에서 아동기 초기에 이르기까지 부모나 교사 등 중요한 어른들의 심리적 지지 여부는 아동의 행동에 거의 절대적인 영향을 준다. 그러나 아동이 10살이 넘어가면서 점차로 어른의 영향력은 감소하고 또래관계에서의 놀이나 작업, 갈등, 수용 등의 문제가 중요한 당

표 1-1 ● 아동발달의 위험 요인과 보호 요인

	위험 요인	보호 요인
아동의 특성들	신체건강상의 문제 유전장애들 난산 까다로운 기질 낮은 지능 불균형한 성장 지나치게 높은 활동수준 주의집중장애 언어장애 또는 지체 외적 통제소재 매력이 없는 외모 가족의 첫아이 낮은 대처능력 사회적 기술 부족 불안정 애착 낮은 학업성취 낮은 자아존중감	건강한 신체 유전장애 없음 순산 순한 기질 높은 지능 균형 있는 발달 적절한 활동수준 연령에 적합한 주의집중력 정상적 언어발달 내적 통제소재 매력 있는 외모 가족의 둘째/셋째 아이 융통적인 대처능력 사회적 기술 높음 안정 애착 높은 학업성취 높은 자아존중감
가족·환경적 특성	한부모 가정 많은 형제구성 가정 결혼갈등 부모의 양육방법 불일치 장기적 빈곤가정 빈약한 사회지원망 실업 또는 불안정 고용상태 부적절한 보육서비스 높은 스트레스 인구밀집지역 거주 혼돈된 가정환경	양부모 가정 2~3명 형제구성 가정 화목한 가정 훈육방법의 일관성 중산층 이상 충분한 사회지원망 안정된 고용상태 적절한 보육서비스 낮은 스트레스 적절한 지역 거주 안정된 가정환경
부모 특성	우울 또는 정신분열증 경향 낮은 지능 저학력 10대의 미성숙한 엄마 무감각·무반응적 부모역할 수행 낮은 자아존중감 빈약한 부모역할 모델 회피적 대처양식(거부) 채택 고도의 비판적 양육태도 아동발달에 대한 부적절한 기대 과도하게 엄격 또는 허용적 훈육 빈약한 아동지도와 감독 신체건강이 허약함 아동의 행동과 성적에 대한 낮은 기대	건강한 심리적 적응 높은 지능 고학력 성숙한 엄마 민감·반응적 부모역할 수행 높은 자아존중감 바람직한 부모역할 모델 유통성 있는 대처양식 채택 높은 양육적·따뜻한 태도 발달규준에 대한 적절한 지식 권위 있는 훈육 적절한 아동지도와 감독 신체건강이 양호함 아동에 대한 높은 기대

출처 : Schroder, C. S. & Gordon, B. N.(2002). *Assessment & Treeatment of Childhood Problems(2nd Ed.)*. p.20.

면과제로 떠오르게 된다. 또래관계에서 수용되었을 때 아동은 정서적 안정감을 가지고 세계를 탐색하며 인간관계를 긍정적으로 맺어갈 수 있다. 그러나 또래관계에서 소외되거나 수용받지 못했을 때 아동은 고립감을 갖게 되며 이로 인해 심한 우울감이 생기게 되고, 더 나아가서 철회적 행동이나 일탈행동, 또는 공격적인 행동을 보이는 등 문제행동으로 연결되기 쉽다. 실제로 상담과 임상의 현장에서 전문적 도움을 필요로 하여 의뢰되는 아동의 상당수는 또래관계 문제를 가지고 있는 사례임을 볼 수 있다.

이상에서 영아기에서 아동기까지 발달적 특성과 아동의 행동문제를 중심으로 발달의 중요성에 대해 간략히 살펴보았다. 아동의 심리적 건강에 영향을 미치는 요인들은 아동 자신의 선천적인 유전적 소인이나 기질적 요인들과 함께 아동이 성장발달하면서 직면하게 되는 심리적 · 물리적 환경, 즉 가정환경이나 가족관계, 부모의 양육방법과 태도 등이 아동의 개인적 특성과 상호작용하게 된다. 이에 따라 건강한 아동으로 성장하기도 하고 건강하지 못하고 문제행동을 나타내는 아동으로 발달하기도 한다. 이러한 아동의 발달에 영향을 미치는 요인들을 위험 요인과 보호 요인으로 나누어 제시하면 〈표 1-1〉과 같다(Schroder & Gordon, 2002).

4. 상담자의 전문적 자질과 윤리

다음에서는 아동상담을 전문으로 담당하는 상담자가 갖추어야 할 전문적 자질과 상담자로서 전문직을 수행할 때 반드시 고려하고 지켜야 한다고 생각되는 윤리적 항목들에 관하여 살펴보기로 하겠다.

01 상담자의 전문적 자질

상담은 전문적 지식과 기술이 요구되는 직업으로서, 상담자는 일반적으로 상담에 관한 정규대학 교육과정에서 학사 또는 석사 이상의 정규교육을 받아야 하며 소정의 수련을 거쳐 전문가로서의 자격증을 취득해야 한다. 상담자의 전문적 자질을 위해서는 상담관련 분야의 이론에 대한 심도 있는 지식을 습득하는 것이 중요하다. 예를 들면 인간발달에 관한 정보, 특히 아동상담자의 경우에는 아동발달에 대한 지식, 각 상담의 이론들, 성격의 구조와 발달에 대한 지식, 인간의 본성에 대한 깊은 사고와 통찰력, 상담의 진행방법에 대한 전략과 기술 등이 상담자의 이론적 기초를 구성하게 될 것이다. 이러한 이론적 틀에 기초하여 상담현장에서 내담자를 도울 수 있는 방법과 절차를 지속적으로 수련을 받아 자기의 것으로 재창조해 나가야 한다. 이러한 교육과 훈련의 절차를 오랜 기간에 걸쳐 받았을 때에 비로소 상담자는 전문가로서 역할을 수행해 나갈 수 있는 준비가 된다고 할 것이다.

상담은 이론과 기술 모두를 필요로 하는 전문직이기 때문에 이론에 정통하다고 하여 실제 상담을 효과적으로 할 수 있다고 말하기는 어렵다. 따라서 일단 상담자로서의 준비를 어느 정도 갖추었고, 또한 상담자로서의 전문적인 역할을 수행하고 있는 중에도 효율적인 상담을 실행하기 위해서는 최신의 과학적이고 전문적인 정보와 지식을 유지하기 위해 지속적인 교육과 연수의 필요성을 인식하고 참여해야 하며(주 : 한국상담심리학회 윤리강령에서 인용), 훈련과 전문적 교류를 통해 자기의 역량을 보완하고자 하는 노력을 기울여야 한다.

02 상담자의 인간적 자질

상담자는 전문가로서의 자질을 가지고 있어야 할 뿐만 아니라 인간으로서의 자질을 갖추는 것도 중요하다. 이형득(1987)은 상담자의 인간적 자질을 다음과 같이 제시하였다.

(1) 인간에 대한 선의와 관심

인간의 본성에 대한 긍정적 관점과 다른 사람의 안녕과 행복을 위한 진실한 관심은 효과적인 상담을 위한 필수적 요건이다. 상담자는 자신의 이기적 목적 달성을 위하여 내담자를 이용해서는 안 된다. 그러므로 상담자는 사람을 존경하고 신뢰하며, 그 나름으로의 가치를 인정해 줄 수 있어야 한다. 내담자들 중에는 존경하거나 신뢰하기 힘들 것 같아 보이는 사람도 적지 않다. 그러나 최소한 그들에게 적절한 관심을 기울여 줌으로써 그들과 정서적 관계를 발전시키지 않으면 안 된다. 심하게 상심하고 있거나, 절망상태에 빠진 내담자일수록 상담자의 온정과 관심을 필요로 하기 때문이다.

(2) 자신에 대한 각성

상담자는 자기 자신의 목표, 정체, 동기, 요구, 가치관, 느낌, 장점과 단점 등에 대하여 객관적으로 지각하고 있어야 한다. 자신이 누구이며, 무엇을 어떻게 하고 있는가에 대하여 인식하지 못하는 상담자는 내담자를 도울 자격이 없다. 때문에 상담자는 항시 새로운 삶의 경험과 여러 가지 삶의 방식에 대하여 개방적인 태도를 가짐으로써 자신에 대한 각성을 촉진시켜야 한다.

(3) 용 기

효율적인 상담자의 가장 중요한 개인적 특성 중의 하나가 바로 용기이다. 상담자는 실수나 실패의 가능성에도 불구하고 새로운 행동을 모험적으로 시도해 보는 용기 있는 사람이어야 한다. 때로는 옳은지 그른지 확실하지 않은 일이라도 신념에 따라 실행해 볼 수 있는 용기가 필요하다. 그러나 자신의 지각이나 신념이 부정확하다고 판명되었을 때 그것을 솔직히 인정하고 수정할 수 있는 용기도 가져야 한다.

(4) 창의적 태도

상담자는 정형화되고 습관화된 상담기술이나 프로그램화된 기법 대신에 끊임없이 새롭고 효과적인 방법을 고안하기 위하여 기존의 방법에 의문을 제기하고, 가능한 한 새로운 경험에 개방적이 되도록 힘쓰는 창의적 태도를 가져야 한다. 내담자의 부정적인 반응에 지나치게 민감하거나 쉽사리 위협을 받지 않음은 물론, 어떠한 반응에도 이를 수용한 후 생산적으로 이끌 수 있는 능력을 길러야 한다.

(5) 끈 기

상담활동은 보람되고 즐거울 수도 있으나, 때로는 힘이 들고 고달프기도 하다. 그러므로 상담자는 어떠한 압력과 고달픔에도 버티어 나갈 끈기를 길러야 한다. 상담이 잘 진행될 때는 힘이 나지만, 내담자가 반항적이 되거나 도중에 상담을 중단해 버릴 때 쉽사리 사기가 저하되기 쉽다. 때문에 상담자는 이와 같은 어려움을 능히 극복할 수 있는 심신의 힘을 길러야 한다.

(6) 유머감

상담은 엄숙하고 힘든 경험이기도 하지만, 다른 한편 유머적 차원을 필요로 한다. 상담자는 상담관계에서 단순히 고조된 긴장을 해소하기 위해서도 가끔 웃음과 유머를 활용해야 한다. 장시간 심각한 문제를 다룬 후에 유머를 통하여 심신의 이완을 도모하는 것은 진정한 의미의 치료에 도움을 준다. 따라서 효율적인 상담자는 유머감각을 가지고 이를 상담과정에 적절히 활용할 수 있어야 한다.

03 상담자의 윤리

어떤 종류의 인간관계에서나 상호간의 복지와 이익을 위해서 지켜야 할 윤리적 · 도덕적 규준이 있게 된다. 이러한 지침은 때로는 명문화된 윤리적 강령이 되기도 하며 때로는 명문화되어 있지는 않으나 당연히 지켜져야 할 인간으로서의, 또는 사회구성원으로서의 책임이나 의무 등의 도리로 알려져 있기도 하다. 상담은 전문가집단으로서 인간과 인간, 즉 상담전문가와 상담자의 전문적인 도움을 받으러 온 내담자와의 관계에서 이루어지는 전문적 활동이므로 여기에는 비록 법적인 구속력은 없다 하더라도 반드시 지켜야 할 윤리적 지침이 있으며 이를 지키는 것이 전문직을 수행하는 기본적인 태도와 책임이라고 하겠다.

대개 윤리란 사람들이 사회에서 어떤 방식으로 행동해야 할지와 관련된 행동의 근거를 제공하는 역할을 한다. 이렇게 볼 때 상담에서의 윤리도 카운슬러와 내담자와의 상담과정에서 어떤 방식으로 행동해야 할지에 대한 근거를 제공할 수 있는 것으로 기대된다.

미국의 경우는 상담자의 윤리에 대한 관심이 오래 전부터 있어서 미국상담 및 발달학회(American Association for Counseling and Development, 1988)와 미국심리학회(American Psychological Association, 1981), 그리고 미국학교심리학자협회(National Association of School Psychologists, 1985) 등이 주체가 되어 아동과 청소년을 대상으로 상담을 진행할 때 지켜야 할 윤리적 강령을 제시한 바 있다. 우리나라의 경우에도 상담자의 윤리적 지침에 관심을 가지고 한국상담심리학회를 중심으로 2003년 5월에 윤리강령을 제정하였고 이를 2005년 4월에 개정하여 상담자들이 지키도록 안내하고 있다.

한국상담심리학회가 제정, 발표한 상담자의 윤리강령을 포함하여 미국의 6개 상담기관의 상담윤리강령 중 상담자와 내담자와의 관계를 중심으로 간략히 살펴보면 다음과 같다.

(1) 인간권리와 존엄성에 대한 존중

상담자는 내담자의 복리를 증진하고 인간으로서의 존엄성을 존중해야 한다. 이를 위해서는 내담자의 성별, 종교, 장애, 문화적 배경 등을 이유로 내담자를 차별하지 않으며 이들의 다양성을 존중하는 것이 중요하다.

(2) 비밀의 보장

상담자는 일의 성격상 내담자의 사생활과 관련된 정보를 접하게 마련이다. 따라서 상담자의 중요한 윤리강령 중의 하나는 내담자의 사생활과 상담내용에 관한 비밀을 철저하게 보장해 주어야 한다는 것이다. 그러나 상담자가 무조건 비밀을 보장해 주는 데에는 한계가 따른다. 예를 들면 다음과 같은 경우에는 비밀보호의 한계가 있을 수 있다.

① 내담자의 생명이나 사회의 안전을 위협하는 경우
② 내담자가 감염성이 있는 치명적인 질병이 있음을 확인한 경우
③ 법적으로 정보의 공개가 요구되는 경우

이상의 경우에 상담자는 신중하게 문제를 처리할 필요가 있는데, 상황에 따라서 내담자에게 이러한 비밀보호의 한계를 사전에 알리고 내담자의 동의를 거쳐 가능한 한 내담자의 신분이 철저히 보호될 수 있는 범위 내에서 적절한 조치를 취할 수도 있다.

(3) 상담관계와 관련된 윤리강령

상담은 상담자와 내담자 간의 친밀하고 신뢰로운 관계 속에서 보다 효율적으로 이루어짐은 누구나 알고 있는 사실이다. 그러나 이러한 친밀한 관계는 사적인 관계가 아니며 어디까지나 전문적인 관계임을 명심해야 한다. 따라서 상담자와 내담자는 특별한 경우를 제외하고는 반드시 상담실에서 만날 것을 권고하고 있으며 상담실 밖에서 사적인 관계를 가지거나 물질적인 거래관계도 맺어서는 안 된다.

특히 어떤 종류이든 성적 관계는 피해야 하는데, 내담자들은 정서적으로 우울하거나 갈등을 가지고 있는 상황에서 친절하고 자기의 문제에 관심을 나타내면서 여러 가지 고민거리 이야기에 경청을 해주는 상담자를 친밀하게 생각하게 되어 일시적으로나마 성적 대상자로 생각하거나 성적 친밀감을 가지게 될 수 있다. 따라서 상담자는 어떠한 경우에도 내담자와의 성적 관계를 가지는 것은 상담자의 윤리강령에 어긋나는 일임을 인식하고 이를 지키도록 해야 한다.

04 아동상담에서 지켜야 할 상담의 윤리

아동상담은 성인상담과 그 기본적인 상담윤리의 개념이나 범위가 일반적으로 크게 다르지 않다. 그러나 내담자가 성인이 아니라는 특수한 상황 때문에 상담자가 지켜야 할 윤리적 문제는 아동만이 아니라 부모와도 관계됨을 고려해야 한다. 다음에서는 상담활동에서 아동에게 보장되어야 하는 권리와 부모에게 보장되어야 하는 권리에 관해 알아보기로 하겠다(Ferber, DeMartino & Prout, 1991).

(1) 상담에서의 아동의 권리

① 아동은 모든 심리측정 및 평가의 과정과 평가를 받는 이유 그리고 평가의 결과에 대해 이해할 수 있는 용어를 사용하여 정보를 받을 수 있는 권리가 있다.

② 아동은 이해할 수 있는 용어로 상담의 목적에 대한 이유를 알 권리가 있다.
③ 아동은 상담에서 비밀이 보장된다는 것과 비밀보장의 한계가 무엇인지에 대해 알 권리가 있다.
④ 아동은 정보의 유출을 통제할 권리가 있다.
⑤ 아동은 상담이 불편하거나 성공적이지 못할 경우 상담을 중지할 권리가 있다 (단, 법정명령에 의한 경우는 제외)
⑥ 아동은 존중받을 권리가 있으며 진실을 전달받을 권리가 있다.
⑦ 아동은 상담에서 의사결정이나 상담목표의 설정에 참여할 권리가 있다.
⑧ 아동은 문제를 가지고 있는 가족에서 희생양으로 치부되지 않을 권리가 있다.

(2) 상담에서의 부모의 권리

① 부모는 아동에게 필요한 복지를 제공할 법적인 책임을 가지고 있다.
② 부모는 아동의 복지와 관련된 교육적 · 의료적 상담 및 심리치료적 차원에서의 정보를 접할 수 있는 권리가 있다.
③ 부모는 아동을 위하여 적절한 상담 및 심리치료를 찾아내야 할 권리가 있다.
④ 부모는 상담 및 심리치료와 관련된 의사결정을 하며 치료의 목표를 설정하는 데 참여할 권리가 있다.
⑤ 부모는 아동과 관련된 기밀 정보를 유출할 권리가 있다.

이상에서 살펴본 상담에서의 아동과 부모의 권리는 모든 상담전문가들이 상담을 진행할 때 반드시 숙지하면서 이와 관련된 상황에 당면했을 때 참고하고 신중하게 대처해 나가는 것이 매우 중요하다. 왜냐하면 경우에 따라서는 아동과의 상담은 성공적으로 진행되고 있지만 아동이나 부모와의 윤리적 문제와 관련되어 갈등이 빚어지게 된다면 상담자와 아동과의 인간관계 자체가 흔들리게 되어 자칫하면 상담의 효과가 반감될 위기에 빠질 수도 있기 때문이다.

아동상담의 이론적 모델

아동상담의 궁극적 목적은 심리적 문제로 마음의 고통을 받고 있으며 이로 인해 일상생활 속에서 적응을 해 나가는 데 어려움을 가지고 있는 아동을 전문적 상담의 방법을 통해 도움으로써 아동이 자기가 가지고 있는 성장 잠재력을 최대한으로 발휘하고 행복감을 가지도록 하는 일이라고 하겠다. 이러한 상담의 목적에 도달하는 접근방법은 여러 가지가 있다. 이 장에서는 상담과 심리치료의 다양한 이론적 접근 중 아동상담 및 심리치료의 임상현장에서 비교적 자주 적용되고 또한 보다 효율적이라고 평가되는 몇 가지 이론적 모델을 소개하고자 한다.

1. 정신분석적 상담이론

프로이트(Sigmund Freud)에 의해 창시된 정신분석이론은 1900년대 초에 그 당시까지만 해도 정신병은 치료가 불가능하다고 여겨왔던 상식을 초월하여 신경증과 정신병은 치료가 가능하다는 신념을 임상현장에서 증명해 보인 획기적인 이론이며 치료의 방법이었다. 프로이트 이후에 파생된 정신분석학자들과 그들의 이론을 포함하여 소위 정신역동(psychodynamic) 심리학이라고 지칭되는데, 정신역동이란 '정신활동의 법칙'에 관한 것으로 마음과 마음 사이의 관계를 결정하는 법칙이 있음을 전제로 삼고 치료적 중재를 시도하는 것이 특징이다(Burton & Suss, 2000).

정신분석이론은 인간의 행동을 정신, 동기 또는 충동의 산물로 간주하며 따라서 일상생활에서 보여 주는 인간의 행동은 본인이 의식하면서 행동하는 수준을 뛰어넘어 행동을 통제하고 조절하는 또 다른 영역, 즉 무의식에 의해 결정되는 경우가 대부분이라고 하였다. 이러한 인간행동의 무의식적인 부분은 영유아기의 생후 초기 경험, 특히 수유나 배변, 수면 등과 같은 인간의 기본적인 생리적 욕구를 만족시키는 경험과 매우 밀접한 관계를 가지고 있다고 보고 있다. 따라서 정신분석이론은 인간의 본성에 대한 결정론적인 견해를 가지고 있는 것이 특징이다. 즉, 인간의 행동은 무의식에 의해서 대체로 결정되며, 여기에는 수유나 배변 등과 같은 본능적인 생물학적 욕구를 만족시킨 어렸을 때의 경험이 중요한 역할을 한다고 보고 있는 것이다.

01 정신분석이론의 기본 가정

프로이트의 정신분석이론은 다음의 여섯 가지 기본 가정을 가지고 있다(Weisz & Benoit, 1991).

(1) 지정학적 구조(topographical constructs)

마음의 영역은 무의식, 전의식, 의식으로 구성되어 있다.

(2) 경제적 구조(economic constructs)

욕구와 저항 간에는 양적(量的)인 관계가 존재한다.

(3) 유전적 구조(genetic constructs)

심리적 현상은 점성적(漸成的) 계획에 따라서 차츰 형성되는 것이며 과거는 현재에 투영되어 존재한다.

(4) 성격의 구조(structural constructs)

원초아, 자아, 초자아로 구성된 정신구조는 갈등을 중재하며 모든 행동에 잠재되어 있다.

(5) 역동적 구조(dynamic constructs)

모든 행동은 동기가 있으며 목적을 가지고 있고, 의미가 있다. 행동은 본능적 욕구를 만족시키려고 하는 힘과 이를 조절하려고 하는 힘 간의 상호작용의 결과이다.

(6) 적응적 구조(adaptive constructs)

환경은 행동을 결정하는 요소이다. 인간은 환경과 관계를 맺고 환경에 맞추어 나갈 수 있는 능력을 가지고 있다.

초기의 프로이트는 정신에 관한 구조를 지정학적 모델을 사용하여 정신세계의 가장 깊은 밑바탕에는 개인이 알아차리지 못하는 성(性)적 욕망, 공격적 욕망, 환상, 소원 등으로 이루어진 무의식이 자리잡고 있으며 개인이 알아차리고 있는 감정이나 생각들인 의식은 윗부분에 자리하고 있으며 무의식과 의식의 중간에 전의식이 있다고 가정하였다. 그 이후에 정신의 구조에 관한 이론을 내놓으면서 프로이트는 성격의 구조를 원초아, 자아, 초자아에 관한 학설을 발표하였다. 특히 프로이트는 인간에게 있어서 매우 중요한 본능이 성적 욕구이며 이것이 가지는 정신적 에너지의 힘을 강조하였음은 잘 알려진 사실이다.

02 성격의 발달

프로이트의 이론에서는 개인의 일반적인 성적 에너지를 뜻하는 리비도(libido)가 집중된 신체부위를 성감대로 보고, 아동은 리비도가 집중되는 신체부위의 변화에 따라, 즉 입에서 항문 그리고 생식기로 옮겨가는 심리적 · 성적 발달단계를 거친다고 본다. 아동이 한 특정 발달단계에서 지나치게 적게 또는 지나치게 많이 만족되었을 때 발달이 정지된 상태인 고착이 일어난다. 지나친 만족을 경험한 아동은 보다 성숙한 행동을 발달시키지 못하는 반면, 만족이 충족되지 않은 아동은 좌절된 충동을 끊임없이 충족시키고자 하므로, 부모는 자녀의 기본적인 욕구를 어느 정도 만족시켜 줄 것인가를 분명하게 결정할 필요가 있다.

프로이트의 이론에서 제시하는 성격발달의 단계는 다음과 같다.

(1) 1단계 : 구강기(출생~1세)

이 시기는 리비도가 입과 입 주위에 집중되는 시기로, 영아는 모든 쾌락을 입과 입 주위를 통해 추구한다. 영아의 빨기는 생존을 위해 중요하지만, 빠는 행위 자체가 쾌감을 준다. 그러므로 영아는 배가 고프지 않아도 손가락이나 다른 물건을 빤다. 영아기에 구강 욕구가 적절하게 만족되지 못하면 엄지손가락 빨기, 손톱 물어뜯기, 연필 깨물기, 과식, 흡연 등과 같은 강박적 습관들을 발달시키게 된다.

(2) 2단계 : 항문기(1~3세)

리비도가 항문 부위에 집중되어 항문 부위가 쾌락 추구의 원천이 된다. 이 시기의 유아는 항문에 배설물을 보유하고 있다가 방출함으로써 긴장을 해소하는 것을 즐긴다. 배변 훈련이 이 시기의 자녀를 둔 부모와 아동 간에 중요한 문제로 대두한다. 아동이 배변 훈련을 시작하는 준비가 되기 전에 너무 일찍 엄격하게 배변 훈련을 시키면, 아동은 지나치게 질서 유지나 청결함을 고집하거나 강박적으로 시간을 지키고자 하는 성격을 발달시키게 된다. 반대로 부모가 배변 훈련에 지나치게 무관심하면 아동은 극도로 지저분하고, 무질서한 생활태도를 보이게 된다고 한다.

(3) 3단계 : 남근기(3~6세)

리비도가 항문 부위에서 생식기로 옮겨가 집중되어 아동은 이제 생식기 자극에서 즐거움을 추구한다. 이 단계에서 오이디푸스 콤플렉스(Oedipus complex)가 나타난다. 즉, 남아는 어머니에게 성적 충동을 느끼게 된다. 그러나 이러한 어머니에 대한 자신의 감정을 아버지가 알면 자신의 성기를 거세하여 처벌할 것이라는 두려움, 즉 거세불안 때문에 표출을 못하고 억압시킨다. 그 대신 남아는 아버지의 사랑과 승인을 얻기 위해서 아버지의 성격과 가치를 동일시하여 내면화한다. 자기 아버지같이 되어 성인의 즐거움과 힘을 누리려고 한다. 프로이트는 여아에게는 엘렉트라 콤플렉스(Electra complex)가 있어 어머니를 동일시한다고 보았다. 이 단계의 아동들은 오이디푸스 콤플렉스 해결로 초자아를 형성하게 되고, 원초아, 자아, 초자아 간의 관계가 이 시기에 형성되어 이것이 아동의 기본 성격을 이루게 된다.

(4) 4단계 : 잠복기(6~12세)

이 시기에는 성적 충동과 공격적 충동이 대부분 무의식 속에 억압되어 잠복상태에 있게 된다. 그리하여 아동은 자신의 성적 에너지를 사회적으로 가치 있는 기술들, 즉 학업, 운동, 놀이, 친구 사귀기 등에 전환하여 사용한다. 잠복기의 아동은 놀이를 통해 초자아를 공고하게 하고, 동성의 아동을 동일시하며 성인의 사회적 가치를 자기의 것으로 받아들인다.

(5) 5단계 : 생식기(사춘기 이후)

성적 기능이 성숙하여 남근기의 성적 충동이 다시 나타난다. 이 시기에는 부모로부터의 독립을 추구하여 이제는 가족 이외 사람과의 사랑을 통하여 만족을 추구한다. 이 시기에 발달이 적절하고 원만하게 진행되면 성적으로 성숙하여 결혼과 자녀 출생 및 양육으로 이어진다.

이상과 같은 프로이트의 이론은 아동발달에서 성적 부위와 성적 감정을 지나치게 강조하고, 사회적 · 인지적 발달과업의 중요성과 유아기 이후의 발달의 중요성을 간과하였다는 점, 그리고 성적으로 억압된 성인들의 임상적 자료에 토대를 두고 이론을 구축하며, 아동을 직접 연구하여 구축된 이론이 아니라는 점 때문에 아동발달전문가들로부터 비판을 받고 있다. 이러한 비판에도 불구하고, 프로이트의 이론은 아동의 정서적 문제를 이해하는 데 있어서 기본 골격을 제시하고, 아동발달에서 가족관계의 중요성을 부각시켰다는 데 그 의의가 있다. 특히 그의 이론은 유아기까지의 경험이 후기 발달에서 결정적인 역할을 한다는 점을 인식시켰다는 데 중요한 의의가 있다고 하겠다.

03 정신장애의 원인에 대한 관점

원래 프로이트는 정신장애의 발병 원인을 생애 초기에 가졌던 성적인 욕구를 의식으로부터 억압하는 데서 생기는 외상적 경험 때문이라고 보았다. 그러나 그 이후에 그는 자기의 정신성적이론을 부분적으로 수정하여 본능적인 욕구를 충족시키고자 하는 원초아와 이를 억압하고자 하는 자아의 방어기제 사이의 갈등이 신경증과 같은 정신장애의 원인이라고 주장하였다. 특히 신경증적인 증상들은 현실적으로 수용될 수 없는 소원들과 무의식적인 두려움 간의 내적 갈등을 중재하고자 하는 시도를 반영하는 것이라고 하면서 따라서 증상들은 현실에서는 적응적이거나 문제해결적인 형태는 아니지만 나름대로 목적이 있고 의미가 있는 것이라는 것이다.

또 하나의 정신장애의 원인을 프로이트는 불안이라고 보았다. 불안은 자아에 무엇인가 이상이 생겼음을 알려 주는 신호와 같은 것으로 상상이나 공상이 아닌 객관적 세계에 존재하는 위협이나 위험에서 비롯되는 현실적 불안(예: 시험에서의 실패경험으로 인해 야기된 시험불안, 교통사고 이후 자동차 운전에 대한 불안)은 그 정도가 심하지 않을 경우 실제로 정상인들도 때때로 경험할 수 있는 정서이다. 그러나 현실적 불안과는 달리 신경증적 불안은 자아가 원초아의 충동을 통제하지 못하여 처벌받을 일을 하는 데 대한 불안으로서, 원초아의 충동 자체에 대한 불안이라기보다는 충동을 표출하여 충족시켰을 때 받을 수 있는 벌에 대한 두려움인 것이다(강문희 · 장연집 · 정정옥, 1998). 불안의 정도가 심할 경우 자아방어기제가 감당해 내지 못하게 됨으로써 성격의 불균형과 부조화를 초래하고 부적응적인 방법으로 현실을 대처해 나가는 신체적 또는 심리적 증상을 나타내게 된다. 이러한 자아방어기제의 종류를 프로이트는 다음과 같이 설명하고 있다(Weisz & Benoit, 1991).

① **억 압**

억압(repression)은 불안을 회피하는 가장 일반적인 방어기제로 위협적인 감정이나 충동이 의식의 밖으로 표출되지 않도록 차단하는 것이다.

② **부 정**

부정(denial)은 위협적인 사건이나 사람을 인식하지 않으려고 억누르는 것이다.

③ **투 사**

투사(projection)는 기본적으로 자신이 받아들이기 어려운 감정과 사고를 다른 사람의 탓으로 돌리는 것이다.

④ **합리화**

합리화(rationalization)는 불안을 일으키는 상황으로부터 멀리 피하기 위해 자신의 행동을 정당화시키는 것이다.

⑤ **퇴 행**

퇴행(regression)은 위협적인 상황에 대처하기 위해 초기의 발달단계, 즉 어린 시기의 행동으로 되돌아가는 것이다.

⑥ **치 환**

치환(displacement)은 어떤 사람이나 대상에게 향해 있던 충동이나 감정을 다른 사람이나 대상에게 옮겨서 표현하는 것이다.

⑦ **동일시**

동일시(identification)는 투사와는 반대되는 방어기제로 아동이 다른 사람, 특히 부모의 성격특성을 취하거나 내면화하는 사회화 과정이다.

⑧ **승 화**

승화(sublimation)는 치환의 한 유형으로 받아들일 수 없는 감정을 보다 수준 높은 다른 것으로 대체하여 주의를 쏟는 행동이다.

⑨ **반동형성**

반동형성(reaction formation)은 사회적으로 받아들여질 수 없는 충동이 표출되는 것을 막기 위해 그 충동과는 반대되는 행동으로 표현되는 것이다.

⑩ **보 상**

보상(compensation)은 어떤 한 영역(예: 친구관계)에서 바람직한 성격이나 행동특성을 강조하여 자신의 약점(예: 학업부진)을 감추거나 다른 영역에서 충분히 만족함으로써 한 영역에서 오는 좌절감을 줄이는 것이다.

이상의 방어기제들은 앞에서 밝힌 바와 같이 적절한 정도로 사용한다면 개인의 적응을 도울 수 있으나 과도하게 사용할 때 특정 방어기제에 의존하게 되는 부작용이 생긴다. 이러한 부작용은 결국 아동의 부적응상태를 초래하게 됨으로써 더 이상 자아를 방어하지 못하고 아동은 불안과 갈등이 증폭되어 신경증적인 또는 정신장애의 문제 행동을 보이게 된다.

04 치료방법

정신분석적 치료의 목적은 한마디로 억압된 무의식을 의식화하는 것이라고 말할 수 있다. 정신분석적 치료 과정에서 사용되는 방법은 주로 다음과 같다(강문희, 1998).

① 자유연상

자유연상(free association)은 무의식에 있는 감정과 생각, 갈등, 불안 등을 의식수준으로 끌어 내기 위해서 내담자에게 아무런 억제나 제약 없이 머릿속에서 떠오르는 생각을 어떤 것이라도 좋으니 치료자에게 소리 내서 말해 보도록 하는 것이다. 머릿속에 떠오른 생각의 내용이 긍정적이든, 부정적이든, 비윤리적이든 상관없이 떠오르는 대로 말하도록 한다. 이러한 과정을 통하여 내담자의 보다 심층적인 내부의 갈등이나 무의식의 세계를 이해할 수 있는 단서를 발견하게 된다.

② 꿈의 분석

자유연상과 함께 정신분석에서 사용하는 또다른 독특한 기법은 꿈의 분석이다. 이것은 자유연상에서처럼 내담자가 꾼 꿈을 치료자에게 보고하게 하는 것이다. 프로이트는 꿈은 무의식을 잘 나타내고 있다고 보았기 때문에 꿈의 해석을 매우 중요한 치료과정의 하나로 여겼다. 꿈을 분석할 때는 꿈의 내용 자체보다는 꿈과 관련된 상징적 의미와 동기의 갈등 등에 초점을 맞추게 된다. 따라서 꿈의 분석은 내담자가 자신의 무의식적 동기와 갈등, 원망(怨望)을 정확하게 이해하는 데 도움이 되는 정신분석의 중요한 기법이 된다.

③ 전이의 분석

전이(transference)는 내담자가 유아기와 아동기에 부모와의 경험에서 느꼈던 감정이나 생각들을 상담자에게서 느끼게 되는 것을 말한다. 즉, 내담자가 아동기에 부모나 가족들에게 지니고 있었던 감정들-애착, 증오, 질투, 애정, 수치, 죄책감 등의 감정과 상념들을 상담자에게로 옮겨와 가지게 되는 것이라고 할 수 있다. 따라서 이러한 감정의 전이현상은 애착이나 애정과 같은 긍정적인 형태로 상담자에게 표현될 수 있으며, 반대로 증오, 질투와 같은 부정적인 형태로 나타날 수도 있다. 상담자는 이러한 긍정적 또는 부정적인 형태의 전이를 잘 다루고 분석함으로써 내담자를 이해하고 이를 치료에 이용한다.

④ 해 석

상담자는 내담자가 자유연상이나 꿈, 실언, 환상, 저항, 방어기제 등과 같은 자신의 무의식 세계를 보고할 때 이러한 자료들의 상징적 의미를 이해하여 내담자가 받아들일 수 있는 범위 내에서 해석해 준다. 이러한 해석(interpretation)을 통하여 내담자는 자신의 문제에 대한 통찰이 생기며 심리적 문제를 해결하는 데 도움이 된다.

프로이트의 정신분석이론에 의견을 같이 하지 않는 학자들은 신정신분석이론을 발전시켰다. 융(Jung), 아들러(Adler) 등을 비롯하여, 특히 근래에 와서 설리반(Sullivan), 호르나이(Horney), 프롬(Fromm) 등은 문화적 · 사회적 요인이 인간행동에 미치는 영향을 강조하면서 지나치게 유아기의 경험에 치료적 초점을 둘 필요가 없음을 주장하고 있다.

그들은 과거의 경험도 물론 중요한 행동결정의 요인이 되지만 그에 못지않게 중요한 것은, 아니 그보다 더 중요한 것은 내담자의 현재의 환경이며, 특히 그의 환경에서 가까이 지내는 사람들과 어떤 대인관계를 맺고 있느냐가 중요하다고 역설하고 있다. 따라서 치료의 초점도 이러한 인간관계와 나아가서는 상담자와의 치료적 관계의 특성에 두면서 이러한 관계들을 내담자가 어떻게 지각하고 있느냐를 매우 중요시하는 방향으로 나아가고 있다.

결국 정신분석적 방법은 환자의 무의식적 갈등을 치료자와의 관계 속에서 의식화함으로써 억압된 갈등을 해소시키며, 새로운 눈으로 인간관계를 보고 경험하는 가운데에서 정신적 문제가 해결된다고 믿고 있다.

그러나 이 방법은 깊숙이 잠재된 무의식적 측면을 탐색하고 이에 의한 성격변화를 목적으로 하기 때문에 치료의 시간이 길어지게 되며 비용도 많이 들고 치료자의 높은 숙련성도 요구되는 제한점이 있다. 그러나 정신분석적 개념을 통하여 상담자는 다음의 몇 가지 사실들을 이해하는 것이 중요하다(이장호, 1983).

첫째, 생후 몇 년간의 체험은 성격 형성에 매우 중요한 영향을 미치는 것이 확실하다.

둘째, 자아를 보호하기 위하여 경우에 따라 정상인들도 사용하는 여러 가지 자아 방어기제는 지나치게 남용되었을 때 오히려 현실에 대한 효과적인 적응을 저해하는 요인이 될 수 있다.

셋째, 내담자가 겪었던 과거의 경험은 현재에 그가 나타내는 문제 또는 적응행동과 직접 · 간접적인 관계를 가질 수도 있다.

넷째, 내담자가 상담상황에서 보여 주는 상담자에 대한 태도는 상담을 진행해 나가는 데 중요한 단서가 될 수 있다.

이러한 정신분석적 치료기법은 유아나 아동을 대상으로 하는 심리치료에서는 적용하기가 그리 용이하지 않다는 문제점이 있다. 따라서 클라인(Klein)이나 안나 프로이트(Anna Freud) 등은 아동의 억압된 무의식적 갈등과 문제를 의식수준으로 표출하도록 하기 위해서 놀이를 치료에 도입하여 치료적 효과를 도모하기도 했다.

2. 행동주의적 상담이론

행동주의적 상담이론은 파블로프(Pavlov)에 의한 고전적 조건형성이나, 스키너(Skinner)에 의한 조작적 조건형성이론에 기초를 두고 이를 행동장애 또는 바람직하지 못한 행동을 수정하기 위한 치료적 목적에 응용한 것이다.

행동주의적 상담이론은 객관적으로 관찰할 수 있고 측정이 가능한 행동을 치료대상으로 삼기 때문에 치료의 효율성과 치료 효과 및 치료의 진전 정도를 객관적으로 평가할 수 있는 장점을 가졌다는 관점에서 소개되어 많은 상담전문가들의 관심을 끌었다.

01 행동주의 상담이론의 기본 가정

행동주의적 상담이론의 기본가정은 다음과 같다.

① 행동주의적 상담이론에서는 무엇보다도 관찰 가능한 행동에 관심을 가진다. 객관적으로 관찰이 가능하지 않기 때문에 추측할 수밖에 없는 인간의 정서, 동기, 사고, 가치관 등 소위 인간의 내면세계의 존재를 부인하는 것은 아니나, 관찰 가능하고 측정 가능한 심리적 영역에만 국한하는 것이 보다 과학적이라고 믿고 있다.

② 행동주의적 상담이론은 일차적으로는 실험실에서 동물을 대상으로 한 연구를 통해서 얻어진 지식과 정보를 인간행동에 적용시키면서 발전된 학습이론이다. 이 이론에서는 인간의 모든 행동은 환경의 조작에 의해 특정한 반응들이 연합, 강화, 모방 등을 통해 학습된다고 믿고 있으며 따라서 인간의 적응행동뿐만이 아니라 부적응적인 행동, 이상행동도 학습된 것이라고 간주한다.

③ 인간의 이상행동은 무의식적인 동기나 어떤 내면적인 심리작용의 결과가 아니다. 인간의 모든 행동은 정상행동이건, 비정상적인 이상행동이건 다 같은 학습원리에 의해서 습득된 것이기 때문에 같은 원리에 의해서 이러한 행동들의 소거가 가능하다.

④ 바람직하지 않은 부적응행동 또는 이상행동은 행동수정, 즉 재조건화 또는 재학습에 의해서 교정될 수 있다. 재학습은 운동반응뿐만 아니라 사고와 정서반응도 이루어지며 특정 반응뿐 아니라 다른 상황이나 반응으로의 일반화도 일어난다.

이상과 같은 기본적인 이론적 특징을 가지고 있는 행동주의적 상담이론에 입각해서 상담에 임하는 치료자는 객관적으로 관찰 가능한 행동을 중심으로 바람직하고 적응적인 행동을 학습 또는 재학습시키고 바람직하지 않고 부적응적인 행동을 소거시키는 과정을 통해서 아동을 돕게 된다.

02 이상행동의 원인에 대한 관점

행동주의적 관점에서 불안이나 공포를 나타내는 부적응적인 행동의 습득과정을 연구한 왓슨(Watson)에 의하면 처음에는 두려움의 대상이 아니었던 자극(예: 흰 쥐)을 볼 때에 불유쾌한 소리를 동시에 들려 주었더니 아동이 깜작 놀라며 우는 반응을 보였다. 이를 계속 반복한 결과, 대상아동은 큰 소리 없이 흰 쥐만 보아도 고개를 돌리며 피하고 울었다. 즉, 처음에는 중립자극이었던 흰 쥐가 큰 소리와 연합하여 조건화된 놀라는 반응을 보이는 조건형성이 이루어진 것이다. 그 후에 대상아동은 흰 쥐뿐만 아니라 토끼, 개, 솜, 털 코트 같이 흰 털 달린 물건들에까지 일반화하여 모두 두려워하는 반응을 보였다.

이러한 실험을 통해서 행동주의 이론가들이 주장하는 것은 인간의 비정상행동 또는 일탈행동이나 부적응행동을 포함하는 모든 행동은 환경에서의 경험에 의하여 학습된다는 것이다. 즉, 행동주의적 이론에서는 모든 문제행동의 병리를 원인과 결과의 관계에서 찾기 위해 진단과 진단명을 붙이는 의학적 모델의 개념을 취하지 않는다. 그보다는 문제 행동의 표출이 아동이 놓여 있는 환경, 환경에서의 자극과 반응 그리고 이에 대한 보상 및 처벌의 경험, 강화, 모방과 같은 학습원리에 의해서 설명하고자 한다.

03 상담의 방법

일반적으로 행동주의 치료자가 내담자를 위하여 하는 일은 치료의 계획을 세우는 일이다. 이때 치료의 주 목적은 아동의 부적응적 행동을 제거하는 데 있으므로 치료자는 먼저 아동의 어떤 행동이 부적응적이고, 어떤 환경적 조건이 이 부적응적 행동을 계속하도록 강화해 주고 있으며, 이 행동을 변화(수정)시키려면 환경을 어떻게 새로이 조작해야 할 것인가를 계획해야 한다.

보다 구체적으로 보면, 문제행동 또는 부적응적인 행동을 보여 주는 아동이 상담실에 왔을 때 행동주의 치료자는 체계적이고 객관적 자료에 기초한 치료적 개입을 시도하게 된다. 이러한 치료적 개입을 단계적으로 정리하면 다음과 같다(Gottman & Lieblum, 1974; Brown & Brown, 1977).

(1) 치료의 단계적 개입

① 1단계 : 치료 대상자의 평가단계

치료 초기단계에서 이루어지는 내담자 평가는 언제, 어디에서 내담자의 문제행동이 나타나는지 그리고 이러한 문제행동이 나타나는 상황에 관련된 중요한 타인은 누구인지를 결정하는 것을 중심으로 전개된다. 예를 들면, 아동이 심리치료를 받으러 온 주 원인이 되는 문제행동을 학교나 유치원뿐만 아니라 집에서도 보인다면 이 행동의 치료를 위해서는 교사와 부모 둘 다 치료자가 평가를 위한 면담을 해야 할 필요가 있을 것이다. 이 단계에서는 또한 아동을 상담실에 의뢰한 사람이 누구인지, 의뢰 사유는 무엇인지 등에 관한 자료를 수집할 필요가 있다.

② 2단계 : 치료대상 문제행동에 대한 조작적 정의단계

이 단계에서 중요한 것은 치료대상이 되는 문제행동을 관찰 가능하고 측정 가능한 용어로 정의하는 것이다. 이 단계에서는 일반적인 심리검사나 관찰 등의 방법을 통하여 아동에 대한 평가가 이루어지게 되는데, 일반적으로는 아동행동의 어떤 측면이 부족하고 어떤 측면이 과다한가의 차원에서 평가하게 된다. 그러나 부족이나 과다함의 잣대가 되는 기준은 부모나 교사의 기대치나 문화적 가치 등과 같은 주관적 요인과 관련이 되는 경우가 허다하므로 사실상 객관화하기가 쉬운 일이 아니라는 문제점이 있다. 예를 들면, 학업부진의 문제 때문에 교사 또는 부모가 아동을 상담실에 의뢰했을 경우, 학업성적에 대한 기대가 A학점인 부모는 B학점을 받는 아동을 학업부진아, 즉 '부족' 한 아동이라고 불만족스럽게 여길 수 있다. 그러나 B학점을 학업부진아로 평가한다는 것은 주관적일 수 있으나 객관적 기준에 의한 것은 아니라는 것이다. 따라서 이 단계에서 치료자는 행동치료를 필요로 하는 대상자가 학업성취의 수준이 B인 아동인지 아니면 지나치게 자녀에 대한 기대가 높은 부모인지를 결정할 필요가 생기게 된다.

③ 3단계 : 문제행동의 기초선/기초자료 수집단계

이 단계에서 행동주의 치료자는 문제행동의 강도와 빈도를 직접적으로 관찰하고 문제행동의 표본행동사례를 수집하는 단계이다. 주의가 산만하다는 이유로 의뢰된 아동의 주의산만행동을 관찰하기 위하여 치료자는 아동의 행동 중 자기자리를 지키지 않고 자리를 뜨는 행동이 정해진 시간 동안 몇 번이었는지를 측정하고, 또한 이러한 자리를 뜨는 행동이 일어나도록 만드는 주위 환경 요인은 어떠한 것인지에 관한 자료를 수집한다.

④ **4단계 : 계약서의 작성단계**

이 단계에서 치료자가 해야 할 일은 치료의 목적 또는 목표에 관해서 내담자의 동의를 얻고 이에 대한 계약서를 작성하는 것이다. 치료의 목표는 일반적으로 수량화할 수 있는 객관적인 형태로 진술된다.

⑤ **5단계 : 치료단계**

치료목표에 대한 치료자와 내담자 간의 합의가 이루어지면 실제로 치료적 개입이 시행된다. 치료자는 전 단계에서의 종합적인 내담자 평가결과에 따라 구체적으로 어떤 행동치료 기법을 내담자에게 적용할 것인지를 선택하게 되는데, 특히 각 아동의 문제행동의 특성에 맞는 치료적 개입을 적용하게 된다. 예를 들면 지나치게 활동적인 아동에게는 강화의 기법을 적용하며, 불안한 아동에게는 둔감화 기법을 적용할 것을 선택할 수 있다.

⑥ **6단계 : 치료적 개입을 조정하는 단계**

치료과정에서 발생되는 치료목표 행동의 변화과정을 주기적이고 체계적으로 자료수집을 진행한다. 만일 목표행동의 변화가 일어나지 않는다면 행동치료에 적용된 전략을 수정할 수 있다.

⑦ **7단계 : 종결단계**

이 단계에서 치료자는 치료목표 행동에 바람직한 변화가 왔으며 이러한 행동 변화가 지속되고 있는지를 확인할 뿐만 아니라 이러한 바람직한 행동이 치료실 이외의 환경이나 상황에까지 전이되어 효과가 나타나고 있는지를 확인한다. 이러한 과정을 거쳐 치료는 종결의 시점에 오게 된다.

(2) 아동상담에서 행동치료전문가들이 사용하는 치료기법

① **체계적 둔감법**

원래 이완상태와 불안이라는 두 가지 상반된 반응이 공존할 수 없다는 원리에 입각해서 나온 행동치료기법이다. 즉, 아동이 신체적으로 이완된 편안한 상태에서 놀이를 하면서 동시에 불안이나 공포반응을 일으키는 것은 가능하지 않다는 것이다. 이 기법은 앞에서 설명한 왓슨이 아이에게 흰 쥐에 대한 공포반응을 보이게 조건형성을 통해 학습시킨 후 다시 이러한 공포반응을 차츰 소거하여 정상반응을 보이도록 재학습시키는 과정을 행동치료에 적용한 것이다.

체계적 둔감법에서 중요한 것은 근육이완의 절차를 치료대상아동에게 실시하는

표 2-1 ● 공포의 위계

가장 많이 두려운 것
옆 테이블에 있는 거미를 보는 것
벽에 붙어 있는 거미를 보는 것
영화나 TV에서 거미를 보는 것
책 속에 있는 거미 그림을 보는 것
거미라는 단어를 말하는 것
가장 적게 두려운 것

것인데, 이완훈련은 많은 연습을 필요로 한다. 또 한 가지 중요한 것은 불안의 위계 목록을 체계적으로 작성해야 한다는 것이다. 예를 들면, 거미에 대한 공포를 가지고 있는 아동을 위한 치료에서 체계적 둔감법을 적용할 때 치료자는 '거미' 라고 하는 특정대상에 대한 아동의 공포의 위계를 가장 두려운 자극상황에서부터 가장 덜 두려운 자극상황에 이르기까지로 먼저 작성한다.

치료자는 먼저 손, 팔, 머리, 어깨와 목, 가슴과 몸통, 다리의 순서에 따라 점차로 아동의 근육을 이완시킨 후, 위에서 볼 수 있는 공포자극의 위계에 따라 공포를 가장 적게 유발하는 자극에서부터 차례대로 아동에게 제시한다. 이 방법은 볼페(Wolpe, 1973)에 의해 개발된 이후 가장 자주 사용되는 행동주의 치료기법으로 자리 잡고 있으며 아동의 공포와 불안을 치료하는 가장 효과적인 방법으로 알려져 있다(Morris & Kratochwill, 1998).

② **행동조성**

행동주의 치료에서 목표행동이 되는 바람직한 행동에 근접하는 반응을 아동이 보여주었을 때 보상 등의 방법을 통해 이를 강화함으로써 마침내 최종 목표행동을 보이도록 행동을 만들어 나가는 것이다. 예를 들면, 아동이 놀이가 끝난 후 놀이감을 정리하는 행동을 학습하도록 하기 위해서 우선 장난감을 정해진 선반 가까이에 가지고 가려는 시도를 강화해 주며 차츰 정해진 선반 위에 정리하는 행동이 학습되도록 한다. 이때 "네가 장난감을 선반에 정리하는 것을 보니 선생님이 기분이 좋단다."라는 말로 강화하는 것은 단순히 장난감의 정리라는 행동만을 강화하기보다는 그와 관련된 감정을 치료자가 표현함을 통해 아동이 감정을 언어화하는 것을 강화해 준다는 의미에서 중요하다.

③ **토큰경제**

실제적인 보상(돈이나 물건, 음식 등) 대신에 스티커, 표와 같은 상징물을 보상으로 제공하는 것이다. 바람직한 목표행동에 대해 토큰으로 강화를 받아 일정한 정도의 토큰이 모이면 이것을 아동이 원하는 음식이나 물건, 장난감 또는 활동을 할 수 있는 실제의 강화물로 교환한다. 이때 중요한 것은 아동이 목표행동을 수행했을 때 몇 개의 토큰으로 어떤 보상을 받을 수 있는지를 결정하는 일이다. 왜냐하면 너무 많은 수의 토큰을 오랫동안 모아야 한다거나, 아동의 흥미나 관심을 유발할 수 있는 종류의 강화물이 아닐 경우에 아동이 목표행동을 하도록 동기유발하기가 쉽지 않기 때문이다. 토큰경제기법은 좋은 생활습관 기르기, 효과적인 학업습관 갖기 등과 같은 행동을 훈련시키는 데 효과적인 방법으로 알려져 있으며 보호관찰을 요하는 아동이나, 특수교육대상자들에게 자주 사용하는 기법이기도 하다.

④ **모델링**

실제적이든, 비디오를 사용하든, 상상적으로 제시하든 간에 어떤 행동을 시범하는 모델에 노출시키는 기법으로서(이형득, 1993), 새롭게 학습되기를 희망하는 목표행동이나 반대로 소거되기를 바라는 어떤 행동의 대처방법을 치료자가 적절한 시기에 적절한 방법으로 아동에게 모델링을 통해 제시하고 이를 아동이 모방함으로써 치료적 효과를 시도하는 것이다. 이 기법은 공포증의 치료에 효과가 있다고 보고되고 있는데, 단일 치료법이라기보다는 다른 치료방법과 병행하는 것이 바람직한 것으로 알려져 있다(Gimpel & Holland, 2003).

이상에서 살펴본 행동주의적 상담이론은 연구자들에 의해 그 치료적 효과에 대한 증거를 입증하기 위한 보고가 꾸준히 발표되고 있다. 그러나 정신분석치료자들은 행동주의적 상담이 증상의 원인을 치료하는 것이 아니라 피상적으로 증상만을 치료하려고 한다고 비난하면서 행동치료 이론가들이 인간을 하나의 조작 가능한 기계로 생각하며 일단 증상이 치료된다 해도 다른 대치증상(代置症狀)이 나타날 가능성이 있다는 등의 이유를 들어 행동치료의 효과를 의심하고 있다. 이에 대해 행동주의 치료자들은 실험적인 방법을 사용해서 연구해 본 결과, 증상의 대치는 일어나지 않으며, 인간의 기계적 조작이란 행동치료의 방법 때문이라기보다는 치료자의 개인적 자질에 의해서 더 영향을 받는 것이므로 얼마든지 보완될 수 있는 문제라고 주장하고 있다.

행동치료방법은 개별적 치료에서뿐만 아니라 집단치료에도 적용될 수 있으며 기관이나 학교 등에서 효과를 거둘 수 있는 방법으로 각광을 받고 있다. 근래에 이르러 많은 치료자들이 특히 유아기와 아동기 및 청소년기의 부적응행동을 수정하기 위한 목적으로 행동주의 치료의 방법을 사용하고 있다. 그러나 아직도 행동주의 치료방법은 광범위한 대인관계나 사회적 적응의 문제 또는 자아정체감의 문제 등을 가지고 있는 내담자에게는 효과를 보기 어렵다는 문제점을 가지고 있다.

3. 인간중심 상담이론

1942년 로저스(Carl R. Rogers)가 《카운셀링과 정신치료》라는 저서를 발표한 뒤 정서적 문제를 가진 사람에 대한 인간중심적인 접근이 중요한 치료방법으로 대두되었다. 로저스는 초기(1940~1950)에 자기의 상담방법을 비지시적 상담(nondirective counseling)이라고 하였으나, 그 후 내담자중심 상담(client-centered counseling, 1950~1961), 그리고 인간중심 상담(person-centered counseling, 1961~현재)이라고 명명하면서 이 이론을 발전시켰다(Simek-Downing, 1980).

01 인간중심 상담이론의 기본 가정

인간중심 상담이론의 기본 가정은 적절한 환경이 제공된다면 인간은 누구나 스스로 성장할 수 있으며, 자기의 문제를 이해하고 스스로 해결할 수 있는 잠재적 능력을 가지고 있음을 강조한 것이다. 인간중심 상담이론에 기초하여 상담을 하는 전문가들은 흔히 현상학적 이론가 또는 자아이론가라고 지칭하기도 한다. 왜냐하면 자아이론은 개인이 변화하는 경험세계의 중심에 존재하고 있다고 믿기 때문에 개인의 행동을 이해하기 위해서는 개인이 지각하는 경험의 세계를 개인의 내적 참조체제를 통해서 해야 한다고 주장하고 있기 때문이다(Moore, 1989).

로저스(1951)는 그의 저서에서 다음과 같은 인간관을 제시하였다.

① 모든 인간은 자기가 중심이 되는 끊임없이 변화하는 세계 속에서 살아간다.
② 인간은 자기에게 경험되고 지각되는 대로 반응한다.
③ 인간은 현상학적 장에 대하여 체계화된 전체로서 반응한다.
④ 유기체는 스스로를 유지, 고양, 실현시키려는 기본적인 경향성을 가지고 있다.
⑤ 인간행동은 기본적으로 목적지향적이다.

로저스의 이러한 인간관은 인간중심이론의 기초 개념으로 자리잡고 있는데, 여기에서 가장 중요한 핵심개념은 자아와 자아실현을 지향하는 성장이라고 할 수 있다. 자아는 흔히 자아개념이라고 하는, 즉 자기의 능력이나 특징들에 대한 종합적인 견해를 중심으로 하여 구성된다. 따라서 자기를 어떻게 평가하는가 하는 것은 자기가 자기를 어떻게 지각하고 있는가에 의해서 결정된다고 볼 수 있다. 매슬로우(Maslow)에 의하면 인간의 기본적 동기유발동력은 신체적인 욕구를 넘어서서 자아실현이라는 것에 있다고 주장한 바 있다. 이러한 자아실현의 욕구는 개인의 삶에 존재가치를 불어넣어 주며, 자아존중감을 가지게 하고 나아가 생산적인 존재가 되도록 한다. 이러한 과정이야말로 인간의 정신을 건강하게 유지시키는 길이 되는데 로저스는 건강한 인간을 '충분히 기능하는 사람(fully functioning person)' 이라고 하면서 이러한 사람들의 특징으로 다음의 다섯 가지를 제시하였다(Rogers, 1961; 이형득, 1987).

① **경험에 대한 개방성**

충분히 기능하는 사람은 자기의 경험에 대해 개방적인 사람이다. 경험에 대하여 개방적인 사람은 어떠한 경험이나 감정에 대해서도 위협적으로 받아들이지 않기 때문에 방어하지 않고 진정으로 개방할 수 있으므로 모든 경험과 감정, 태도를 있는 그대로 정확하게 인식하고 자유로이 경험할 수 있다.

② **실존적인 삶**

자아와 인성의 구조에서 경직성, 완벽성, 의도성 대신에 유동적인 조직과 자기의 경험속에서 구조의 발견, 그리고 최대한의 적응력을 의미한다. 따라서 충분히 기능하는 사람은 삶의 매 순간을 중요하게 생각하며 충실하게 살아가기 때문에 매 순간이 새롭고 이전과는 다른 것으로 지각하게 된다.

③ **자신의 유기체에 대한 신뢰**

충분히 기능하는 사람은 의사결정을 할 때 타인의 기대나 사회의 규범에 의존하지 않고 자기 자신의 유기체적 경험을 바탕으로 자기가 올바르다고 느껴지는 행동을 하는 것으로 결정한다. 이것은 충분히 기능하는 사람은 실존적인 상황에서 자기의 유기체가 가장 만족스러운 행동에 도달하는 믿을만한 수단임을 알기 때문이다.

④ **자유감**

충분히 기능하는 사람은 자기가 자유로운 선택의 주체로서 기능하며 무슨 일이 일어나든 그 결과에 대한 책임은 자기의 몫임을 믿으면서 자기가 선택한 인생을 자유스럽게 살아가는 사람이다. "내 자신의 행동과 그 결과에 책임을 지는 것은 나뿐이다"라는 내적 감정에 충실하기 때문에 자기가 결정한 선택을 자유롭게 실행할 수 있다.

⑤ **창조성**

충분히 기능하는 사람은 모든 경험에 대해 완전히 개방적이고 자신의 유기체에 대해 신뢰하며 자신의 결정과 행동에 융통성이 있기 때문에 자신이 존재하고 있는 모든 영역에서 창의적인 소산과 삶으로 스스로를 표현하는 사람이다. 사회적 · 문화적 제약에 순응하거나 수동적인 적응을 하기보다는 자신의 문화내에서 자신의 욕구를 충족시키면서 건설적인 삶을 살아가는 경향이 있다.

이상에서 살펴 본 충분히 기능하는 사람에 대한 로저스의 개념은 그의 인간중심 상담에서 인간에 대한 관점과 상담자의 역할에 기초가 되어 반영되고 있다.

02 이상행동의 원인에 대한 관점

개인은 일상생활 속에서 긍정적이든 부정적이든 자기의 어떤 행위에 대한 평가적 피드백을 계속해서 하게 된다. 이러한 긍정적 또는 부정적 자기 평가에는 자기가 자기 자신을 보는 견해뿐만 아니라 타인이 자기를 보는 견해도 매우 중요한 요소로 포함된다. 이론적 입장에서 보면, 부모와 아동이 동일한 가치체계를 가지고 있어서 부모가 중요시하는 상황이나 사건, 또는 사실 등에 관하여 자녀도 생각과 느낌이 일치한다면 아동은 갈등을 가지지 않으면서 부모와 동조할 수 있게 됨으로써 부모로부터 칭찬과 인정을 얻게 되고 이에 따라 아동은 자기에 대한 긍정적인 자아개념을 발달시킬 수 있을 것이다.

그러나 성장 · 발달하는 과정에 있는 아동과 청소년들이 부모와 동일한 가치체계를 언제나 계속해서 유지한다는 것은 거의 불가능하다. 이러한 불일치는 결국 부모의 가치체계를 받아들이지 않는 결과를 초래함으로써 아동은 부모를 기쁘게 해주지 못하게 되고 부모로부터 인정을 받고 긍정적인 피드백을 얻는 대신에 경험 속에서 부정적인 피드백을 자주 받게 된다. 이러한 부정적 피드백의 경험이 지속된다면 아동은 더 자주 갈등과 불안 그리고 긴장을 경험하게 되며 이로부터 자아에 대한 의구심이 생기고 자아존중감을 지키기 위하여 현실을 부정하거나 왜곡된 방어를 함으로써 결국은 경험을 직시하지 못하고 부정확한 현실지각을 하도록 만든다.

요약하면, 인간중심 상담이론에서 보는 아동의 심리적 부적응의 원인은 자아와 현실간에 불일치가 이루어지거나 자아에 대한 지각이 이상적 자아와 일치되지 않을 때 야기된다는 것이다. 즉, 부적응의 핵심은 한편으로는 자아와 또 다른 한편으로는 부모로부터 더 많은 인정을 받으려고 부모를 즐겁게 하기 위하여 노력하는 과정에서 일어났던 다양한 경험들 간의 불일치에 있다는 것이다. 개인은 이러한 불일치를 해결하고 자아존중감에 위협이 되는 요인들과 대면해야 하며 불안을 감소시키기 위하여 여러 가지 자아방어기제를 발달시키게 된다. 그러나 방어기제들은 현실 경험을 왜곡하거나 부정함으로써 결국 현실을 부정확하게 지각하는 결과를 가져오게 된다. 즉, 아동의 이상행동이 나타나는 이유는 여러 가지 긴장들, 방어들, 부적절한 기능들로 인해서 성격의 통합이 이루어지지 못하고 성격이 분열된 것이라고 설명하고 있다(Prochaska, 1979).

03 상담의 방법

인간중심 상담에서 상담의 목적은 자아실현을 향한 개인의 잠재적 가능성에 대한 깊은 신뢰를 바탕으로 개인이 성장 · 발달해 나갈 수 있도록 돕는 것이다. 이러한 상담과정에서 필수적인 것은 상담자의 역할인데, 인간중심 상담에서의 상담자의 역할은 공감적으로 내담자를 이해하며, 내담자의 인격을 무조건적으로 존중하고, 내담자와의 상담관계에서 상담자는 자기가 마음 속으로 내담자에 대하여 느끼는 것과 내담자에게 실제로 보여 주는 표면적인 태도가 일치해야 할 것 등을 기본적인 요소로 강조하고 있다.

(1) 인간중심 상담에서 상담자의 활동

① 상담자는 내담자가 얘기하는 내용과 이에 관련된 감정을 이해하고, 이를 내담자에게 전달해 준다.

② 상담자는 내담자가 표현한 감정을 명료화하며, 요약해 주고 종합한 것을 전달해 준다.

③ 상담자는 내담자가 표현한 감정을 수용하고 존중한다.

④ 상담자는 제스처나 자세, 얼굴 표정뿐만 아니라 언어를 통해서 내담자에 대한 수용과 신뢰감을 표현한다.

⑤ 상담자는 적극적으로 상담상황에 참여하여 예민하게 감정의 뉘앙스를 발견해 내고 필요하다면 내담자에 관하여 상담자가 공감하고 이해한 바를 반영해 준다.

⑥ 상담에서 내담자가 문제해결의 관건을 가지고 있음을 확실히 하며, 자기 자신의 행동을 결정하거나 선택할 권리가 내담자에게 있음을 분명히 한다. 즉, 인간중심의 치료에서 상담자는 내담자를 인간적으로 존중하며, 내담자에 대하여 상담자가 느끼는 감정과 생각을 솔직하게 나타내고, 내담자의 입장에서 내담자의 감정을 반영해 주는 '거울' 같은 역할을 하면서 내담자가 의식적으로나 무의식적으로 외면하고 있던 문제에 주의를 돌려 그 스스로 해결책을 찾도록 유도한다. 따라서 상담과정에서 진단을 한다든가, 무의식이나 꿈을 분석하고 해석하는 등의 활동은 하지 않는 것이 정신분석적 치료방법과 인간중심 치료방법 간의 차이라고 할 수 있다.

(2) 인간중심 상담에서 아동상담을 할 때 중요한 상담의 기법(Nelson, 1972).

① 단순 수용

상담자가 아동 내담자에게 최소의 언어적 반응을 보여주거나 머리를 끄덕임과 같은 비언어적인 반응을 나타내는 방법이다.

아 동 : 아빠와 공원에 갈 계획이었어요.
상담자 : (고개를 끄덕이며) 으응….

② 반 영

상담자가 아동이 표현한 감정이나 태도에 대해서 다른 말로 표현해 주는 방법이다. 아동에게 자기가 한 말을 다시 한 번 들려주었을 때 아동은 자기가 상담자에 의해 이해를 받고 있고 수용받고 있다고 느끼게 된다.

아 동 : 아빠 혼자 가버려서 화가 났어요.
상담자 : 아빠와 같이 가고 싶었는데 혼자 가셔서 화가 났구나.

③ 명료화

상담자는 아동이 한 말이 무엇을 의미하는가를 면밀하게 검토하는 기법으로서 이를 통해 아동이 언어로 설명하기에 어려운 내용을 보다 명확하고 구체적이 되도록 돕는다.

아 동 : 명식이 엄마도 학교에 오셨고, 영희 아빠도 학교에 꽃을 가지고 오셨어요. 선생님은 명식이 엄마 그리고 영희 아빠와 웃으면서 이야기 하셨어요. 우리 엄마 아빠는 학교에 안 오셨어요. 바빠서 못 오신대요.
상담자 : 학교 친구들의 부모님들이 선생님을 만나러 오셨는데 너의 부모님이 못 오셔서 섭섭했던 것 같구나.

④ 요 약

아동이 얘기한 내용의 중요한 부분을 줄여서 요약해 주는 기법으로서 아동이 표현한 여러 가지 생각과 감정, 경험들의 초점을 맞추는 데 유용하다.

아 동 : 아빠가 오시면 공원에도 데리고 가고 영화관에도 데리고 가세요. 공원에는 나무도 있고 새도 있고, 꽃도 있는데 나는 장미꽃을 좋아해요. 장미가 몇 그루 있나 세어 보지요.
상담자 : 아빠와 함께 있으면 여러 가지 재미있는 일을 함께 할 수 있다고 생각하는구나.

⑤ 직면하기

상담자가 상담의 과정에서 발견된 아동의 모순된 진술(예: 이전에 얘기한 내용과 지금 얘기 하고 있는 내용이 일치하지 않고 모순될 때)이나, 왜곡된 거짓 내용 등에 아동이 직면하게 하는 기법으로서 비판적이거나 힐난, 또는 비꼬는 방법이 아니라 상담자의 관심을 표현하면서 부드럽게 아동이 깨닫게 만드는 데 도움이 된다.

아　동 : 어제 아빠가 오셔서 식당에 가서 저녁을 먹고 함께 마당에 나가 놀았어요. 아빠가 오시면 시간을 뺏겨서 싫어요.
상담자 : 네가 얘기하는 것을 들으니 아빠는 너를 사랑하시고 너와 함께 무엇인가를 하고 싶어 하시는 것 같아. 너도 아빠와 함께 무엇인가 하는 것을 좋아하고 아빠와 함께 가족이 같이 사는 것을 원하는 것 같은데…. 네 생각은 어떠니?

⑥ 자기노출

아동이 자기자신을 더 잘 이해할 수 있도록 돕기 위해서 아동과 유사한 상담자의 경험이나 생각들을 아동에게 이야기해 주는 기법이다. 상담자가 솔직하고 정직하게 자기의 유사한 감정과 생각을 노출시키는 것은 아동에게 도움이 된다.

아　동 : 아빠가 원한다면 지금이라도 같이 살 수 있어요. 나도 착한 아이가 될 거에요.
상담자 : 나도 우리 부모님이 이혼하셨을 때 그런 생각을 한 적이 있었어. 내가 정말 착하고 공부를 잘 하는 아이였다면 부모님이 이혼을 하지 않으셨을 거라고 생각했었지.

⑦ 개방적 질문

상담이 진행되는 동안 아동이 이야기 하고 있는 사건이나 감정, 생각, 경험 등에 관하여 좀 더 깊이 있게 탐색하기 위한 목적을 가지고 질문을 하는 기법이다. 개방적 질문들은 아동이 자기 자신을 이해하는 데 도움이 된다.

아　동 : 아빠는 집에 오시면 엄마하고 싸움을 자주 하세요.
상담자 : 엄마와 아빠가 언쟁을 하면 너는 어떤 마음이 들었니?

⑧ 침 묵

침묵은 아동이 이야기한 내용에 대하여 상담자와 아동이 나름대로 생각할 시간을 가지는 기법이다. 이 방법은 상담자가 아동이 정말로 하고 싶어 하는 이야기를 하도록 기다려 주는 기회가 될 수 있으며 또 아동이 자기의 생각이나 감정을 정리하는 시간을 가지는 기회로 사용될 수 도 있다.

아　동 : (침묵)
상담자 : (침묵하면서 기다려 준 후) 마음이 상하는 이야기를 하기란 어려운 일이지.

인간중심 상담은 앞에서 살펴본 것과 같이 내담자의 인격을 존중하고 그의 잠재 가능성을 철저히 믿는 데에서 상담관계가 출발하므로 상담자는 무엇보다도 이러한 기본 철학을 충분히 이해하고 자기의 것으로 소화하는 것이 매우 중요한 요건이 된다.

인간중심의 상담은 성격장애와 같은 심각한 정신적 문제를 가지고 있는 아동뿐만이 아니라 학교상황에서 학생들이 당면하는 여러 가지 문제를 해결하도록 돕는다든가, 심하게 왜곡되지 않은 정서장애문제를 해결해 보려는 학교 상담자들에게 널리 알려져 사용되고 있다.

4. 인지-정서 상담이론

정신분석이론이나 인간중심이론은 그 중심을 감정, 정서에 두면서 이를 통하여 문제행동을 해결하도록 강조하였던 데 비하여 인지적 상담이론의 중심은 새로운 개념, 사고, 신념, 정보제공 등을 통하여 보다 합리적인 문제해결을 돕는 이론이다. 다음에서는 인지적 이론 중 엘리스(A. Ellis, 1979)에 의하여 제창된 합리적-정의적 치료(rational-emotive therapy, RET)의 이론을 간단히 소개하려고 한다.

01 합리적-정서적 치료의 기본 가정

엘리스는 인간의 심리적 고통은 대부분이 비합리적인 정서적 반응 때문에 생긴다고 보았다. 그는 노이로제나 여러 가지 유형의 부적응적 행동이란 비합리적이고 비현실적이며, 비논리적이고 융통성이 결여된 사고에 의하여 생긴다고 주장하였다. 물론 인간의 감정을 무시하는 것은 아니나 감정은 일시적이고 순간적이므로 신념에 의해서 지원받지 못할 경우에는 오래 지속될 수 없다고 보았다.

이러한 입장에서 볼 때, 인간의 심리적인 문제는 사고, 상념, 신념과 같은 인지적인 특성에 관련된 문제가 된다. 따라서 상담의 목적은 비논리적이고 비합리적이며 비현실적인 상념에 근거를 두고 있는 적개심, 분노, 죄책감, 불안을 제거 또는 감소시킴으로써 그릇된 상념을 현실적이고 합리적으로 재교육하는 것이라고 하였다.

엘리스는 인간들이 가지고 있는 열한 가지의 비합리적인 신념을 다음과 같이 제시하였다.

① 비합리적 신념 I : 모든 인간은 자기가 살고 있는 지역에 있는 거의 모든 중요한 사람들로부터 사랑받고 인정받아야 한다.

② 비합리적 신념 II : 인간이 스스로를 가치 있다고 간주하려면 모든 영역에서 빈틈없이 유능하고 적절하며 성공을 거두어야 한다.

③ 비합리적 신념 III : 어떤 사람은 나쁘고 사악하거나 악덕하기 때문에 이러한 사람들은 그들의 죄과에 대해 엄중하게 문책을 받거나 벌을 받아야 한다.

④ 비합리적 신념 IV : 세상 일이 사람들이 원하는 대로 되지 않는다는 것은 끔찍스럽고 비극적인 일이다.

⑤ 비합리적 신념 V : 인간의 불행은 외적 조건에 의해서 생기는 것이며, 인간은 자신의 비극이나 장애를 극복할 수 있는 능력을 가지고 있지 못하다.

⑥ 비합리적 신념 VI : 만일 위험하거나 두려운 일이 실제로 있거나 가능성이 있을 때, 이에 대해 커다란 관심을 가져야 하며 늘 유념하고 있어야 한다.

⑦ 비합리적 신념 VII : 삶의 어려움이나 자기의 책임은 직면하기보다는 회피하는 편이 더 쉽다.

⑧ 비합리적 신념 VIII : 인간은 다른 사람에게 의지해야 하며, 따라서 의지할 수 있는 강력한 사람이 필요하다.

⑨ 비합리적 신념 IX : 인간의 과거는 인간의 현재 행동을 결정하며, 한 사람의 삶에 큰 영향을 준 사건은 계속해서 비슷한 영향을 미치게 된다.

⑩ 비합리적 신념 X : 인간은 다른 사람의 문제나 곤란에 대해 온갖 신경을 다 써야 한다.

⑪ 비합리적 신념 XI : 인간의 문제에는 언제나 바르고 정확하고 완전한 해결책이 있으며, 만약 이 해결책을 찾지 못한다면 이는 무척 비극적인 일이다.

02 이상행동의 원인에 대한 관점

엘리스에 의하면, 이상에서 보여준 열한 가지의 비합리적인 상념들은 인간이 태어나서 어렸을 때부터 부모에게서 배우게 되며 학교나 이웃, 친구, 사회 등에 의해서 계속 강화됨으로써 결국 정서적 장애를 유발하는 주요인이 된다고 한다. 특히 다음과 같은 세 가지의 비합리적 신념들이 문제 행동을 유발하는 핵심 요인들이라고 주장하였다(Ellis, 1977).

(1) 요구하기

요구하기(demandingness)는 거의 모든 정서장애의 핵심요인이 된다. 왜냐하면 단순히 원하거나 선호하거나 하는 사람은 그 소원이 아무리 강하다고 해도 이루어지지 않았다고 해서 불안, 우울, 죄책감, 무가치감 등의 부정적이고 파괴적인 정서를 야기할 만큼의 상처를 받는 경우는 드물기 때문이다. 반면에 자기가 원하는 것은 반드시 가져야만 한다고 믿는 사람의 경우는 이것이, 즉 자기가 원하는 것이 자기의 삶에서 절대적으로 필요한 것이라고 스스로를 납득시키고 믿고 있기 때문에 요구가 이루어지지 않았을 경우 상처를 받게 된다. 이러한 요구들은 '나는 반드시 잘해야 한다', '나는 반드시 인정을 받아야 한다', '사람들은 다 나에게 잘 대해 주어야 한다'는 믿음에서 출발한다.

그러나 이러한 요구들은 '나는 특별한 존재이고 특별한 대접을 받아야 하는 사람이며 내가 원하기 때문에 나는 반드시 가져야 한다'는 식의 비논리적이고 비합리적이며 경험적으로 증명될 수 없는 자기중심적인 사고에서 나온 것이다. 따라서 이러한 요구들은 일반적으로 성공적으로 충족되지 못함으로써 정서적으로 좌절되고 더 나아가 정서장애의 문제가 발생하게 된다.

(2) 불쾌감 갖기

불쾌감 갖기(awfulizing)는 정서장애를 유발하는 두 번째 주요 이유가 된다. 왜냐하면 어떤 일이 반드시 어떤 형태로 이루어져야 한다고 생각하는 비합리적인 신념을 가지고 있는데 그렇게 이루어지지 않을 때 '끔찍하고', '비참하고', '불쾌한' 것이 되기 때문이다. 또한 한 가지 일에서 실패를 하거나 부정적인 경험을 하게 된다면 세상의 모든 일이 잘못되거나 부정적인 것이라고 인식하는 잘못된 신념을 가지기 때문에 정서적으로 문제를 가지게 되는 원인이 된다.

(3) 자기평가

자기평가(self-rating)는 직 · 간접적으로 다양한 형태의 정서장애와 관련이 된다. 비합리적인 신념을 가진 사람은 자기평가 역시 "반드시… 해야 한다"라는 비합리적인 신념에 기초하여 하기 때문에 논리적이지 못하다. 따라서 일단 '나쁜' 사람으로 평가된다면 계속해서 '나쁜' 사람이며 한 영역에서만 '나쁜' 것이 아니라 그와 관련된 거의 모든 다른 영역에서도 '나쁜' 사람으로 평가된다는 모순점을 가지고 있다.

이러한 합리적-정서적 상담이론에서는 이상의 세 가지 주제들이 아동기 정서장애와 행동 이상의 중요한 원인적 요소로 작용하고 있다고 주장하고 있다. 엘리스는 부정적 정서에 영향을 주는 비합리적 사고의 순환을 〈그림 2-1〉과 같은 도표로 설명하였다(Ellis, 1977).

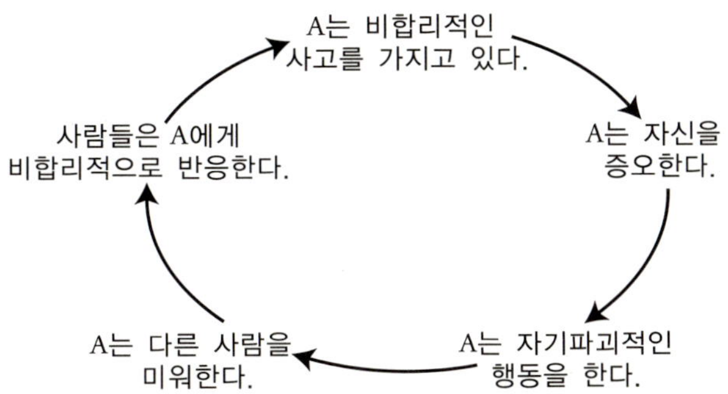

그림 2-1 ● 비합리적 사고의 순환

그림에서 보여주는 바와 같이 비합리적 사고는 자신을 증오하게하며 이는 자기파괴적인 행동을 낳고 결과적으로 다른 사람을 미워하며, 이로 인해 다른 사람은 자신에 대해 비합리적으로 반응하고 그러므로 다시 순환이 시작된다는 것이다(김영숙 · 이재연, 1993).

03 상담의 방법

합리적-정서적 상담이론에서 상담자의 역할은 내담자에게 심리적인 문제가 왜곡된 지각과 비합리적인 신념 때문에 생긴다는 점을 보여 주고 이러한 지각과 신념을 합리적이고 현실적이며 논리적이고 융통성 있는 신념으로 재조직하도록 교육하는 것이다(Ellis, 1975).

(1) 상담자가 진행시키는 A, B, C, D기법

① A(Activating event or experience) : 앞서 일이 일어났던 사건이나 현상, 즉 선행사건이다.
예 나는 시험에서 실패했다.

② B(Belief) : 활동유발사실에 대한 신념이다. 이 신념은 합리적일 수도 있으며 비합리적일 수도 있다.
비합리적 신념의 예 나는 시험에 떨어졌다. 시험에 떨어진다는 일은 있을 수 없다. 나는 실패한 인간이다.

③ C(Consequences) : 활동유발사실에 대한 생각의 결과이다.
비합리적-정서적 결과의 예 우울하다. 선생님이 밉다. 친구들이 나를 비웃는다. 친구들을 보기가 싫다.

④ D(Dispute) : 위의 ABC에서 보여준 내담자의 비합리적 신념과 정서적 결과들을 상담자가 논박하는 것으로서 이러한 비합리적인 신념과 정서들이 아무런 합리적 근거가 없음을 밝히는 상담의 과정이다. 주로 내담자의 비합리적인 신념에 대한 의문문, 예 왜 두려운가?, 왜 선생님이 미운가?, 왜 그러한 일이 일어났는가? 등의 형태로 제기된다

(2) 합리적-정서적 상담기법의 단계

① 제1단계 : 내담자의 어떤 행동, 감정, 사고가 비논리적이라는 것을 지적해 주고, 어떻게 해서 그렇게 되었는지를 이해하도록 도와 준다.

② 제2단계 : 내담자의 현재 문제 상황을 만들어 낸 원인은 그가 현재 가지고 있는 비논리적 신념 때문이며, 이것은 결코 생애 초기에 있었던 엄청난 어떤 사건(外傷)의 계속적인 영향이 아님을 알게 한다.

③ 제3단계 : 내담자가 그의 비합리적 신념을 변화시키고 포기하게 한다.

④ 제4단계 : 내담자의 특정한 비논리적 신념을 다루는 것에서 더 나아가 인생의 좀 더 일반적인 상념과 신념을 고려함으로써 비합리적인 신념을 재고려하도록 한다.

엘리스는 상담자의 역할을 치료라기보다는 교육, 가르치는 것(teaching)에 더 가깝게 보면서 필요하다면 직접적인 설명, 설득 또는 논쟁까지도 상담의 기법으로 광범위하게 적용하고 있는 것이 특징이다.

이상에서 간략하게 현대 상담학에서 영향을 끼치고 있는 중요한 이론을 네 가지로 나누어서 살펴보았다. 이러한 상담이론들은 각각의 독특한 치료과정과 방법을 가지고 실제의 치료와 상담을 진행시키고 있다. 그러나 각 이론에서 중요한 것은 상담자가 인간의 본성을 어떻게 보느냐 하는 문제일 것이다. 자기의 문제를 스스로 해결할 수 있는 잠재력을 가진 인간의 능력에 대한 신뢰감에서 상담, 심리, 치료를 출발하느냐, 아니면 문제를 해결해 나가기 위해서는 외부의 힘에 의존해야 하므로 보다 적극적으로 상담자가 내담자에게 영향을 주고 문제를 해결해 주어야 한다는 입장에서 상담을 하느냐 등의 인간관이 문제가 될 것이다.

이러한 인간에 대한 철학적 관념은 실제의 상담과 심리치료방법에 커다란 영향을 주게 된다. 따라서 상담자는 피상적인 상담의 이론 자체에 얽매이는 것보다는 스스로 자기의 철학적 인간관에 입각한 자기 자신의 독특한 상담방법을 찾아 나가는 것이 중요하다.

Child Counseling

PART II

아동상담의 과정

Chapter 3 준비과정
Chapter 4 평가과정
Chapter 5 사례개념화와 상담계획
Chapter 6 상담과정

3

준비과정

아동을 상담하기 위해서는 몇 가지의 과정을 거치게 된다. 이론적인 틀에 따라 달라질 수 있지만, 여기에서는 크게 준비과정, 평가과정, 상담계획 및 상담과정으로 나누어 살펴보고자 한다.

이 장에서는 아동과 본격적인 평가 및 상담을 들어가기 이전에 준비해야 하는 사항들에 대해 논의할 것이다. 우선 아동과의 상담에서 가장 중요하게 고려해야 하는 것은 상담이 이루어지는 물리적인 시설에 관한 것이다. 성인과의 상담에서는 단순한 상담사무실로도 충분히 상담을 할 수 있지만 아동은 언어적인 표현능력이 아직까지는 미숙하고, 발달에 따른 인간존재로서의 독특성을 고려해야 할 필요가 있다.

1. 상담소의 물리적 환경구성

아동상담을 위해 가장 기본적으로 갖추어야 하는 물리적 환경은 상담소 시설과 비품 마련이다. 아동상담실의 내부 시설과 비품, 기구 마련은 물론 실내디자인에 이르는 물리적 환경은 치료적 효과가 충분히 발휘될 수 있도록 여러 가지 면을 고려하여야 한다. 상담실의 물리적 환경이 잘 준비되면 될수록 아동은 좀 더 상담에 참여하기 수월하게 된다. 상담자는 성공적인 상담을 위해 환경에 대한 기본사항을 잘 고려한 후 상담실을 준비해야 한다(김춘경, 2004).

01 상담실의 배치와 디자인

아동상담실을 구성할 때 가장 중점을 두어야 할 것은 안전함과 비밀보장이다. 또한 아동이 편안하고 편리함을 느낄 수 있도록 구성해야 한다. 안전함은 아동과의 상담에서 가장 중요하게 고려해야 할 사항으로, 만약 아동이 상담소에서 안전감을 느끼지 못하면 상담은 불가능하다고 할 수 있다. 어떤 공간을 상담실로 배치하느냐는 안전성 보장에 있어서 중요하다. 보통은 상담소 건물이 독자적으로 마련되어 있기보다는 대형 건물이나 학교 건물 내에 상담소가 있다. 이는 안전감을 보장하는 면도 있지만, 다른 한편으로는 사생활과 비밀보장을 손상시킬 수 있다. 상담소 방문이 많은 사람들에게 노출되는 것은 안전감을 해칠 수 있기 때문이다. 또한 상담실 내부에 화장실이나 수도 시설이 없는 것도 사생활 보호에 대한 도전이 될 수 있다.

개인 아동상담에 적절한 상담실의 크기는 11~14m^2 정도가 가장 좋고, 집단상담을 위해서는 23~28m^{2}가 적당하다고 한다(Brems, 2002). 너무 커다란 방은 너무 작은 방만큼이나 관리하기가 어렵다. 특히 집단상담의 경우 아동들이 감정을 발산할 수 있는 개인적 공간이 필요하기는 하지만, 너무 큰 공간에서는 아동들이 이곳저곳 돌아다니기 때문에 피하는 것이 좋다. 너무 커다란 방과 너무 작은 방 중에서 선택해야 한다면 차라리 작은 방이 수용하기가 더 쉽고, 분위기가 대체적으로 따뜻하며, 자기노출에 도움이 된다. 그러나 아동들을 너무 제약하는 좁은 방은 아동의 움직임을 방해할 수 있기 때문에 활동에 적당한 공간이어야 한다.

상담실의 창문도 고려해야 할 대상이다. 창문은 협소한 공간을 넓게 보이게 하는 효과는 있지만, 주의산만을 초래할 수도 있다. 창문이 없는 방은 주의산만을 최소화시킬 수 있으나, 닫혀져 있어서 답답하고 위협감을 느끼게 할 수도 있다. 이 문제는 필요에 따라 내리거나 올릴 수 있는 블라인드를 창문에 설치하면 해결할 수 있다. 블라인드는 주의산만을 차단할 뿐 아니라 사생활과 비밀유지를 위해 유용하다. 특히 상담소가 1층에 있거나, 밖이 어두워 방에서의 활동이 눈에 띄기 쉬울 때 더욱 그렇다.

아동상담실의 바닥은 안전하고 쉽게 청소가 가능한 것이 좋다. 세균방지 카펫이나 마루, 또는 부드러운 비닐장판을 바닥의 전체 또는 부분에 깔아 놓는 것이 좋다. 딱딱한 타일은 사고를 일으킬 수 있고, 싸늘한 느낌을 주기 때문에 피하는 것이 좋다. 벽 또한 청소가 가능한 소재가 좋고, 색상은 마음을 밝게 해주는 밝은색이 좋다.

상담실에 싱크대가 설치되어 있으면 여러모로 유용하다. 특히 미술활동이나 모래놀이를 할 때는 더욱 필요하다. 그러나 수도시설이 없는 상담실에는 깨끗한 물을 담은 플라스틱 물통을 대신 사용해도 무방하다.

02 대기실의 배치와 디자인

상담실뿐 아니라 대기실에 대한 배려도 있어야 한다. 대기실은 아동을 환영하는 분위기로 만들어야 하고, 아동에게 적당한 크기의 가구와 간단한 활동도구들 그리고 아동용 책과 잡지가 구비되어 있어야만 한다. 대기실의 아동들이 상담실에 있는 아동들의 치료를 방해하지 않도록 방음이 잘 되어 있어야 한다.

대기실은 아동들뿐 아니라 아동을 기다리는 부모들이 사용한다는 것을 명심해야 한다. 아동들은 물론이고, 기다리는 부모들을 위해서도 사생활이 보장되어야 한다. 상담하는 동안 대부분의 부모 또는 보호자는 대기실에서 기다린다. 대기실이 상담실에 너무 가까우면 아동상담에 방해가 되거나 부모들의 걱정을 초래할 수 있다. 방음이 잘 안 되어서 상담실에서의 이야기가 대기실까지 새어나간다면 비밀보장이 되지 않기 때문에 상담에 방해가 될 수 있다. 또한 대기실을 유리문으로 하여 대기아동들을 개방시키는 것도 안전감을 낮추게 된다.

03 가구배치

상담소 내 최적의 위치에 상담실이 배치되면 거기서 사용될 비품과 가구, 장비들에 관해 신경을 써야 한다. 상담실은 아동들이 안전하고 환영받는다는 느낌이 들도록 장비가 갖추어지고 배치되어야 한다. 가구들은 단순하면서도 조화를 이루어야 하며, 상담도구들은 깨끗하면서도 간단한 것이 좋다.

방에는 아동과 상담자를 위해 최소한 2개 이상의 의자와 아동용 탁자가 필요하다. 만약에 아동집단을 방 안에서 지도한다면 탁자나 여분의 의자가 필요하다. 방의 벽을 따라 3~5단짜리 상담도구 정리장을 비치하면 도구들 보관에 유용하다. 정리장은 문이 있는 것과 없는 것을 사용할 수 있는데 낮은 것이 안전하다.

높은 키의 정리장은 높은 곳의 선반까지 손이 닿지 않는 아동들이 선반 위로 기어오르려 하기 때문에 위험할 수 있다. 정리장들의 비품은 모든 연령대의 아동들이 쉽고 자유롭게 접근할 수 있어야 한다. 간단해 보이는 것이지만, 비품선택 권한을 자유롭게 주는 것은 아동에게 자율성과 창조성을 제공할 수 있고 아동을 믿고 맡긴다는 의미를 전달할 수도 있다.

2. 상담도구의 선택

아동상담에서는 아동과의 관계를 촉진시키고, 아동의 생각과 감정을 표현하도록 격려하며, 상담자가 아동의 세계에 대해 통찰을 얻고, 아동에게 현실검증의 기회를 제공하기 위해서 상담도구를 사용한다.

01 상담도구의 선택기준

(1) 자기-표현

상담도구는 아동이 자신의 자기-표현을 촉진시키는 데 도움을 줄 수 있는 도구이어야만 한다. 따라서 여러 가지 감정을 드러낼 수 있도록 구성되어 있어야 한다. 예를 들어, 아동의 분노표출을 위해 놀이치료실에는 총, 칼, 활 등의 무기재료 등을 준비해 놓고, 미술치료실에는 찰흙과 같은 다양한 매체들을 준비해 둔다.

(2) 창의성

상담도구는 아동이 그 도구에 자신의 창의적인 욕구를 표출할 수 있는 특성을 지니고 있어야 한다. 특히 아동의 경우는 자신의 내면에 존재하는 활발한 창의적인 사고가 그대로 상담의 도구에서 발휘될 수 있도록 창의성을 자극해야 한다. 이런 창의적인 활동을 통해 자신의 숙련감을 느낄 수 있고, 이것은 자아존중감과 연결될 수 있는 역할을 하게 된다.

(3) 사회적 동의

상담도구 선택에 있어서의 사회적 동의는 제시된 도구들이 사회적으로 인정될 수 있고 받아들여질 수 있는 도구들인지를 고려해야만 한다는 것을 의미한다. 예를 들어, 아동의 공격성을 표출할 수 있는 도구라 하더라도 실제로 위험할 수 있는 도구들은 선택되지 않아야 한다는 것 등이 포함된 내용이라고 할 수 있다.

(4) 다양성

아동상담에서 가장 중요한 것 중 하나는 아동의 언어적인 특성이 성인처럼 발달되어 있지 않기 때문에 아동의 내면에 있는 것들을 밖으로 펼칠 수 있는 다양한 매체를 활용해야 한다는 것이다. 이러한 매체들은 아동의 여러 가지 활동들을 자극하면서 내면의 상태를 드러낼 수 있도록 하는 데 도움을 줄 것이다. 최근에는 이러한 매체들을 활용한 기법들이 다양하게 제시되고 있다. 예를 들어, 놀잇감을 주로 사용하는 놀이치료, 미술활동매체들을 주로 사용하는 미술치료, 음악매체를 주로 활용하는 음악치료, 모래를 활용하여 활동을 이끄는 모래놀이치료, 이야기나 시 등을 이용하는 문학치료, 극적인 요소를 통해 상담을 진행하는 심리극 등 다양한 기법들이 사용되고 있다.

(5) 안전감

아동상담에서 매체를 활용할 때 가장 먼저 고려해야 할 것이 아동이 안전감을 느낄 수 있도록 해야 한다는 것이다. 물론 상담실의 분위기부터 안전감을 느낄 수 있도록 구성되어야 하겠지만, 매체 또한 아동의 안전감을 충분히 고려하여 활용되어야만 한다는 것이다.

(6) 치료적 가치

상담에서 매체를 활용하고 선택할 때 가장 중요하게 고려되어야 하는 것은 그 도구가 치료적인 효과가 있느냐 하는 여부일 것이다. 예를 들어, 놀이치료 시에 어떤 종류의 놀잇감을 선택하느냐 하는 것은 상담의 성패에 매우 중요한 역할을 할 것이다. 따라서 놀이치료실에서 쓰는 놀잇감의 종류를 간단히 살펴보면 다음과 같다.

① 현실적인 놀잇감

현실생활을 나타내 줄 수 있는 놀잇감으로는 아기인형, 구부릴 수 있는 가족인형, 인형집, 인형가구, 소꿉놀이세트, 전화기, 차 · 트럭 · 비행기와 같은 운송수단 놀잇감 등이다. 아동들이 집에서 일어난 상황을 실연시키기 위해서는 각각 이러한 대행적인 자료들이 필수적이다. 특히 중요한 것은 인형집과 소꿉놀이 세트이다. 아동들은 가족의 문제를 빈번히 이러한 놀잇감을 통해 재연할 것이다. 심지어 어려움이 있음을 부정하는 아동조차도 구부릴 수 있는 가족인형을 가지고 다양한 가족구성원 사이에서 실제로 일어난 것을 상담자에게 보여 줄 것이다.

가족구조나 형제자매 간에 문제가 있는 아동들은 오랫동안 인형의 집에 있는 가구들을 재배열하는 데 많은 시간을 보낼 것이다. 생활이 곤란한 처지에 있다고 느끼며 또한 견딜 수 없는 상황으로부터 도망갈 수 없는 아동들은 상징적으로 운반수단 놀잇감을 사용할 것이다. 아동들은 의사소통수단으로써 전화기를 사용하는데, 직접적으로 드러내는 것이 두려워 털어놓지 못했던 것을 전화기를 사용해서 상담자에게 말할 것이다. 때때로 아동들은 생활 속에서 다른 사람과 의사소통하는 상황을 이런 전화기를 통해 재연하기도 한다.

② 공격적인 놀잇감

공격적인 놀잇감은 필수적인 상담도구로써 아동이 상징적인 방식으로 공격성을 표현하는 데 사용할 수 있다. 아동뿐 아니라 모든 인간이 분노, 공격성, 두려움을 느낀다. 상담은 안전한 환경 속에서 아동들의 공격적 감정을 표현할 수 있는 장소를 제공하고 아동이 그러한 감정을 언제, 어떤 식으로 노출하고 통제하는지를 배우도록 한다. 공격적인 놀잇감은 공격성을 증가시키고 적개심을 불러일으킬 것이라는 의견도 있으나 실제 그런 경우는 거의 없다.

공격적인 놀잇감으로는 권총집이 있는 권총, 고무로 만든 칼, 총이나 다른 시끄러운 소리를 내는 무기, 화살총, 수갑, 군인 같은 것들이 포함된다. 권총과 고무칼을 가지고 놀면서 아동들은 그들이 위험에서 자기 자신을 방어하고, 그들을 위협하는 사람들과 적에게 공격하는 공상을 할 수 있다. 아동은 모든 공격적인 종류의 놀이, 구출 시나리오, 방어적인 공상들, 위험한 상황에서 도망가는 상상을 하는 데 펀치백과 군인 놀잇감을 사용하기도 한다.

③ 무서운 놀잇감

무서운 놀잇감으로는 괴물, 거미, 벌레, 들쥐, 뱀과 같은 놀잇감이 있다. 아동들은 이러한 놀잇감을 가지고 그들이 두려워하는 것과 악몽을 실연할 수 있다. 그들은 이러한 무서운 것들이 그들을 위협하기 전에 두려움들을 공격하고 패배시킬 수 있다. 예를 들어, 빈번히 성학대를 받았던 아동은 다양한 두려움과 공상을 실연하기 위해서 뱀을 사용할 수 있다. 가장 좋은 뱀 놀잇감은 비틀 수 있고, 잡아늘일 수 있으며, 주름을 잡을 수 있고, 다르게도 쉽게 조작할 수 있는 유연한 고무로 만든 뱀이다. 이런 유연한 타입의 뱀은 아동들이 마음대로 조정할 수 있고, 그들에게 일어난 일을 자유롭게 표현할 수 있게 해준다.

④ 표현적 · 창의적인 놀잇감

상담실에는 아동의 창의력과 상상력을 표현하게 하는 놀잇감이 있어야 한다(Landreth, 1991). 이 범주에 속하는 놀잇감들은 크레용, 종이, 가위, 플레이도우나 점토놀이, 연필, 매직펜류, 테이프, 풀, 핑거페인트, 수채물감, 템페라와 같은 미술재료가 포함될 수 있다. 상담자는 아동들이 자신의 감정을 표현하고 가족의 역동을 탐색하며 학급에서의 상호작용을 살펴보고, 새로운 기술을 실행하며 자아존중감을 갖도록 하기 위해 이러한 미술재료들을 이용할 수 있다.

여기에는 아동들이 흉내내거나 변장하는 데 사용할 수 있는 평범한 작은 마스크, 모자, 지갑, 굽이 높은 구두, 보석 등의 놀잇감도 포함된다. 이 범주에는 퍼펫이 또한 포함될 수 있다. 아동들은 다른 인물의 퍼펫을 사용하여 학교와 집의 상황을 나타내는 시나리오를 재연할 수 있다. 직접 자신을 표현하는 것을 두려워하는 아동들은 그들의 사고와 감정을 말로 표현하는 데 퍼펫을 사용할 것이다(김춘경, 2004).

(7) 상징적 가치

아동이 상담도구를 통해 어느 정도 자신의 문제를 상징화할 수 있는지가 상담도구를 선택할 때 고려해야 한다. 상담도구를 통해 보이는 아동의 내면의 것들에 대한 상징적 가치는 상담에서 매우 중요하게 다루어져야 하는 부분이며, 상담효과를 높일 수 있는 중요한 작업이 될 것이다. 아동이 보이는 상징을 잘 해석하고 활용하는 것이 그만큼 중요하다는 것을 말하는 것이다. 따라서 상담도구를 선택할 때 아동의 문제와 관련하여 중요한 핵심문제가 잘 드러나고 상징화될 수 있도록 도움을 줄 수 있는 도구를 선택하는 것이 중요하다.

(8) 상담자의 욕구

상담 시 중요하게 고려해야 할 것 중 하나는 상담자의 욕구에 대한 부분이다. 상담할 때 상담자의 욕구가 어떻게 일어나고 어떤 역동이 일어나는지를 잘 살피는 것이 상담자의 중요한 역할 중 하나이다. 따라서 상담도구를 선택할 때 상담자의 욕구를 스스로 잘 살펴 상담에 영향을 미치는 부분을 충분히 관찰할 필요가 있다.

02 다양한 매체와 활동의 활용

아동은 자신의 문제, 생각, 감정을 말로 표현하기 힘들고 대화만으로의 만남은 곧 지루해하고 싫증을 낸다. 따라서 아동상담에는 아동이 이야기를 할 수 있도록 하는 다양한 매체와 활동이 도입되어야 하며, 상담자는 이것을 치료적 효과를 가져올 수 있는 방식으로 다룰 수 있어야 한다. 언어적 상담기술과 매체가 함께 사용될 때만이 아동이 그들의 이야기를 매체에 투사하면서 자신들의 감정과 만나고 이를 표현할 수 있게 된다.

매체와 활동의 도입은 다음과 같은 효과를 얻을 수 있다.

첫째, 아동이 상담회기 동안 하고 있는 것에 대해 이야기하게 한다.
둘째, 아동이 현재 상담 안에서의 경험과 과거의 생활사건을 관련짓도록 돕는다.
셋째, 아동이 정서적으로 미해결된 문제를 탐색하도록 돕는다.
넷째, 아동이 감정을 충분히 경험하고 표현하도록 돕는다.
다섯째, 아동이 억압된 감정에 접근할 수 있도록 돕는다.

매체와 활동 그 자체가 위와 같은 치유적 힘을 갖는 것은 아니다. 매체가 치유적 힘을 발휘하기 위해서는 상담자의 역할이 필요하다. 상담자는 매체의 본질적 속성을 이해하고 아동의 개인적 문제, 아동과 이루어야 할 상담의 목표, 아동의 욕구와 능력에 맞게 매체를 선택하여 치유적으로 활용할 수 있는 능력을 갖추어야 한다. 이러한 능력은 오랫동안 다양한 상담의 경험을 통해 상담자 스스로 매체의 치유적 힘을 경험해 가면서 쌓을 수 있다.

아동상담에 일반적으로 도입된 매체들에는 가상놀이 도구, 상징놀이 도구, 조작적 놀잇감, 미술활동 재료, 작은 모형의 사람과 동물, 점토, 부드러운 천 인형, 치료용으로 개발된 각종 게임, 다양한 이야기책, 모래상자, 각종 지필자료 등이 있다. 이러한 매체들은 매체의 본질적 속성에 따라 다음의 4가지 범주로 분류될 수 있다.

(1) 개방적이고 확장적인 매체

아무런 제약이나 경계없이 표현의 자유를 줄 수 있는 매체들이다. 유연하고 유동적이며 촉각적 요소를 경험할 수 있게 해주는 매체들도 이에 속한다. 예를 들어, 상징적 가상놀이는 비구조적 이야기를 만드는 과정에서 아동이 원하는 변화를 만들어 가며, 핑거페인팅이나 점토 등은 촉각적 요소를 경험하게 하고 완성을 위해 특정기술이 필요하지 않기 때문에 아동은 실패의 경험을 하지 않아도 된다.

(2) 기능적이고 조작적인 매체

세부적인 것에 주의를 기울이며 작업하면서 기대하는 결과물을 만들어 내야 하기 때문에 아동에게 다소의 긴장감과 함께 도전감을 경험하게 한다. 블록놀이의 종류들이 이에 속할 수 있다.

(3) 친숙하고 안정적인 매체

단순 반복적이고 전형적인 놀이경험을 제공해 주는 매체들이다. 아동은 매체를 사용하면서 안정감을 느끼고 무엇인가 예측할 수 있는 기회를 갖는다. 예를 들어, 대부분의 아동들은 상징적 가상놀이를 하면서 이미 친숙한 주제를 반복한다. 이러한 활동은 혼란스럽고 불안정한 환경을 경험한 아동에게 특히 유용하다.

(4) 교육적인 매체

규칙의 학습과 규칙의 수용 및 거부를 동시에 경험할 수 있는 기회를 제공해 주는 매체이다. 상담용으로 개발된 각종 게임이나 지필매체 등이 이에 속한다. 목적을 향한 활동을 하는 과정에서 문제해결력과 지식을 쌓을 수 있다(김순혜, 2004).

3. 아동상담의 유형

아동상담의 유형은 지니는 관점에 따라 다양하게 구분될 수 있다. 예를 들어, 아동의 발달연령을 기준으로 하여 영아, 유아, 초등학생, 청소년 등으로 구분할 수 있으며, 상담이 이루어지는 장소에 따라 가정상담, 기관상담, 학교상담 등으로 구분할 수도 있다(장미경 외, 2007).

상담이 이루어지는 집단의 형태에 따라 상담자와 내담자 개인으로 이루어지는 개별상담과 상담자와 여러 명의 내담자로 이루어지는 집단상담으로 구분할 수도 있다. 집단상담은 참여하는 인원에 따라 다시 소집단상담과 대집단상담으로 구분되기도 한다. 또한 상담자의 상담유형에 따라 지시적 상담과 비지시적 상담, 상담에 쓰인 도구에 따라 모래놀이치료, 놀이치료, 미술치료, 음악치료, 문학치료, 무용동작치료, 심리극 등으로 구분하기도 한다.

따라서 아동상담은 대상자, 장소, 집단유형, 상담유형, 기법 등의 차이에 따라 여러 가지 유형으로 구분할 수 있다. 본 장에서는 크게 개별상담과 집단상담, 단기상담과 장기상담으로 분류하여 살펴보겠다.

01 개별상담과 집단상담

아동상담은 상담에 참여하는 인원에 따라 개별상담과 집단상담으로 나누어진다. 개별상담과 집단상담은 상담이 이루어지는 활동방식이나 개인의 치료적 경험에 있어서 커다란 차이가 있다. 일반적으로 영유아를 대상으로 하는 상담이나 정서적 문제를 다루는 상담의 경우 주로 개별상담을 실시하게 되지만, 아동이나 청소년을 대상으로 하거나 사회적 문제, 품행장애 문제를 다룰 때는 집단상담을 실시하는 경우가 많다(이숙 외, 2004). 이장호(1986)는 집단상담은 내담자들의 병리적 문제보다는 주로 발달의 문제를 다루거나 생활과정의 문제를 다룬다고 하였고, 대인관계에 관련된 태도, 정서, 의사결정과 가치문제 등을 다룬다고 하였다. 그러나 아동이 집단 앞에서 이야기하는 것에 대한 두려움이 너무 커서 집단상담에 참여할 수 없거나 다른 사람의 인정과 주목에 대한 욕구가 지나치게 클 경우는 집단상담이 적합하지 않다.

(1) 개별상담

개별상담은 상담자가 문제를 가진 아동 1명과 일 대 일로 상담하는 방법으로 개인상담 또는 일 대 일 상담이라고도 부른다. 최근까지도 대부분의 상담은 주로 개별상담의 형태로 이루어져 왔으며, 이 개별상담을 전제로 상담심리학의 이론과 연구가 발달되었다고 볼 수 있다. 그러나 개별상담은 경제성이 부족하다는 비판을 받고 있으며 최근에는 집단상담 방법이 대안으로 제시되거나, 문제에 따라 개별상담과 집단상담을 병행하기도 한다(이숙 외, 2004).

개별상담은 상담자와 내담자 간의 래포 형성이 용이하고, 상담의 내용에 대한 비밀 유지가 쉽다. 따라서 아동의 문제와 아동을 둘러싸고 있는 가족 및 그 사회환경의 문제에 대해 보다 비방어적으로 접근하여 상담을 함으로써 상담의 효과를 높일 수 있다.

아동상담에서는 보편적으로 아동 개별상담과 더불어 부모상담이 함께 병행된다. 이러한 부모상담은 아동의 문제행동에 영향을 미치게 되는 가정환경, 사회환경의 변화와 함께 이루어지지 않을 경우 아동에게 상담의 효과가 나타나지 않는다는 아동상담의 특성 때문이기도 하다(장미경 외, 2007).

(2) 집단상담

상담은 원래 개인상담에서 시작되었지만, 인간의 성장과 문제를 해결하기 위해 집단이 지닌 치료적 힘의 효율성을 인식하게 되면서 집단상담의 필요성이 점차적으로 확대되고 있다. 집단상담을 통해 아동은 정서적 유대감과 소속감을 경험할 수 있으며, 다른 아동들과의 교류를 통해 자신의 문제를 새로운 각도에서 볼 수 있고 사회적인 기술 등을 배울 수 있다. 또한 집단에서 다양한 참가자들과의 교류를 통해 생활의 문제점들을 새로운 각도에서 보게 되며, 사회관계에서 자신과 타인을 새롭게 받아들이는 대인관계 양식과 사회기술 양식을 학습하고 실험해 보는 경험을 하게 된다(김춘경 외, 2002). 집단상담은 깊은 인간관계를 가지게 하면서도 개인의 주도성을 크게 요구하지 않으므로 아동에게 안전감을 줄 수 있다.

02 단기상담과 장기상담

단기상담과 장기상담은 상담회기에 전체 상담기간을 기준으로 분류하는 것이 바람직하다. 문제의 특성에 따라 상담회기가 1주일에 2~3회 이상인 경우가 있는 반면에 1달에 1회인 경우도 있기 때문이다. 단기상담은 짧게는 6~8회기에 끝낼 수도 있으나 15회 또는 25회 이상을 포함시키는 경우도 있기 때문에 단적으로 결론짓기는 어려우나, 상담회기로는 4개월 미만이고 15회기 이내인 정도를 단기상담이라고 보아도 무리가 없을 것 같다.

최근에는 단기상담의 한 유형으로 해결중심적 단기상담이 강조되고 있다. 이 모델은 상담의 초점을 문제중심에 두기보다 해결중심에 두고 있는데, 주로 학교 현장에서 사용되는 것으로서 학생의 약점보다 강점을 강조하기 때문에 학생이 자신의 문제를 해결할 수 있는 실마리를 잡도록 도와 주는 데는 몇 회기면 충분하다는 입장이다.

장기상담의 경우 비용이나 상담기간이 내담자에게 큰 부담으로 작용할 수 있으므로, 최근 상담의 추세는 특정 문제중심으로 '단기화' 하는 것이라고 볼 수 있으며 문제의 특성에 따라 장기상담을 하기도 한다.

4. 아동상담에서 고려해야 할 점

성인과의 상담에서와는 달리, 아동을 대상으로 하는 상담에서는 성인과는 다른 그들만의 독특한 특성 때문에 몇 가지 고려해야 할 사항들이 있다.

01 일반적인 고려사항

김순혜(2001)는 상담의 기본 원리에 있어서는 아동상담과 성인상담 간 차이가 없지만 방법상에서 아동상담의 경우 아동의 발달수준에 맞게 상담기법들을 변형시켜야 한다고 지적하였다. 아동 중에서도 어린 아동은 특히 인지적 · 언어적 기술이 부족하기 때문에 비언어적 의사소통이 중요하다는 것이다.

한편, 김춘경 등(2002)은 아동은 발달하는 과정에 있기 때문에 그 특성이 고정되지 않고 변화 가능성이 많다고 지적하면서, 아동기의 문제를 다룰 때는 장애보다는 성향 또는 어려움에 초점을 두고, 지금의 상태를 기초로 하여 앞으로의 성장 정도를 판단하고 장애로 발전하는 것을 예방한다는 입장에서 접근하는 것이 바람직하다고 하였다. 아동은 계속 발달하는 과정 속에 있기 때문에 문제를 규정하는 데 있어서는 더욱 신중을 기해야 하지만, 변화 가능성이 매우 높다는 점 때문에 아동상담은 성인상담에 비해 그 효과가 빨리 나타나고 오래 지속되는 편이다.

아동문제를 상담하다 보면 아동의 문제가 개선됨에 따라 뒤늦게 발달적 변화가 이루어지고, 경우에 따라서는 쉽게 정상발달을 따라잡기도 하는 것을 흔히 볼 수 있다. 일반적으로 아동의 문제는 발달과정에서 적응하는 데 어려움이 생길 때 나타나는 증상들이 대부분이므로 증상 자체에 초점을 두어 치료하기보다는 그 문제를 가져온 원인을 체계적으로 분석하여 그에 맞는 적절한 대처를 하는 것이 바람직하다. 따라서 아동 문제를 해결하기 위해서는 아동발달에 관한 해박한 지식을 갖는 것이 필수적이며, 이러한 지식을 기초로 발달적 변화를 촉진하고 발달적 문제를 해결해 나갈 수 있도록 노력해야 한다.

아동문제에 대한 상담은 아동 자신 못지 않게 부모나 또래와의 관계 변화가 중요한 비중을 차지한다. 아동상담에 부모교육이나 부모상담을 병행하는 것이 적극 추천되는 이유가 바로 이것이며, 학교생활에의 적응이 문제가 되는 학령기 아동이나 청소년의 경우 또래를 상담의 보조로 사용하는 것이 매우 효과적이라고 제시된 바 있다(김춘경 · 정여주, 2002).

이외에도 부모의 이혼이나 사망, 가장의 실직 등으로 인한 빈곤 등은 아동에게 심한 스트레스원이 될 수 있으며, 아동문제를 발생시킬 수 있다. 이러한 구조적 문제가 주된 원인인 경우 심리적인 측면만을 다루기보다 사회복지사의 도움을 청하는 등 사회적 지원을 요청하는 것이 필요할 수 있다.

이런 아동상담 시의 고려사항을 요약하면 다음과 같다.

① 아동의 발달수준에 맞게 상담기법들을 사용해야 한다.
② 아동문제는 성인문제에 비해 변화 가능성이 높다.
③ 발달적 접근은 효과적인 아동상담을 위해 필수적이다.
④ 아동상담은 부모교육이나 부모상담을 병행하여 실시하는 것이 바람직하다.
⑤ 상담자는 자신이 할 수 있는 역할의 한계를 인식하고 필요하면 적절한 지원을 요청할 수 있어야 한다(이숙 외, 2004).

02 연령별 고려사항

아동상담 시 고려해야 할 점들을 주의하여 상담하는 것이 매우 중요하며, 특히 아동의 상담에서 가장 중요하다고 생각될 수 있는 발달적인 부분에 대한 고려사항을 연령별로 자세히 살펴보면 다음과 같다.

(1) 영유아의 상담

영유아의 상담은 영아 · 유아를 대상으로 이루어지는 상담을 칭한다. 영유아를 상담할 때에는 먼저 그들의 발달특성이 성인과 어떤 점에서 다른가를 파악하여야 하며, 이에 맞는 상담기법을 사용하여야 한다.

영유아의 상담 시 가장 고려해야 할 그들의 특성은 사고와 언어의 미발달, 자아의 미확립이다. 그들은 아직 인과관계를 이해하고, 상황을 바르게 인식하고 대처하는 사고의 발달이 완전히 이루어지지 않은 시기에 이다. 피아제(Piaget)는 이 시기의 아동은 독특한 사고를 한다고 인지발달이론에서 설명하고 있다.

이 시기 아동의 대표적인 사고의 특징은 모든 상황을 자기중심적으로 이해하고, 접근하고, 해석하는 자기중심성과 모든 사물에는 생명이 있다고 생각하는 물활론적 사고, 한 가지 원리나 이론을 습득한 후 다른 유사한 상황에 이를 일반화시켜 적용하는 추론 및 지나간 일을 역으로 되돌려 사고하는 가역성이 결여되어 있다는 점 등을 들 수 있다. 따라서 이를 고려한 상담기법을 사용해야만 한다.

또한 이 시기의 아동들은 성인만큼 자신의 생각과 느낌을 원활하게 표현할 수 있는 언어적 발달을 이루지 못한 시기이므로 자신의 감정을 언어로 표현하는 데는 한계가 있다. 따라서 의사소통의 문제로 인해 부정적인 감정을 해소하지 못하고 내면에 간직하게 되는 경우가 성인보다 빈번하게 발생할 수 있다. 독특한 자기중심적 사고와 표현하지 못하고 쌓이는 부정적인 감정은 자칫 영유아의 내면에 큰 손상을 입힐 수 있다.

따라서 이 시기 아동들의 미발달된 언어를 대신해 행동으로 자신의 감정과 욕구를 표현하기도 하는데, 이런 특성 때문에 가장 대표적인 상담기법으로 사용되는 것이 놀이치료이다. 놀이를 통해 자연스러운 상황에서 감정을 쏟아내고, 정서적인 안정감을 찾게 된다. 따라서 이 시기 영유아들과 적절한 의사소통을 이루기 위해선 말보다는 놀이를 활용하는 것이 훨씬 효과적이다.

그리고 이 시기는 아직 자아가 확립되지 않은 시기이기 때문에 행동이 즉각적인 욕구만족을 요하는 충동 에너지에 의해 일차적으로 지배되는 특성을 지니고 있다. 따라서 아동상담 시에는 건강한 자아를 발달시켜 나갈 수 있도록 성인의 따뜻한 공감과 지지, 격려와 이해가 필요하다.

영유아기 아동상담은 아동 자신과 주위 환경에 보다 성공적으로 대처할 수 있는 능력을 길러 주는 데 있다. 자신이 존중되고 있다는 것을 경험할 수 있게 하여 자기존중감을 기르며, 효율적인 의사소통의 방법을 습득하고 활용할 수 있도록 돕고, 원만한 관계형성을 위해 영유아의 생각과 감정을 따뜻하게 수용해 주는 것이 중요하다.

(2) 초등학생 상담

학령기에 들어서면서 사회적 환경이 아동에게 미치는 영향이 급격히 커진다. 아동에게 영향을 미치는 사회 · 문화적 요인들이 증가하고, 그 속에서 인간관계의 폭이 영유아기에 비해 넓어진다. 또한 학교에서의 적응, 또래 아동과의 관계 등을 경험하게 되고, 이는 이후 사회성 발달에 큰 영향을 미치는 중요한 요인이 된다. 또한 사고의 발달로 아동은 원인과 결과를 연결짓는 인과관계에 대한 인식이 가능해지며, 가역성이 발달되고 점차 탈자기중심화가 되어가면서 더불어 살아가는 사회에 대한 이해가 생기게 된다. 초등학생의 상담은 자기이해, 건전한 자아개념의 발달, 학습과정의 촉진, 대인관계의 발달, 정서문제의 해소 등을 목표로 한다.

이 시기 아동에게 적합한 상담방법을 살펴보면, 연령별로 초등학교 저학년 아동의 상담은 인과관계에 대한 개념을 경험할 수 있는 규칙이 있는 게임이나, 신체활동을 통해 부정적인 감정을 해소할 수 있도록 돕는 역동적 상담방법이 요구된다. 또한 개별상담을 통해 아동의 욕구를 보다 집중적으로 들어 주고, 아동이 수용되는 경험을 하도록 한다. 예를 들어, 간단한 규칙이 있는 게임이나 퍼즐 맞추기, 인형놀이나 역할놀이, 다트맞추기 등의 놀이가 도움이 된다. 연령이 좀 더 높은 초등학교 고학년 아동의 경우에는 초등학교 저학년과는 달리 집단상담을 사용하기도 한다. 왜냐하면 집단상담을 통해 성인의 권위에 대한 갈등 발산의 기회를 제공하고, 동료의 지지를 얻을 수 있으며, 자기행동에 자신감을 갖게 되고, 협동적 문제해결의 태도를 학습하게 되기 때문이다.

초등학생의 상담에서는 발달수준별로 적합한 방법을 적용해야 한다. 초등학교 저학년과 고학년 간의 발달수준에 대한 고려가 이루어져야 한다. 초등학생 시기는 신체적 · 정신적으로 급격한 변화를 보이는 시기로 저학년 아동과 고학년 아동은 신체적 · 정신적으로 큰 차이를 보인다. 따라서 이들의 발달 수준을 고려한 접근방법이 필요하다. 이들은 또한 자아존중감을 키울 수 있도록 도와줘야 한다. 이들은 성인에 비해 환경적 요소를 극복할 능력과 기회가 훨씬 제한되어 있으므로 자칫 잘못된 환경에서 자신의 존재를 왜곡해 인식하는 것은 이들의 이후 삶에 부정적인 영향을 미치게 된다. 따라서 긍정적이고 수용적으로 자신을 인식할 수 있도록 배려되어야 한다.

초등학생은 영유아에 비해 언어발달이 급격히 이루어져 거의 성인과 유사한 언어적 상호작용이 가능한 시기이다. 그러나 아직까지 아동은 자신의 감정과 욕구를 적절한 방법과 언어를 사용해 의사소통하는 데에 어려움을 지니고 있고, 자신의 감정과 욕구를 언어 이외의 제스처나 행동 등을 통해 표현하기도 한다. 따라서 상담자는 아동이 보이는 언어 이외의 행동에 관해서도 관심을 가져야 한다. 이 시기의 아동들은 스스로 계획을 세우고 시행착오를 경험하면서 자포자기하지 않고 결론에 도달할 수 있도록 돕는다. 또한 이러한 상담과정은 아동의 추리력, 기억력 등의 수준을 고려해 접근해야 한다(장미경 외, 2007).

4

평가과정

이 장에서는 본격적인 아동상담에 들어가기 이전에 상담을 어떻게 실행해 나갈 것인가를 계획하기 위해 전반적인 아동의 문제 파악, 관련요인들 및 장·단점들을 파악하는 데 초점을 두는 평가과정에 관해 논할 것이다.

1. 접수 면담

상담자는 처음 상담소를 찾은 아동과 가족들을 만나 초기 접수 면담을 실시해야 한다. 초기 면담은 가족과의 역동을 보면서 대인관계 환경에서의 아동을 평가하고 관찰할 수 있는 유일한 기회가 된다. 따라서 면담 동안 얻어야 할 정보가 많다. 상담자는 면담에서 얻은 정보에 관해 명백히 할 필요가 있다. 미리 면담에서 어떻게 구조화할지를 결정해야 한다. 접수 면담 동안 상담자는 아동의 삶에서 가장 중요한 인물들과 함께 상호작용을 한다. 이때 수집된 정보들을 바탕으로 상담을 계획하고 가족에게 상담을 추천하게 된다.

01 의뢰과정

성인과 달리 아동 스스로가 상담을 요구하는 경우는 거의 드물기 때문에 아동상담은 부모, 교사, 소아과 의사, 지역사회의 종사자들 같은 주변 사람들에 의해 의뢰되는 경우가 거의 대부분이다. 아동과 부모가 상담기관과 처음 접촉하는 것은 전화나 인터넷 등을 통해서이다. 이러한 첫 접촉을 통해 아동과 부모가 필요로 하는 도움을 기관에서 줄 수 있는지를 먼저 판단한다. 기관에서 제공하는 서비스와 아동 및 부모가 필요로 하는 도움이 어느 정도 일치한다고 판단되면 접수면담을 예약하게 된다. 임상에서 볼 때 아동상담기관에 부모가 전화하기까지는 결코 쉬운 과정이 아님을 알 수 있다. 최근에는 인터넷의 보급으로 부모들이 아동상담에 관해 접할 수 있는 정보가 비교적 많다고는 하지만 자신의 자녀가 상담을 필요로 한다는 사실을 쉽게 인정하기는 어려운 일이기 때문이다. 따라서 부모들은 전화상담이나 인터넷상담을 통해 자녀의 문제가 심각한 상태여서 상담을 필요로 하는 정도인지 알고 싶어한다. 전화상담이나 인터넷상담을 전문으로 하는 곳이라면 어느 정도 부모가 필요로 하는 정보를 줄 가능성이 높겠지만 대면상담이 아닌 이러한 상담에는 여러 가지 위험요소가 있을 수 있다.

상담의뢰는 대부분 전화로 이루어지게 되므로 접수를 위한 전화 접촉은 상담 못지않게 중요하다. 전화 접수 시 어떠한 정보를 수집해야 하는지에 대해서는 이론가나 기관마다 다르지만 대체로 아동의 이름, 나이, 연락처, 현재 아동이 나타내는 문제의 유형과 심각성 등에 관한 정보를 얻게 된다.

전화 접촉 단계에서는 호소하는 아동의 문제가 무엇이라고 단정하는 것은 피해야 한다. 부모들은 아동에게 상담에 오는 것을 어떻게 설명해야 할지를 걱정하기도 하는데, 이때 상담자는 부모가 아동에게 설명하는 법에 대해서도 조언을 해 주어야 한다. 아동에게 상담실에 오게 된 이유를 솔직하게 이야기하여 자신의 문제를 인식시키고, 이를 해결하기 위해 외부의 도움을 받기로 결정한 사실을 이해시키는 것이 좋다.

02 면담과정

상담의 이론적 접근에 따라 상담자들이 사용하는 면담기법들은 서로 다르지만 대부분 상담을 위한 필요조건으로 진단, 평가 차원의 면담이 중요하다는 데는 모두 동의하고 있다.

면담을 통해 아동의 현재 상태를 구체화하고, 현재의 문제를 유발시키고 지속시키는 요인과 그동안의 아동의 적응과정과 적응방식을 파악하게 된다. 이러한 과정을 기초로 상담의 목표를 설정하고 이를 위한 상담방법 및 전략들이 구상될 수 있다. 아동상담의 면담과정은 아동과 부모면담이 모두 포함된다.

(1) 부모면담

부모와 아동이 상담소를 처음으로 방문하면 접수면담을 실시할 상담자가 기관과 자신을 간단히 소개하고 어떤 일정으로 접수면담이 진행될 것인가를 간략히 설명한다. 기관에 따라 접수면담의 순서나 방법이 약간 다를 수 있으나 아동과 부모를 별도로 면담하고 필요한 경우 부모와 아동의 상호작용 패턴이나 분리 시의 반응 등을 보기 위해 부모와 아동을 함께 면담하는 시간을 갖기도 한다.

부모를 면담할 때에는 면담내용에 대해 비밀보장이 된다는 사실을 미리 알려 주어야 한다. 보통은 어머니가 아동과 함께 내원하는 경우가 많지만 최근 부모가 함께 오는 경우도 적지 않기 때문에 어머니와 아버지를 별도로 면담하는 시간이 필요하며, 이런 경우에도 부부간의 비밀보장의 전제가 적용됨을 알려 주어야 한다.

부모를 함께 면담했을 때와 별도로 면담했을 때 얻을 수 있는 정보가 매우 다른 경우가 종종 있다. 비밀보장이 된다는 사실을 알지 못하는 경우에는 비난받거나 부정적으로 보일만한 정보들을 제공하지 않는 경우가 있다. 또한 부모와 자녀 사이의 비밀보장에 대해서도 어느 정도 언급하는 것이 필요하다.

부모를 면담하면서 상담자는 부모와 아동 중 누구를 내담자로 볼 것인가를 어느 정도 판단하는 노력을 기울여야 한다. 부모가 먼저 자신의 문제를 인정하고 함께 상담의 도움을 받겠다고 자청하는 경우도 있지만 대부분의 경우에는 자신 때문에 자녀에게 문제가 생긴 것은 아닐까 내심 걱정하고 있다. 그렇더라도 자신이 자녀에게 부정적 영향을 주어 문제가 발생했다는 것을 인정하기 꺼리며 비난 받을까봐 두려워하기 때문에 이런 부모에게 상담자가 직접적으로 부모의 문제를 지적하면 상담자를 적대적으로 대하거나 방어적인 태도를 취하게 된다.

그렇게 되면 부모와 상담자 간에 신뢰로운 관계 형성이 어렵게 되고 지속적인 상담으로 연결될 가능성이 줄어들며, 상담으로 연결되었다 하더라도 부모의 문제를 포괄적으로 다루기가 어려워질 수 있다. 부모가 그런 성격적 특성을 갖고 있는 사람이라면 공개적으로는 아동을 내담자로 정하고 부모와 상담자가 공동의 노력을 해가는 공동상담자의 잠재적 역할을 부모에게 주는 것이 상담이 유지될 수 있는 방법이라고 할 수 있다.

부모와의 면담이 시작되면 접수 면담 동안 아동의 문제에 대한 이해를 위해 다음과 같은 많은 정보들을 빠뜨리지 말고 수집해야 한다.

① 주호소 문제

부모가 상담기관에 오게 된 이유를 분명히 알 수 있는 질문을 통해 부모의 언급을 이끌어내야 한다. 부모가 제시하는 모든 문제의 구체적인 예를 요구하고 학교, 가정, 또래 등 모든 환경에서 그 문제가 어떻게 드러나는지 탐색해야 한다.

각 문제가 정확히 언제 시작되었으며, 가족위기, 사고 등 촉발 사건이 있었는지를 알아보아야 한다. 모든 발달 영역에 걸쳐 현재의 기능 정도와 촉발사건 이전의 기능 정도에 대해 자세히 알아야 하며, 부모가 인지하지 못하는 가능한 촉발사건도 탐지해 내야 한다. 또한 부모와 가족이 아동의 문제에 어떻게 대처해 왔는지 그리고 문제가 아동과 가족의 환경에 얼마나 광범위하게 영향을 미치고 있는지도 알아야 한다. 또한 문제가 무엇인지에 상관없이 성인 및 또래와의 관계, 기분, 정서, 불안, 흥미도 알아야 하는 중요한 부분이다.

요약해 보면, 아동의 문제행동의 발생시기, 빈도, 문제행동 발생 시의 환경점검, 이전의 개입여부, 주변인들의 대처방식 등에 대해 파악하여야 한다.

② 발달사

아동의 생물학적 · 신체적 영역에 대한 정보뿐 아니라 아동의 심리적 발달에 대한 정보를 얻어야 한다. 아동의 발달과정에 대해 말할 수 있는 부모들의 능력은 부모에 따라 매우 다르기 때문에 적절한 질문을 통해 정보를 이끌어내야 한다. 부모를 통한 발달사 탐색에서 반드시 얻어내야 하는 내용들은 다음과 같다.

· 임신 시: 임신계획 및 선호여부, 부모의 심리적 · 신체적 건강상태
· 출산 시: 분만유형, 수유형태, 수면유형, 아동의 신체조건
· 기질유형: 순한 아동, 까다로운 아동, 서서히 적응하는 아동
· 양육: 주양육자, 애착유형, 분리경험
· 발달영역체크: 눈접촉, 사회적 미소, 옹알이, 대소변훈련, 언어 · 정서 · 사회성 등의 발달영역
· 교육경험: 어린이집, 유치원, 초등학교 등 집단내의 활동 및 수행수준, 학업성취수준, 또래관계, 교사평가
· 병력: 질병, 입원, 약물복용 등
· 학대, 방임의 경험유무

③ 가족관계

가족관계에서는 훈육방식, 부모의 원가족 내력, 배우자관계, 형제관계, 더 나아가 가족문제 등을 파악한다. 이때 가계도를 작성하면 훨씬 효과적으로 가족관계를 파악

할 수 있다. 양육태도와 처벌 방식에 관한 자료를 수집하면 부모가 아동에게 대하는 태도가 드러난다. 편부모 또는 양쪽 부모가 아이에게 어떻게 처벌하는지, 부모가 서로 같은 양육방식에 동의하는지를 알아야 한다. 구체적으로 선호하는 양육방식을 조사하고 방법의 일치성 여부를 알 필요가 있다. 이러한 평가는 은연중에 가족규칙을 드러내게 되고 구성원이 규칙을 어겼을 때의 결과도 알게 된다. 아동과 상황에 대한 특정 처벌 방식의 일치성뿐 아니라 규칙의 적용에 대한 일치성을 조사해야 한다. 면담 동안 관찰할 수 있는 가족의 실제 행동이 양육태도와 처벌양식에 중요한 단서가 될 수 있다.

부모의 역사는 모든 부모들이 각기 독특한 배경을 가지고 있다는 것을 말해준다. 부모가 아동이었을 때 부모에게 어떻게 다루어졌는지, 그들의 부모와의 관계, 부모의 사회적 지위, 학벌, 전문적인 배경, 정신적 건강 내력 등을 파악한다. 상담자가 부모의 역사적 배경을 안다면 현재 가족의 문제를 더 잘 이해하게 된다.

특히 아동상담의 경우 부모의 부부관계가 많은 영향을 미치는 중요한 요인이기 때문에 부부의 결혼생활에 대한 전반적인 정보를 얻어내는 것이 중요하다. 부부가 결혼하게 된 계기와 결혼형태, 결혼년수, 결혼만족도 같은 부부관계의 질을 탐색해 보아야 한다.

④ 현재의 발달상태

현재 아동이 보이는 발달상태를 점검해 볼 필요가 있다. 다음의 사항에 대한 정보를 부모로부터 얻어내야 한다.

- 습관, 이상행동
- 운동능력, 활동수준
- 주의력
- 말과 어휘능력
- 학업수행능력
- 취미, 활동, 운동에 대한 관심 및 수행정도
- 또래 관계
- 가족 및 어른들과의 관계
- 위험 행동
- 성적 행동

⑤ 부모가 생각하는 문제의 원인과 상담에 대한 기대

부모 면담시 부모가 생각하는 아동의 문제의 원인을 직접 들어보아야 하고, 앞으로의 상담에서 부모가 원하는 기대 수준이 어느 정도인지를 파악할 필요가 있다. 그리고 앞으로 이루어지는 상담에 대한 정보를 제공함으로써 상담의 필요성 및 동기부여를 해줄 필요가 있다.

(2) 아동면담

아동면담에서 고려할 사항들은 다음과 같다.

① **인적사항 질문**
- 이름, 나이, 학교 등에 대한 인지정도를 알 수 있다.

② **의뢰이유 및 치료자 역할 설명**
- 아동이 알고 있는 상담소의 방문 이유를 알아본다.
- 치료자의 역할이 무엇인지 설명해준다.

③ **가족에 대한 인식**
- 부모에 대한 인식
- 형제자매에 대한 인식
- 주양육자(부모가 아닐 경우)에 대한 인식
- 집안 분위기에 대한 인식

④ **학교 및 또래에 대한 인식**
- 교사에 대한 인식
- 또래에 대한 인식
- 학습에 대한 인식

2. 체계적인 관찰

상담에 온 아동을 이해하기 위한 하나의 방법은 체계적인 관찰을 통해 정보를 얻는 것이다. 아동을 관찰하기 위해서는 가장 기본적인 것이 아동의 정상발달에 대한 이해가 있어야 한다는 것이다. 여기에서는 그린스펀(Greenspan, 2003)이 제시한 체계적인 아동관찰범주를 제시할 것이다. 그린스펀이 제시한 관찰범주는 신체적 · 신경학적 발달, 전반적인 정서상태 및 기분, 대인관계 유형, 주된 정서와 불안, 환경과의 상호작용, 주제표현, 상담자의 주관적인 반응의 7가지로 나누고 있다. 각각에 대해 간략히 살펴보도록 하겠다.

01 신체적 · 신경학적 발달

상담자는 아동을 처음 만날 때 이후에 신경학적인 평가가 필요한지를 알아보기 위해 신체적이고 신경학적으로 잘 기능하고 있는지를 살펴보아야 한다. 이 범주에서는 다음과 같은 것들을 관찰할 필요가 있다.

(1) 몸집과 전반적 외모

① 전반적인 건강과 영양상태
② 신체적 특징과 신체적 장애상태
③ 습관적 행동
④ 의복과 몸치장
⑤ 외견상의 연령과 실제연령
⑥ 성역할의 특성
⑦ 전반적인 매력정도
⑧ 버릇과 제스처

(2) 운동성

① 과잉운동
② 과소운동
③ 불수의적 움직임(틱, 상동증적 행동)
④ 자기성애적 움직임

(3) 협응성

① 자세와 걸음걸이
② 균형잡는 정도
③ 대근육 운동과 소근육 운동
④ 쓰기와 그리기

02 전반적인 정서상태 및 기분

상담자가 아동이 보이는 전반적인 정서상태와 기분을 관찰하기 위해서는 아동의 얼굴

표정, 행동, 이야기하는 주제의 내용 등을 통합하여 판단할 수 있다. 예를 들어, 아동이 즐거운 사건을 이야기하고 있지만 슬퍼 보이고, 느리게 움직이며, 때때로 생활이 즐겁다고 하는 코멘트로 과장하려고 한다는 관찰을 했다면, 그 아동은 겉으로 드러나는 정서와는 상반되는 우울한 감정을 가지고 있는 것이라고 추측할 수 있다.

아동의 기분이 어떤지를 알기 위해서는 행동적인 참조체계를 사용해야만 한다. 얼굴 표정은 매우 좋은 예이다. 어떤 아동은 슬퍼 보이고, 구석에 앉아 있으며 대기실에서의 누구와도 상호작용하지 않으려고 하는 반면, 어떤 아동은 즐거워하고, 약간 들떠 있으며, 세상에 대해 낙관적일 수 있다. 때때로 아동은 청소년이나 성인에 비해 뚜렷한 기분을 보이지 않는 경우가 있기 때문에 상담자는 직관적인 인상으로 아동의 기분을 파악해야 하는 경우가 있다. 예를 들어, 가면우울증 아동의 경우에서처럼 우울한 것과는 정반대되는 정서와 행동을 보이는 경우가 여기에 속한다.

면담이나 놀이의 내용 또한 아동의 기분을 평가할 수 있는 좋은 통로 중 하나이다. 예를 들어, 힘없이 악수하고 수동적으로 걸으며 축쳐진 모습으로 슬프고 외로워 보이는 5세 여아를 만났는데, 첫 면담에서 파괴적인 주제의 놀이를 시작하였다면 상담가가 관찰하여 추측한 그 아동의 정서를 지지해주는 것임을 알 수 있다.

03 인간관계 능력

이 범주는 아동이 타인과의 관계에서 어떻게 상호작용하는가를 탐색하는 것을 말한다. 우선 아동이 상담자와 어떻게 관계를 맺는지 평가할 수 있다. 먼저 대기실에서의 행동을 관찰할 수 있는데, 아동이 상담자를 보았을 때 놀란 눈인지, 휘둥그래진 눈인지, 천진난만한 눈인지, 순진한 눈인지를 관찰할 수 있다. 또한 상담자를 경계하며 인사하는지, 두려움을 가지고 인사하는지, 상담자에 대해 어떻게 질문하는지도 관찰 가능하다. 상담자가 면담실이나 놀이실로 가자고 했을 때 열심히 따라오는지, 반대쪽으로 뛰어가는지, 기꺼이 혼자 들어가려 하는지, 요란법석을 떨며 엄마를 붙잡는지, 엄마 없이 들어가는 것에 대해 충분한 신뢰를 가지고 있는지, 엄마와 함께 들어가겠다고 요구하는지 등 상호작용하는 방식을 관찰해야 한다.

아동이 상담자와 둘이 있을 때 관계를 어떻게 맺는지를 관찰해야 한다. 상담자와 자신의 접근 정도와 접근 방식, 즉 거리를 어느 정도 유지하는지, 위축되어 있는지, 지나치게 밀착하는지 등에 관해서 관찰해야 한다. 또한 상담자를 한 인간으로서 개인적인 수준에서 접촉하는지, 아니면 방에 있는 또다른 무생물 대상(종이나 동물인형처럼)인 듯 대하는지를 탐색할 수 있고, 면담동안에도 다양한 관계의 패턴이 나타나기 때문에 시간의 흐름에 따라 어떻게 변화하는지도 기록해 놓을 필요가 있다.

타인과 관계 맺는 아동의 유형은 크게 세 가지로 나눌 수 있다.

첫 번째 유형은 '원형적 아동(prototypical child)'으로, 이런 아동들은 처음에는 상담자가 새로운 대상이므로 경계하다가 서서히 상담자에게 따뜻하면서 면담하는 동안 다가가게 되며, 상담자도 이 아동이 또 하나의 인간 존재로 느껴지고 기계적인 느낌이나 거리감은 느껴지지 않으면서 그 아동에게 좀 더 관심을 가지게 만드는 유형이다.

두 번째 유형은 '냉담한 아동(aloof and emotionally detached child)'으로, 이런 아동들은 처음부터 상담자와 어느 정도 거리를 유지하면서 상담자에게 등지고 앉거나 주변의 대상이나 사물에 관심을 기울이고 기꺼이 상담자를 응시하고 이야기를 하기는 하지만 결코 관계감을 느낄 수는 없다.

세 번째 유형은 '애정에 굶주린 아동(affect hungry child)'으로, 이런 아동들은 인간적인 관심에 지나치게 몰두되어 있어 모든 활동에 상담자를 포함시키려고 하며, 항상 붙어있고자 한다.

상담자는 내담아동뿐 아니라 그 아동의 가족들을 만난 느낌, 즉 가족에 대한 첫인상을 메모해 두는 것이 좋다. 그린스펀은 이런 스냅 임프레션(snap impression)을 중요하게 생각했다. 예를 들어, 상담자가 아동의 가족을 만났을 때 편안하게 느껴지는 가족이 있는 반면, 보자마자 압도당하는 느낌을 주는 가족도 있을 수 있다.

상담자는 아동이 자신뿐 아니라 다른 성인과도 어떻게 관계를 맺는지 관찰할 필요가 있다. 즉 아동과 보호자와의 상호작용, 아동과 대기실 내의 다른 아동과의 상호작용, 아동과 대기실 내의 다른 성인(예: 다른 아동의 부모, 접수 선생님, 다른 상담자 등)들과 어떤 방식으로 상호작용하고 관계하는지 메모해 두어야 한다.

요약하면, 많은 가능한 관계의 패턴들이 있다. 아동의 관계특성을 결정하기 위해 상담자는 아동이 대기실에서 사람들과 어떻게 관계하는지, 평가 동안 상담자를 어떻게 대하는지, 언어, 눈 접촉뿐 아니라 공간적으로 어느 정도의 거리를 두는지, 그리고 상담자에 대한 아동의 정서적 반응과 놀잇감에 대한 반응 등에 대한 상담자 자신의 주관적인 느낌에 주목해야 한다. 비록 상담자가 이런 관찰을 통해 아동이 모든 다른 관계를 어떻게 형성하는지 일반화할 수 없다 하더라도, 명백한 극단적 특성(고립, 냉담, 방관자적 또는 긴장하고 지나치게 관계에 목말라하는)과 미묘한 변화를 알 수 있다.

04 주된 정서와 불안

상담자는 임상적 면담의 시작인 대기실에서부터 끝날 때까지 아동이 보이는 서로 다른 정서들을 꼭 관찰하고 기록하거나 기억해야만 한다. 이 범주에서는 정서의 종류와 정서의 범위 및 정도, 정서의 풍부함과 깊이, 연령 및 발달에 적절한 정서의 안정성, 정서의 전후맥락, 불안에 대해 살펴보도록 하겠다.

(1) 정서의 종류

상담자는 면담의 초기, 중기, 말기에 어떻게 아동의 기분이 변화하는지 살펴 보아야 한다. 어떤 아동은 긴장과 불안을 보이며 들어와서 따뜻하고 사랑스러워졌다가 경쟁적이 되면서 형제간 질투와 경쟁의 주제를 보이며, 결국 면담 마지막에는 상담자와 떨어지는 것에 대한 걱정을 나타내기도 한다. 어떤 아동은 면담 내내 한두 가지 정서만을 보이는 경우도 있다.

아동들이 보이는 정서로는 분노, 경쟁, 부러움, 분개, 동정심, 감정이입, 애정, 걱정, 정서적 배고픔, 공격적 감정, 동경 등이 나타난다.

(2) 정서의 범위와 정도

아동이 보이는 특정 정서의 범위와 정도는 매우 다양하다. 예를 들어, 어떤 아동이 보이는 공격성인 경우, 주장적인 행동에서 경쟁적인 행동, 중간정도의 공격적 행동, 폭발적이고 비통제적인 공격적 행동까지 변화를 발견할 수 있다. 또 어떤 아동이 보이는 애정적이고 양육적인 정서의 경우, 무차별적인 정서적 열망에서부터 가벼운 애정, 따뜻함, 열정, 발달적으로 진보한 감정이입의 정서까지의 변화를 보일 수 있다.

어떤 아동은 자신이 발달시킨 주제들 안에서 매우 넓은 범위의 정서를 보여 준다. 그들은 따뜻하고 즐거운 관계에 관해 개방적으로 이야기할 수 있고 경쟁과 부러움에 관해 직접적으로 이야기 할 수 있다. 또 어떤 아동은 전체 시간동안 비교적 조용하고 적은 정서만을 보여 주기도 한다. 인형을 때리는 아동은 상실의 주제를 표현하는 장면을 연출할 수 있다.

아동은 발달수준에 따라 기대되는 정서도 달라질 수 있다. 3세 아동의 경우, 8세 아동이 보여주는 차별화된 다양한 정서를 기대하기는 어렵지만, 고집과 반항을 보이는 소유욕을 관찰할 수 있다고 기대할 수 있다. 또한 상담자와 나누는 능력, 호기심, 즐거움, 흥분을 보일 수 있지만 감정이입 같은 좀 더 성숙된 정서는 관찰하기 어렵다. 6~7세까지의 아동들에게는 반항과 공격성은 관찰할 수 있지만 탐색에 대한 소망, 호기심, 주장, 감정이입의 표현이 드러나지 않는다면, 왜 정서가 상실되었는지 의문을 가져야만 한다.

(3) 정서의 풍부함과 깊이

상담자는 아동이 보이는 정서의 범위뿐 아니라 정서의 풍부성과 깊이도 관찰하고 서술해야만 한다. 마치 아동이 단순히 놀이자 또는 누군가를 모방한다면 피상적이라고 말할 수 있는가? 또는 개인적인 깊이가 있는 것 같은(예: 아동의 감정방식이 공감될 수 있는) 정서를 고백했다면 심층적인 내면을 드러냈다고 말할 수 있는가? 여기서도 발달 연령은 중요하다. 3세 아동은 피상적인 모방을 주로 하지만, 6~7세에 이르게 되면 아동 자신의 개인적인 정서를 기대할 수 있다.

(4) 연령 및 발달에 적절한 정서의 안정성

아동이 상담자와의 비교적 긴 의사소통 기간 동안 정서를 유지할 수 있는가? 또는 정서적으로 불안정한 아동이 2분 동안 넓은 범위의 정서(예: 슬픔, 울음, 의기양양, 공격)를 보일 수 있는가?

정서를 고려해볼 때, 특정한 정서와 정서의 패턴에 대한 이해와 관찰을 촉진시키는 발달적 틀을 참조하는 것이 도움이 된다. 예를 들어, 관계성과 연결되어 있음의 느낌을 만들어내기 위해 노력하는 것은 따뜻함, 즐거움, 친밀감과 신뢰감의 정서인가? 관련되어 있다라는 느낌이 정서적으로 소통한다면, 정서가 어떻게 상호적으로 사용되기를 기대할 수 있을까? 어떤 정서들이 타인보다는 상호작용 안에서 좀 더 잘 사용되는가? 예를 들어, 이원방식의 의사소통의 부분인가? 아동은 관계감에 대한 배고픔 때문에 당신을 갈망할 수 있다. 그러나 상호작용의 표시가 왔을 때, 아동은 경쟁의 주제를 좀 더 다룰 수도 있다.

어떤 정서가 이원 방식의 의사소통이라는 좀 더 복잡한 형태를 보여 주는데 의미의 틀 내에서 협상하는 것과 관련된다. 아동이 넓은 의존, 주장성, 공격, 호기심, 경쟁의 주제를 어떻게 다루는가 또는 다루지 않는가 하는 것이 중요하다. 정서를 표현하는 방식은 연령과 발달 수준에 따라 다르다. 대부분 아동들은 다음의 방식을 통해 자신의 정서를 표현한다.

① 제스처 사용

· 따뜻함과 친밀감 표현을 위해 가까이 오고 쳐다보고 장난치는 제스처를 쓴다.

· 인형을 가지고 친밀감, 따뜻함을 탐색하거나 언어화를 하지는 않는다.

② 상징이나 표상(말이나 가장놀이)을 사용

· 놀이에 주제가 나타난다. 인형을 껴안거나 뽀뽀한다.

· 놀이세션에 가장 좋아하는 인물이 나타난다.

③ 논리적인 언어적 상호작용이나 좀 더 정교한 가장놀이 사용

· 좀 더 조직화된 드라마가 나타난다.

· 부러움, 경쟁, 흥분, 분노, 소속, 욕구, 분리의 두려움 등이 나타난다.
· 논리적인 대화에서 '그러나, 왜냐하면, 그리고, 그렇다면' 등을 많이 쓴다.

(5) 정서의 전후맥락

상담자는 아동이 보이는 정서가 생기는 전후맥락에 주목해야 한다. 어떤 관계의 스타일을 가진 아동은 그 스타일의 발달적 주제를 만들어낸다. 아동이 보이는 정서와 주제가 일치하는가, 부적절한가? 예를 들어, 엄마인형을 잘라내면서 즐거움과 기쁨을 보이는 아동, 방금 죽었기 때문에 모래에 묻어야 한다면서 동정심을 보이는 아동 등의 관찰에서 정서가 발생하는 전후맥락을 파악할 수 있다.

(6) 불 안

상담자는 아동에게서 나타나는 불안 정서에 주목할 필요가 있다. 대부분 불안 정서는 아동에게서 직접적으로 관찰되기보다는 스트레스나 혼란의 표현으로 추정될 수가 있다. 불안의 단서는 주제를 발달시키는 데에서의 갑작스런 혼란이다. 예를 들어, 아동이 가족인형을 가지고 놀다가 인형 둘이 싸우는 장면이 재연되었을 때, 다트를 던질 때, 무언가를 던질 때, 마루가 페인트로 더렵혀졌을 때 갑작스러운 불안을 느낄 수 있다. 불안의 본질은 신체 손상의 두려움, 분리불안, 애정상실, 거부, 전반적인 불안 등이 있을 수 있다.

불안은 평가과정에서도 보여지지만 본격적인 상담회기 안에서도 보여지는데, 그 순서를 기록하면 아동의 두려움을 추측할 수 있다. 예를 들어, 한 아동이 인형놀이를 하다가 다트를 던지고나서 갑자기 총을 잡고 미친듯이 쏘아댄 다음 아까 가지고 놀았던 인형으로 돌아와 인형 팔에 총을 쏘아대는 놀이는 보였다면, 이 아동은 놀이의 주제가 와해되지 않고 유지되었지만 신체적인 상해와 관련된 불안을 가지고 있다고 추측할 수 있다.

05 환경 사용

아동이 자신 이외의 환경에 대해 어떻게 상호작용하는지를 관찰하는 범주이다. 아동은 무생물, 공간, 상담실 등의 환경과 상호작용을 하게 된다. 물론 환경에는 치료자도 포함된다. 환경사용 범주에서 중요하게 관찰하여야 할 것은 통합가능성이다. 즉 환경의 여러 부분을 어떻게 통합하는가인데, 환경의 여러 부분을 통합할 수 있는 아동은 복잡한 문제가 덜한 아동이라고 할 수 있지만, 상담실의 한쪽 구석에서 한 가지의 놀잇감만 가지고 노는 것이 관찰된 아동은 강박적이며 겁 많은 아동이라고 추측해 볼 수 있다.

06 주제 발달

주제는 아동의 의사소통의 모든 것이라고 할 수 있다. 즉 주제는 아동의 구체적인 갈등이나 성격구조에 관해 알려 준다. 물론 평가과정에서는 많은 주제들을 다 볼 수는 없지만 중요한 주제들이 나타날 수 있다.

아동이 보여 주는 주제는 조직화, 풍부성, 깊이, 연령적합성, 순서 등의 부분에서 잘 관찰되어야 한다. 주제의 조직화는 주제의 요소들이 논리적으로 연결되는지 여부를 검토하여야 하기 때문에 정상발달에 대한 지식이 있어야 한다. 5~6세된 유치원 연령의 아동의 주제는 이따금 파편화되기는 하지만 풍부하고, 조직화되며, 복잡하고, 상징적인 주제발달능력이 생긴다. 환상으로 쓸어버리는 능력이 있긴 하지만 현실검증력이 잘 만들어진다. 공포와 관련한 어떤 특정영역에서는 여러 번 예외지만, "그건 진짜가 아니예요"라고 반응한다. 주제의 내용은 성별, 공격성, 힘, 호기심, 발견, 도덕성의 출현 등 세상의 주요 이슈에 대한 풍부하고 복잡한 흥미를 나타낸다. 사랑, 즐거움, 공격성의 양극성이 나타나야 하며, 복잡하고, 풍부한 주제(예: 아동이 사랑스런 마음으로 동생을 처음으로 보살피는 놀이, 나중에 괴물을 공격하게 되고, 그런 다음 보복에 대해 염려하게 된다)로 통합되어야 한다. 7~8세된 아동들은 5~6세 때에 비해 주제의 풍부함과 범위가 약간 덜한 주제발달이 나타나지만 덜 파편화되고 더욱 조직화된 형태를 나타낸다. 세상, 삼각관계, 음모, 닫혀진 문 뒤에서 일어나는 일 등 다양한 공격주제(예: 괴물, 공격)에 대한 흥미들이 다소 줄어들기는 하지만 그런 흥미들을 내포하고 있는 의미언어적 표현은 강조되는 경향이 있다(예: 문 뒤에서 일어나는 일에 관심 없어요). 양극성의 관점에서 통제의 주제를 향한 즐거운 추구로부터 약간의 변화가 있으나 여전히 균형이 존재한다. 이따금 수동적인 복종이 나타나기도 한다. 도덕성의 개념이 나타나지만 아직 안정적이지 못하다. 또한 규칙과 구조에 대한 관심이 나타나고 또래집단에 대한 흥미가 상대적으로 커지고 가족과 성인에 대한 관심이 다소 감소한다.

07 상담자의 주관적 반응

마지막 범주로 상담자 자신의 주관적 반응이 중요하다. 즉 아동이 상담자로 하여금 불러일으키는 일반적인 감정, 면담동안 일어나는 상담자 자신의 환상, 상상 등을 상담자 자신이 잘 관찰하여 기록해 놓는 것이 중요하다. 이런 반응들은 특정 아동과 상호작용하는 매트릭스의 한 부분이 되기 때문이다(Greenspan, 2003).

3. 심리검사

심리검사는 성격, 지능, 적성 같은 인간의 다양한 심리적 특성들에 대해서 파악하고자 하는 목적을 가지고, 다양한 도구들을 이용하여 이런 특성들을 양적 · 질적으로 측정하고 평가하는 일련의 절차를 말한다. 우리는 심리검사를 통해서 각 사람마다의 개인차에 대해서 파악할 수 있으며 또한 심리적인 과정 자체에 대한 이론적인 통찰을 얻을 수 있게 된다. 즉 심리검사는 개인에 대한 진단과 평가의 도구가 되면서 동시에 학문적인 연구의 도구가 된다(최정윤, 2002).

01 심리검사의 유형

심리검사는 도구의 구조화 여부에 따라 크게 객관적 검사(objective test)와 투사적 검사(projective test)로 구별할 수 있다. 심리검사는 의뢰된 아동의 호소문제에 따라 몇 가지의 검사들이 선별되어 실시된다.

(1) 객관적 검사

객관적 검사는 과제가 구조화되어 있고 채점과정이 표준화되어 있으며 해석의 규준이 제시되어 있는 검사를 말한다. 즉 검사에서 평가하고자 하는 특정 영역에 대해 초점화하여 측정할 수 있도록 구성된 검사이기 때문에, 그 특성을 재기에 가장 적합하다고 생각되는 일정한 방식에 따라 응답되고 해석된다. 따라서 개인의 독특성을 끌어내려 하기 보다는 개인마다 공통적으로 지니고 있는 특성이나 차원을 기준으로 하여 개인들의 상대적인 위치를 비교, 평가하려는 것이다.

① 장 점

검사실시의 간편성

객관적 검사는 시행과 채점, 해석의 간편성으로 인하여 임상가들에게 선호되는 경향이 있고, 검사에 따라 차이가 있지만 일반적으로 시행시간이 비교적 짧다.

검사의 신뢰도 및 타당도

투사적 검사에 비해 검사제작 과정에서 신뢰도와 타당도 검증이 이루어지고 신뢰도와 타당도가 충분한 검사가 표준화되기 때문에 검사 신뢰도와 타당도가 높다.

객관성의 증재

투사적 검사에 비해 검사자 변인이나 검사 상황변인에 따라 영향을 적게 받으며, 개인간 비교가 객관적으로 제시되어 객관성이 보장될 수 있다.

② **단 점**

사회적 바람직성

문항의 내용이 사회적으로 바람직한 내용인가에 따라 문항에 대한 응답결과가 영향을 받는다. 피검자들은 문항내용이 표면적으로 드러나는 객관적 검사에서 바람직한 문항에 의해 긍정적으로 반응하는 경향이 있다. 다시 말하자면 내용에 따라 방어가 쉽게 일어날 수 있다는 것이다.

반응 경향성

개인이 응답하는 방식에 흐름이 있어서 이러한 방식에 따라 결과가 영향을 받는다. 예를 들면, 긍정적으로 일관되게 응답하거나 아니면 부정적으로 일관되게 응답하는 개인의 경향이 있다. 이러한 경향성은 피검자의 순수한 반응에 오염변인으로 작용한다.

문항 내용의 제한성

객관적 검사문항이 특성 중심적 문항에 머무르기 때문에 특정 상황에서의 특성-상황 상호작용 입장에서 성격기술이 어렵고 사태 변인을 고려하는 데 실패함으로써 검사 결과가 지나치게 단순화되는 경향이 있다. 또한 문항내용으로 행동을 주로 다루는 반면, 감정이나 신념은 다루어지지 않는 경향이 있다.

(2) 투사적 검사

투사적 검사는 검사자극이 모호할수록 자극을 인지적으로 해석하는 과정에 개인의 욕구, 갈등, 성격 같은 심리적 특성의 영향이 강하게 포함된다는 전제하에서, 비구조적인 검사 과제를 통해 개인의 독특성을 최대한 이끌어내려는 목적을 가진다. 투사적 검사는 개인의 다양한 반응을 도출시키기 위해서 가능한 한 간단한 지시방법을 사용하며 검사자극 또한 불분명하고 모호한 특징을 지니고 있다.

① **장 점**

반응의 독특성

임상장면에서 보면 투사적 검사반응은 면담이나 행동관찰, 객관적 검사반응과 다르게 매우 독특한 반응을 제시해 주며, 이러한 반응으로 개인을 이해하는 데 매우 유용하다.

방어적 반응의 어려움

반응과정에서 피검사자는 불분명하고 모호하고 신기한 검사자극에 직면해서 적절한 방어를 하기가 어렵게 된다. 특히 객관적 검사와는 다르게 자극의 내용이 불분명하기 때문에 피검사자가 자신의 반응 내용을 검토하고 자신의 의도에 맞추어 방어적으로 반응하는 것이 어렵게 된다.

반응의 풍부성

검사자극이 모호하고 검사지시방법이 제한되어 있지 않기 때문에 개인의 반응이 다양하게 표현되며 이러한 반응의 다양성이 개인의 독특한 심리적 특성을 반영해 준다.

무의식적 내용의 반응

실제 투사적 검사는 자극적 성질이 매우 강력하여 평소에는 의식화되지 않던 사고나 감정이 자극되어 전의식적이거나 무의식적인 심리적 특성이 반영될 수 있다.

② 단 점

검사의 신뢰도

투사적 검사는 신뢰도 검증에 있어서 전반적으로 신뢰도가 부족하며, 특히 재검사신뢰도는 낮게 평가되고 있다.

검사의 타당도

대부분의 투사적 검사의 경우 타당도 검증이 매우 빈약하고 그 결과는 부정적인 경향이 있다. 즉 투사적 검사를 통해서 내려진 해석의 타당성은 대부분 객관적으로 입증되는 자료가 아닌 임상적인 증거를 근거로 하고 있다.

반응에 대한 상황적 요인의 영향력

투사적 검사는 여러 상황적 용인에 의해 강한 영향을 받는 것으로 나타나고 있다. 예를 들면 검사자의 인종, 성, 검사자의 태도, 검사자에 대한 피검자의 선입견 등이 검사 반응에 강한 영향을 미친다는 것이다.

02 심리검사의 종류

이번에는 흔히 아동상담 및 심리치료를 실시하고 있는 현장에서 많이 사용되는 심리검사를 중심으로 각 검사에 관해 간략히 살펴보도록 하겠다.

(1) 지능검사

① 한국 웩슬러 지능검사

웩슬러(Wechsler)는 지능을 "개인이 목적에 맞게 활동하고 합리적으로 사고하며 자신을 둘러 싼 환경을 효과적으로 처리해 나가는 종합적이고 총체적인 노력"이라고 정의하며, 이전에 제안되었던 지능에 관한 여러 가지 정의들을 종합적으로 받아들이면서 지능에 지적 요소뿐 아니라 성격적 요소, 정서, 사회성, 운동능력, 감각 등을 포함시켜 폭넓게 개념화하였다.

이 검사는 1946년에서 1981년에 걸쳐 유아용, 아동용, 성인용 검사가 개발되었고 개정을 거듭하면서 현재에 이르고 있다. 본 장에서는 유아용과 아동용 지능검사에 대해 간략히 소개하고자 한다.

한국 웩슬러 유아지능검사

한국 웩슬러 유아지능검사(Korean-Wechsler Preschool and Primary Scale of Intelligence : K-WPPSI)는 취학 전 아동 및 초등학교 저학년용으로 만든 것으로 만 3세에서 만 7세 3개월된 아동의 지능을 측정한다. 그러나 어린 영재아동이나 나이가 많은 지체아동과 같은 경우에는 이 연령범위를 벗어나더라도 사용할 수 있다.

K-WPPSI는 그 모체인 WPPSI 및 다른 웩슬러 검사들과 마찬가지로 지능을 각 영역별 능력이 개별적으로 존재하는 것이 아니라 다차원적인 속성을 가진 총체적인 지적 능력으로 보고 이들 능력을 측정하기 위하여 여러 하위검사와 다양한 과제들로 구성되었다.

K-WPPSI를 개발한 목적은 만 3세부터 만 7세 3개월 아동용 WPPSI-R의 규준을 한국 실정에 맞추어 수정하여 기존의 유아지능검사보다 더 어린 아동을 검사하려는 것이다. K-WPPSI는 다른 웩슬러 지능검사와 마찬가지로 동작성과 언어성 소검사들을 교대로 제시하고 과제의 성격을 이해시키기 위해 연습시행을 할 수 있게 하였으며, 아동의 흥미를 유지하기 위해 물건을 조작하는 과제를 포함시켰다.

K-WPPSI는 동작성 소검사들(모양맞추기, 도형, 토막짜기, 미로, 빠진 곳 찾기, 동물 짝짓기)과 언어성 소검사들(상식, 이해, 산수, 어휘, 공통성, 문장)로 구성되어 있다.

각각의 소검사가 측정하는 영역을 살펴보면 〈표 4-1〉과 같다.

웩슬러 지능검사를 해석할 때는 개인간 해석뿐 아니라 개인내적 분석도 해야 한다. 개인간 해석은 규준에서의 개인의 위치를 결정하는 것이고 개인내 분석은 개인의 총체적 능력 안에서 강점과 약점을 분석하는 것이다.

한국 웩슬러 아동지능검사

아동용 웩슬러 지능검사-3판(Korean-Wechsler Intelligence Scale-for Children : K-WISC-III)은 아동용 웩슬러 지능검사(WISC; Wechsler, 1949)의 세 번째 개정판이다. 현재 WISC-III의 한국판인 K-WISC-III은 곽금주 · 박혜원 · 김청택에 의해 표준화되었다(곽금주 · 박혜원 · 김청택, 2001). 이 검사는 만 6세부터 만 16세 11개월까지의 아동의 지능을 임상적으로 평가할 수 있는 개인용 지능검사이다.

표 4-1 ● K-WPPSI의 소검사 내용

소검사	측정영역
모양 맞추기	지각적 조직화, 공간지각, 구성력 및 시각-운동협응력, 부분들의 관계에 대한 추론력, 융통성과 인내력, 주의집중력 등
상 식	기본지식의 양과 정보의 장기기억능력, 교육적이며 문화적 기회제공 정도와 지적 호기심, 폭넓은 독서의 정도 등
도 형	단기기억, 모방 및 재생능력, 시각-운동협응력, 소근육 발달과 조정능력 등
이 해	사회적 상황에 대한 판단 및 문제해결능력, 양심이나 도덕적 판단의 발달, 사회적 성숙도, 언어적 표현능력 등
토막 짜기	공간구성능력, 지각적 조직화능력, 추상적 자극에 대한 분석력과 종합능력, 시각-운동 협응력, 형태인지, 시행착오적 학습능력과 모방학습능력 등
산 수	주의집중 유지능력, 계산능력, 청각적 기억능력 등
미 로	계획능력, 지각구성능력, 시각-운동 협응력, 비언어적 추론능력 등
어 휘	언어적 이해력, 개념형성능력, 문화적 경험이나 풍부한 초기환경정도 등
빠진 곳 찾기	본질 변별능력, 추이능력, 시각적 기민성, 기억력, 장기시각기억능력, 현실검증력 등
공통성	논리적이고 추상적인 사고력과 언어의 추상적 사고형성과정 및 상위개념의 형성, 구체적/피상적 사고수준 등
동물 짝짓기	눈과 손의 협응력, 정확성, 신속성, 운동성 등
문장(보충검사)	언어적 이해력, 주의력, 청각적인 연속적 정보처리능력, 단기기억능력 등

K-WISC-III는 이전 WISC-R 또는 KEDI-WISC에 포함되어 있는 12개의 소검사에 새로운 동형찾기라는 소검사가 첨가되어 있다. 소검사들은 언어성 소검사와 동작성 소검사 두 부분으로 구성되어 있다. 검사자가 검사기간 동안 아동의 흥미를 계속적으로 유지할 수 있게 하기 위해 언어성과 동작성 검사를 교대로 실시하도록 되어 있다. 언어성 소검사에서 계산된 점수의 합은 언어성 IQ 점수를 산출하고, 동작성 소검사에서 계산된 점수의 합은 동작성 IQ를 산출한다. 언어성 소검사와 동작성 소검사에서의 점수가 합산되어 전체 IQ를 산출한다.

K-WISC-III의 소검사의 종류와 내용은 〈표 4-2〉에 제시되어 있다.

② 한국판 K-ABC

K-ABC(Korean Version of Kaufman Assessment Battery for Children)는 미국의 알라바마대학교 교수인 코프만(Kaufman)이 지능과 습득도를 측정하기 위해 만든 종합 지능검사로, 문제를 해결하고 정보를 처리하는 개인의 인지처리 양식으로 정의된다. 이

표 4-2 ● K-WISC-III 소검사의 내용

소검사	내 용
빠진 곳 찾기	물건이나 장면 그림에는 아동이 구별할 수 있는 중요한 부분이 빠져 있다.
상 식	일상적인 상식수준을 알아보기 위한 지식들을 질문한다.
기호쓰기	간단한 형태나 숫자가 단순한 기호와 짝지어져 제한시간 안에 기호를 그려 넣는다.
공통성	쌍으로 짝지어진 일련의 낱말들의 공통성을 설명하도록 한다.
차례맞추기	순서가 뒤섞인 그림들을 제시하고 아동은 논리적인 이야기 순서대로 배열한다.
산 수	일련의 산수문제로 암산으로 풀고 답한다.
토막짜기	그림으로 제시된 기하학적 형태를 보고 정육면체를 사용하여 똑같이 조작한다.
어 휘	단어를 제시하면 구두로 정의를 내린다.
모양맞추기	일상적인 대상의 퍼즐조각들을 모아서 의미있는 하나의 전체모양으로 만든다.
이 해	일상생활에서의 문제해결능력과 사회적 규칙 및 개념에 대한 지식을 묻는다.
동형찾기 (보충검사)	일련의 쌍으로 이루어진 기호를 보고 목표기호가 찾기집단에 있는지 여부에 답한다.
숫 자 (보충검사)	청각적으로 제시된 숫자를 순서대로, 그리고 역순으로 따라한다.
미 로 (보충검사)	난이도가 높아지도록 구성된 미로 길찾기를 연필을 이용해 통로를 찾아나간다.

검사의 대상은 만 2세 6개월에서 만 12세 5개월까지 정상 및 특수아동이다.

K-ABC는 순차처리척도, 동시처리척도, 인지처리과정종합척도(순차처리 + 동시처리), 그리고 습득도 척도의 4개 하위척도로 구성되어 있다. 한국판 K-ABC는 16개 소검사(손동작, 수회상, 단어배열, 마법의 창, 얼굴기억, 그림통합, 삼각형, 시각유추, 위치기억, 사진순서, 표현어휘, 인물과 장소, 산수, 수수께끼, 문자해독, 문장이해)로 이루어져 있다. 그러나 실제로 아동에게 실시되는 소검사의 수는 연령에 따라 달라지며 최대 13개 소검사가 실시된다. 소검사 중 어떤 것은 만 2세 6개월에서 만 12세 5개월 전 연령에 걸쳐 실시되기도 하고, 어떤 소검사는 일부 연령에만 실시되기도 한다. 연령에 따라 선택되는 검사의 종류도 다르고 검사의 수도 달라진다.

한국판 K-ABC는 순차처리 척도, 동시처리 척도, 인지처리과정 척도, 습득도 척도, 비언어성 척도의 5개 소척도로 구성되어 있다. 한국판 K-ABC에서 지능은 문제를 해결하고 정보를 처리하는 개인의 인지처리양식으로 정의하고 있다. 순차처리는 문제를 해결할 때 정보를 한번에 한 개씩 시간적인 순서로 연속적으로 분석처리하

는 과정이고 동시처리는 가장 효율적으로 문제를 해결하기 위해 자극을 전체적으로 통합하는 과정이다. K-ABC의 인지처리과정 척도는 인지심리학 연구나 신경심리학 연구에 근거하여 개발되었고, 습득도 척도는 종래의 일반지능검사나 언어성 지능검사(어휘, 언어의 개념), 학력검사(읽기), 또는 산수, 일반지식 등에서 측정되는 기능을 보다 새롭고 혁신적인 방법으로 측정할 수 있는 여러 개의 소검사들로 구성되어 있다. 습득도 척도는 여러 개의 별개의 하위검사로 구성된 것이 아니라 아동의 문화적 환경 및 학교 환경에서 아동이 정보를 찾아내고 습득한 여러 가지 내용을 다룬 하나의 통합된 과제로 되어 있다(문수백, 1997).

(2) 성격검사

① 집-나무-사람 그림검사

1948년 벅(Buck)은 피험자에게 집, 나무, 사람을 그리게 하고 그 그림의 특징을 결정짓는 요인에 관해서 피험자에게 질문을 하는 집-나무-사람 그림검사(House-Tree-Person Drawing Test : HTP)를 개발하였다. 이 검사는 피험자 자신과 환경에 대한 내면적 관점을 반영하기 때문에 아동 자신과 아동의 환경, 특히 가정생활과 가족관계에 대한 정보를 제공해 준다. 그림의 특성이 검사결과의 해석에 중요한 자료가 되며, 그림을 그리는 아동의 행동은 아동의 손동작, 민첩한 운동성, 비구조화된 검사에 직면했을 때의 태도, 과제를 수행하면서의 저항이나 열의, 의존적인 욕구, 충동성, 긴장, 불안정을 관찰할 수 있다.

HTP는 개별검사로 실시하고, 그림을 완성한 후에 여러 가지 질문을 행하여 피검사의 성격에 대한 많은 정보를 얻을 수 있다. 일종의 투사적 성격검사로서 평가자의 지시에 따라 아동이 검사용지에 집과 나무와 사람을 그리게 되며, 그 그림에 대하여 솔직하고 자유롭게 설명하게 된다. 일반적으로 집은 개인 현실을 반영하고, 나무는 개인적인 변화과정을 반영하며, 사람은 자아의 기능을 나타낸다고 할 수 있다. 친숙한 소재를 통해 아동의 생각이나 내부의 욕구상태, 자아개념, 부모와의 관계나 가족관계, 현재 보이는 정서적 상태 등에 대하여 살펴볼 수 있다.

② 동작성 가족화 검사

동작성 가족화 검사(Kinetic Family Drawing Test : KFD)는 1970년에 번즈(Burns)와 코프만(Kaufman)에 의해 동작이 포함된 가족화를 그리도록 하는 검사로 개발되었다. 이 검사에는 가족구성원들이 무언가를 하고 있는 장면을 그리도록 함으로써 아동의 자아개념과 관련된 영역과 가족관계 면에서 아동의 감정을 표출하도록 하는데 도움을 줄 수 있을 것이라는 가정에서 출발하였다. 아동은 가족화를 통해 자신의 가족에 대해 어떻게 느끼는지를 드러내는데, 즉 가족내에 아동에게 중요한 영향을 미치는 사람은 누구이며, 심리적으로 가까운 사람은 누구인지, 부정적인 영향을 미치는 사람에게 어떠한 감정을 가지고 있는지를 드러낸다. 동시에 가족화 안에 동작이 들어감으로 해서 가족의 친밀감이나 정서적인 단절, 그리고 가족 내의 역동성이 반영된다.

③ 벤더 게스탈트 검사

벤더 게스탈트 검사(Bender Gestalt Test : BGT)는 1938년 벤더(L. Bender)가 여러 가지 유형의 정신병리와 지각과의 관계를 연구하려는 목적에 의해 개발된 것으로, 그녀는 형태심리학자인 베르타이머(Wertheimer)가 지각의 형태심리학적 법칙(접근성, 유사성, 연속성, 공통성, 완결성 등)을 연구하기 위해 고안한 여러 도형 중에서 9개의 도형을 선별하여 응용하였다. 형태심리학과 정신역동적인 이론을 종합해 구성된 이 검사는 주어진 도형을 검사받는 사람이 어떻게 지각하는지, 어떻게 다시 그려내는지에 따라 그 사람의 성격을 추론해내는 검사기법이다. 특히 아동의 경우에는 지각성숙도에 대한 발달수준을 평가하기 위한 도구로 이용되었으나 현재는 뇌손상이나 시각-운동 협응에 대한 평가, 그리고 지각적 성숙뿐 아니라 정서적 혼란이나 성격특성의 평가 및 아동의 학업 성취에 대한 예측이나 대략적인 지능 추정을 위한 목적으로도 사용되고 있다.

BGT는 만 5세 이상의 아동부터 성인까지 모두 실시할 수 있는 검사로 9개의 도형을 제시하고 모사하도록 하며, 모든 카드의 모사가 끝난 후에는 새로운 검사용지를 제시하고 이전에 그렸던 도형들을 회상하여 재생하도록 한다. 검사 받는 사람은 단지 주어진 도형을 그리고 회상과 연상을 하면 되기 때문에 다른 검사에 비해 심적 부담이 적다는 특징을 가지고 있다. 따라서 종합적으로 심리검사를 실시할 경우 검사시행 절차에서 일반적으로 제일 먼저 실시하는데, 이는 BGT가 피검자와 검사자 간의 래포형성에 도움이 되는 검사이기 때문이다. 도형을 보고 이를 그대로 그리는 검사라는 점에서 피검자에게 심리적 부담도 덜하고 긴장을 해소하는 데도 효과적이며, 검사실시 과정에서 검사자는 피검자의 그림 그리는 방식이나 검사행동을 잘 관찰하여 기록해 둠으로써 검사해석 시 피검자의 행동의 의미나 특징을 보충적으로 활용할 수 있다. 현재 BGT는 신경심리적인 목적과 투사적인 목적 모두를 위하여 사용되고 있으며, 임상가들은 필요에 따라 각각의 입장에서 그 결과를 해석, 사용하고 있다.

검사수행에 있어 시간 제한은 없지만 코피츠(Koppitz)는 결정적인 시간제한과 함께 검사 완성에 필요한 평균 시간이 나타나 있으며, 시간을 재는 것이 유용할 수 있다고 보고하고 있다. 검사결과는 각각 코피츠의 발달적 채점법과 파스칼(Pascal)

과 수텔(Suttell)의 객관적 채점법에 의해 이루어진다. 코피츠는 자신의 저서인 《어린 아동용 벤더 게슈탈트 검사(The Bender Visual Motor Gestalt Test, 1964)》에서 채점방법, 만 5세에서 만 6세 아동을 위한 연령 규준을 설명하고 있다.

④ 문장완성검사

문장완성검사(Sentence Completion Test: SCT)는 다수의 미완성 문장을 피검자가 자기 생각대로 완성하도록 하는 검사로, 단어연상검사의 변형으로 발전된 것이다. 투사적 검사 중 하나이지만 제시되는 자극이 일정한 형태를 가지고 있기 때문에 반투사적 검사라고도 한다.

검사의 목적은 개인의 욕구상태와 부모 및 교사, 동성 · 이성 친구들에 대한 태도를 파악하기 위함이다. 또한 성격 역동에 대한 심리진단 정보를 얻고 전반적인 심리적 적응을 판단하는 데 사용된다.

검사는 총 33문항으로 한 문장의 주어, 동사 부분만 제시되어 있으며 아동 스스로 나머지 부분을 작성해야만 한다.

이 검사를 통해 아동의 4가지 차원을 알 수 있다. 첫 번째는 가족에 대한 것, 두 번째는 사회에 대한 것, 세 번째는 학교에 대한 것, 네 번째는 자기자신에 대한 것이다. 국내에서는 아직 정확한 해석방법이 알려져 있지 않지만, 아동의 상태를 파악하는 데 유용한 검사이다. 또한 이 검사는 단독으로 사용하는 것보다는 여러 다른 검사들과 함께 사용했을 때 보다 더 정확한 결과해석이 가능하다.

⑤ 한국판 아동용 주제통각검사

CAT검사(Child Apperception Test)는 1949년 벨락(Belak)에 의해 개발된 아동용 투사검사로서 대상은 만 3세에서 만 10세 아동이다. 이 검사는 과거의 경험과 지각의 기억 흔적이 현재의 지각에 영향을 미칠 것이라고 가정하는 투사적 방법을 통해 평가하게 되어 있다. 성인과 비교할 때 경험의 폭이나 통각이 풍부하거나 다양하지 못하기 때문에 아동이 하는 이야기는 성인의 것보다 덜 복잡하고 비교적 직선적일 것이라고 기대할 수 있다. 아동은 자기 가족 외에 다른 가족에 대한 경험이 적기 때문에 그들의 반응은 자기자신의 가족과 관련이 있는 이야기일 것이며 따라서 그에 대한 유용한 정보를 얻을 수 잇다.

아동용 투사검사 제작에 벨락이 동물을 자극으로 사용한 이론적 가정은 아동은 사람보다 동물에 대해서 더 잘 동일시되며, 사람자극보다 동물자극에 대해서 더 많은 아동 특유의 의미적 내용을 투사한다는 것이다. 의식 수준에서는 아동의 친구로서, 꿈에서는 동일시 대상으로 중요한 역할을 할 수 있고, 성인보다 힘과 지혜가 약한 존재로서 아동에게 매우 친근한 존재일 수 있다. 이러한 사실은 아동용 로샤검사

표 4-3 ● CAT 결과해석에 필요한 욕구와 압력

주인공의 욕구		주인공의 압력	
외적 사상	성취, 획득, 구성, 호기심, 전시, 교시, 식이, 부동, 지원 등에 관한 욕구	인적 압력	성취, 획득, 우월, 지원, 거절, 벌, 유친 교시, 기대, 지배, 순종 등에 대한 압력
대인 관계	공격(정서/언어적 공격, 신체/사회적 공격, 파괴), 경쟁, 기대, 의지, 지배, 공포심, 유친, 적개심, 거부	환경적 압력	주인공의 행동에 영향을 미치는 환경내에서의 무생물적 대상의 압력을 말한다. 재해, 불행, 결여, 위협 또는 불행에 대한 압력
압력 배제	자율, 저항, 복종, 방어, 권세, 처벌욕구	내적	질환, 죽음, 좌절, 죄, 무력, 열등감에 대한 압력

기록에서 동물반응 비율이 높은 점과 공포의 대상으로 동물이 아동에게 중요한 점 등으로 충분히 설명될 수 있다.

한국판 아동용 주제통각검사(Korean Child Apperception Test: K-CAT)는 벨락(1949)의 CAT 원판을 기초로 한국 아동에게 적용할 수 있도록 개정한 검사이다(김태련 · 서봉연 · 이은화 · 홍숙기, 1976). 한국 표준화 작업을 거쳐 CAT 검사도구는 CAT 표준판 9매와 보충판 9매로 재개정되었다.

검사의 실시에 있어 다른 검사와는 달리 투사적 방법의 검사이므로 검사자나 평가자들은 그 실시에 있어서나 처리에 있어 여러 가지로 어려운 점이 많다는 점에 주의해야 한다. 검사결과의 해석에 포함되는 내용과 피검자의 심층 심리적 구조의 특징을 이해하는 데 중요한 정보가 되는 욕구와 압력은 〈표 4-3〉에 제시되어 있다.

⑥ 로샤검사

1921년 로샤(Rorschach)는 개인의 지각과정을 통해 행동을 예측한다는 기본 가정하에 10개의 표준화된 잉크반점 카드를 제작하였다. 이 검사는 임상적 진단도구로서의 유용성뿐만 아니라 개인의 성격이나 습관, 반응양식과 같은 많은 정보를 줄 수 있다고 보았다. 아동의 성격검사도구로서 로샤검사(Rorschach Test)는 지각-인지적인 과제로서 주어질 때의 반응행동과 아동의 환상을 자극하는 과제로서 주어질 때의 반응내용에는 아동의 사고양상과 성격의 구조와 역동, 행동양상이 반영된다고 본다.

로샤검사는 아동의 사고, 정서, 현실지각, 대인관계의 방식 등 성격의 다차원적인 정보를 제공한다. 사고의 측면에서는 추상적이고, 표괄적인 사고에서부터 현실적인 문제의 해결방안, 구체적이고 세부적인 사고과정에 대한 정보를 알 수 있다. 정서적인 면에서는 아동이 보이는 정서적 반응의 종류와 정도, 내적 자원과 삶에 있어

비현실적이고 환상적 요소, 그리고 합리적인 자기 통제는 물론 대인관계에서의 갈등이나 방어 등 자아 기능적인 측면을 밝혀낸다. 로샤검사는 이러한 정상적인 성격특성과 병리적인 성격특성에 관한 중요한 정보 또한 제공할 수 있기 때문에 임상적인 유용성이 매우 크다.

로샤검사의 해석 원리는 모든 연령에 동일하게 적용된다. 검사의 해석단계에서 이 검사는 지각-인지적 과제, 또는 개인의 환상을 자극하는 과제로서의 의미를 갖는다. 지각-인지적 과제로 볼 때 잉크반점은 아동이 구조화하고 조직화하여야 할 모호한 자극 장으로 간주된다. 따라서 아동은 주어진 자극을 무엇으로 반응할 것인가를 결정하여야 하며, 이를 통해 지속적인 특성, 기질, 선호하는 대처양식, 관심의 출처를 알 수 있다. 또한 환상을 자극하는 수단으로서는 잉크반점이 아동의 상상력을 자극하고 다른 방법으로는 접근하기 힘든 환상을 불러일으킨다고 보인다. 이런 환상의 내용을 다루는 해석에서는 왜 그렇게 행동하게 되었는가를 다루는 것으로 아동의 특정 적응 유형에 영향을 주는 내면의 욕구, 태도, 해결되지 않은 갈등에 초점을 두게 된다.

⑦ 한국판 아동용 성격검사

한국판 아동용 성격검사(Korean Personality Inventory for Children : K-PIC)는 홍창의 등에 의해 개발된 검사로, 이 검사의 주요목적은 임상장면에서 아동의 정신과적인 문제를 선별, 진단하고 학교장면에서 심리적인 도움을 필요로 하는 아동들을 조기에 발견하여 도움을 주는 것이다. 이 검사는 최근 6개월간 아동과 같이 생활한 보호자가 아동의 발달, 정서, 행동, 대인관계, 현실접촉 등에 대해 응답하여 아동을 다차원적으로 평가할 수 있다.

검사문항은 255문항이고 16개의 척도로 구성되어 있다. 16개의 척도에는 4개의 타당도 척도와 스트레스에 대한 아동의 적응 잠재력을 측정하는 하나의 자아 탄력성 척도와 11개의 임상척도가 있다. 임상척도는 언어발달, 동작발달, 불안, 우울, 신체화, 비행, 과잉행동, 가족관계, 사회관계로 구성되어 있다.

(3) 발달평가검사 및 행동체크리스트

① 사회성숙도 검사

미국의 돌(Doll)에 의해 바인랜드 사회성숙척도(Vineland Social Maturity Scale)란 이름의 사회성숙척도가 1953년에 발표되었다. 이후 여러 번의 개정을 거치다 한국에서는 1985년 김승국과 김옥기에 의해 표준화 작업을 거쳐 한국판 사회성숙도 검사가 나왔다.

검사의 주요 목적은 0세에서 만 30세의 영아에서 성인을 대상으로 자조, 이동, 작업, 의사소통, 자기관리, 사회화 등과 같은 변인으로 구성되는 사회적 능력, 즉 적응 행동을 평가하는 것이다. 또한 개인의 성장 또는 변화를 측정하고 개인차를 측정하는 도구로 활용할 수 있다.

검사의 구성요소를 살펴보면, 자조, 이동, 작업, 의사소통, 자기관리, 사회화 등 6개 유목의 117개문항으로 구성되어 있다. 국내 실정에 맞게 수정하고 3개 문항을 새로 만들어 모두 120개 문항으로 제작하였다.

검사 실시는 피검자에 대한 정확한 정보를 얻기 위해서 피검자와 가장 많은 시간을 함께 보내는 사람(부모, 주양육자, 형제)과의 면담을 통해서 시간제한 없이 진행된다. 검사시에는 피검자의 연령, 교육정도, 일반능력, 직업, 장애 등을 비롯한 기타 신상자료와 부모의 직업 및 교육 정도를 먼저 알아봄으로써 검사를 용이하게 실시할 수 있고, 수집된 정보의 평가를 보다 정확하게 할 수 있다. 면접 후 검사자는 추가로 피검자의 행동을 직접 관찰하는 등 내용의 정확성을 검토하여야 한다.

검사결과는 종합된 점수에 의한 사회연령(SA), 사회지수(SQ)만으로도 의미가 있지만 아동의 발달수준을 보다 정확하게 이해하고 적합한 프로그램을 계획하며 제공된 프로그램의 효과를 검증하기 위해서는 영역별로 수준을 검토해 보는 것이 매우 중요하다.

② 한국판 아동행동척도

한국판 아동행동척도(Korea-Child Behavior Checklist : K-CBCL)는 미국 아켄바흐(Achenbach)의 아동행동 체크리스트를 우리 문화에 맞게 표준화한 것이다(오경자 외, 1997). 아동의 행동을 포괄적으로 평가하기 위해서 여러 상황에서 아동이 보이는 행동에 대한 자료가 필요하다. 따라서 아동행동 체크리스트는 부모용과 교사용이 있다. 교사용은 학업과 관련된 적응기술과 교실에서의 행동문제를 보고하도록 되어 있다. 교사용의 대부분 문항은 부모용과 유사하지만 몇 문항은 교실과 관련된 행동으로 대치되어 있다.

이 검사는 만 4세에서 만 17세 아동을 대상으로 하고 부모가 없으면 함께 거주하고 있는 양육자가 평가할 수 있다. K-CBCL은 사회적 능력 척도와 문제행동증후군척도를 포함한 117문항으로 구성되어 있다. 사회적 능력척도에서는 사회성과 학업수행능력이 포함되며 문제행동증후군 척도에는 위축, 신체증상, 불안/우울, 사회적 미성숙, 사고의 문제, 주의집중 문제, 비행, 공격성 등이 포함된다.

아동의 행동에 대한 평정자, 특히 부모와 교사 간의 불일치의 상황에 따른 아동행동의 변화를 보여주므로 평가자는 평정자 간의 불일치의 원인을 면밀히 검토해야 하고, 이러한 검사의 결과는 심리적 부적응을 보이는 아동을 평가하거나 정신병리를 진단하는 보조도구로 사용할 수 있다.

(4) 학업성취 및 주의력 검사

① 기초학습기능검사

박경숙, 윤점룡, 박효정이 1989년에 제작한 검사로서 아동의 학습수준이 정상에서 어느 정도 떨어지는가를 알아보거나 학습집단 배치에서 어느 정도 수준의 아동집단에 들어가야 하는가를 결정하며 구체적인 개별화 교수안을 계획하는 검사목적을 갖고 있다. 기초학습기능검사의 대상아동은 유치원생부터 초등학교 6학년까지이며, 이 검사는 학년 규준과 연령 규준을 갖춘 개인용 학력검사라는 특징을 지닌다.

검사의 구성은 정보처리 기능과 언어기능 및 수 기능을 측정하도록 구성되어 있으며 구체적으로 다루는 기능요소는 9개이나, 소검사는 5개(정보처리, 셈하기, 읽기 I, 읽기II, 쓰기)로 조정되었다.

이 검사는 시간제한이 없는 능력검사이므로 검사자는 지나치게 서두르지 말고 피검자가 충분히 생각해서 대답할 수 있도록 검사시간을 넉넉히 주어야 한다. 검사에서 얻어진 점수를 의미있게 해석하기 위하여 학년 규준, 연령 규준과 학년 및 연령별 검사의 백분위 세 가지 유형의 유도 점수를 제시하고 있다.

② 주의력장애진단검사

주의력장애진단검사(ADHD Diagnostic System ; ADS)는 1999년 홍강의 · 신민섭 · 조성준이 개발한 주의집중력을 측정하는 검사로, 만 5세에서 만 15세까지의 아동 및 청소년을 대상으로 실시할 수 있다. 이 검사는 시각과 청각 두 가지 검사로 구성되어 있다. 시각 검사에서는 3가지 모양의 그림을 사용하는데, 하나는 목표자극이고 나머지 둘은 비목표자극이다. 아동은 화면을 주시하고 있다가 잠깐씩 제시되었다가 사라지는 자극들 중 목표자극이 나오면 조이스틱의 버튼을 누르도록 한다. 주의력이 부족한 아이들은 제시되는 목표자극을 놓치거나(누락 오류), 목표자극이 아닌데도 버튼을 누르는 경우(오경보 오류)가 많다. 이러한 오류가 많을수록 주의집중력의 어려움이 더 크다는 것을 의미한다. 청각검사에서는 3가지의 구별되는 청각적 자극(소리)이 제시되는데, 시각검사에서와 마찬가지로 아동은 귀를 기울어 잘 듣고 있다가 목표자극과 비목표자극을 구분하여 반응하도록 한다. 최근 주의력의 어려움을 보이는 아동들이 상담소를 많이 방문하고 있어 이런 아동들에게 유용하게 쓸 수 있는 검사이다.

5

사례개념화와 상담계획

평가과정에서 수집된 많은 정보들은 아동과 가족들이 드러내는 부적응의 의미를 이해할 수 있는 방식으로 통합되어야 한다. 상담을 시작하기 전에 아동의 문제를 개념화하고 그것과 관련있는 상담계획을 조직화 하는 것은 매우 중요하다. 내담자에 대한 완전한 사례개념화와 명확한 상담계획 없이 상담을 진행시키는 상담자도 있다. 상담이 진행되면서 더 많은 정보와 자료가 밝혀지면 상담계획이 언제든지 수정될 수 있지만, 일단 상담자가 내담아동의 문제에 관한 개념화와 상담계획 없이 상담을 시작하면 상담이 핵심을 벗어나거나 실패할 확률이 높아진다. 사례개념화와 상담계획이 준비된 이후에야 비로소 상담자는 자신이 가진 수단을 사용하여 내담아동을 변화시킬 수 있게 된다.

1. 사례개념화

평가과정이 끝나면 그 평가과정에서 실시한 심리검사, 면접과 행동에 대한 관찰, 아동과 부모를 통해 얻은 정보 등을 종합하여 아동의 문제에 대한 이론적인 모형을 수립해 볼 수 있다. 이것을 '사례개념화' 라고 한다. 즉 사례개념화는 내담아동과 가족에게 일어났던 일을 이해하기 위해 아동에 관해 수집한 모든 정보를 통합하여 체계화하는 것이다. 즉 상담자가 내담아동의 심리적 · 대인관계적 · 행동적 문제에 대해서 원인과 촉발 및 유지요인 등으로 가설을 세우는 것으로, 내담아동이 이 시점에서 문제를 경험할 수밖에 없는 메커니즘을 이해하고 여기서 벗어날 수 있는 실천 가능한 청사진을 세울 수 있다.

사례개념화는 문제목록평가, DSM-IV를 사용한 진단, 문제들을 형성하고 문제발달의 원인이 되어 온 정신역동에 대한 이해를 통해 이루어진다(Brems, 2002). 사례개념화를 구성하고 있는 각 요소들에 관해 살펴보면 다음과 같다.

01 사례개념화의 구성요소

사례개념화는 아동이 어떤 문제를 가지고 있는가, 그 문제의 원인이나 발생 배경은 무엇인가, 현재 문제가 지속되는 요인은 무엇인가, 그 문제를 해결하기 위해서는 어떤 상담의 전략이 필요한가에 대한 잠정적인 가설을 설정하는 것이다. 이때 아동이 가지고 있는 문제의 목록을 만들고, 임상적인 진단분류에 따라 문제들을 구조화하게 되면 상담계획을 세울 때 많은 도움이 된다.

(1) 문제목록

평가과정에서 상담자는 가족들이 언급하지 않았던 여러 가지 문제들에 대한 정보들을 수집하게 된다. 문제 목록에는 단순히 심리적인 것들뿐만 아니라 아동의 생활전반에 걸친 잠재적인 영역들에 대한 내용들이 포함된다. 즉 심리적 영역, 사회적 영역, 의학적 · 생리적 영역, 학업적 영역, 가족영역, 기타영역으로 구분하여 문제 목록을 작성하게 되면, 상담자는 내담아동이 현재 보이는 문제와 관련된 영역의 것들을 좀 더 분명하게 이해하는 데 도움이 된다. 다음은 문제목록에 포함될 수 있는 아동의 문제 영역들이다.

① 심리적 문제

심리적 문제들은 아동의 정서적, 정신적, 정신내적, 그리고 개인간의 적응과 관련된 내용들이다. 정서적 적응은 공포, 변덕스러움, 우울함, 감정 변화 등을 포함한 아동의 기분과 관련된다. 심리적인 적응은 환각, 망상, 지각의 오류, 발달지체 등을 포함한 지각, 인식, 의식 또는 발달에 있어서 병리적인 것에 관한 아동의 기능을 말한다. 정신내적 적응은 낮은 자아존중감, 흥미나 관심부족, 악몽, 강박적 행동이나 사고, 상반되는 감정표현, 우유부단함과 같은 문제들을 포함한다. 상호대인적 적응은 또래관계에서의 어려움, 부모와의 불안정한 애착, 부모에 대한 양가 감정, 학교불안 등을 포함하는 가족과 친구들 같은 다른 타인들과의 관계에서 드러나는 어려움 등을 말하는 것이다.

② **사회적 문제**

사회적 문제는 아동을 둘러싸고 있는 환경적, 사회경제적, 문화적, 종교적 또는 유사한 주제들에 초점을 두는 문제들이다. 환경적 문제에는 부적절한 보호나 영양공급 등과 같은 문제들이 포함된다. 사회 경제적 문제로는 한국의 경우, 부모들의 지나친 교육열과 이로 인한 과도한 사교육비 지출 등이 포함된다. 문화적인 문제들은 매스미디어 또는 생활환경에서 아동의 문화에 대한 적절한 역할모델의 부재를 들 수 있고, 종교적인 문제로는 가족구성원들 간의 종교갈등 같은 문제를 생각해 볼 수 있다.

③ **의학적 · 생리적 문제**

의학적 또는 생리적인 문제는 아동의 건강과 사고가 일어나기 쉬운 아동들의 일반적인 수준을 말한다. 의학적인 문제들은 심각한 것(예: 만성적인 질병으로 인한 잦은 입원)에서부터 가벼운 것(예: 알러지)에 이르기까지 다양할 수 있다. 병세의 심각성과는 관계 없이 의학적인 문제들은 이곳에 기록된다. 정신병력 또는 다른 질병에서와 같이 발달상의 장애 또는 지체도 여기에 속한다. 다른 가족구성원들의 눈에 띄는 의학적인 문제들 또한 여기에 기록하는 것이 적절하다.

④ **학업적 문제**

학업적 문제는 학교상황에서 나타나는 문제들을 말하는 것으로 학년, 기능의 변화, 예외적인 수행, 학습장애 등과 같은 실제적인 학업적 수행에 초점을 둔 문제들을 말한다. 또래나 학교 선생님과의 관계와 같은 대인관계문제가 학업적인 문제이면서 심리적인 문제와 중복되기도 한다. 그런 문제들을 어디에 포함시키는가는 상담자의 임의에 의해 결정하면 될 것이다.

⑤ **가족문제**

가족문제는 가족상황에서 발생하는 갈등들이 포함된다. 학업적인 문제에서처럼 심리적인 문제들과 중복되는 경우도 있다. 이 범주는 단순히 가족구성원들 간의 갈등에 대한 진술만이 아니라 가족문제의 세부적인 기술에 초점을 두어야만 할 것이다. 예를 들어, 부부불화, 고부갈등, 신뢰의 부족, 이혼, 재혼 등에 대한 것들이 포함될 수 있다.

⑥ **기타 문제**

상담자가 어느 항목에도 적합하지 않거나 또는 명확하게 정의내릴 수 없는 것이라고 생각되는 것은 기타문제로 분류한다. 이 항목은 입증되지 않은 의심이 가는 문제들에 관한 고찰을 포함한다. 그러한 문제의 한 예로 가족구성원들이 부인하는 아동학대에 대한 의심을 들 수 있다. 만약 목록화된 문제가 단순히 하나의 가설에 불과하다면 기타문제로 간주할 수 있다.

모든 관심거리와 문제들을 영역별로 목록화 시키면 아동과 아동의 환경에 대한 이해를 좀 더 쉽게 해 줄 것이다.

(2) DSM-IV 진단

개념화의 두 번째 과제는 진단이다. 물론 반드시 상담에 오는 아동 모두가 진단받아야 하는 문제를 가진 아동은 아니기 때문에 이 과정은 상담자에 의해 포함되지 않을 수도 있다. 특히, 문제중심의 상담이 아닌 아동의 성장 발달을 촉진시키는 데 초점을 두거나 문제 예방차원에 초점을 두는 상담에서는 더욱 그러하다. 진단은 임상의학 현장에서 가장 널리 사용되고 있는 진단기준인 미국정신의학회에서 만든 DSM(DSM-IV, American Psychiatric Association; 1994, 2000) 시리즈가 가장 널리 사용되고 있다. 우리나라에서는 현재 2000년도에 나온 DSM-IV-TR이 널리 사용되고 있다. DSM-IV에서는 정신장애를 '개인이 나타내는 임상적으로 중요한 행동적 또는 심리적 증후나 양상 때문에 개인에게 행동적 · 심리적 또는 생물학적 기능에 장애가 나타나는 것으로 이러한 증후나 양상은 특정사건 때문에 나타난 것이 아니고 자신이 속한 문화권에서 허용되지 않는 것'으로 정의한다(APA, 1994). 이러한 진단기준은 상담가들 사이에서 진단상의 시스템으로 의사소통과 자기확인을 편리하게 해주므로 가장 흔하게 받아들여지고 있다. DSM-IV는 상담자가 내담아동 개개인의 가능성 있는 가장 광범위한 판단을 확실하게 할 목적으로 다섯 개의 축으로 문제를 분류한 다축체계 진단을 사용한다. 다섯 개의 축은 임상증후군(축 I), 발달상 또는 성격장애들(축 II), 신체적 장애들(축 III), 정신사회적 스트레스들(축 IV), 그리고 기능의 전반적인 수준(축 V)이다. 일단 문제목록이 미리 준비되어 있을 경우, DSM-IV를 이용한 진단이 체크목록처럼 어느 정도 의도적이고 구조화된 진단이기 때문에 쉽게 사용할 수 있다.

① 축 I : 임상적 증후군

DSM-IV의 축 I은 주로 주의력결핍 과잉행동장애, 반응성 애착장애, 학습장애와 같은 정신적 장애 등을 확인하는 데 초점을 두고 있다. 이런 장애들은 어린 시기에 시작되어 안정된 형태로 지속되기도 하고, 좀 더 나중에 시작되기도 하며, 시간에 따라서 증상들의 심각성이 변화되기도 한다.

② 축 II : 발달 그리고 성격장애들

축 II에는 성격장애 혹은 발달상의 장애로 만성적이고, 지속적인 정신장애들을 확인하는 데 초점을 두고 있다. 축 I 장애의 특징인 증후군의 변동이 축 II 장애들에서는 나타나지 않는다. 축 I과 축 II의 차이는 상담자들이 단지 가장 명백한 징후학을 찾는

데 결코 만족하지 않을 뿐만 아니라 또한 덜 명백한 것에도 만족하지 못하고 단지 아동기 동안에 발병하는 장기간 지속되는, 좀 더 고정적이고 만성적 장애들을 확인하기 위한 것이다. 따라서 동일한 아동에게 축 I과 축 II의 진단을 함께 내릴 수 있다.

③ **축 III : 신체적 장애들**

축III은 축I과 II의 진단과 관계 있는 것으로 보이는 신체적인 조건 또는 장애에 대한 것들이 포함된다. 즉, 신체적인 건강상태와 관련될 수 있다. 이런 신체적 조건들은 아동의 문제에 원인이나 결과로 관련되어 있거나 때로나 잠재적으로 영향을 줄 수도 있다.

④ **축 IV : 심각한 정신사회적 스트레스**

축 IV는 아동의 주변환경에 정신사회적 스트레스가 있는지 없는지, 또는 그 심각성이 어느 정도인지에 대한 기록이다. 스트레스에는 두 가지 형태, 즉 지속적인 스트레스와 급성적인 스트레스가 있다. 스트레스는 흔히 장애의 발생, 지속(유지) 또는 반복(순환)에 기여하기도 하고, 때로는 장애의 결과가 될 수도 있다. 아동의 생활 가운데서 지속적인 스트레스와 급성적인 스트레스로는 반복적인 성적 학대 혹은 부모의 이혼과 같은 문제들을 예로 들 수 있다.

⑤ **축 V : 기능에 대한 전반적인 평가**

축 V는 개인의 기능에 대한 전반적인 수준을 나타내기 위해서 0~90까지로 나누어져 있다. 수치가 높아질수록 아동의 기능은 더 좋은 것이다. 그러므로 90등급은 장애의 증상이 최소임을 가리키고, 위에서 언급한 세 영역(사회적, 전문적/학문적, 정신적) 모두에서 기능이 좋은 것임을 나타낸다. 반대로 1등급은 자살의 위험이 지속되는 아주 심각한 병리, 의사소통에 있어서 심각하게 혼란을 일으키거나 자기 자신을 보호하는 것이 전반적으로 불가능함을 나타낸다.

DSM-IV 분류체계는 지나치게 겉으로 드러난 현상학적 측면에서의 기능장애만을 강조한다는 제한점을 지니고 있지만 임상현장에 상담을 위한 진단기준을 제공해 준다는 점에서 유용하게 활용될 수 있다. DSM-IV에 제시된 장애들은 크게 발달장애와 심리기능장애로 나눌 수 있으며 심리기능장애는 정서, 행동 및 생리기능장애로 구분될 수 있다. 발달장애는 유전 · 생화학적 요인 또는 뇌기능 손상과 같은 기질적인 요인으로 인해 주로 유발되는 장애들을 말한다. 이에 속하는 장애 유형은 정신지체, 전반적인 발달장애 또는 자폐장애, 그리고 특정 발달 영역에서의 지체라 할 수 있는 의사소통장애, 운동기능장애 및 학습장애이다. 심리기능장애는 대부분 환경적 요인에 의해서 유발된다고 할 수 있으며 아동기 때의 환경은 가정, 특히 부모를 의미한다. 심리기능장애 중 정서장애는 아동기에 가장 흔히 나타나며 성인기에 주로 나타나는 우울장애, 강박

장애 및 특정 공포장애뿐만 아니라 아동기에 처음으로 발생하는 반응성 애착장애, 선택적 함구증, 분리불안장애, 학교거부증, 틱장애가 이에 포함된다. 행동장애에는 주의력-결핍 및 과잉행동장애, 적대적 반항장애 및 품행장애가 혹하며, 생리기능장애에는 섭식장애, 배설장애 및 수면장애가 포함된다. 최근 DSM-IV의 새로운 진단명으로 '부모-자녀관계 문제'가 연구되고 있다. 이 장애는 심리기능장애에 포함될 수 있으며 이에 대한 진단기준은 임상현장과 자녀 양육에 많은 것을 시사하게 될 것이다(김춘경, 2004).

DSM-IV에서는 유 · 아동기와 청소년기에 주로 처음 발생하는 장애로 다음과 같은 장애를 선정하였다(미국정신의학회, 1995).

① **정신지체**

이 장애는 18세 이전에 발병하고 지적 기능이 유의하게 평균 이하(지능지수 70 이하)이며 동시에 적응기능의 결함이나 장애가 있는 것이 특징이다. 가벼운 정도, 중간 정도, 심한 정도, 아주 심한 정도의 정신지체와 정도를 세분할 수 없는 정신지체로 장애 정도를 하위 분류하고 있다.

② **학습장애**

이 장애는 개인의 생활연령, 측정된 지능, 나이에 맞는 교육에 비해 기대되는 수준보다 실제적인 학업기능이 낮은 것이 특징이다. 이 부분에 포함되는 장애들은 읽기장애, 산술장애, 쓰기장애, 달리 분류되지 않는 학습장애가 있다.

③ **운동기술장애**

이 장애는 발달성 근육운동조정장애를 포함하는데 개인의 생활연령, 측정된 지능에 비해 기대되는 수준보다 근육운동조정기술이 낮은 것이 특징이다.

④ **의사소통장애**

이 장애는 말이나 언어장애가 특징이며 표현성 언어장애, 혼재 수용-표현성 장애, 음성학적 장애, 말더듬기 및 달리 분류되지 않는 의사소통장애가 포함된다.

⑤ **광범위성 발달장애**

이 장애는 여러 발달 영역에서 심한 결함이나 광범위한 장애가 특징이며 사회적 상호작용장애, 의사소통장애와 상동증적 행동, 관심, 그리고 활동이 포함된다. 여기에 포함되는 장애들은 자폐성장애, 레트장애, 소아기 붕괴성장애, 아스퍼거 장애, 달리 분류되지 않는 광범위성 발달장애이다.

⑥ **주의력-결핍 및 파괴적 행동장애**

이 장애는 주의력-결핍 및 과잉행동장애가 포함되는데, 심한 부주의 또는 과잉행동-충동 증상이 특징이다. 이 장애는 나타나는 주된 증상에 따라 유형들이 주의력-

결핍 우세형, 과잉행동-충동 우세형 및 복합형으로 구별된다. 또한 여기에는 파괴적 행동장애도 포함된다. 품행장애는 다른 사람의 기본적인 권리나 나이에 적합한 사회적 규범이나 규칙을 어기는 행동이 특징이다. 반항성 장애는 거부적, 적대적, 도전적 행동이 특징이다.

⑦ 유아기 또는 초기 아동기의 급식 및 섭식장애

이 장애는 지속적인 급식 및 섭식 장애가 특징이다. 이 부분에 포함되는 장애들은 이식증, 반추장애, 유아기 또는 초기 아동기의 섭식장애이다.

⑧ 틱장애

이 장애는 음성 틱 또는 운동틱이 특징이다. 여기에 포함된 장애들은 뚜렛장애, 만성 운동틱장애 또는 음성 틱장애, 일과성 틱장애와 달리 분류되지 않는 틱장애이다.

⑨ 배설장애

여기에는 부적절한 시기와 장소에서 반복적으로 배설하는 것으로 유분증과 유뇨증이 포함된다.

⑩ 기타장애

이 임상군은 위에 열거한 어떠한 범주에도 포함되지 않는 분리불안장애, 선택적 함구증, 반응성 애착장애, 상동증적 운동장애 등이 포함된다. 분리불안장애는 집, 또는 아동이 애착을 느끼는 사람들과 이별할 때 경험하는, 발달적으로 볼 때 부적절하고 지나친 불안이 특징이다. 선택적 함구증은 어떤 상황에서는 말을 하고 특정한 사회적 상황에서는 지속적으로 말을 하지 못하는 것이 특징이다. 유아기 또는 초기 아동기의 반응성 애착장애는 대부분의 상황에서 일어나는 심하게 손상되고 발달적으로 부적절한 사회적 관계가 특징인데 심한 병적 원인을 제공하는 돌봄과 관계가 있다. 상동증적 운동장애는 정상적인 활동을 심하게 방해하는-때로는 신체적인 상해를 일으킬 수 있는-반복적이고 외관상 충동적이며 비기능적인 운동성 행동이 특징이다(김준경, 2004).

2. 상담계획

본격적인 상담을 시작하기에 앞서 그동안 모아진 여러 가지 정보를 통해 이루어진 사례개념화에 따라 상담계획을 세워야 한다.

상담계획이란 아동상담을 시작하기 바로 전 단계로 아동의 발달기능을 최대화시키기 위해 상담자가 최선의 방법을 선택하는 과정이다. 상담계획은 상담목적을 달성하는데 적절하게 도움을 줄 수 있는 상담중재에 대해 분석적이고 비판적인 사고의 힘을 길러줄 수 있는 가이드라인이 된다.

01 상담계획 단계

상담자는 접수면접, 체계적인 관찰, 심리검사 등에서 얻은 정보를 개념화 단계를 거쳐 체계화하고 이를 바탕으로 상담계획을 세우게 된다. 상담계획을 세우는 과정은 일반적으로 다음과 같은 단계를 밟는다(Jongsma, Person, & McInnis, 2002).

(1) 1단계 : 문제의 선정

심리평가와 아동의 부모, 그밖의 다른 관련된 타인들로부터 얻은 정보를 이용하여 아동의 현재 문제를 찾아내는 단계이다. 아동의 인지, 정서, 행동, 사회, 언어 등의 발달수준이 어느 정도인지를 정확하게 묘사하고 상담계획 설정시 참고해야 한다. 효과적으로 상담계획을 세우려면 아동이 가지고 있는 여러 가지 문제를 한번에 다루기보다는 가장 우선적으로 중재해야 할 몇 가지만을 선택해야 하는데, 너무 많은 문제를 선정하면 상담의 방향성을 상실할 우려가 있다. 그러므로 내담아동이 보이는 문제의 우선순위를 고려해서 상담계획에서 우선적으로 다루어질 문제를 선정하는 것이 중요하며, 내담아동이나 부모의 의견을 포함시키는 것이 중요하다.

(2) 2단계 : 문제의 정의

2단계는 1단계에서 선정된 각각의 문제가 특정 내담아동에게 어떻게 나타나는가를 구체적으로 정의하는 단계이다. 각각의 내담아동이 갖고 있는 문제는 자기 생활에서 행동적으로 어떻게 영향을 미치는지를 보여 준다는 독특한 의미가 있다. 그러므로 상담을 하려고 선택한 각각의 문제가 특정 아동에게 어떻게 나타나는가를 구체적으로 정의하는 것이 필요하며, 문제의 정의는 아동의 구체적인 행동상의 정의로 진술되어야 한다.

(3) 3단계 : 목적의 설정

내담아동의 문제나 어려움을 파악한 후에는 현재 어려움을 지속하게 하는 요인을 제거하고 최적의 기능을 발휘하도록 도울 수 있는 목적을 설정한다. 목적은 폭넓게 세울 수 있으며, 상담의 결과에 대한 바람직한 긍정적인 결과를 시사하는 일반적인 장기목표일 수 있다.

(4) 4단계 : 목표의 구성

장기목표인 목적과 달리 4단계에서의 목표는 단기목표로서, 행동적으로 측정가능한 언어로 진술되어야 한다. 따라서 목표를 구성할 때에는 애매모호하거나 주관적이어서는 안된다. 각각의 목표는 광범위한 목적을 달성하는 단계로 개발되어야 한다. 그러므로 본질적으로 목표들이 수행되었을 때 목적이 달성되는 연속적인 단계라고 볼 수 있다. 각각의 문제마다 최소한 두 개의 목표가 있어야 되지만, 상담자가 필요한 만큼의 목표를 구성할 수 있다.

(5) 5단계 : 상담개입의 구성

상담개입은 내담아동의 문제를 해결하고 목표를 달성하기 위해 상담자가 구성한 상담적 중재를 의미한다. 상담개입은 내담아동의 욕구 및 상담자의 충분한 상담개입방법 등을 토대로 선택해야 한다. 아동을 위한 상담개입에는 놀이치료, 미술치료, 음악치료, 문학치료, 모래놀이치료, 무용동작치료, 심리극 등이 있으며 아동에게 가장 적합한 상담개입방법을 선택해서 구성해야 한다.

02 상담의 목표 설정

상담의 목표는 내담자인 아동의 행동, 태도, 가치관 및 자기이해를 수정하도록 돕고 아동이 사회에 보다 잘 적응하며, 부딪히게 되는 위기에 긍정적으로 대처해 나가고, 스스로 문제해결의 방법을 찾아갈 수 있도록 돕는 것이다. 즉 아동이 상담을 통해 자신의 부적응적인 행동을 바람직한 행동으로 변화시키고, 정신건강의 발달을 이루며, 문제해결능력을 증진시키고, 잠재적인 능력을 개발하도록 돕는다. 또한 의사결정의 기초를 습득하고, 타인과의 의사소통능력을 기르며, 대안적인 기술을 향상시키는 것을 목표로 한다.

이러한 관점에서 아동상담의 목표를 크게 다음의 두 가지 측면으로 살펴볼 수 있다.

첫째는 아동의 입장을 중심에 두고 세우는 목표이다. 이 입장에서의 아동상담의 목표는 상담을 통해 아동 자신이 주위환경에 보다 잘 대처해 나갈 수 있도록 능력을 길러 주는 것이다. 아동에게 이러한 대처능력을 길러 주기 위해서 성인은 아동이 자아존중감을 지닐 수 있도록 격려하며, 정서적 안정감을 느끼고 주변환경에 보다 잘 적응할 수 있도록 정서적 지지를 제공해야 한다.

둘째는 아동을 지원하는 외부적인 지원의 측면에 대해 아동상담이 지니는 목표이다. 아동은 아직 스스로 주위환경을 통제할 수 없는 연령이므로 조력자로서의 성인의 역할이 필요하다. 아동의 행동변화를 촉진시킬 수 있도록 주위환경을 개선하는 일은 아동의 문제를 해결하는 데 큰 역할을 한다. 이를 위해서는 부모와 교사, 지역사회의 협력이 함께 이루어져 아동에게 보다 나은 환경이 제공될 때 아동상담의 효과는 극대화될 수 있다. 이러한 지원체계 마련을 위해 부모상담을 통해 부모가 효율적으로 부모역할을 수행할 수 있도록 지원하며, 아동의 변화 및 성장을 돕고, 지역사회와 연계하여 보다 넓은 지원체계를 구축함으로써 보다 안정적인 아동상담을 제공하는 지원시스템을 구축하는 것 역시 아동상담이 추구하는 목표이다.

박성수(1995)는 아동상담의 목표를 행동의 변화, 정신건강의 증진, 문제해결, 개인적 효율성의 증진 및 효과적인 의사결정이 포함되어야 한다고 하였다.

(1) 행동의 변화

아동상담은 개인이 좀 더 생산적이고 행복한 생활을 하는 데 방해가 되는 행동을 감소시키거나 제거시키고, 만족스럽고 성공적인 생활을 하는 데 도움이 되는 행동을 형성시키거나 증가시키는 것을 목표로 한다. 즉 목표에 변화가 필요한 행동을 구체적으로 표현한다. 타인과의 관계, 학업성취, 직업상의 적응, 일상생활습관 등과 같은 영역에서 변화가 필요한가에 따라 상담의 목표가 결정된다. 예를 들면, 지적인 능력에 비해 성적이 낮은 학생의 학업성적을 향상시킨다든가 형제간의 갈등을 해소하여 서로 사이가 좋아지는 것 등을 들 수 있다.

(2) 정신건강의 촉진

아동상담의 목표는 단순히 부적응 행동의 수정이나 치료에도 두지만, 보다 더 적극적인 목표는 아동의 건강한 정신발달을 촉진하는 데 있다. 정신적으로 건강한 사람은 책임감이 있고, 독립적이며, 인격적으로 성숙한 사람이다. 그러므로 상담에서는 정신병리의 원인이 되는 여러 가지 병리적인 요소를 제거하고 수정하고자 노력한다. 그러나 병리적 요소의 제거 내지 수정보다 상담에서 더 중요하게 다루는 것은 정신건강을 증진시키기 위해 아동의 정상적인 성장, 발달을 촉진시키는 것이다. 정상적인 대다수의 아동들의 성장과 발달을 촉진할 수 있는 다양한 프로그램을 도입함으로써 비교적 소수의 부적응 아동뿐만 아니라 다수의 정상 아동들이 문제나 부적응에 빠지는 것을 사전에 예방하도록 하여 전체 정신건강을 증진시키는 것을 목표로 한다.

(3) 문제의 해결

아동들에게 상담이 필요한 것은 그들에게 스스로 해결하기 어려운 문제가 있기 때문이다. 그러나 모든 아동 내담자들이 자신의 문제가 무엇인지 또는 자신이 불편해 하고 괴로워하는 문제가 무엇인지 명확히 알고 있는 경우는 드물다. 하지만 상담이란 어디까지나 내담자의 자발적 요구에 의해 이루어지는 것이 원칙이므로 내담자가 호소하는 문제의 해결이 필수적이다. 효과적인 상담을 위해서는 내담자와 상담자 간의 협력관계가 필요하다. 따라서 만약 상담자와 내담자의 문제에 대한 시각이 불일치하면 상담과정에서 해결해야 할 문제, 즉 상담의 목표에 대해 합의해야 한다.

(4) 개인적 효율성의 증진

효율적인 인간은 문제를 인지하고 해결할 수 있는 능력을 지니고 있으며, 독창적으로 사고할 수 있고, 자신의 행동을 통제할 수 있으며, 좌절이나 적대적인 애매한 상황에서 적절하게 반응할 수 있다고 한다. 따라서 상담에 의해 생산적인 사고를 증진시키고 적응적인 인간관계를 형성하며, 다양한 문제 상황에 효과적으로 대처할 수 있는 능력을 기르게 되면 개인의 효율성은 증진될 수 있다.

(5) 현명한 의사결정

아동상담에서는 개인이 선택하고 결정하기 위해 필요한 정보를 제공하고, 의사결정에 영향을 줄 수 있는 정서적인 문제나 심리적인 특성을 확인하고 분석해야 한다. 또한 장애가 되는 측면은 극복하도록 돕는다. 이러한 관점에서 아동상담은 의사결정이 합리적이고 효율적으로 이루어질 수 있도록 돕는 것을 목표로 한다. 결과적으로 현재 부딪치고 있는 선택이나 결정을 합리적으로 하도록 할 뿐만 아니라 미래에 직면하게 될 선택과 결정을 효율적으로 할 수 있도록 돕는 것이 아동상담의 목표이다.

(6) 잠재능력의 개발

아동상담은 내담자의 타고난 잠재능력을 개발하여 저마다 자기를 실현하는 사람이 되도록 돕는 것이다. 인간은 무한한 잠재력이 있지만 극히 일부만 활용하고 있다. 상담은 내담자로 하여금 자기탐색의 기회를 갖도록 한다. 자기탐색의 과정을 거쳐 아동은 자신의 능력과 특성을 발견할 수 있게 된다.

(7) 긍정적 자아개념의 형성

아동상담은 내담자로 하여금 긍정적 자아개념을 형성하도록 한다. 긍정적 자아개념을 갖게 되면 매사에 자신감을 갖고 행동할 수 있으며 타인과도 원만한 관계를 유지할 수 있다. 또한 긍정적 자아개념은 삶을 보다 긍정적으로 바라보게 만든다. 문제행동을 보이는 많은 내담자들은 일반적으로 부정적 자아개념을 지니고 있으며 자신감이 부족한 것을 볼 수 있다. 따라서 내담자들을 대상으로 상담할 때에는 그들로 하여금 자아상과 자아개념을 형성하도록 해야 한다.

이상에서 살펴본 아동상담의 목표를 종합해 정리해 보면 다음과 같다.

① **자아이해 및 건전한 자아개념의 발달을 돕는다**

아동이 건강한 사람으로 성장하려면 어린 시절부터 자기가 누구인가에 대한 자기이해와 긍정적 자아개념이 형성되어야 한다. 자아개념은 인간이 세상을 어떻게 느끼고, 생활경험을 어떻게 받아들이고 주위의 중요인물들이 자기를 어떻게 보는가에 대한 느낌에 따라 다르게 형성되며, 특히 아동들은 다른 사람이 자기를 대하는 태도와 반응을 느끼고 생각하는 과정에서 자아개념이 형성된다. 이러한 이유로 아동들이 건전한 인격을 형성하기 위해서는 자기에 대한 다른 사람들의 태도와 생활의 주요경험을 현실적이고 편견없이 받아들이는 습관을 가져야만 한다. 그러므로 상담자는 아동들의 자기이해 발달을 직접적으로 도와주거나 부모들과 의논하여 간접적으로 도와야 하며, 아동들의 자아개념의 발달유형을 이해하고 그 자아개념이 그들이 받아들일 수 있을 만큼 현실적이고 긍정적이 되도록 이끌어 주어야 한다.

② **문제해결 및 행동변화를 촉진한다**

아동들에게 상담이 필요한 것은 그들에게 스스로 해결하기 어려운 문제가 있기 때문이다. 따라서 아동상담은 아동의 문제를 해결하는 것을 목표로 하여야 한다. 아동상담은 개인에게 보다 더 생산적이고 행복한 생활을 하게 하는 데 관심을 둔다. 따라서 상담은 이러한 원만한 생활을 수행하는 데 방해가 되는 행동을 감소시키거나 제거시키고, 만족스럽고 성공적인 생활을 하는 데 도움이 되는 행동은 형성시키거나 증가시키는 것을 목표로 한다. 아동상담의 경우에도 이러한 측면에서 아동이 가지고 있는 문제의 해결과 더불어 문제에 대한 아동 자신의 행동과 태도가 변화하도록 돕는 것을 목적으로 한다.

③ **정서적 문제의 해소 및 정신건강 증진을 돕는다**

아동들은 흔히 성인 및 상담자의 지도를 요하는 개인적 · 정서적 문제를 가지고 있다. 예를 들어, 수줍음이나 과도한 걱정과 우울, 또래와의 갈등, 자신감의 결여 등과 같은 문제들을 들 수 있다. 아동상담의 목표는 단순히 부적응 행동의 수정이나 치료의 범위를 넘어, 보다 적극적으로 아동이 지니고 있을 부정적 정서를 완화시켜 정신적 건강을 증진하도록 돕는 데 있다.

아동상담에서 상담자는 정서적 문제의 원인이 되는 여러 가지 병리적인 요소를 제거하고 수정하고자 노력해야 하며, 병리적 요소의 수정이나 제거보다 아동의 정신건강을 증진시키기 위해 노력하는 것이 더 중요함을 인식해야 한다.

아동상담은 아동의 건강한 정서적 성장과 발달을 촉진시키도록 돕는 것을 목표로 한다. 즉 상담을 통하여 어떠한 문제를 해결하는 방법을 배움으로써 다른 문제들도 해결할 수 있는 요령을 터득하도록 하는 것이다. 아울러 정상적인 대다수 아동들의 성장과 발달을 촉진할 수 있는 다양한 프로그램을 도입함으로써 정서적 부적응 아동뿐만 아니라 정상 아동들이 부적응에 빠지는 것을 사전에 예방하도록 하여 모든 아동들의 정서적 문제 해결 및 정신건강을 증진시키는 것을 목표로 한다.

④ 의사결정 능력 배양 및 대인관계 기술 습득을 돕는다

아동상담에서는 아동이 선택하고 결정하는 데 필요한 정보를 제공하고, 의사결정에 영향을 줄 수 있는 정서적인 문제나 심리적인 특성을 확인하고 분석하며, 장애가 되는 측면을 극복하도록 돕는다. 즉 상담은 개인이 결정하는 모든 의사결정이 합리적이고 효율적으로 이루어질 수 있도록 돕는 것을 목표로 한다. 현재 부딪치고 있는 선택이나 결정을 합리적으로 하도록 할 뿐만 아니라 미래에 직면하게 될 선택과 결정을 효율적으로 할 수 있도록 돕는 것을 목표로 한다.

아동은 상담을 통해 주위의 성인 및 또래들과 맺는 인간관계에 관해 이해하게 되고, 긍정적인 관계형성을 위해 지녀야 할 보다 바람직한 태도를 배우게 된다. 즉 지금까지 주위 사람들에 대한 태도가 바람직하지 못하였고, 앞으로 어떻게 하는 것이 바람직한지를 터득할 수 있게 된다(장미경 외, 2007).

03 특정 내담자에게 적절한 상담목표 설정하기

일반적인 아동상담의 목표에 대한 지침을 토대로 아동이 보이는 문제에 따라 적절한 상담의 목표를 설정해야 한다.

(1) 상담목표 설정시 고려사항

상담목표를 설정할 때 고려해야 할 사항들은 다음과 같다.

① 목표는 구체적이고 명확해야 한다

상담목표가 일반적이거나 모호하게 설정되면, 그러한 목표를 상담에서 달성했는지의 여부를 판가름할 수 있는 준거가 명확하지 않게 된다. 예를 들어, '친구들과 원만한 관계를 유지하기' 라는 상담목표를 세웠다면 친구들과 관계를 어떻게 맺고 유지해 나가야 원만한 관계인지를 판가름하기란 쉽지 않다. 이렇게 되면 애초에 설정했던 목표를 상담에서 얼마나 달성했는지를 확인하기가 무척 어려워지게 된다. 따라서 이 경우 상담목표는 '친구들과 같이 숙제하기' 라든가 '친구들과 같이 학원가기' 등과 같은 일련의 구체적이고도 명확한 목표들로 대치하는 것이 바람직하다.

② **목표는 현실적으로 달성 가능해야 한다**

상담목표는 현실적으로 내담아동이 처한 상황에서 달성이 가능한 것이어야 한다. 예를 들어, 학교 학습을 따라가기 힘들어 하는 아동을 상담할 때 '전교 1등 할 수 있을 정도로 학습습관 향상시키기' 라는 상담목표를 설정하는 것은 현실성이 없다. 상담에서 비현실적인 목표를 설정한다면 그러한 목표를 달성하지 못하게 될 뿐 아니라 내담아동에게 또 다른 커다란 심리적 좌절 경험을 주게 되는 문제가 생긴다. 따라서 상담자로서는 상담의 초반기에 현실적으로 달성 가능한 목표를 내담자와 더불어 세워나가는 것이 필요하다.

③ **문제의 축약이 필요하다**

내담아동들은 흔히 아주 다양한 심리적 증상이나 문제들을 가지고 상담자를 찾아온다. 이때 아동의 부모가 제기하는 문제들을 일일이 해결하는 것을 상담목표로 정하는 것은 바람직하지 않을 수 있다. 왜냐하면 그렇게 하는 데 시간과 노력이 너무 많이 들 뿐 아니라 전체적인 상담의 효율성이 떨어질 수 있기 때문이다. 이런 경우 문제 축약이라는 방법을 사용할 수 있다. 문제 축약이란 호소하는 여러 가지 문제를 유사한 원인을 가지는 몇 가지 주요 문제로 압축하는 것을 말한다. 문제를 축약하는 방식에는 여러 가지가 있으나, 갖가지 문제들의 기저에 있는 공통 요인을 찾아서 그 공통 요인을 중심으로 문제를 축약하는 것이 가장 일반적이다.

(2) 구체적인 목표 설정

상담은 배가 항해하는 것에 비유할 수 있다. 배가 인천항을 출발하여 부산항으로 향하고 있다면, 인천항은 배의 출발점이 되고 부산항은 항해의 목표지점이 된다. 상담도 마찬가지다. 내담자와 상담자가 얼굴 맞대고 첫 대면을 하는 순간 상담은 출항하는 것으로 볼 수 있다. 그러나 이때 상담이 어디로 향해 나가야 할지 상담초기에 분명히 하지 않으면 상담은 표류하기 쉽다. 상담이 도달해야 할 지점을 상담의 목표라 하는데, 이것이 분명할수록 상담은 순조롭게 진행되며, 그 효과도 확실하다고 할 수 있다.

상담자는 아동의 문제나 증상을 규명하면서 상담의 목표를 설정하게 된다. 상담의 목표는 소극적인 목표와 적극적인 목표의 관점으로 설명할 수 있는데, 소극적 목표는 아동이 당면한 문제 또는 증상의 해결과, 현재 환경에서의 적응 등의 차원에서 수립할 수 있다. 적극적 목표는 상담이 끝났을 때 아동의 긍정적 행동의 변화, 합리적 결정, 전인적 발달, 자아존중감, 개인적 안녕의 방향으로 변화되길 기대하는 것이다(정원식 외, 1999). 각각의 상담에서 그 목표는 아동이나 그 부모가 상담을 통하여 기대하는 바에 따라 달라지겠지만, 단기적 또는 소극적으로는 증상을 제거하거나 그 상황을 개선하는 방향과 같은 소극적 목표가 되겠으나, 장기적 또는 적극적으로는 그와 유사한 사건이 벌어졌을 때 효과적으로 대처할 수 있게 되고, 자기 삶을 잘 관리할 수 있는 능력, 곧 자기 인생을 주도적으로 이끌 수 있고 자신과 세상에 대한 조망을 넓은 안목에서 터득하게 되는 것까지를 상담의 목표로 설정할 수 있겠다. 궁극적으로는 상담을 통하여 아동의 잠재능력이 개발되고 유연하고 행복하며 적극적인 삶을 살아가는 성숙한 인간이 되는 것일 것이다(홍경자, 2002).

① 단기 목표(일차적 목표)의 설정

상담의 최우선적 목표는 내담자가 호소하는 문제의 해결이다. 즉 내담자가 상담을 받고자 하는 문제를 성공적으로 해결하여 내담자의 생활적응을 돕는 것이 상담의 일차적 목표이다. 이런 의미에서 상담의 단기 목표는 '증상 또는 문제해결적 목표'라고 부른다. 이는 아동이 상담을 통해 기대하는 것이 될 수도 있고, 상담을 받는 이유가 될 수도 있다. 이를 즉각적인 목표로 삼을 수 있다. 예를 들어, '엄마에 대한 분노의 감정을 해소하고, 모-자녀 간의 관계를 개선한다'고 할 수 있다.

목표를 수립할 때 아동이 자신의 문제와 상담목표를 이해하고 동의하는 것이 중요하다. 아동과 상담목표에 대해 이야기를 나누는 것은 아동이 스스로 자신의 상담은 자신이 선택한 것이고 자신이 책임져야 한다는 생각을 갖도록 하는 데 도움이 된다. 따라서 아동의 지적 수준에 맞게 유도하여 상담목표를 함께 나눈다. 다음의 질문들을 사용하면 효과적이다. "네가 변하고 싶은 것은 어떤 것이니?", "너를 어떻게 변화시키고 싶니?", "네가 어떻게 되었으면 좋겠니?", "상담이 너에게 어떤 점에서 유익할 것 같으니?", "네가 상담을 통해서 얻고자 하는 것이 무엇이니?" 등의 질문으로 실마리를 풀어갈 수 있다.

물론 어린 아동의 경우는 아동과의 상담목표 합의라는 것이 쉽지 않기 때문에 아동의 보호자인 부모와의 상담목표 합의가 중요하다고 할 수 있다.

상담상황에서 대부분 부모가 호소하는 문제들은 한 가지이기보다는 몇 가지의 문제들이 제시되는 경우가 더 많다. 이런 경우, 상담의 목표를 잡기 위해서는 해결하고자 하는 문제의 우선 순위를 정하는 것이 매우 중요하다. 왜냐하면 아동이 보이는 모든 문제를 지금의 상담에서 모두 다루어준다는 것은 어려울 뿐 아니라 상담의 효과에도 그리 좋다고 볼 수 없기 때문이다. 따라서 부모로 하여금 현재의 상담과정을 통해 가장 시급하게 변화시키고자 하는 문제를 선택하게 하는 것이 상담의 효과를 높일 수 있는 바람직한 방식이라고 할 수 있다.

② 장기 목표(이차적 목표)의 설정

어떤 경우에는 상담이 일차적 목표의 달성을 넘어서서 더 진행되기도 하는데, 이때 상담의 목표는 이차적인 동시에 보다 궁극적인 성질을 지니게 된다. 예컨대, 우울이나 불안이라는 문제 증상 그 자체의 해결은 일차적 목표에 해당한다. 그러나 내담자가 내면적인 자유를 회복하고 자신이 가지고 있는 수많은 가능성과 잠재력을 드러낼 수 있도록 성격을 재구조화하여 인간적 발달과 인격적 성숙을 이루는 것은 이차적 목표에 해당한다. 이런 의미에서 상담의 이차적 목표는 '성장촉진적 목표' 라고도 부른다. 대개 상담은 단기 목표의 달성으로 끝나는 것이 보통이지만, 여건이 허락되면 이차적 목표를 다시 정하고 상담을 계속하기도 한다.

(3) 상담전략

일단 목표가 확인되고 나면 특정 목표를 달성하기 위한 전략을 세우게 된다. 상담자들마다 자신의 이론적 배경에 따라 선호하는 상담전략이 다를 것이다. 통합적 상담이 지향되고 상담기술에 있어서의 통합적이고 절충적인 시도가 이루어지면서 상담의 전체적인 접근과 개념화에 있어서 일관성이 중요하지만 전략 사용에 있어서 융통성은 더욱 중요하다. 상담목표를 추구하는 과정에서 상담자들은 사례마다 개념화한다는 점에 있어서 이론적 지향은 일관성 있게 확고해야 하지만, 전략의 사용에 있어서는 경우에 따라서 수정도 가능하고 필요한 전략은 새로 만들어 낼 수도 있기에 언제나 융통성이 있어야 한다.

아동상담에서 사용될 수 있는 상담기술과 전략들로는 놀이치료, 미술치료, 음악치료, 모래놀이치료, 문학치료, 무용/동작치료, 심리극 등이 많이 개발, 발달되어 있다. 상담의 목표를 달성하기에 적절하다고 생각되는 상담전략들을 사용하면 될 것이다.

아동상담은 아동문제 영역과 관련하여 개인상담, 집단상담, 학교상담, 부모교육과 부모상담, 가족상담 등의 다양한 상담유형을 단독으로 또는 혼합하여 다체계적으로 저근할 수 있기 때문에 이런 부분도 상담전략을 세울 때 고려해야 한다.

6

상담과정

이 장에서는 평가와 계획단계를 거친 후 본격적으로 실시되는 구체적인 아동상담의 과정을 살펴보도록 하겠다. 상담과정은 내담자인 아동의 문제특성과 상황, 상담자의 이론적 배경, 상담자와 내담자의 욕구나 가치관에 따라 다양하게 이루어진다.

이 장에서는 특정 이론에 기초한 상담과정에 대하여 고찰보다는 전반적으로 상담과정을 크게 3단계로 나누어 살펴볼 것이다. 즉 초기단계, 중기단계, 종결단계로 나누어지는 각 단계에서 주로 다루는 상담이슈들과 그 단계에서 주요하게 사용되는 상담기법들에 대해 살펴볼 것이다. 물론 단계별로 나누어진 상담이슈나 기법들은 꼭 그 단계에서만 다루어지고 사용되는 것은 아니며, 어떤 이슈나 기법들은 각 단계마다 사용될 수도 있다. 상담이론에 따르는 구체적인 상담이슈나 자세한 기법 및 전략들에 관심 있는 독자는 그 이론을 설명한 다른 문헌들을 참고하기 바란다.

1. 초기단계

상담의 초기단계는 상담의 기초를 다지는 단계로서, 상담 분위기와 방향을 설정하고 상담효과를 결정하는데 가장 중요한 단계이다. 이 초기단계는 부모와 아동 그리고 상담자 모두에게 탐색의 단계라고 할 수 있다. 아동은 상담자와 라포가 아직 형성되지 않은 시기이므로 상담자와 상담실을 탐색하게 된다. 따라서 상담 초기에는 아동과의 라포 형성에 중점을 두어 아동이 상담자와 상담실에 안전감을 느끼도록 수용적인 자세를 취해야만 한다. 상담자는 아동의 감정을 반영해 주고 동기를 부여해 주어야 한다. 또한 상담실에서 지켜야 하는 기본적인 규칙들을 알려주고 필요에 따라 약간의 통제를 할 수도 있다.

상담 초기에는 아동이 불안이나 긴장을 보이는 경우가 많으므로 상담자는 어떻게 해서든지 아동과 관계를 맺으려고 성급하게 시도하기보다는 아동의 마음을 읽어주면서 서서히 안정될 때까지 기다리는 것이 좋다.

초기단계에서 아동은 지금까지 경험하지 못한 자유롭고 보호된 세계로 들어서게 된다. 아동상담에 의뢰되기까지 아동 대부분은 자신에 대한 부정적이고 거부적인 반응에 상처를 입고 마음의 문을 닫고 있는 상태일 것이다. 상담자와의 관계는 아동이 가진 다양한 부정적인 감정들이 비난이나 비판 없이 수용되고, 아동의 행동과 언어에 전적으로 상담자의 관심이 집중되는 아주 행복하고 즐거운 경험으로 시작되어야 한다. 상담자는 아동의 생각, 감정, 태도를 받아들이는 과정을 통하여 아동의 세계에 들어간다(장미경 외, 2007).

01 주요 상담이슈

(1) 신뢰로운 치료적 관계 형성하기

상담 초기과정은 대부분의 상담에서 상담자와 내담아동이 상호신뢰와 수용을 바탕으로 긍정적인 관계를 형성함으로써 시작된다. 이런 관계를 형성하기 위해서는 상담자가 우선적으로 편안한 치료적 환경을 구성해 주어야만 가능하다. 치료적 환경이란 아동이 자신의 감정을 자유롭게 표현할 수 있고 강요받지 않음을 느끼고 신뢰감 있고 비밀이 보장된다는 확신이 드는 환경이다. 이러한 환경은 아동과 상담자에게 안정감을 주고 자발적인 자기노출과 감정표현을 돕는 역할을 한다. 상담환경이란 앞에서 설명한 물리적 환경구성뿐 아니라 자기표현을 촉진할 수 있는 심리적 환경도 포함된다. 아동상담실은 신체적 안정과 심리적 안정을 모두 고려하여 구성해야 한다(Dodds, 1985; O'Conner, 1991).

이러한 안정은 아동과 상담자를 보호하기 위한 상담규칙을 설명하고 상담실에서 주의해야 할 제한점들을 알려 주는 것에서부터 시작된다. 상담실에서의 제한과 규칙은 안전을 보장하는 울타리 역할을 한다. 울타리가 너무 높거나 답답하게 느껴져서는 안 되듯이 규칙이 너무 엄격하거나 금지사항이 많아서는 안된다. 규칙과 제한은 단지 안전을 보장하는 선에서 이루어져야지 아동의 자유로운 활동을 방해하는 정도까지 되어서는 곤란하다. 이러한 규칙들은 초기에 아동에게 명확하게 설명해야 한다. 무엇보다 먼저 아동이 자기자신이나 상담자에게 신체적인 해를 야기하는 공격적인 행동을 한다거나 상담도구들이나 기타 상담매체들, 또는 상담실 내의 가구를 부수는 파괴적인 행동을 해서는 안된다는 것을 알려 주어야 한다.

상담은 목표를 이루기 위해 상호작용하는 것이므로 이러한 치료적 환경이 치료적 관계를 형성하여 수용적인 분위기 속에서 아동 자신이 존중받고 있다고 느끼고 자유로우며 처벌이나 보복의 두려움 없이 그의 내부세계를 충분히 표현할 수 있다는 신뢰감을 형성하는 데 도움이 된다. 그래야만 아동은 상담이나 상담자 또는 상담실에 대한 거부감 없이 자기인식, 자기탐색, 자기노출을 할 수 있는 용기를 내게 된다.

브렘스(Brems, 2004)는 아동과의 관계형성에 있어서 무엇보다 중요한 것으로 아동과 상호작용함에 있어서 아동에게 초점을 맞출 것, 아동이 안전과 편안함을 얻을 수 있도록 배려하고 보살필 것, 아동을 존중하며, 아동의 은유와 상징을 이해할 것 등을 제안하였다.

아주 어린 아동을 제외한 많은 아동들은 은유를 통해 의사소통한다. 그러므로 상담자는 이러한 은유와 은유 속에 내포된 상징을 이해할 수 있어야 한다. 각각의 아동은 독특한 자신만의 방법으로 상징과 은유를 사용한다는 사실을 기억해야 한다. 그러므로 하나의 상징이나 은유가 한 아동에게 무엇을 의미하는지, 전체적으로 어떤 의미를 가지는지, 그리고 다른 아동에게는 어떤 다른 의미를 가지는가에 대해 항상 고려해야 한다.

상담자는 아동의 성장이 점진적으로 이루어지도록 하고 성장을 강요하거나 서둘러서는 안된다는 사실을 숙지해야 한다. 상담의 초기과정에서는 아동이 긴장을 풀고 강제적이지 않은 자연스러운 변화를 통해 상담자와 특별한 관계를 형성하기 시작하며, 이런 접촉이 지속되면 라포가 형성되기 시작한다.

(2) 상담목표 합의하기

상담 초기에 상담자는 보다 효율적인 상담을 위하여 아동과 함께 서로 수용할 수 있는 상담목표를 결정해야 한다. 충분한 초기 면접을 거친 경우는 상담목표에 합의하는 부분이 간단하게 지나갈 수 있을 것이다. 그러나 초기 면접을 첫 회기로 간단히 하고 상담을 시작한 경우는 상담 초기에 상담목표를 합의하는 데 많은 시간을 보내게 될 것이다. 앞에서 이미 상담을 시작하기 전에 상담목표가 구체적으로 정해질 것을 제안했으나 상담실 상황에 따라 상담 초기에 상담목표 합의가 이루어지는 경우도 흔히 있다.

상담자들이 상담의 목표를 결정하기 위해 아동과 함께 작업하는 것은 중요하다(Young, 1992; Mugent, 1990; Gelso & Carter, 1985). 상담은 실제로 '목표와 대화하는 것' 이라는 말이 있다. 목표와 관련하여 상담자가 생각하는 목표와 내담자가 생각하는 목표, 또는 내담아동의 부모나 교사가 생각하는 목표간의 차이가 있을 때가 있다.

상담자는 아동을 돕기 위해 거기에 있다는 사실을 아동에게 짧지만 분명하게 이야기하고, 아동 또는 부모가 중요하게 생각하는 상담의 목표에 초점을 맞추어 상담을 시작하는 것이 바람직하다.

02 주요 상담기술

아동상담에서는 상담의 효과를 이끌기 위해 다양한 기술과 매체를 사용한다. 그러나 많은 매체를 사용한다 하더라도 매체의 치료적 효과를 불러오는 것은 상담자의 반응이다. 상담장면에서 상담자는 같은 내담자에게도 다양하게 반응할 수 있다. 상담자들은 자신의 반응이 내담자에게 어떠한 영향을 미치며 자신의 반응에 따라 상담이 어떻게 전개되어 나갈 것인지를 지각할 수 있어야 한다. 이런 맥락에서 상담자는 다양한 상담기술 중에서 내담아동의 문제에 적절한 것을 선택하여 사용하게 된다. 상담자의 반응에 따라 상담의 상호작용이 달라진다.

(1) 무조건적인 긍정적 존중

무조건적인 긍정적 존중이란 내담자의 감정이나 행동, 또는 생각이 어떠하든지 간에 그것을 판단하지 않고 한 인간으로서 있는 그대로 수용하는 것을 말한다. 즉, "나는 네가 ~할 때에만 좋은 사람으로 인정하겠다"가 아니라 "나는 너의 지금의 모습을 있는 그대로 존중하겠다"는 태도와 같다. 즉, 내담아동을 상담자의 가치조건에 비추어 판단하거나 평가하지 않고, 아동이 무엇을 말하고 느끼고 행동하든 가치 있고 존중 받을 만하다는 태도를 일관되게 유지하는 것이다. 이러한 수용경험은 내담아동의 성장, 발전, 건설적 변화를 이끌고 문제해결 능력을 기르며 심리적으로 건강한 방향으로 나아가 보다 생산적이고 창조적으로 자신의 가능성을 최대한으로 실현할 수 있도록 관계를 촉진시키는 힘으로 작용한다. 자신을 있는 그대로 상대방이 진심으로 받아준다고 느낄 때 거기서 활동의 자유를 얻고 성장하고 능력을 발휘하는 방법을 생각하게 된다. 상담자가 이런 태도를 일관되게 유지할 때 내담자 역시 기존의 가치조건에서 벗어나게 되며, 자신을 있는 그대로 느끼고 표현할 수 있는 자유로운 존재가 된다.

(2) 반 영

반영은 아동이 표현한 감정과 태도를 다른 말로 표현해 주는 것이다. 감정, 내용 그리고 행동에 대한 반영을 통해 아동들은 자신이 깊게 이해받고 그들이 이야기하고 있는 것이 상대에게 중요하게 받아들여지고 있다는 것을 느낄 수 있게 된다.

반영은 또한 아동이 상담자에게 말한 것을 확인하는 방법이다. 비록 이것이 매우 단순한 과정처럼 보일지라도 사실은 그렇지 않다. 대부분의 사례에서 아동들의 감정들이 확인되는 것은 아니므로 반영은 강력한 임상적 도구이다. 상담자들이 활용하는 언어적 기법들 중에 반영은 아동들이 그들의 독특한 자기지각을 계속적으로 탐색하고 논의할 수 있도록 격려하는 가장 강력한 도구가 될 것이다.

모든 반영들은 아동에게 그가 말한 것의 의미를 피드백하도록 시도해야 한다. 반영의 기법이 소개되면서 몇몇 상담자들은 반영을 공식과 같이 사용하여 판에 박힌 반영을 해주거나 아동이 말한 것을 똑같이 말하는 '앵무새' 가 되는 경향이 있다. 그러나 반영은 아동이 말한 것을 넘어서서 상담자가 아동이 어떻게 느끼는가를 진실로 이해하고 있음을 전하는 의사소통이어야 한다.

(3) 공감적 이해

공감은 내담아동이 경험한 정서를 상담자가 같이 경험하는 것을 의미하는 것으로 내담자의 감정을 그의 입장에서 이해하고 느낄 뿐 아니라, 이해하고 느낀 감정을 내담자에게 말로 표현해서 전달해 주어야 한다. 즉, 공감적 이해는 내담아동의 내면 세계에서 진행되는 심층적인 경험내용을 상담자가 정확히 이해하고 의사소통하는 것이다. 상담자가 내담자를 이해하기 위해서는 내담자의 현상학적인 세계에 초점을 맞추어야 한다. 내담자의 현상학적 세계를 이해하는 데는 단순히 내담자의 말이나 행동을 이해하는 것 이상의 것이 요구된다. 상담자는 내담자의 입장이 되어 보려고 시도해야 하며 그의 마음 깊숙이 들어가려고 시도해야 한다. 내담자의 말을 들을 뿐 아니라 그 자신이 내담자의 세계에 들어가야 한다. 그래서 상담자는 내담자의 눈, 마음, 그리고 가슴을 통해 그들의 세계를 보아야 한다고 한다. 그래야 상담자는 내담자의 느낌, 믿음, 의도를 이해하게 된다. 이러한 이해가 한번 구축되면 상담을 위한 기반이 형성되고 변화가 창조된다.

공감이 중요한 이유는 다음과 같다(Mearns & Thorne, 1988).

첫째, 공감은 상담자가 내담자를 잘 이해하고 있다는 사실을 말해 주는 것이기 때문에 이 사실이 바로 내담자의 자기존중감을 증진시킨다.

둘째, 공감을 통하여 내담자의 소외감을 해소시킬 수가 있다.

셋째, 내담자는 이 새로운 경험을 귀하게 여기고 진실로 자기를 이해해 주려고 노력하는 사람이 자기 앞에 있다는 사실을 깨닫고 안정감을 느낀다.

넷째, 정확한 공감을 통해서 내담자의 자기각성을 증진시키고 보다 깊이 있게 자기탐색을 할 수 있도록 격려하게 된다.

상담자가 공감적으로 이해하고 전달하기 위해 유의할 점은 다음과 같다.

첫째, 상담자가 무엇보다 내담자의 감정에 주의집중해야 한다.

둘째, 공감적 이해를 전달할 때는 가능한 한 구체적이고 시각적이고 짧고 정확하게 해야 한다.

셋째, 상담자는 공감적으로 이해한 바를 전달할 때 그것은 항상 단지 가정 혹은 내담자의 감정에 가까운 것일 뿐이라는 사실을 염두에 두어야 한다.

넷째, 상담자는 공감적으로 이해한 바를 내담자에게 가능한 한 자주 전달해야 한다.

다섯째, 상담자는 내담자의 감정을 가능한 한 직접 다루어야 한다.

여섯째, 지금 이 순간에 경험되는 것, 즉 지금 그리고 여기의 내담자의 감정을 전달하여야 한다.

로저스(Rogers)는 이러한 공감적 이해가 상담에서 어떤 효과가 있는지를 다음과 같이 열거하였다(이장호 외, 2007).

첫째, 공감적 이해는 내담자의 소외와 외로움을 해소한다.

둘째, 공감적 이해는 내담자에게 자신의 있는 모습 그대로가 가치 있다는 느낌을 가지도록 하여 자신에 대한 높은 존중과 사랑을 경험하게 된다.

셋째, 공감적 이해는 수용적이고 비판단적이기 때문에 내담자 스스로가 자신에 대해 부여해 왔던 여러 가지 제한과 한계들에서 자유로울 수 있는 기회를 제공한다.

넷째, 공감적 이해를 통해 내담자는 개성과 정체감을 갖게 된다.

다섯째, 공감적 이해는 내담자 스스로 자기에 관한 새로운 측면들을 지각하게 하여 자기 개념이 긍정적으로 변화될 수 있게 한다.

공감에는 내담자에 의해 표현되는 느낌과 그 메시지를 듣고 있는 상담자에게 도출된 느낌 모두 포함된다. 느낌을 반영하는 것은 내담자로 하여금 그들이 경험한 것을 깨달을 수 있게 하고 그때의 느낌들을 표현할 수 있도록 돕는다. 인지적인 내용에 대해 반응하는 것은 어떤 사람이 표현한 것의 문자적인 의미를 다루는 것이다. 느낌과 내용 모두를 이해하는 과정은 상담관계에서 아주 중요한 사항이다. 이것은 내담자의 인식과 자기이해를 증진시키고 상담자로 하여금 변화를 촉진시키는 데 필요한 조건들을 개발할 수 있도록 돕는다(김춘경, 2004).

(4) 침 묵

구메어(Gumaer, 1984)는 상담자의 침묵이 아동들이 생각을 정리하여 자신의 말로 표현하는 데 필요한 시간을 기꺼이 허락해 주고 기다려 주는 아동중심의 끈기 있는 상담자의 태도라고 하고, 상담에 있어 아동을 더 깊은 수준의 사고와 감정으로 들어가도록 동기화하는 데 사용될 수 있는 기법이라고 하였다.

초보 상담자나 아동은 상담 중에 침묵이 흐르는 것을 어색해 하거나 불안해 한다. 상담과정 중의 침묵에 대한 이해는 상담을 촉진시키는 데 중요하다. 침묵에는 상담자의 침묵과 내담아동의 침묵이 있다.

상담기술로써 사용하는 상담자의 침묵부터 살펴보자. 때때로 어른들은 아동들을 처벌할 목적으로 아동을 거부한다는 의미로 침묵시위를 한다. 내담아동이 어른의 침묵에 대해 잘못된 해석을 할 수 있기 때문에 상담자는 자신의 침묵이 그런 의미가 아님을 알려 주어야 한다. 상담자는 아동이 말하는 것을 수용하여 아동이 이야기하는 것을 듣고 있으며 좀 더 듣기를 원할 때 침묵을 사용한다.

상담과정에서 아동들은 다양한 이유로 침묵할 수 있다. 가장 명백한 것은 말할 것이 없을 때 침묵한다. 또한 아동이 상담자에 의해 위협받았을 때, 말할 것이 불확실할 때, 처벌받고 비난받는 것을 두려워할 때 또는 말한 것이 거부될 것을 두려워할 때 침묵할 수 있다(Corey & Corey, 1993). 이때 상담자는 "만약 네가 좋다면 여기서 말을 안하고 있어도 괜찮아"라고 말해 줄 수 있다. 아동이 침묵을 고수하는 이유로는 상황을 통제하기 위해서, 특별한 목적을 얻기 위해서, 보복하기 위해서, 또는 이런 상황에서 아무것도 할 수 없다는 것을 보이기 위한 것도 이유가 될 수 있다. 침묵은 또한 회피를 뜻하기도 한다. 신체 움직임을 관찰해 보면 침묵의 목적을 알 수 있는 단서를 찾을 수 있다. 예를 들어, 만약 내담자의 눈이 어떤 것에 고정되어 있는 것처럼 보이면, 그 사람은 생산적인 침묵 속에 빠져 있다고 볼 수 있다. 대신 내담자가 긴장하여 부자연스럽고 눈의 접촉을 피한다면 그 사람은 주제를 회피하고 있다고 볼 수 있다. 상담자 또한 침묵하는 동안 자신의 감정을 파악함으로써 내담자의 침묵을 이해할 수도 있다.

내담자는 화가 나면 자신이 통제에 대한 욕구를 가지고 있다는 것을 암시하는 침묵을 할 수 있다. 또한 내담자가 혼란스러우면 상담자가 자신에게 도움이 될 수 있는 어떤 것도 할 수 없다고 믿는다는 것을 침묵을 통해 나타낼 수 있다.

침묵은 또한 생산적일 수 있다. 내담자가 시작한 침묵은 그가 깊은 생각에 빠져 있고 자기성찰을 하고 있으며 새로운 통찰이나 인식을 충분히 이해하려고 시도하거나 새로운 방향에 대해 평가하고 있는 중임을 의미할 수 있다. 이러한 것들은 모두 침묵할 좋은 이유들이고 상담자는 여기에 개입할 필요가 없다.

(5) 명료화

명료화는 내담자의 문제를 거울에 비춰보듯이 분명하게 하는 작업으로 아동의 상황을 이해하고자 하는 상담자의 소망을 나타내는 반응기술이다. 내담자의 입장에 서서 문제를 경청하고 그러면서도 객관적인 입장을 유지하는 것이 명료화의 전제라고 할 수 있다. 명료화는 내담자의 문제갈등을 분명하게 하는 것뿐만 아니라 문제 갈등에 연관된 내부적 진실을 분명히 한다.

상담자들은 상담의 모든 단계에서 명료화 기술을 사용할 수 있으나 특히 초기 세션에서 적절하다(Young, 1992; Hutchins & Cole, 1986). 명료화를 이용할 때 상담자들은 아동이 말할 것에 부가적인 의미를 덧붙이지 말아야 한다. 아동이 표현한 것을 상담자의 통찰력으로 새로운 관점과 다른 시각으로 보게 도와 주며, 아동이 자신의 세계를 이해하도록 돕는 데도 사용된다. 명료화는 아동이 진술한 것 이상의 것을 상담자가 듣는 것이 포함된다. 아동이 말한 것을 바꾸어 말해 주는 것이 명료화이고, 놀이치료나 미술치료의 경우에는 아동이 하고 있는 것을 말로 표현해 주는 것이다. 그러기 위해서 상담자가 듣거나 보았던 의미 있는 자료들을 다시 정리하고 혼란스러운 상황을 단순화하여 아동에게 새로운 말로 표현해 주어야 한다. 명료화처럼 개방식 질문 또한 내담자가 저항을 극복하고 자기탐색을 하도록 도와 준다(Gumaer, 1984).

(6) 개방식 질문

때때로 질문하는 것은 상담자가 아동과의 관계형성과 아동의 입장을 이해하기 시작할 때 필요한 정보를 얻는 데 가장 효과적인 최선의 방법이다. 질문은 호기심으로 갑작스럽게 해서는 안되고, 그 단계에서 일어날 것과 관련된 것으로 자연스럽게 아동과 함께 대화하거나 놀이를 하면서 시도되어야 한다. 질문의 유형으로는 보통 개방식 질문과 폐쇄식 질문이 있는데 초기 상담과정에서는 주로 개방식 질문이 사용된다.

질문을 사용할 때 주의해야 할 것은 아동에게 '왜' 라는 이유를 묻는 질문을 피해야 한다. 대부분 아동들은 이 유형의 질문에 대한 대답을 알지 못하고 심지어 그들이 질문에 답을 한다 해도 그 대답은 관계발달 또는 아동들의 동기를 이해하는 데 도움이 안된다. 구메어(Gumaer, 1984)는 상담자가 '왜' 라는 질문을 하는 것은 아동들이 자신의 행동에 대한 이유를 댈 만한 능력과 이해력을 지니고 있으며 원인과 결과를 밝힐 수 있다는 잘못된 가정을 하고 있음을 드러내는 것이라고 지적하고, 그러한 위험 부담을 안고서 정보를 얻어야 할 가치는 없다고 말한다. '왜' 라는 질문은 내담자에게 부정적인 영향과 방어적인 태도를 불러일으킬 수 있으며 상담자가 반복해서 물었을 때 아동은 부분적으로만 사실을 말하거나 심지어 긴장상태에서 완전히 거짓말을 할 수도 있다. '왜' 라는 질문을 사용할 경우 상담자들은 아동들을 허위의 세계나 현실로부터 멀리 떨어진 곳으로 이동하게끔 조장함으로써 자기패배적인 행동을 유도할 수 있기 때문에

'왜' 라는 질문이 아닌 개방식 질문을 사용할 것을 권한다.

질문과 관련하여 상담자는 어렵거나 심각한 질문으로 아동을 압도하지 말아야 한다. 초기 상담단계에서는 특히 그렇다. 많은 상황에 있어서 성인이 아동에게 질문을 할 때 아동은 대답을 해야 한다는 압박감을 가질 수 있다. 아동은 대답을 강요당하거나 답하지 않았을 때 처벌을 당한 경험도 있었을 것이다. 상담자는 아동에게 상담자의 질문에 대답하는 것이 자신의 선택이라는 것과 질문에 대답을 하지 않을 권리가 있음을 알려 주어야 한다.

상담자가 질문에서 얻는 반응의 유형에 상관없이 상담자는 항상 질문에 대한 아동의 얼굴표정, 신체언어, 그리고 놀이행동 등과 같은 비언어적 반응을 관찰해야 한다. 심지어 아동이 질문을 무시하거나 가볍게 비협조적 대답을 할 때조차 그들의 행동은 무언가에 대한 민감한 반응일 수 있다. 예를 들어, 아동이 얼굴을 찡그리거나 움찔하거나 어떤 다른 유형의 비슷한 승인 반응을 보인다면 어떤 종류의 민감한 영역을 건드렸다고 추측할 수 있다. 만약 아동이 허둥대거나 현재의 활동에 있어서의 행동 속도나 단계를 빨리 한다면 이것 또한 질문의 주제가 많은 탐색이 필요한 영역이라는 것을 암시한다고 볼 수 있다. 만약 아동에게 질문했을 때 최소한의 심리적 반응을 가지고 하고 있던 활동을 계속한다면, 질문에 대한 그들의 무시가 거의 아무런 의미도 가지지 못하거나 숨겨진 의미가 없다고 볼 수도 있다.

2. 중기단계

상담 초기단계에서 중기단계로 넘어가는 시기는 아동의 인식, 지각, 저항, 자발적 참여 등에 따라 다양하다. 자발적 참여가 높고 저항이 적은 아동의 경우에는 두세 번의 상담으로 초기단계를 마치는 경우가 있으나, 저항이 강한 아동은 한 달 이상 초기단계에서 머물러 있을 수 있다.

상담 초기에 다소 어색했던 상담자와의 관계는 중기에 접어들면서 서로 신뢰할 수 있는 라포를 형성하게 된다. 그러나 라포가 형성되기 시작하면서 아동은 일시적으로 거부적 · 부정적 반응을 보이고 치료 전과 같은 수준으로 행동문제를 표출하는 경우가 많기 때문에 상담자나 부모는 아동이 다시 나빠졌다고 오해하거나 당황하게 될 수 있다. 이러한 일시적 퇴행현상은 아동의 행동이 변화되는 과정에서 빚어지는 일종의 저항과 같은 것으로서 상담자는 이러한 현상에 당황하지 말고 상담이 순조롭게 이루어지는 신호로 받아들여 원래대로 상담계획을 진행시켜야 한다. 이러한 과정을 거쳐 아동들은 상담실에 어느 정도 적응이 되어 행동이 활발해지고 상담자와 라포가 형성되어 상담실을 편안한 장소로 느끼면서 자신의 내재되어 있는 억압된 부분들을 표출하기 시작한다.

상담자가 관계를 확립하고 목표에 동의하는 데 성공했다면 상담은 중기단계로 넘어가게 된다. 중기단계에서는 아동이 세상을 보는 관점, 자신의 가치, 생활양식이 다루어질 것이다. 상담중기 시기는 상담과정에서 대부분을 차지하는 가장 긴 기간으로 성장과 신뢰, 훈습의 단계를 거친다. 이 단계에서 아동은 현재 부모와의 관계에서 부족했던 부분을 보완하고 긍정적인 감정과 성취의 경험을 쌓아가면서 자신감을 회복시켜 나간다. 또한 아동도 자신의 과거에 일어났던 충격적인 사건들을 반복하고 재구성하는 가운데 해석을 할 수 있게 되고 문제를 해결해 나가면서 성장하게 된다.

01 주요 상담이슈

(1) 심오한 탐색과 분석

상담의 중기단계에서 상담자는 정해진 목표를 달성하기 위해 깊이 있는 탐색과 분석을 보다 구체적으로 실시한다. 초기단계와 종결단계가 있지만 본격적인 상담은 중기단계에서 이루어진다. 상담자의 이론적 배경과 철학적 신념에 따라 상담의 내용과 기술이 다를 수 있지만 어떤 관점에서 상담을 진행시키든지 중기단계의 중요한 상담목표는 아동과 아동의 문제에 대한 심도있는 탐색과 분석이다(Nugent, 1990). 이 단계 동안 아동은 자신에 대해서뿐만 아니라 자신의 관점이나 태도가 자신의 문제와 어떤 관계가 있는지에 대해서도 더 잘 이해하게 된다. 그러므로 상담자는 중기 과정에서 아동이 자신들에게 중요하다고 느끼는 것, 아동의 가치 등을 다루면서 지속적으로 자기탐색을 계속하고 자기이해를 발전시켜 나갈 수 있도록 도와 주어야 한다. 아동들은 여전히 가치를 결정하는 과정에 있기 때문에 이 단계는 상담자의 도움이 필요한 중요한 부분이다.

(2) 아동의 세계와 생활양식 이해

아동과 상호작용함에 따라 상담자는 아동의 자아상, 특히 자아상이 상담목표와 문제의 본질에 어떻게 관련되는가에 대해 더 많이 이해하게 된다. 상담자는 아동이 이야기하는 것 모두에 대해, 특히 아동이 하는 불평과 잘하지 못하는 이유에 대해 말하는 것을 주의깊게 경청해야 한다. 많은 경우 아동들은 자신이 상담을 하게 된 원인이 자신에게도 있을 수 있다는 것과 자신의 행동과 태도가 자신의 문제와 어떤 관련성이 있는지 이해하지 못한다. 대신 아동은 교사, 부모, 형제, 친구, 또는 다른 또래나 성인의 잘못에 대해 말하곤 한다. 드라이커스(Dreikurs, 1957)는 개인의 생활양식을 알아야 하는 것의 중요성을 인식하였다. 개인의 생활극에서 자신을 특징짓는 생활양식이 나온다. 상담자는 아동의 잘못된 지각과 사적 논리, 생활양식 등을 이해하려고 노력해야 한다. 가족구조, 아동의 출생순위, 초기 기억은 상담자에게 생활양식을 이해하기 위한 중요한 단서를 제공해 준다. 아동들이 자라면서 경험했던 것들 중에서 자신이 계속해서 기억하고 있는 경험들은 대부분 그들의 생활양식과 일치한다. 초기 기억은 상담자에게 아동들이 자신과 그들의 세상을 어떻게 해석하는가를 이해하는 데 유용한 정보를 제공해 준다.

아동이 탐색을 시작하면 상담자는 아동의 행동 목적을 찾기 위해 주의해서 경청해야 한다. 상담자들은 '어떤 목적으로 아동이 그런 행동을 했을까? 어떤 요구가 충족되었을까? 향상되기를 원한다는 아동의 말과 행동이 일치하는가? 아동은 자신의 요구를 충족하고 있는가? 아동은 애정이 부족한가? 아동이 표현하는 것은 권력에 대한 요구인가, 즐거움에 대한 요구인가, 자유에 대한 요구인가?' 등과 같은 질문들을 자주 스스로에게 해야 한다(Muro & Dinkmeyer, 1977; Glasser, 1988).

(3) 상담목표에 도달하도록 돕기

상담자들은 아동이 가치와 목표를 표현하고, 이러한 자신의 목표를 충족시키기 위해 그들이 무엇을 해야 할 것인지에 대해 의사결정을 하도록 돕는다. 상담자들은 초기 면접에서처럼 단순한 정보 수집차원에서가 아니라 개인의 발달, 논리, 주관적 관점, 강점과 약점, 그리고 생활양식의 잘못된 가정 등을 이해할 수 있게 된다. 내담아동의 기본적인 욕구 구조, 생활양식, 가치체계를 이해하는 상담자들은 아동으로 하여금 잘못된 목표나 부적절한 목표를 인식하도록 도울 수 있고, 가장 중요한 것은 그들이 표현한 목표와 행동 간의 부조화를 이해할 수 있도록 도울 수 있다는 것이다. 대부분의 아동들에게 있어서 부모나 형제의 영향력과 그들의 관여를 무시할 수 없기 때문에 아동상담에서 가족 요소는 매우 중요하다.

상담에서 시간은 현재와 미래지향적이어야 한다. 생활양식을 파악하기 위해서 아동의 과거 경험을 다루지만 그것은 아동이 세상을 어떻게 지각하고 있는지를 이해하려는 목적으로 사용하는 것이다. 이런 과정은 아동의 현재 상태를 이해하고 미래를 예측하는 데 도움을 준다. 상담자는 아동의 생활에서 가능한 한 많은 긍정적인 측면들을 밝히도록 도와야 한다. 즉, 아동의 과거생활에 대한 검토에서 가장 중요한 부분은 긍정적이고 성공적인 사건이나 일화를 찾는 것이다.

아동과 그 아동의 관심에 대한 단순한 이해로는 불충분하다. 상담은 아동이 더 큰 사회적 관심, 협동, 그리고 타인들에 대한 관심을 발달시키도록 돕는 관점으로 나아가야 한다. 그 과정에서 상담자들은 아동들이 자신의 삶을 이해하고 해석하도록 돕고 변화하려는 마음을 가지도록 도와야 한다. 과거에 발생했던 긍정적인 부분을 찾는 것 외에 아동과 상담자 간의 대부분의 논의는 내담자가 현재 어떤 일을 하고 있고 다음주나 그후에 어떤 일을 하려고 의도하는지에 초점을 맞추어야 한다. 물론 아동은 과거를 논의하고자 할 것이고 과거에 발생한 부정적인 사건에 관계하려고 할 것이다. 상담자들은 이러한 것들을 모두 잘 경청해야 하고 과거 지각에 대해서도 논의할 자세가 되어 있어야 하지만 최종 분석에서 아동들은 있는 그대로의 세상의 제한과 한계 내에서 행동해야 한다.

상담이 진행됨에 따라 아동은 자아수용의 증가, 반복적인 활동의 감소, 공포의 극복, 죄책감의 감소, 공격성의 감소, 자기표현과 자기조절의 증가, 긍정적인 정서표출의 증가 등이 나타난다.

02 주요 상담기술

상담단계마다 어떤 한 가지 기술이 배타적으로 사용되는 것은 아니다. 일반적으로 수용과 반영 같은 기법들은 상담의 어느 단계에서나 사용될 수 있지만 대체로 시작단계에서 매우 효과적이다. 중기단계에서 해석하기, 제안하기 등의 기법을 이용할 수도 있지만 상담과정의 마지막 단계에서도 이런 기법들을 이용할 수 있다. 중기단계에서 효과적인 상담기술로는 제안하기, 정보주기, 해석하기, 질문하기, 자기 노출, 직면하기 등의 기술들이 있다.

(1) 제 안

대부분의 상담자들, 특히 초보 상담자들은 충고와 제안하기를 좋아한다. 일반적으로 제안은 어떤 분야에서 지식이 더 많은 사람이 지식이 부족한 사람에게 문제를 해결해 나가는 방법에 대한 충고와 제안을 제공하는 것으로 생각한다. 교사 출신 상담자들은 거리낌 없이 충고하려는 경향이 있다. 브래머(Brammer, 1988)는 상담자들이 타인들에게 충고를 할 때 충고를 받는 사람이 어떻게 느낄지에 대해서, 그리고 어떤 경우에 충고를 해 주는 것이 그들의 생활에 유용할지에 대해 스스로에게 질문해야 한다고 하였다. 그는 또한 충고가 상담 및 심리치료 영역에서 논쟁이 되고 있음을 인정하면서 내담자의 문제에 따라 충고가 유용할 때가 있음을 지적하였다. 법, 의학, 그리고 아동양육과 같은 분야에서는 전문적이고 확실한 지식을 가진 사람이 주는 충고가 내담자들의 문제 해결과 재적응에 도움이 된다고 하였다. 그러나 직업이나 배우자 등을 선택하는 문제에는 충고가 부적절하다고 하였다. 충고에 대한 또 다른 문제는 그것이 종종 내담자들에 의해 받아들여지지 않고 내담자의 의존성을 강화하고 해결책을 제공하려는 상담자의 초점을 변화시킨다는 것이다. '내가 만약 당신이라면' 접근을 이용하는 사람들은 아마도 그들 자신의 욕구를 투사하고 있는 것이다(Brammer, 1988).

많은 아동들이 미숙해 보이고 스스로 의사결정을 할 능력이 없어 보이기 때문에 상담자를 포함한 어른들은 아동에게 충고를 하고 싶은 함정에 쉽게 빠진다. 충고를 전혀 안 할 수는 없지만 상담초기에는 거의 사용하지 말아야 할 것이고 중기와 말기에도 신중을 기해서 사용해야 한다.

충고보다는 다소 덜 직접적인 방법이 제안인데, 이것은 상담자가 아동에게 어떤 과정이 실제로 맞는 것인지에 대해 구체화하지 않고 많은 행동과정들을 포함하는 대안들을 제시하는 기법이다. 대안들을 제안함에 있어서 상담자들은 아동들에게 대안을 거부할 선택과 자유를 주어야 한다.

(2) 정보 제공

정보의 제공은 상담자의 충고와 제안과 같은 맥락에서 이해될 수 있다. 브래머(1988)는 조력자들이 가지고 있는 단순한 사실의 공유가 그들이 할 수 있는 가장 유용한 것이라고 제안하였다. 상담자들은 종종 내담아동으로부터 지식, 경향, 흥미 등에 대한 정보를 제공해 줄 것을 요청받는다. 아동들이 정보를 찾고 있는 것이 분명하고 상담자가 요청받은 정보를 갖고 있다면 상담자는 주저없이 그것을 제공하고자 할 것이다. 상담자들이 정보를 제공할 때 유의해야 할 점은 정보 그 자체보다 아동이 정보를 어떻게 인식하고 어떻게 사용하는가를 이해하는 것이다.

상담자는 단순히 아동의 요청에 따라 많은 양의 정보를 제공하지 않도록 주의를 기울여야 한다. 경험이 많은 상담자들은 종종 정보를 추구하는 현재의 관심이 사실은 더 심각한 문제를 숨기는 의도일 수 있다는 것을 안다. 그렇지만 정보에 대한 많은 요청이 단순히 사실, 정책, 또는 절차를 알고 싶어하는 아동의 순수한 표현일 수도 있다. 상담자들은 정보에 대한 요구에 직접적으로 반응할 때와 아동이 어떤 더 심각한 문제를 숨기기 위해 정보를 요구할 때를 분별하여 적절한 반응을 보여야 한다.

(3) 해 석

해석은 아동이 어떤 특정한 방식으로 행동하는 이유를 파악하는 것으로 아동들이 자기 자신의 감정과 행동, 자신의 문제에 대한 통찰력을 발달시키고, 새로운 관점을 생각하고 폭넓은 대안을 탐색할 수 있도록 돕기 위해 사용되는 기법이다.

다른 상담기법처럼 해석도 그 자체로 '좋은' 것이거나 '나쁜' 것은 아니다. 해석의 가치는 언제 사용되는가, 무엇이 해석되는가, 내담자가 해석으로부터 무엇을 얻을 수 있는가 등에 달려 있다. 초기 상담 세션에서의 심오하고 면밀한 해석은 아동들에게 다소 위협이 될 수 있지만 동일한 해석이 후기 세션에서는 유익할 수도 있다(Muro & Dinkmeyer, 1977).

상담에서 해석을 사용할 때 상담자들은 왜 이 기법을 사용하는가에 대한 생각을 갖고 있어야 한다. 해석은 오로지 내담자가 그것을 수용해서 이해하고 활용할 수 있을 때에만 효과적이다.

해석은 아동에게 다양한 방법으로 지각될 수 있다. 아동들은 상담자가 말하는 것을 받아들일 수도 있고 거부할 수도 있고 또는 단순하게 무관심할 수도 있다. 해석이 '급소 가까이를 찌르면' 아동은 상담자가 자신에 대해 너무 많은 것을 아는 것 같아 두려워하게 된다. 그런 경우에 격렬한 거부나 항의가 따를 수 있는데, 특히 아동이 두려움이나 무서움을 느낀다면 더욱 그러하다.

상담에서 해석이 매우 긍정적으로 사용되는 경우는 상담자가 아동의 감정이 자신의 행동에 어떻게 영향을 미치는가, 그리고 그 행동이 자신의 세계에 있는 중요한 타인의 생활에 어떻게 영향을 미쳤는가를 지적해 줄 때이다. 해석적 진술이 아동중심 상담자에게 매우 도움이 되기도 하지만 그것 역시 잘못 사용될 수 있다. 잘못 사용되는 경우를 피하기 위해 구메어(Gumaer, 1984)는 다음과 같은 제안을 한다.

① 해석하기 전에 치료적 관계가 형성되었음을 확신할 수 있어야 한다.
② 너무 빨리 해석하지 않는다. 해석이 추측이 아니고 돕고자 하는 교육적 행동이 되도록 하기 위해 상담자는 내담자와 문제 상황에 대해 충분한 정보를 가지고 있다는 것을 확신하여야 한다.
③ 해석할 때는 아동에게 상담자 자신의 가치나 태도, 감정을 투사시키지 않아야 한다.

(4) 질 문

초보 상담자들은 위에 제시한 기법들보다도 질문을 사용하고자 할 것이다. 상담을 할 학생들을 지도하는 슈퍼바이저들은 상담자가 다음에 무엇을 말해야 할지 확실치 않을 때 가장 자연스러운 반응이 질문하는 것이라는 데 동의할 것이다. 질문이 상담에서 반드시 필요한 것은 아니지만 질문을 과용하는 것은 역효과를 가져올 수 있다. 영(Young, 1992)은 초기 세션에서 사용하는 질문은 상담자와 아동 간의 관계에 긴장을 유발할 수 있기 때문에 비생산적이라고 한다. 그러나 상담과정이 중기에 도달했다면 상담과정의 평가단계로 들어가는 신호로 질문을 이용할 수 있다고 하였다. 영은 이와 관련하여 "내가 어떻게 너를 도울 수 있을까?", "너는 무엇부터 시작하고 싶니?", "오늘 이 약속을 하도록 한 것이 무엇 때문이니?", "지난 며칠이나 몇 주 동안 네가 도움을 받아야겠다는 생각이 들게 한 일이 있었니?", "그만두고 싶은 것이 무엇이니?", "더 많이 하고싶은 것이 무엇이니?"라는 질문들을 제안하였다.

상담자들이 질문을 사용하는 경우 단순한 정보를 탐색하기 위해서, 교정하기 위해서, 또는 반영하기 위해서 질문한다(Tomm, 1987). 상담자들은 "엄마와 아빠는 어떻게 다르니?"와 같은 탐색적 질문을 통해 정보를 추구한다. "반장이 안 되었을 때 기분이 어땠니?"와 같이 조사를 위한 질문은 누가, 왜, 언제, 그리고 어디서에 대해 질문한다. "무엇이 네가 할 일을 제시간에 못하게 하니?"와 같은 교정적 질문은 그 이름이 의미하듯이 아동이 다른 행동 과정을 추구하도록 하는 것이다. "만약 아빠가 너를 더 좋아한다면 공부를 더 열심히 할 수 있겠니?"라는 반영적 질문은 상담자 자신의 해결책을 제안하고자 하는 상담자의 시도이다.

질문과 관련해서는 상담자의 질문만 있는 것이 아니라 내담아동의 질문에 대해서도 생각해야 한다. 아동의 질문도 일반적으로 정보를 추구하는 질문이 아니라고 이해해야 한다. 오히려 내담자의 질문은 감정과 생각의 표현이다. 대부분의 경우, 아동들은 자료보다는 상담자의 지지와 동의를 원한다.

구메어(194)는 상담 초기에는 상담의 방향을 아동이 원하는 방향으로 잡아 나가기 위해서 개방식 질문을 사용할 것을 권했으나, 상담 중기와 말기에 상담자가 상담에서 어느 특정한 방향으로 나아가거나 거기에 도움이 되는 직접적이고 구체적인 정보를 필요로 할 때 폐쇄식 질문을 사용해야 한다고 한다. 예를 들어, 상담자는 아동학대가 아닌가 하고 의문시되는 모든 상황을 보고하도록 법으로 규정되어 있다. 이러한 경우 상담자는 아동학대 여부의 결정을 내리기 위해서 아동에게 '예'나 '아니오'의 간단한 대답을 요하는 질문을 한다. "아빠가 너를 허리띠로 때렸니?"와 같은 폐쇄식 질문들은 일을 효과적으로 처리하게 해준다. 이 반응기술이 상담 초기에 소개되지 않은 이유는 이러한 방법으로 조사할 필요가 있는 일은 치료관계가 형성된 후에야 비로소 드러나기 때문이다.

(5) 자기노출

해석처럼 상담자의 자기노출은 상담 중기에 치료를 긍정적인 방향으로 전개시켜 나가게 하는 유용한 기법이다. 상담자의 자기노출은 상담자의 과거 경험에 입각한 실제적인 정보를 제공해 주는 반응으로, 내담자의 자아나 문제에 직접적으로 관련된 것으로 치료를 향상시키는 것이어야 한다. 상담자의 자기노출은 내담자를 위한 모델이 되어 내담자의 자기노출 정도를 증가시키고 좀 더 깊은 수준으로 자기노출을 하도록 내담자를 격려하게 되고, 깊은 수준에 머무르면서 계속 자기노출을 하도록 내담자를 강화하며 치료적 관계와 변화하고자 하는 내담자의 몰입을 견고하게 하는 이점이 있다(Gumaer, 1984). 그러나 해석처럼 이 기술을 사용하는 방법에도 몇 가지 유의할 점이 있다.

① 촉진 단계에서는 상담자의 자기노출을 사용하지 않는다. 이러한 반응은 내담자에게 불안을 증가시켜서 저항이 커질 가능성이 있다.
② 반응을 신중하게 사용한다. 지나치게 사용하면 치료의 초점이 내담자에서 상담자로 바뀌고 아동에게 걱정과 불안이 생길 수 있다.
③ 상담자가 자기노출을 하는 데 시간을 많이 소비하면 아동이 반응할 시간이 줄어듦으로 상담자의 자기노출은 짧게 한다.
④ 상담자의 자기노출을 통하여 아동이 어떻게 해야 되는지 암시하지 않도록 한다. 왜냐하면 그것은 상담자에게 효과가 있었던 방법이기 때문이다. 아동 스스로가 자기의 행동을 결정할 수 있도록 한다(김춘경, 2004).

(6) 문제해결과 결정내리기

상담은 궁극적으로 아동이 보다 더 효과적이고 더 행복해질 수 있는 능동적이고 건설적인 행동을 하게 하는 것이다. 상담자는 내담자의 문제를 해결해 주는 것이 아니라 내담자 스스로 자신의 문제해결에 책임이 있음을 깨우치게 하고 문제해결능력을 신장시켜 주어야 한다. 내담자는 흔히 상담자의 마술적 해결책을 호소한다. 그러나 상담자의 일방적인 해결책 제시는 궁극적으로 내담자에게 도움이 되지 않는다. 상담자는 내담자의 기존 해결노력을 탐색하고, 내담자의 기존 해결노력을 위로하고 격려하며, 기존 노력의 역할은 무엇이고 한계는 무엇인지를 평가하며, 기존 해결노력보다 더 나은 대안 모색을 탐색해 보는 과정을 밟아 나가야 한다.

상담자와 내담자는 상담기간 동안 새로운 행동을 시도하고 검증해 볼 수 있는 계획에 동의하고 어떤 진전을 평가하기 위해 만날 것이다. 자기통찰과 탐색과정을 거친 아동이 실제 행동의 변화를 위해서 문제해결과 결정내리기 과정을 거쳐야 한다. 다음에 제시되는 단계는 행동에 대한 대안적인 과정을 고려하여 내담자가 가치들을 살피고 그것들의 우선순위를 정하는 것을 돕는다. 행동의 각 과정은 내담자들이 목표와 가치를 실현하도록 돕는 방법을 고려하는 과정이라고 할 수 있다.

카커프(Carkhuff, 1980)는 이 기술을 주도하기(initiating) 기술이라고 하여 아동이 주도적으로 생산적인 행동의 방향을 발견하고 생활에 의미를 부여하도록 돕는 기술이라고 한다. 아동이 자신을 위한 행동을 하도록 돕는 것은 상담자의 책임이다. 아동이 효율적인 의사결정기술을 학습하는 것은 중요하다. 아동들과 함께 행동을 주도할 때 카커프는 다음과 같은 단계를 제안하였다(Gumaer, 1984).

① 아동이 가능한 한 많은 문제들을 파악하도록 격려한다. 문제가 재검토될 때 그 문제들을 종이나 칠판에 쓴다.
② 아동에게 가장 중요한 문제부터 가장 중요하지 않은 것 순으로 모두 순위를 매기라고 한다.
③ 자세히 논의하기 위해 가장 중요한 문제를 뽑는다. 가장 쉽게 변화될 수 있을 것으로 보이는 문제를 뽑는다. 이것은 어떤 아동들에게는 성공적인 경험을 쌓는데 중요한 것이다.
④ 문제에 대한 행동변화를 위해 대안을 검토한다.
⑤ 각각의 대안에 따른 결과를 검토한다.
⑥ 가장 좋은 대안을 선택하여 행동과정을 계획한다. 그 계획은 구체적인 행동목표를 포함하여야 한다. 계획을 주도할 때 간단한 과업부터 좀 더 복잡한 과업으로 점차 진행하는 것은 아동이 이를 조직하고 성공하도록 하기 위함이다.
⑦ 아동의 진전을 격려한다.
⑧ 계획을 재평가하고 필요하면 다시 수정한다.

(7) 직 면

직면에 대해 가장 먼저 서술한 정신분석학자 드베로(Devereux)는 직면을 "내담자의 행동이나 말을 있는 그대로의 사실적 내용이나 내담자가 인지는 했으나 마음 속에 명기되지 않은, 또는 명기되지 않았다고 진술한 사건에 내담자의 주의력이 쏠리도록 하는 장치"라고 정의한다. 그 목적은 고찰을 위한 새로운 통로를 열고 자각을 증대시키기 위해 "내담자로 하여금 자신이 방금 말한 것이나 행동한 것에 대해 주의를 집중하도록 유도하거나 강요하는 것"이라고 말한다.

상담자가 내담자에게 직면시키는 내용들은 슈만(Shulman, 1999)은 다음의 11가지의 범주로 제시하고 있다.

① 내담자의 주관적 기분상태와 감정을 직면시킨다.
② 내담자의 이야기에 숨겨진 이유에 직면시킨다.
③ 내담자의 사적 논리에 직면시킨다.

④ 내담자의 드러나지 않은 사적 목적에 직면시킨다.
⑤ 내담자의 좌우명에 직면시킨다.
⑥ 내담자의 즉각적 행동에 직면시킨다.
⑦ 내담자에 대한 타인의 반응을 책임지도록 직면시킨다.
⑧ 내담자의 자기-패배적 행동을 직면시킨다.
⑨ 내담자에게 대안을 제시하면서 직면시킨다.
⑩ 내담자에게 변화에 대한 책임을 알려 주는 데 직면기법을 사용할 수 있다.
⑪ 내담자를 시간적 요소에 직면시킨다.

브래머(1988)는 직면할 때는 상담자 자신과 내담자와 나눈 감정을 묘사할 것을 제안하였고 무엇보다 상담자가 자신의 감정을 인식하는 것이 가장 중요하다고 강조하였다.

구메어(1984)는 상담자가 직면을 사용할 때 다음과 같은 점을 고려해야 한다고 한다.

① 직면하기 전에 치료적 관계에서 필수적인 조건들을 제시함으로써 직면할 권리를 얻는다.
② 상담자가 관심을 가지고 있고 참여하기를 바라며 돕고 싶다는 것을 나타내기 위해 직면한다.
③ 상담자 자신과 먼저 직면한다. 자신의 편견과 선입견을 알아야 한다.
④ 직면의 강도는 아동의 요구와 민감성, 능력 등에 맞추어야 한다.
⑤ 아동이 변화시킬 능력이 있는 행동에만 직면한다.
⑥ 직면받는 아동의 방어행동에 대비한다.
⑦ 이번에는 반대로 직면 받는 아동으로부터의 직면에도 준비한다.

(8) 즉각성

즉각성은 상담관계에서 현재의 순간, 또는 '지금 그리고 여기'에서 상담자와 아동 사이에 무엇이 일어났는가를 설명하는 것이다. 즉각적인 반응은 내담자와 그 당시 상담문제에 대해 상담자의 감정을 솔직하게 표현해 줄 필요가 있을 때 사용한다. 이것은 또한 무의식 속에 억압되어 있는 것들을 내담자가 인식하고 탐색하도록 도와 주기 위해 상담자가 의식적이고 객관적으로 하는 시도이기도 하다. 상담자와 아동이 상호작용할 때에는 언제나 감정이 포함된다. 감정을 따로 말로 표현하지 않더라도, 그리하여 감정이 분명하게 지각되지 못할지라도 감정은 교류한다.

카커프(1969)는 상담자가 좀 더 정확하게 즉각적인 반응을 하도록 돕는 지침을 제시하였다(Gumaer, 1984 재인용).

① 상담자는 치료적 상호작용에서 자신의 경험을 객관적으로 검토한 다음 내담자의 저항과 방어행동을 극복하기 위해 이 해석들을 말로 표현해야 한다.
② 상담자는 내담자의 전달 내용 밑에 깔려 있는 내용이나 그 이상의 내용을 찾아내어 아동의 의식 안에는 있지 않은 전달내용에 초점을 맞추어야 한다.
③ 상담자는 '진전이 없는' 상호작용이 감정적인 면에서 일시적으로 모면하고자 하는 아동의 요구인지, 아니면 치료를 방해하려는 행동인지를 판단할 수 있어야 한다.
④ 상담자는 치료적 관계의 강도와 진행에 대해 계속적으로 평가해야 한다.

(9) 격 려

격려의 목적은 아동의 행동을 적극적으로 지지해 주고 강화해 주어서 아동으로 하여금 용기와 책임감, 그리고 부지런함을 일깨워 자신의 삶의 문제에 당당히 직면하여 자신의 문제를 해결할 수 있도록 돕는 것이다. 격려받은 아동들은 자신이 가치 있고 힘이 있고 스스로를 잘 통제하며 잘 행동하고 있다는 느낌을 갖게 된다. 모든 아동들은 자신의 생활 중 적어도 일부분에서는 성공적인 경험을 하는 것이 필요하다.

코트만(Kottman, 1995)은 아동상담에서 격려를 잘 수행하기 위해 필요한 몇 가지 기술을 제시하고 있는데, 즉 아동의 능력에 대한 믿음 보여 주기(예: "너 스스로 그것을 해결했구나"), 노력 인정해 주기(예: "네가 할 수 없을 것이라고 생각했던 일을 시도했구나"), 강점과 장점에 초점두기(예: "너는 그것이 어떤 일이고 어떻게 해결하는지 알고 있구나"), 무조건 수용하기(예: "충분히 이해가 가는구나"), 행위자가 아니라 행위를 강조하기(예: "그림을 그렸구나, 즐거워 보이는구나"), 긍정적인 면에 초점두기(예: "와, 6개를 맞췄네"), 아동의 흥미에 관심 표현하기(예: "지난주에 한 축구게임은 어땠니?"), 불완전한 것을 보여주기(예: "내가 불을 켜는 것을 잊어버렸구나. 대신 불을 켜줘서 고마워"), 실수로부터 배우기(예: "물감 쏟아서 기분이 안좋구나? 놀이실에선 때로 사고가 발생한단다. 물감 쏟았을 때 일어날 수 있는 가장 나쁜 일이 무엇일까?"), 아동이 소속감을 형성하는 긍정적인 방법 배우기(예: "나는 이 게임에 익숙하지 않은데, 네가 가르쳐 줄래?") 같은 방법들을 제시하고 있다.

이외에도 격려는 상담자의 큰 인내를 필요로 한다. 기다려 주는 것이 격려에서 매우 중요하다(김춘경, 2004).

3. 종결단계

내담아동이 원했던 방향으로서 변화가 이루어지면 상담은 종결된다. 상담의 마지막 단계는 행동을 통하여 목표를 성취하는 단계로 아동들이 그들 자신과 다른 사람에게 건설적인 방법으로 행동하는 것을 배우고 익힐 수 있도록 돕는다. 글래서(Glasser, 1980)는 상담의 마지막 단계를 행동지향적 계획을 위한 시간으로 설명하였다. 일단 아동이 문제가 있다는 것을 인정하고 변화하고자 한다면, 상담자는 아동이 특정한 개인적인 문제에 대해서 파악하고 행동하게끔 도와줌으로써 행동단계에 들어갈 수 있다.

상담이 진행됨에 따라 아동의 주된 문제들은 사라지는 반면에, 이전에 큰 문제들에 가려져 문제라고 인식하지 못했던 사소한 문제들이 부모들의 새로운 관심사로 떠오르게 되고 부모들은 이러한 문제까지 해결해 주기를 바라게 되는 경우가 많다. 그러나 상담의 종결은 초기 면접 때 설정했던 상담목표가 어느 정도 달성되었다고 평가되었을 때 결정하게 된다.

상담자는 부모에게 초기에 부모와 함께 설정했던 상담목표들을 보여 주고 그것들이 달성되었음을 확인해야 한다. 또한 부모들이 자녀를 훈육하는 문제는 자녀가 성장할 때까지 계속적으로 나타나는 문제이므로 그동안 받은 부모교육과 상담으로 충분히 대처해 나갈 수 있음을 설명해 주어야 한다.

01 주요 상담이슈

(1) 상담의 목표달성에 대한 평가

상담을 종결할 시점이라고 생각되면 상담 초기에 설정한 상담목표가 어느 정도 달성되었는가를 검토해 보아야 한다. 또한 새로운 상담목표가 있다면 그것 역시 어느 정도 달성했는가를 재검토해야 한다.

많은 경우 부모는 첫면접 때보다 상담자와 라포가 형성되었을 때 보다 심각한 문제를 고백할 수 있다. 부모는 아동의 문제행동 때문에 당장 고통받는 상황에서 벗어나고 싶어하고 따라서 상담자와 함께 상담목표를 설정할 때 눈에 띄는 현저한 행동들에 대해서만 이야기할 수 있다. 그러나 상담목표가 달성됨에 따라 보다 심각한 증상을 후에 제기하는 경우가 많다. 이 경우 상담자는 상담목표를 조정해야 하며 새로운 상담계획을 다시 만들고 상담을 다시 시작해야 한다. 많은 상담자에게는 익숙한 것이므로 상담자는 상담목표의 재설정이나 상담계획의 재작성을 종결시점에서 새로 시작할 수도 있다. 즉 언제 종결하느냐 하는 문제는 상담목표의 재검토 후에 결정해야 한다.

(2) 종결에 대한 내담아동의 불안 극복

종결단계에서는 지금까지 목표에 도달하기 위해서 작업해 온 결과와 성취들이 요약되고 평가된다. 이때 상담자들은 반드시 아동들이 자신의 문제와 문제에 작용하는 관련된 능력을 이해하는 수준을 평가해야만 한다. 이에 준해 아동이 수행할 수 있는 행동방침을 아동과 합의하여 마련한다. 만약 상담자와 아동이 발달시킨 계획들이 달성되는데 시간이 걸린다면 아동의 결과 달성과 진보사항을 보기 위해 좀 더 상담기간을 연장할 수도 있다. 그들이 달성해야 할 목표에 도달하지 못하면 새로운 행동계획을 세워 다시 적극적으로 노력해야 할 것이다. 만약 상담이 성공적이라면 아동은 미래에 일어날 수 있는 또 다른 문제들을 해결할 수 있는 새로운 힘을 얻게 된다. 아동들이 상담관계를 끝낼 준비가 되었는가를 알 수 있는 좋은 신호는 적극적으로 계획 발달에 참여하는 기꺼운 마음이다. 상담 세션의 종결은 상담자에게 민감성을 요구한다. 특히 친구들을 가지지 못한 아동들과 작업을 할 때 상담의 종결이 거절이나 거부로 받아들여지지 않도록 주의해야 한다. 따라서 상담자는 특히 종결 시에 내담아동에게 일어날 수 있는 여러 가지 감정과 생각을 반드시 다루어 주어야만 한다. 이런 과정을 제대로 거쳐야 내담아동은 별다른 상처나 후유증 없이 상담자로부터 진정한 심리적 독립을 이룰 수 있게 된다.

흔히 내담자와 부모들은 자신들이 상담을 종결한 준비가 되어 있는지에 대해 확신을 가지지 못한다. 다시 말해 상담을 통해 변화된 것을 알고 있기는 해도 상담을 그만두게 되면 다시 어려움을 겪고 상담을 다시 받게 될지도 모른다는 불안을 느끼기 쉽다. 일단 종결되면 상담자의 지원과 이해를 받을 수 없다고 생각하기 때문이다. 이러한 불안감은 상담이 완전히 종결되기 전에 충분히 다루어져야 한다.

(3) 내담아동의 의존성 극복

종결과정에서 생각해야 할 주된 것 중 하나는 내담자의 의존성이다. 이 문제는 상당히 복잡한 논의를 요하는 사항이다. 어찌 보면 내담자가 상담자에게 도움을 구한다는 사실 자체가 내담자의 의존성을 나타내는 것이며, 특히 상담과정에서는 그 의존성이 하나의 불가피한 요소라고 할 수 있다. 그러나 일반적으로 내담아동이 결국에는 직면한 문제들을 다른 사람에게 의존하지 않고 독자적으로 선택 · 판단 · 실행할 수 있어야 한다. 내담자의 심리적 독립을 촉진하기 위해 내담자의 자율적 판단과 결정의 수용 및 격려를 해주는 상담자의 태도와 자세가 중요하다. 사소한 일에도 내담아동 스스로 결정하도록 격려해 주어야 하는 것이다. 이런 과정을 거치면서 내담자는 점진적으로 상담자 도움 없이 독자적으로 적응적인 삶을 영위할 수 있게 된다.

대부분의 아동들은 종결의 시기가 가까워 오면, 현실 생활에서의 적응이 촉진되고, 문제행동이 사라지기 시작하며, 상담에 대한 필요나 매력을 잃어가게 된다(이숙 외, 2002). 그러나 어떤 아동은 상담자와 친밀한 관계가 형성되어 종결을 원하지 않을 수도 있고 불안해하거나, 퇴행을 보이기도 한다. 이때는 적절하게 이를 다루어 주면서 종결에 대한 준비를 시켜야 한다. 이 기간동안 상담자들은 아동이 원하면 언제든지 다시 도움을 받을 수 있다는 것을 알려 주는 것도 중요하다.

(4) 생활장면에서의 적응

내담아동이 처음에 호소했던 문제가 충분히 완화되었다. 하다라도 다른 측면들에서 내담자의 현실생활이 여전히 곤란하다면 종결에 대한 고려는 뒤로 미루는 것이 바람직하다. 따라서 현실적응력이 얼마나 증진되었는지를 고려해 보아야 한다.

아동이 자신의 생활장면으로 돌아갔을 때 상담자의 도움이나 개입없이도 잘 적응할 수 있도록 준비를 시킨다. 그동안 상담세션을 통해 이루어진 변화를 실제 아동의 현실에서 적용하여 활용하도록 연습을 시키는 것이 중요하다.

02 추후 접촉

상담이 종결된 후에라도 곤경에 처할 때에 상담자의 도움이 필요할 때는 도움을 줄 수 있다는 사실을 알려 준다. 또한 상담이 종료된 후에도 비공식적인 방법으로 아동의 성장과 발달에 지속적인 관심을 보일 수도 있다. 예를 들면, 편지, 전화, 추후 상담시간을 정하는 것 등을 고려할 수 있다. 그리고 그런 계획은 한 달 후 또는 6개월 등의 정기적인 추후 접촉이 될 수도 있다(홍경자, 2002).

PART III

아동상담의 기법

Chapter 7 놀이치료
Chapter 8 모래놀이치료
Chapter 9 심리극
Chapter 10 미술치료
Chapter 11 문학치료
Chapter 12 음악치료
Chapter 13 무용/동작치료

7

놀이치료

어린아이들의 하루 일과는 놀이에서 시작되어 놀이에서 끝난다고까지 할 수 있을 정도로 놀이가 아동의 생활에서 차지하는 몫은 대단히 크고 중요하다. 또한 놀이는 아동의 생활의 전부이기도 하지만, 부질없는 시간 낭비가 전혀 아니어서 아동의 성장 · 발달에 중요한 긍정적 역할을 담당하고 있는 것도 사실이다.

놀이는 아동으로 하여금 자연스럽게 자기의 심리적 긴장과 갈등, 불안을 표현함으로써 내면적인 문제를 해결해 나간다는 점에서 치료적 가치를 지닌다.

1. 놀이치료의 발전 과정

놀이치료는 프로이트(S. Freud, 1909)가 한스라는 어린 소년의 정신치료과정에서 아동의 마음속에 쌓인 좌절이나 갈등을 정신치료적 방법에 의해 해결할 수 있다는 가능성을 보여줌으로써 시작되었다고 할 수 있다. 한스는 다섯 살 난 남자아이로서 공포증을 가지고 있는 아이였다. 그러나 언어를 사용하여 자유연상을 한다든가 꿈을 분석한다는 등의 정신분석을 시도한다는 것은 어린 연령의 환자를 대상으로 하기가 대단히 어렵다는 문제가 대두되었다. 따라서 한스의 치료는 오늘날의 놀이치료와는 많은 차이가 있고 프로이트 자신이 치료자로서 전적으로 개입한 것이 아니라 한스의 아버지를 통해 치료를 실시하였기 때문에 일종의 부모를 통한 놀이치료(filial therapy)를 한 것으로 생각할 수 있다.

그 후 헬무스(Von Hug-Hellmuth, 1921)는 1920년대에 아동정신분석의 기술로써 놀이를 처음으로 활용하였는데, 이것이 놀이치료를 아동정신치료에 적극 활용하는 하나의 계기가 되었다. 헬무스는 어린 아이의 가정을 방문하여 자연스러운 상황에서 어린이의 놀이행동을 관찰하고 이러한 놀이행동들이 가지는 심리적 · 상징적 의미를 분석함으로써 정서적 문제를 가지고 있는 어린이의 내면세계를 이해하고자 하였다(Carmichael, 2006). 그는 아동분석에서 본질적 요소로서의 놀이를 강조하고, 치료에서 아동 자신을 표현하기 위한 놀잇감을 제공함으로써 처음으로 놀이상황을 아동의 정신치료에 도입했으나, 구체적인 치료적 접근을 만들었다기보다는 성인을 위한 정신치료방법을 아동에게 적용하기 어렵다는 것을 주장함으로써 아동정신분석과 성인의 정신분석을 구분하게 되는 계기를 만들었다.

놀이치료에 공헌한 또 다른 사람들은 안나 프로이트(Anna Freud)와 멜라니 클라인(Melanie Klein)이다. 안나 프로이트(1945, 1965)는 전통적 정신분석에서 사용하는 자유연상의 방법을 아동에게 적용하는 데는 어려움이 있음을 인식하고 아동을 격려하는 방법으로 놀이를 사용했다. 안나 프로이트는 그후 아동분석(child analysis)이라는 새로운 분석방법을 발전시켰으며, 자유연상법 대신에 놀이를 사용해서 어린이의 문제를 이해하고 치료하였다. 그는 아동의 정서, 갈등, 불안을 이해하기 위해서는 어린이의 놀이를 체계적으로 관찰해야 하며, 이러한 관찰을 통해 나타난 문제를 놀이를 통해 해소시키고, 자기의 문제에 대한 통찰(insight)을 갖도록 아동을 도와 주어야 한다고 주장하였다.

놀이를 이론적으로 독자적인 가치로 인정한 최초의 학자는 멜라니 클라인(1932)이였다. 클라인은 놀이를 아동의 자연적인 표현매체라고 보고 언어가 발달되지 않은 아동의 경험이나 정서, 복잡한 사고의 표현수단으로서 놀이가 중요하다고 강조하였다. 놀이치료에서 영국학파로 알려진 클라인은 성격의 구조가 이미 출생 시부터 이루어져 있음을 강조하면서 따라서 아동의 치료는 생애 초기부터 가능하다고 주장하였다. 또한 클라인은 아동에 대한 정신분석을 하면서 자유놀이의 방법을 마치 어른들의 정신분석에서 자유연상을 하는 것과 동등하게 취급하게 되면서 어린이 심리치료에 놀이를 보다 활발하게 사용하게 되었다.

그는 어린이 자신이 자각하지 않고 있는 편견, 갈등, 기쁨, 소망, 공포 등의 감정들이 자유놀이를 통하여 상징적으로 표현된다고 가정하였다. 특히 놀이치료의 도구로서 인형(가족인물중심)을 사용함으로써 어린이가 놀이를 하면서 가족관계에서 일어나는 갈등과 문제점을 투사하고 이를 통하여 감정을 정화(catharsis)해 나가도록 지도하였다.

이처럼 안나 프로이트와 클라인은 놀이치료를 실시한 정신과 의사이고, 놀이는 아동이 자신을 자유롭게 표현할 수 있는 매체라고 믿었다는 점에서 공통점이 있다. 그러나 놀이치료의 적용에 대해서는 다소 다른 견해를 갖고 있다. 즉, 안나 프로이트(1965)는 정신분열증이 있는 아동이 분석을 받으면 도움을 받는다고 생각한 반면, 클라인은 정상적인 아동도 놀이상황을 경험하면 도움을 받는다고 보고 아동에게 놀이상황을 경험하게 하여 그 놀이상황을 관찰한 후 해석하는 방법을 지지하였다. 또한 클라인은 정상 아동도 생활에서 생기는 정서적인 문제를 놀이를 통해 해결한다면 정신질환의 예방측면에서도 가치가 있다고 인정했는데, 이는 놀이를 정신치료의 중요한 방법으로 보는 계기가 되었다고 볼 수 있다.

1930년대에 이르러 놀이치료는 두 가지의 상반되는 형태의 접근방법을 적용하고 있는 것을 볼 수 있는데, 그 중 하나는 적극적 · 활동적 놀이치료이며, 또 다른 접근방법은 수동적 놀이치료하고 할 수 있다. 적극적 놀이치료란 치료자가 아동에게 몇 개의 놀잇감을 선별해 주어 아동이 겪었던 충격적인 상황을 표면으로 표출할 수 있도록 유도하는 치료방법이다.

레비(Levy, 1939)는 적극적 놀이치료의 한 형태로 이완요법(release therapy)을 소개하고 있다. 이 치료의 목적은 아동의 문제 특성에 따라 특정 장난감을 아동에게 제공해 주어 아동이 이를 가지고 놀이를 함으로써 공포, 공격성, 형제간의 경쟁의식 같은 부정적 감정들을 방출해 내어 아동의 정서적 긴장과 갈등을 풀어주는 정화적 효과측면을 강조하였다.

이에 비해 수동적 놀이치료는 치료자가 아동의 놀이에 아무런 제한을 가하지 않으며 격려와 정서적 지지를 중요시 여기는 접근방법이다. 이 수동적 놀이치료는 관계치료(relation therapy)라고도 부르는데, 즉 프로이트의 정신분석적 놀이치료에서는 아동이 표현하는 과거의 경험이나 꿈, 상상, 기억 등에 대한 해석을 통하여 치료적 목적을 달성하려고 하는 반면에, 관계치료에서는 아동의 현재 상태를 중요시하며, 치료자와 아동 간의 인간관계를 강화시키고 놀이를 하고 있는 아동의 현재 감정과 행동에 초점을 맞춘다.

솔로몬(Solomon, 1938)의 활동적 놀이치료(active play therapy)도 구조화된 놀이치료 방법으로 제시되었으나, 이완치료와는 달리 아동의 비참한 과거 경험을 재생시키기보다는 긍정적인 방향으로 놀이를 적용하고자 시도하였다. 솔로몬은 과거의 상처받은 경험을 그대로 재연하지 않더라도 놀이를 통해 공포나 분노를 발산할 수 있으며, 놀이방에서 치료자와 새로운 인간관계를 맺음으로써 사회적으로 용납될 수 있는 방향으로 행동하는 것을 배우게 된다는 적극적이고 능동적인 의미의 놀이치료를 강조하고 있다. 즉 치료자는 시간의 개념을 심어 주어 과거의 경험은 현재로 끊을 수도 있고 반드시 미래로 연결되는 것이 아니라는 것을 가르치려고 한 것이다.

오늘날 가장 널리 활용되고 있고, 보다 현대적인 놀이치료를 체계적으로 이론화한 사람은 버지니아 액슬린(Virginia Axline, 1947)이다. 액슬린이 시작한 놀이치료방법은 칼 로저스(Carl Rogers, 1939)의 비지시적 상담이론을 놀이치료에 적용한 것으로, 비지시적 놀이치료 또는 아동중심 놀이치료이다. 액슬린의 비지시적 놀이치료는 아동을 통제하거나 변화시키도록 노력하는 것이 아니라, 아동의 행동은 언제나 완전한 자기완성을 위해 나아가는 것이라는 인간중심이론에 기초를 둔다. 따라서 아동이 놀이치료 과정을 주도해 나가며 놀이에서 아동이 자기 자신을 스스로 표현하는 것을 매우 중요시하였다. 이러한 자기표현을 통하여 아동은 자기의 문제에 대한 통찰을 얻게 된다는 것이다. 치료자는 오직 놀이치료 환경을 준비하고 아동의 행동을 관찰하면서 필요할 때 적절한 반응을 보이며 분석함으로써 아동이 자발적으로 자신을 변화시키려고 노력하게 된다.

한편, 놀이치료 초기부터 부모나 양육자의 역할이 강조되어 왔는데, 1964년 버나드 구어니(Bernard Guerney)에 의해 부모치료(filial therapy)라는 용어가 처음 적용되었다. 놀이치료에서 부모를 참여시키는 또 다른 전략으로는 발달놀이치료가 있는데, 브로디(Brody, 1978)는 신체적 접촉을 사용하고 구조화된 세션을 강조한 발달놀이치료 기법을 발전시켰다. 전버그(Jernberg, 1979)는 브로디와 로리에(Des Lauriers, 1962)의 작업을 참조하면서, 부모를 참여시키고, 치료자와 아동의 상호작용을 지지하는 발달지향적 놀이치료인 치료놀이(theraplay)를 발전시켰다.

놀이치료방법은 놀이치료자가 어떠한 심리학적 이론을 지향하느냐에 따라 달라질 수 있는데, 프로이트 이론에 근거한 정신분석적 놀이치료, 융의 분석심리이론에 근거한 분석적 놀이치료, 로저스이론에 근거한 아동중심놀이치료가 대표적이다. 최근에는 넬(Knell, 1990)에 의해 시도된 인지행동놀이치료, 가족놀이치료, 발달놀이치료도 활용되고 있다. 그리고 활용되는 기법에 따라 모래놀이치료, 게임놀이치료, 미술치료 등이 있다.

2. 놀이의 치료적 가치

아동에게 놀이란 그 자체가 중요한 일이며 생활의 일부이다. 어른은 언어를 통해 자신의 심리적 어려움을 표현하고 해결하지만 아동은 놀이를 통해 많은 것을 표현한다. 아울러 놀이에는 진단과 평가의 기능이 있다. 아동이 놀이하는 모습을 유심히 살펴보면 그의 발달 정도를 알 수 있으며 아동의 성격 특성 및 심리적 어려움에 대해서도 어느 정도 이해할 수 있다. 놀이를 하면서 아동은 자신의 감정과 좌절을 표현할 수 있고 긴장과 불안을 해소하는 기회를 가진다. 그리고 사회적 기술과 의사소통의 기술을 발달시킬 기회와 기쁨, 즐거움과 같은 긍정적 정서를 경험할 기회를 갖는다. 그러므로 놀이는 아동의 행동과 발달 수준을 진단하고 평가하는 도구일 뿐 아니라 심리치료의 수단이 될 수 있다. 놀이치료에서 놀이의 치료적 가치는 다음과 같이 정리할 수 있다 (Schaefer, 1986; 김광웅 등, 2004; 김순혜, 2004).

01 놀이는 치료적 관계를 형성하는 데 도움이 된다

대부분의 아동은 스스로 문제의식을 가지고 치료를 받으러 왔다기보다는 부모에 의해 이끌려 온다. 따라서 치료자라고 하는 또 다른 낯선 어른에 대한 경계심이 생길 수 있으며 신뢰를 가진 관계를 맺어나가는 데 어려움을 가질 수 있다. 놀이치료실의 다양한 놀잇감은 아동에게 흥미를 자연스럽게 유발할 수 있으며 심리적 압박감이 없이 관심을 가지게 할 수 있으므로 치료 초기에 아동이 보이는 저항을 극복하고 친밀감을 형성시켜 주는 좋은 방법이다.

02 놀이는 아동이 자신의 감정을 표현하고 이해하는 데 도움이 된다

아동, 특히 유아기나 아동초기인 7~8세까지의 연령에 있는 아동들은 아직 언어적 능력이나 인지적 능력이 충분히 발달하지 못하기 때문에 자신의 욕구나 느낌 그리고 생각을 언어로 분명하게 전달하기 어려운 문제점이 있다. 따라서 놀이는 이러한 언어능력이 제한적인 아동에게 어른의 언어와 같이 자기표현을 할 수 있게 해 주는 매개체가 될 수 있으며, 놀이를 통해 자연스럽게 자기를 표현하다보면 자기 자신의 감정을 보다 더 잘 이해할 수 있는 계기가 될 수 있다.

03 놀이는 아동이 자기의 감정을 표출함으로써 억압받은 감정을 소통시키는 데 도움이 된다

놀이는 아동이 비난이나 보복에 대한 두려움 없이, 그리고 자아존중감에 대한 위협을 받지 않아도 되는 안정적인 환경속에서 억눌린 분노나 억울함, 두려움, 불안 등의 감정을 자연스럽게 표현하도록 돕는다. 이러한 놀이의 효과는 아동이 정서적으로 이완될 수 있게 해 줄 뿐만 아니라 억압받은 감정을 소통시키게 한다.

04 놀이는 아동이 과거에 있었던 정신적 외상을 극복하도록 하는 데 도움이 된다

정신적 외상은 애착관계에 있었던 양육자나 가까운 형제자매의 상실과 같은 단 한번의 사건으로도 지워지지 않는 상처를 남기게 된다. 그러나 한편으로는 커다란 사건이 아니더라도 반복해서 경험하게 되는 일상생활에서의 실패감이나 패배감은 아동에게 누적적으로 마음의 상처를 줄 수 있다. 이러한 정신적 외상은 아동의 일상생활에 깊이 그림자를 드리움으로써 낮은 자아존중감이나 부정적 자아개념 그리고 위축이나 공격성과 같은 문제행동으로 발전되기도 한다. 놀이치료실에서 아동은 패배감이나 상실 또는 거부에 대한 불안없이 반복적으로 놀이를 통해 이러한 외상적인 사건을 재경험하게 함으로써 이를 통해 외상을 점차 극복해 나갈 수 있게 도움을 준다.

05 놀이는 상상과 환상을 통한 심리적 보상이 가능하도록 돕는다

놀이치료의 중요한 목적 중의 하나는 아동으로 하여금 현실에 대한 지나친 집착과 편견으로부터 자유로워지도록 돕는 일이다. 놀이는 아동의 상상과 환상을 통해 현실의 한계와 약점, 손실을 보상하고 실생활에서 좌절된 욕구를 충족시키며, 삶의 지루함, 고독, 불안, 공포, 질투를 스스로 감싸고 치유할 수 있는 힘과 기회를 제공한다.

06 놀이는 아동이 스트레스를 해소하는 데 도움이 된다

놀이는 본질적으로 성취의 결과를 목표로 하기보다는 놀이 자체가 재미있기 때문에 누구의 강요없이 자발적으로 행해지는 것이 특성이다. 따라서 놀이치료실에 온 아동이 치료실에 비치된 놀잇감을 가지고 놀이를 즐기는 것은 그 자체로도 가치가 있으며 놀이 과정에서 수반되는 긍정적인 정서인 행복감과 즐거움은 아동의 일상생활에서 오는 스트레스를 풀어 주는 데 원동력이 될 수 있다.

07 놀이는 아동이 바람직한 새로운 행동을 연습하는 학습의 장이 된다

아동은 놀이에서 이전에 잘 이루어지지 않았던 또래관계를 맺는 방법이나 대인관계에서 자기의 생각과 감정을 표현하는 바람직한 방법과 기술을 배우고 연습할 수 있는 기회를 제공해 준다. 그리하여 아동이 대인관계에서 미처 생각해 보지 못한 새로운 행동을 연습해 보거나 타인의 역할을 수행해 봄으로써 자신을 다른 사람의 입장에서 객관적으로 볼 수 있게 하며 다른 사람의 생각, 감정, 행동을 이해할 수 있는 공감능력을 키우게 된다.

이상에서 제시한 사항들은 놀이의 치료적 가치를 확인해 주는 중요한 요소가 된다.

3. 놀이치료실의 환경구성

놀이치료실을 구성할 때 고려해야 할 점은 우선 놀이치료실의 물리적 환경을 구성하는 일과 놀이치료실에 갖추어야 할 놀잇감들을 선정하는 일일 것이다. 다음에서는 먼저 놀이치료실의 물리적 환경구성을 알아보고 그다음에 놀이치료실에 비치되어야 할 놀잇감의 선택방법과 놀잇감들을 제시해 보기로 하겠다.

01 물리적 환경구성

놀이치료를 하려면 우선 필요한 것이 적당한 공간과 설비를 갖춘 놀이방과 놀이도구이다. 놀이방은 보통 19.8~33.3m²(약 6~10평) 정도의 크기가 적당하다. 너무 작으면 아동이 답답함 또는 압박감을 느낄 수 있으며 아동이 자기의 감정과 생각을 자유롭게 표현하는 데 무리가 있을 수 있다. 반면에 너무 큰 방이면 산만한 느낌을 주고 치료자가 아동의 행동을 면밀히 관찰하는 데 문제가 있을 수 있으므로 적당하지 않다.

(1) 놀이방의 일반적인 시설

① 모래상자

가능한 한 타원형이나 둥근 형태가 좋고 언저리는 바닥보다 약간 높게 한다. 소독된 굵은 모래를 사용하도록 하며 크기는 3.3~6.6m²(1~2평) 정도로 한다.

② 물놀이장

20~30cm 정도의 깊이에 1.6~3.3m² 정도 크기면 충분한 물놀이장이 된다. 바닥에 작은 배수구를 내어 쓰지 않을 때는 물을 빼둘 수 있도록 한다. 물놀이장도 모래장과 같이 네모난 것보다는 둥근 형태가 좋다.

③ **세면대**

높이는 어린이들의 키에 맞게 하고 손 닦는 수건걸이와 수건을 준비해 둔다.

④ **놀이도구 선반**

위에는 개방식, 밑에는 서랍식으로 된 정리장이나 선반을 준비한다. 서랍은 필요할 때 빼낼 수 있도록 하며, 선반은 이동식과 고정식을 만들면 편리하다.

⑤ **책상과 의자**

어린이의 크기에 맞는 낮은 의자와 책상이 필요하다. 책상은 60×90cm 넓이 정도면 된다. 방의 넓이에 따라 책상은 2~4개 정도, 의자는 2~6개 정도 준비해 둔다.

⑥ **낙서용 백색판**

아이들이 크레용으로 그리면 걸레나 벤젠으로 닦아 낼 수 있도록 백색판이나 표면을 백색 비닐로 입힌다. 또는 대형 모조지(80×110cm)를 끼울 수 있는 나무틀을 준비하여 낙서용 백판으로 사용할 수 있도록 한다.

⑦ **기타 시설**

놀이치료에 필수적인 것은 아니나 교육 또는 연구의 목적을 가진 놀이치료실이라면 일방경(one-way mirror), 녹음시설, VTR 녹화시설 등을 하도록 한다. 다만 유의할 점은 이러한 시설물들이 노출될 경우 어린이에게 불안감을 안겨 줄 수 있으므로 노출되지 않도록 기술적인 배려를 한다. 또한 기구들이 어린이의 부주의에 의해서 파손되지 않도록 보호해 주는 장치도 필요하다.

그림 7-1 ● 놀이치료실

(2) 놀이치료실 준비시 유의사항(Carmichel, 2006)

① 놀이치료실은 무엇보다도 안전을 중요하게 고려하는 장소이어야 한다. '안전' 이란 심리적인 차원에서의 안전도 중요하지만 물리적인 차원에서의 안전도 반드시 고려되어야 한다. 물리적인 안전의 측면에서는 전기코드나 전열기구, 선풍기 등의 전기제품 사용의 안전규칙을 준수하면서 시설이 설치되어야 하며, 아동이 신체적 상해를 받지 않도록 하기 위한 물리적 환경, 예를 들면 못이나 칼날, 날카로운 물체나 화재, 폭발의 위험이 있는 도구, 추락의 위험이 있는 낮은 창문 등으로부터 안전을 보호받을 수 있는 환경을 구성해야 한다.

② 놀이치료실은 가능하면 복잡한 소음이 발생하지 않는 조용한 지역에 설치하는 것이 바람직하다. 피할 수 없는 경우에는 방음장치를 한다는 등 외부의 방해를 최소한으로 할 수 있는 장소를 선정한다.

③ 외부의 소음으로부터 방해받지 않는 것이 중요한 만큼 놀이치료실에서 발생하는 소리나 아동 또는 치료자의 말소리가 외부에 들리지 않도록 배려하는 것도 중요하다. 이것은 치료의 사적인 비밀을 유지하기 위해서도 필요하다.

④ 놀이치료실의 바닥은 단단한 소재이면서도 더러워졌을 때 쉽게 청소가 가능한 재질, 예를 들면 강화된 비닐마루 바닥재나 타일종류 등을 사용하는 것이 권장된다.

⑤ 놀이치료실의 벽지도 물로 닦아 낼 수 있으면서 잘 얼룩이 생기지 않는 재질로 하되, 하얀색 계통이나 크림색과 같은 단순하고 부드러운 색을 선택하는 것이 아동의 정서를 안정시키는 데 도움이 된다. 너무 밝은 색은 과잉행동장애가 있는 아동에게 부정적인 영향을 줄 수 있다는 점을 고려하여 피하는 것이 좋다.

02 놀잇감 선정의 원칙

놀이치료실에 비치할 놀잇감들이 어느 정도 풍부하게 있어야 하며 그 질적인 수준은 어느 정도이어야 하는지에 대하여 처음으로 놀이치료실을 준비하는 전문가들은 관심을 가지게 된다. 그러나 일반적으로 놀잇감의 질적인 수준이나 양적인 문제는 실제로 놀이치료의 효과에 크게 영향을 미치지 않는 것으로 알려져 있다(Carmichel, 2006). 그럼에도 불구하고 아동이 자기의 상상력을 표현하거나 생각과 느낌을 표출할 때 충분히 활용될 수 있을 만큼의 다양한 놀잇감을 놀이치료실에 준비하는 것은 필수적이다. 놀잇감을 선택할 때는 다음과 같은 원칙을 가지고 하는 것이 바람직하다(Carmichel, 2006; Landreth, 1991, 2002).

(1) 치료자와 아동 간의 긍정적 관계를 촉진시킬 수 있는 놀잇감을 선택한다

놀이치료에서 중요한 것은 아동과 치료자 간의 관계형성이다. 이를 위해서는 아동이 자유롭게 의사소통을 할 수 있는 기회를 제공해 주어야 한다. 의사소통은 치료자가 아동을 잘 이해하는 데도 도움이 될 뿐만 아니라 치료자의 수용적인 태도를 통해 아동과의 관계를 긍정적으로 형성해 나가는 데 도움이 된다.

(2) 아동의 감정표현을 돕는 놀잇감을 선택한다

놀이치료를 하는 동안에 치료자와 아동은 언어 또는 비언어적인 측면에서 상호작용을 하게 되며 감정의 교류가 일어나게 된다. 아동이 자기의 감정을 잘 표현할 수 있도록 돕는 놀잇감을 준비하도록 한다. 특히 놀이가 갖는 치료적인 효과를 생각해 볼 때 아동의 여러 가지 욕구가 놀이치료실에서 표출되고, 억압된 감정을 표현할 수 있는 놀잇감을 선정하여 비치한다. 예를 들면, 공격적 욕구를 표출시키는 것으로는 무기류, 샌드백, 큰 북, 고무풍선 등이 있으며, 유아적인 쾌락욕구를 표출시키는 것으로는 물놀이, 모래놀이, 손가락 그림, 우유병, 봉제완구 등이 있다.

(3) 아동의 흥미를 끌 수 있는 놀잇감을 선택한다

아동들이 놀이치료실에 빨리 친숙해지도록 하기 위해서는 특히 아동의 흥미를 끌 수 있는 놀잇감을 준비해 두는 것이 좋다. 아동의 흥미를 끌 수 있는 놀잇감은 아동의 발달수준, 연령, 생활환경과 같은 개인차를 고려해야 하되, 그때 그때마다 아동에게 잘 알려진 캐릭터나 유명한 영웅 또는 악당 등을 상징하는 놀잇감을 준비하여 둘 수 있다.

(4) 아동의 자아존중감을 증진시킬 수 있는 놀잇감을 준비한다

너무 어려운 게임이나 조각그림 맞추기, 조립식 장난감, 망가진 건전지용 놀잇감 등은 아동에게 욕구좌절을 안겨줄 가능성이 있다. 이러한 놀잇감들은 아동의 긍정적인 자아상을 발달시키는 데 부정적 요인이 될 수 있다. 따라서 아동의 욕구좌절이나 활동을 억제하는 좌절을 불러오는 놀잇감이 아니라 아동이 하고자 하는 놀이를 잘 진행해 나가도록 도와주는 놀잇감을 비치함으로써 아동이 자신감을 가지고 놀이를 할 수 있도록 돕는다.

(5) 아동의 창의적 활동을 촉진시키는 놀잇감을 선택한다

컴퓨터나 기계를 사용하는 놀잇감보다는 아동의 창의성이나 상상력을 자극할 수 있는 놀잇감을 준비한다. 컴퓨터나 기계적 조작을 위주로 하는 놀이는 시간을 많이 빼앗기게 될 우려가 있으며, 아동이 한번 시작하면 자기의 생각이나 감정을 표현하기보다는 기계적 조

그림 7-2 ● 놀이치료실에 비치된 다양한 놀잇감

작에 몰입할 가능성이 크다. 따라서 극놀이나 가장놀이, 가상놀이 등 아동의 창의적 활동을 자극할 수 있는 놀잇감을 준비하는 것이 바람직하다.

03 놀이치료실에 비치할 놀잇감들

어떤 놀이도구를 얼마만큼이나 어떻게 비치하느냐 하는 문제는 치료자의 이론적 배경이나 취향, 경험에 따라 달라지므로 이에 대한 고정적 규칙은 있을 수 없다. 그러나 놀이치료를 할 때는 아동이 자유로이 놀잇감을 선택하도록 하는 것이 일반적인 경향이므로 지나치게 많지 않은 범위내에서 비교적 다양한 놀잇감을 준비해 둔다. 일반적으로 놀이치료실에 비치해 둘만한 놀이도구들은 다음과 같은 것들이다.

(1) 다양한 종류의 인형들

아버지, 어머니, 형, 동생, 누나 등 가족관계를 표현할 수 있는 모습을 갖춘 가족 인형을 반드시 준비해 둔다. 손가락 인형이나 목각 인형 등 여러 가지 재질로 만든 인형들이 아동의 관심을 모을 수 있다. 또한 인형집이 있어야 하며, 가족 인형 외에 몇 개의 인형을 여유로 두면 아동의 대인관계, 가족관계를 직접 또는 간접적으로 알 수 있는 매개체가 된다.

(2) 소꿉도구

수저, 접시, 각종 그릇 등 여러 가지 소꿉도구를 인형의 집안이나 그 근처에 배치해 둔다.

(3) 여러 가지 타는 것

축소판 장난감 자동차들, 비행기, 기차, 배 등의 축소형 교통수단들을 준비한다. 공간이 있으면 아동이 탈 수 있는 크기의 자동차를 마련하여 활동적인 놀이도구로 이용한다.

(4) 무기류

장난감총이나 칼 등 아동의 공격적 충동을 표현할 수 있는 장난감을 마련해 두되, 안전한 것으로 준비한다.

(5) 물놀이 도구

양동이, 깔때기, 물총, 바가지 등 물놀이에 필요한 도구를 준비한다.

(6) 모래놀이 도구

삽, 양동이, 모양찍기판 등 모래놀이에 필요한 도구를 준비한다.

(7) 쌓기놀이

대형, 중형, 소형의 적목들을 마련해 둔다.

(8) 문구류

종이, 연필, 크레용, 자, 칼, 그림물감, 두꺼운 도화지 등을 준비한다.

(9) 공

각종 크기의 공, 고무공, 스폰지공, 풍선, 펀치볼 등 활동적인 놀이도구를 준비한다.

(10) 게임 종류

나이가 좀 든 아동을 위하여 간단한 게임 종류나 장기판 등을 마련해 둔다.

(11) 책

몇 권의 동화책(그림이 들어있는)을 비치해 둔다.

(12) 악 기

몇 가지 종류의 간단한 악기들(예: 큰북, 탬버린, 하모니카, 피리 등)을 준비해 둔다.

(13) 기 타

장난감 전화, 샌드백, 퍼즐, 찰흙 등 아동의 흥미와 필요에 따라 알맞은 것을 마련해 둔다.

이러한 놀잇감들의 상징적 의미를 정리하면 다음과 같다.

표 7-1 ● 놀이도구의 상징적 의미

놀이도구	상징적 의미
비행기	도망, 거리감, 속도, '~을 찾기', 자유, 안전 보호
야생동물	공격, 공포, 생존, 힘, 강함
동물(가축)	보호, 가정, 관련성, 공격받기 쉬움, 승낙, 의존
담 요	퇴행, 안전, 보호, 경계
인 형	관련성, 의사소통, 정체불명의 인물, 환상, 충동, 변장
자동차	운동성, 힘, 도망, 갈등, 안전, 보호, 여행, 방어, 가정사
점 토	공격, 조정, 창조, 자기 확신, 변화, 표현, 접촉, 압력
병원놀이용품	치료, 수선, 존경, 힘, 삶/죽음, 고통, 치료, 공포, 해, 접촉, 침투
인형집	가정, 가족의 상호작용/태도, 환경, 비밀
가족그림	권위, 힘, 양육, 범죄자, 모호, 의존, 경쟁, 관련성, 비밀, 수용, 거부
악 기	자기표현, 내적 의사소통, 창의성, 접촉
페인트	거리, 표현, 접근할 수 없는 욕구, 환경, 태도, 세계를 보는 태도
전 화	의사소통 거리, 안심, 통제, 힘, 연결되지 않은

놀잇감은 가능한 한 창조적 · 상상적인 놀이를 유도할 수 있는 것으로 택한다. 예를 들면, 종이는 접어서 여러 가지 물건(배, 모자, 바구니)을 만들 수도 있고, 그림을 그릴 수도 있으며, 뭉쳐서 공을 만들 수도 있다. 그러므로 치료실과 치료자의 여건에 따라 놀잇감을 마련하되, 가능한 한 여러 가지를 활용할 수 있는 놀이도구를 마련한다면 치료를 더욱 촉진시킬 수 있을 것이다.

그림 7-3 ● 가족관계를 상징하여 표현할 수 있는 인형의 집

4. 놀이치료의 과정

놀이치료에 소요되는 시간은 보통 30~50분으로 하며, 1주일에 한 번 또는 두 번 정도 하는 것을 원칙으로 한다. 치료 초기에는 20분 정도로 짧게 하다가 놀이방과 치료자에 익숙해지게 됨에 따라 차츰 연장하여 40분 정도를 일반적으로 한다. 너무 길어도 싫증을 내고, 너무 짧으면 자발적인 행동을 일으킬 만한 시간적 여유가 없기 때문에 바람직하지 못하다.

치료시작에서 치료종결까지의 기간은 아동의 문제의 종류와 정도에 따라 다르나 보통 10~20회 정도 하는 경우가 많다. 물론 증상이 가벼울 때에는 10회 이내에서 종결될 수 있으며, 증상이 무거울 때에는 20회 이상까지 연장될 수 있다. 놀이치료의 단계는 다음과 같이 구분하여 볼 수 있다(장선철, 1984).

01 준비단계

이 단계에서는 놀이치료를 진행해 나가기 위한 전반적인 계획을 세우는 단계이다. 놀이치료의 대상아동을 접수하고 그 아동의 문제행동유형을 파악하며, 치료의 전략을 세우게 된다.

이 단계에서 가장 큰 관심사는 모자분리의 문제이다. 놀이치료를 하려면 아동이 우선 어머니에게서 떨어져서 치료자와의 치료시간을 가져야 하는데, 이때 어머니와 떨어지는 것이 무척 힘든 아동이 있기 때문이다.

따라서 이 단계에서는 어머니와의 면담을 통해 모자분리에 대한 사전정보를 충분히 알고 그 정도에 따라 원만한 모자분리가 이루어지도록 한다.

02 도입단계

이 단계는 모자분리가 원만하게 이루어진 아동을 놀이방에 데리고 가서 놀이치료를 시작하는 단계이다. 이 단계에서는 대체로 다음과 같은 일이 이루어진다.

① 대상 아동이 놀이치료실에 익숙해지도록 놀이치료실의 특성을 설명해 준다.
② 치료자는 가능한 한 허용적인 태도로 대상 아동을 관망하는 가운데 라포(rapport)를 형성하며 놀이가 끝나는 시간을 일러준다.
③ 놀이치료실에서 마음대로 밖에 나가는 것은 원칙적으로 제한한다. 그러나 화장실에 간다든지 자기의 어머니가 있는지 없는지를 확인하기 위해 잠시 나갔다 오는 것은 허용한다.
④ 이 단계에서는 대상 아동이 불안이나 긴장을 보이기 쉬우며, 본격적인 놀이를 하기보다는 놀이치료실과 치료자의 태도에 대한 탐색을 하는 시기이므로 치료자는 인내심을 가지고 아동이 놀이치료실에 적응할 때까지 서두르지 않고 기다리는 마음가짐을 갖도록 한다.

03 중간단계

이 단계에 접어들면 아동은 놀이치료실의 성질을 이해하게 되고, 치료자와의 관계도 잘 성립되므로 놀이치료실에서의 활동도 활발해진다. 이 단계에서는 다음과 같은 일이 이루어진다.

① 아동의 마음속에 내재되어 있는 감정표출을 촉진시키고 욕구를 행동으로 나타내도록 하는 적절한 계기를 마련해 줌으로써 점차로 사회적으로 받아들여지는 방법으로 욕구를 표현하도록 도와 준다.
② 치료자나 놀이치료실에 비치된 놀잇감이나 비품 또는 다른 구성원에 대한 직접적인 공격이나 아동 자신의 안정과 건강을 위협하는 행동에 대하여 적절한 제한을 도입한다. 제한은 아동을 비난하거나 꾸짖는 방법이 아니라, 아동의 관심을 다른 곳으로 옮기도록 하거나, 치료자의 일방적인 명령, 위협조의 제재가 아닌 아동과의 상호약속의 형태를 취한다. 또한 제한을 줄 필요가 있다고 치료자가

판단했을 때에는 우호적이면서도 명확한 태도를 나타낸다.

③ 치료자는 놀이가 진행됨에 따라 아동이 자아존중감과 긍정적 자아상, 자기신뢰감을 증진시킬 수 있도록 정서적 지지를 한다.

04 종결단계

이 단계에서는 아동의 문제행동이 점차 감소되기 시작하며, 현실생활에 대한 적응이 촉진된다. 이 단계에서 이루어져야 할 일은 다음과 같다.

① 현실의 여러 장면과 놀이치료실과의 거리를 접근시켜 일상생활에 필요한 적응의 기술이나 문제해결의 방법을 학습할 수 있도록 돕는다.

② 치료가 종결되기 수일 전에 언제 치료가 끝난다는 것을 예고해 줌으로써 아동이 마음의 준비를 하도록 한다.

5. 치료자의 역할

액슬린(1947)은 놀이요법에서 치료자의 역할을 다음과 같이 요약하였다.

① 치료자는 아동으로 하여금 그의 감정을 자유로이 표현할 수 있는 허용적인 분위기를 조성해 주어야 한다. 아동이 감정을 표현하는 데 어느 정도의 한계점이 있어야 하나, 그림을 통해서 또는 음악, 연극, 자유놀이 등을 통해서 자기의 생각과 느낌을 자유롭게 표현하도록 허용해 주는 것은 매우 중요하다. 그러나 자유로운 자기표현 그 자체가 아동의 문제를 해결해 주는 것은 아니며, 단지 치료자가 그의 문제를 다룰 수 있도록 표면화하게 해준다는 점을 명심해야 한다.

② 치료자는 아동과 따뜻하고 친숙한 관계를 맺도록 힘쓴다. 문제가 있는 아동은 어른에 대한 신뢰감을 상실한 경우가 많다. 따라서 아동이 안심하고 적극적인 활동을 해나갈 수 있도록 좋은 관계를 갖도록 한다.

③ 아동이 현실세계에 보다 잘 적응하도록 하기 위해서는 놀이치료에서 행동의 제한을 둘 필요가 있게 된다. 놀이치료실은 아동에게 최대한의 자유를 주는 곳이지만 자기 자신이나 타인에게 해를 입히거나 기물을 파손하는 행위는 하지 못하도록 제한을 둔다.

④ 치료자는 아동이 표현하는 감정들을 받아들이고 이해하며, 이러한 수용과 이해를 아동에게 반영해 주어야 한다. 아동의 감정을 반영해 준다는 것은 단순히 아동이 한 말을 그대로 반복해 줌을 의미하지는 않는다. 아동의 감정에 대한 공감적 이해에 기초를 둔 반영이어야 한다.

⑤ 아동을 있는 그대로 받아들인다. 아동을 완전히 수용한다는 것은 아동이 사회적으로 인정되는 바람직한 감정을 표현했을 때뿐만 아니라, 바람직하지 못한 감정을 표출했을 때에도 아동을 존중하고 수용함을 뜻한다. 특히 외형적(환경적)인 장애나 결함, 결손뿐만이 아니라 내면적(정신 · 심리적)인 장애나 결함에 대해서도 그것 때문에 아동에 대한 태도가 바뀌는 것이 아니라 있는 그대로를 완전히 받아들여야 한다.

⑥ 아동이 그의 문제를 스스로 해결할 수 있는 능력이 있음을 믿고 존중해 준다. 아동들의 성장과 적응의 잠재력을 믿고 아동들 스스로가 선택, 결정, 해결할 수 있는 책임감을 갖게 한다.

⑦ 치료자는 명령, 강제, 질책, 비판, 지시보다는 칭찬, 격려, 시인을 통해서 아동을 앞에서 끌기보다는 뒤에서 따라가는 태도를 가져야 한다.

⑧ 행동변화는 하루아침에 일어나는 것이 아니고 서서히 일어난다. 놀이치료는 점차적인 학습과정이므로 서서히 인내심을 가지고 아동이 준비가 될 때까지 기다리도록 한다.

이상에서 제시한 놀이치료자의 역할은 아동중심 놀이치료에서뿐만 아니라 다른 이론적 근거에 의해 놀이치료를 수행하는 치료자들도 참고가 될 수 있는 기본 지침이라고 할 것이다.

8

모래놀이치료

20세기 들어서면서 내면세계를 탐색하는 다양한 심리치료 방법이 개발되어 지금까지 활용되고 있으며 그 중에서도 인간의 무의식에 관해 여러 학자들이 많은 관심을 보여 왔다. 그러나 인간의 무의식이 어떻게 형성되며 그것이 마음상태에서 어떻게 상징적으로 표현되는가를 파악하기란 쉽지 않은 일이다. 따라서 무의식에 관한 대부분의 연구들은 꿈 분석에 국한되어 있었으며 주된 대상도 성인으로 한정되어 있다. 그러나 무의식이란 아동에게도 성인들 못지않게 중요한 것으로 프로이트(S. Sigmund Freud)에 의하면 현실관계에서 충족되지 못한 욕구가 꿈이나 공상으로 표현되는데, 아동은 이와 같은 공상을 놀이라는 외현적 현실을 통하여 표현함으로써 무의식에 내재된 문제를 해결하려고 한다고 보았다. 또한 위니컷(Donald Winnicott)은 외적 현실과 내적 현실의 중간영역에 위치한 경험이 놀이라는 형태로 표현된다고 하였으며, 이런 관점으로 놀이를 활용한 기법이 바로 모래놀이치료이다(山中康裕 · 김유숙, 2005).

이 장에서는 모래놀이치료란 무엇이고, 치료의 역사적 배경 및 특징과 모래놀이의 실제에 대해 살펴보고자 한다.

1. 모래놀이치료의 개념 및 역사적 배경

여기서는 먼저 모래놀이치료의 개념을 간단히 살펴보고, 모래놀이치료의 개념이 형성된 역사적 배경을 통해 모래놀이치료가 무엇인가에 대해 좀 더 분명하게 살펴보겠다.

01 개 념

모래는 촉각적 경험을 제공하면서 시각적 · 구조적 형태를 구성하게 한다. 또한 바람직한 퇴행을 이끌며 마음의 심층표현을 일어나기 쉽게 하고, 마음을 진정시키고 창의적인 특성을 갖게 한다. 모래상자는 자연스러운 제한을 줌으로써 과도한 에너지 확산을 제어하고 보호의 역할을 한다. 즉 일상 현실을 반영하는 데 제한을 제공한다. 제한이 없으면 파괴적 에너지가 발생하고 산만해진다. 모래상자 안에서는 내적 가능성과 외부 현실에 대한 적응이 통합된다. 모래상자는 한정된 공간이며 자유스러운 공간이다. 즉 자유와 보호의 공간이며 내적 자유의 비언어적 공간이다. 현대사회는 감각주의적이고 자기 존재를 인식할 기회가 적다. 따라서 우리는 무의식과의 접촉, 자기 존재와의 접촉을 갖고 이를 통해 새로운 힘을 얻으면서 문제해결을 하게 된다. 따라서 모래놀이치료는 모래상자라는 보호와 자유공간에서 모래라는 감각적, 퇴행적, 진정적 특성을 통해 무의식과 자기존재와의 접촉을 갖게 한다. 모래놀이치료는 부모가 자녀를 지켜 주는 것과 같은 것이며, 신뢰관계를 통해 이루어지는 것이다.

좀 더 구체적인 정의를 살펴보면, 모래놀이치료는 내담자가 이끌고 훈련된 치료자에 의해 촉진되는 과정으로, 무언의 의사소통 매체인 특정한 모래상자 재료들을 이용하여 내면적 · 상호적 문제들을 드러내고 처리하는 표현적이고 투영적인 심리치료의 한 양식으로 정의된다(Homeyer & Sweeney, 1998).

모래놀이는 치료적 접근법에 따라 모래놀이치료(sandplay therapy)와 모래상자치료(sandtray therapy)로 구분된다. 전통적인 모래놀이치료는 융학파 분석가인 도라 칼프(Dora Kalff, 1980)에 의해 개발된 모래상자 치료접근법을 지칭한다. 또한 모래상자치료는 분석적인 치료를 강조하는 칼프의 엄격한 도구의 제한점이나 상징에 대한 해석의 강조에서 벗어나 전통적인 로웬펠드(M. Lowenfeld) 접근법와 융학파 모래놀이, 게슈탈트 방식들, 인지행동적 접근법을 모두 아울러 여러 가지 이론들을 통합하여 사용한다. 이 장에서는 모래놀이의 역사적 배경과 모래놀이치료의 특징 및 이점, 모래놀이의 치료적 요소, 모래놀이에 필요한 도구들, 모래놀이치료의 진행에 대해 개괄적으로 다룰 것이기 때문에 모래놀이치료와 모래상자치료를 따로 구분하지 않고 모두 모래놀이치료란 용어로 통합하여 사용할 것이다.

02 역사적 배경

모래놀이치료는 1929년 런던의 로웬펠드에 의해서 아동들을 위한 심리치료의 하나로서 고안되었으나, 그 후 제자인 칼프는 융의 분석심리학 개념을 도입하여 아동뿐 아니라 성인에게도 효과적인 치료법으로 발전시켰다.

(1) 마가렛 로웬펠드(Margaret Lowenfeld)

로웬펠드는 1차 세계대전 후 폴란드에서 문제나 장애를 가진 아동을 돌보면서 1928년 런던에 아동을 위한 치료센터를 개설하였다. 그녀는 안나 프로이트(A. Freud), 멜라니 클라인(M. Klein)과 함께 1930년을 전후하여 놀이치료의 선구자의 위치를 굳혔다. 로웬펠드는 정신분석이론에 기반을 두고 있는 아동심리치료 방법이 아동의 놀이에 정신분석이론을 지나치게 적용시켜 해석한다고 비판하였다. 따라서 아동치료는 아동을 실제 있는 그대로 관찰하는 것부터 시작해야 한다고 주장하면서 웰스의 마루게임(floor game)에 영향을 받아서 여러 잡다한 물건을 모은 마술상자(wonder box)라고 이름 붙여진 상자를 아동 내담자에게 제공하였다.

1929년 아동심리연구소로 자리를 옮기면서부터 책상에 두 개의 함석상자를 마련하여 각각 모래와 물을 넣어서 아동이 그 속에서 작은 모형의 놀잇감을 가지고 놀도록 하였다. 아동이 작은 놀잇감들과 모래상자를 자연스럽게 결합하면서 노는 것을 보고 새로운 놀이기법인 '세계놀이(world technique)'를 창시하게 되었다(山中康裕 · 김유숙, 2005).

(2) 도라 칼프(Dora Kalff)

칼프는 1956년 취리히에서 열린 정신의학회에 참석하여 로웬펠드의 세계기법을 접하고 위니컷, 로웬펠드와 작업하면서 모래놀이치료의 장을 열어가기 시작했다. 칼프는 인간의 심리 속에는 치유와 전체성을 향한 기본적인 욕구가 있다는 융의 기본가설을 토대로 자신이 배운 기법을 아동을 위한 치료에 사용하기 시작하였다. 칼프는 세계 기법이 지닌 상징적이고 무의식적인 힘이 포함된 의사소통의 잠재력에다 분석심리의 확충기법인 적극적 상상을 이용하여 새로운 치료를 발전시켰다. 즉 융의 개성화 과정의 영향을 받아 모래놀이치료의 본질은 인간의 무의식층에 있는 무한한 가능성이 의식으로 확장되고 통합되는 과정이라고 표현하고 있다.

칼프는 치료자와 내잠자와의 관계를 대단히 중시하여 이 관계를 '모자 일체성(mother-child unity)'이라고 표현하였다. 그리고 이와 같은 관계가 성립하면 내담자 자신의 자기치유능력을 발휘하기 시작하여 '전체성의 상징'을 표현하기 시작한다라고 생각했다(김보애, 2003). 이런 안정된 관계 속에서 모래를 사용함으로써 내담자의 치료적 퇴행이 시작되고, '자유롭지만 보호된 공간' 속에서 내담자는 자신의 작품을 객관적으로 바라볼 수 있게 되며, 자연스러운 순환과정을 통해 통찰을 얻게 된다.

칼프가 주장한 모래놀이치료의 특징을 요약하면 다음과 같다(山中康裕 · 김유숙, 2005).

첫째, 내담자와 치료자의 관계를 중시하며, 그 관계를 '모자일체성'이라 부른다.
둘째, 상자 중심으로 자유로운면서도 보호된 공간을 만들어야 한다.
셋째, 그 공간에서 내담자의 자기치유력이 발휘될 수 있다.
넷째, 내담자는 모래상자의 작품을 통해 보편적 무의식에 기인한 원형적 이미지를 표현한다.
다섯째, 치료자는 놓여진 놀이감의 상징적 의미를 이해할 수 있어야 한다.

2. 모래놀이치료의 특징 및 이점

모래놀이치료에 대해 구체적으로 살펴보기 전에 먼저 모래놀이치료가 갖고 있는 특징과 이점에 대해 살펴보겠다.

01 특 징

모래놀이치료의 특징은 의식과 무의식의 통로이며, 자기를 표현하는 치료이자 자기치유력을 이끌어내는 치료이고, 자연과 인위적인 부분을 포함하는 치료라고 할 수 있다(山中康裕 · 김유숙, 2005).

(1) 의식과 무의식의 통로

모래놀이치료는 의식과 무의식의 접점을 표현하는 비언어적 치료로, 개인의 내면세계의 충동 및 감정과 관련된 미니모형(figure)을 직접 제공하여 보다 깊은 원형적 세계로 들어가는 입구의 역할을 한다. 그러나 이 같은 현실적인 미니모형을 가지고 만들어내는 작품은 대인관계의 갈등이나 유아기에 부모와의 관계 등의 현실적인 표현이 아니라 무의식의 내용을 표현한다. 그러므로 이러한 내용은 개인적 무의식을 넘어선 집합적 무의식을 문제로 표현하는 경우가 많다.

모래놀이치료의 본질은 암시적이므로 놓여진 이미지를 상징적으로 접근하는 것이 중요하다. 그러나 여기서 의미하는 상징적인 접근이란 해석이 아니라 치료자가 내담자의 작품을 이해하는 것, 즉 만들어진 작품의 이미지의 흐름 속에 자신을 맡기는 것이 보다 중요한다. 이러한 과정을 칼프는 '모자일체성(mother-child unity)' 이라는 표현으로 설명하고 있다. 이러한 과정을 통해 아동은 치료자와의 치료관계를 바탕으로 자기치유력을 발휘할 수 있게 된다.

(2) 자기를 표현하는 치료

심리치료는 개인적인 호소와 관련된 작업이다. 즉 내담자가 호소하는 어떤 정신적인 어려움은 객관적인 것이 아니라 주관의 것이다. 여기서 '주관' 이란 우리가 알고 있는 일반적인 의미에서의 주관적인 것과는 다른 의미로 오히려 자기(self)에 가까운 개념으로 현상학적 주관이다. 심리치료는 이같은 주관을 있는 그대로 보는 것이 필요한데, 역설적으로 주관은 객관화 하지 않으면 볼 수 없다.

모래놀이에서 표현되는 여러 가지 다양한 주제는 주관과 관련된 세계의 표현이다. 만약 어떤 작품에서 두 개의 세력이 싸우는 것으로 표현된다면, 치료자는 내담자 속에서 일어나고 있는 갈등을 표현하고 있다고 이해할 것이다.

작품을 만드는 경우 시작할 때는 무언가를 만들려고 했지만 시간이 지나면서 점점 자신의 의도를 벗어난 무언가를 만들고 있는 경험을 할 때가 있다. 이것은 무의식에 이끌려 자기를 드러내는 것이다. 이것은 때때로 자기반영의 계기가 되기도 한다. 자신이 만든 것을 봄으로써 반성하거나 자신을 파악하게 된다.

따라서 모래놀이치료는 자신의 모래놀이 세계에 몰입하여 거기에 자신을 맡기는 동시에 그것을 밖에서 바라보며 이해해가는 것이 가능하다.

(3) 자기치유력을 이끌어내는 치료

모래놀이치료는 내면세계를 구체화하는 것이다. 따라서 치료가 잘 진행된다면 작품을 시리즈로 만들어 가는 동안에 이미지가 전개되어 내담자가 치유된다. 치료자가 치료하는 것이 아니라 자기치유력, 즉 내담자가 자신의 힘으로 치유되는 것이다. 그러나 내담자 본인의 낫겠다는 의지만으로 치유되는 것을 의미하는 것은 아니다. 내담자가 스스로 낫기 위해서는 무의식 속에 잠재되어 있는 자기치유력이 활성화 될 수 있도록 노력해야 하는데, 이를 돕는 것이 치료자와 모래상자이다. 즉 내담자는 모래놀이 작품을 통해 자기치유력을 끌어낼 수 있다. 이때 표현되는 것은 새로운 창조라고 할 수 있다.

(4) 자연과 인위적인 부분을 포함한 치료

융은 무의식의 자연스러움을 강조하였다. 분석심리학에서 중시하는 꿈도 자연의 산물이다. 이런 의미에서 무의식이나 꿈을 강조하는 심리치료는 자연에서 동떨어진 의식에 대해 어떻게 하면 자연스러움을 되찾아 주느냐와 관련되어 있다. 그러나 융은 심리치료란 자연스러움이 아니라는 점을 강조하였다. 융은 내담자와의 분석과정을 연금술로 설명하였는데, 심리치료란 연금술이 주제가 된 기술로서 자연스러움과 대비되는 작업이라 하였다. 모래놀이치료에서도 이같은 모순이 중요하다. 모래놀이치료의 본질은 자연스러운 동시에 부자연스러운 것이다. 즉, 모래놀이치료에서는 언어나 그림과 같은 추상적인 도구를 사용하지 않고 모래라는 자연 그대로를 매체로 하여 작품을 만든다. 그런데 모래상자 속에는 때로는 추상적인 상징물이 사용되는 경우도 있지만 대부분 사람, 동물, 집 등의 현실적인 상징물을 사용하여 작품을 만든다. 이처럼 모래놀이치료는 자연적인 것과 인공적인 것이 공존하는 양면성을 가지고 있다.

02 이 점

모래놀이치료는 위의 특징들을 바탕으로 여러 가지 이점들을 갖고 있다. 다른 표현적 · 투영적 치료방식들과 마찬가지로, 모래놀이치료는 아픔을 겪은 내담자들에게 연결될 수 있는 중요한 매체를 제공한다. 모래놀이치료를 이용하는 데 필요한 몇 가지 주된 논리적 근거 및 이점들을 요약하면 다음과 같다(Homeyer & Sweeny, 1998).

(1) 모래놀이치료는 비언어적으로 정서적 문제를 표현하게 한다

놀이는 어린 시절의 언어일 뿐만 아니라 말로 표현할 수 없거나 표현하기를 꺼리는 모든 나이의 내담자들에게 언어가 된다. 따라서 모래상자는 표현을 위한 안전한 매체를 제공한다고 하겠다. 놀이가 언어라고 하면, 미니모형들은 단어와 같다. 모래상자는 내담자의 감정적 표현을 위한 공간을 제공한다. 매체 자체가 외부적 평가로부터 자유로운 흐름을 주기 때문에 표현을 위하여 내담자는 어떠한 창의적 · 예술적 능력도 필요치 않다.

(2) 모래놀이치료는 모래와 놀이에서 독특한 운동감각을 제공한다

모래놀이치료는 모래자체의 촉감적 경험을 제공해 주는데, 이는 내담자들뿐만 아니라 우리 모두가 필요로 하는 운동감각적 경험들을 충족시켜 준다. 이런 촉감적 경험은 가장 기본적인 애착 욕구의 확장이라고 할 수 있는데, 이러한 지극히 필수적인 것들이 관계와 경험을 통해 채워지게 된다. 모래놀이치료는 내담자들을 위해 이 두 가지 요소-관계와 경험-들을 모두 제공한다.

(3) 모래놀이치료는 치료적 공간을 제공한다

모래놀이치료는 내담자들이 필요로 하는 치료적인 경계를 설정한다. 흔히 정서적 위기에 처한 내담자나 가족은 그들의 고통을 말로 표현하기를 어려워하나, 모래놀이치료와 같은 투사적 매체를 통해서는 표현하는 방법을 찾아내기도 한다. 정신적 충격을 입은 내담자에게는 모래상자 미니모형 중 하나를 통해서 말하는 것이 고통을 언어로 직접 표현하는 것보다 조금 더 쉬울 것이다. 내담자가 치료의 과정을 주도해 나가도록 허용하여 주는 치료자의 일관성과 매체의 지속성에 의해 내담자는 스스로 치료의 범위를 설정하게 된다. 모래놀이치료에서 아동들, 성인들, 그리고 가족들은 모래상자와 미니모형들을 가지고 자신의 문제를 투사하고, 이를 통해 감정적인 발산을 경험하게 된다.

(4) 치료적 공간은 억압된 감정 정화가 가능한 안전한 장소를 제공한다

정신적 외상을 겪었던 내담자나 가족들은 정화를 위한 치료적 환경, 즉 흔히 고착되는 부정적 감정의 경험과 더불어 억압되었던 문제들이 나오게 되고 이를 다시 체험하게 되는 환경을 필요로 한다. 정신적 외상의 치료에서 결정적인 요소인 정화는 표현의 촉진을 가져온다.

(5) 가족 모래놀이치료는 통합적 경험을 제공한다

가족대상의 모래놀이치료는 포괄적인 경험을 제공한다. 가족 모래놀이치료에서는 기존의 가족치료에서 소외될 수 있는 아동들을 치료에 포함시켜 각각의 가족구성원들에게 각자의 발달수준대로 참여할 수 있는 장을 조성해 준다. 키이스와 휘타커(Keith & Whitaker, 1982)는 가족치료과정의 통합적인 부분으로 놀이치료적 중재를 포함시켰으며, "근원적인 가족치료는 이 비언어적 차원에서 이루어진다"고 결론지었다(p.249).

예를 들면, 아동에게 가정에서의 의사소통 패턴을 자세하게 말하라고 요구하는 것은 매우 위협적일 수 있다. 이러한 요구는 고립감이나 무력감을 느끼는 가족구성원들에게도 마찬가지로 위협적인 것이다. 가족구성원들은 가족의 복잡한 문제에 대해서 암묵적으로 말하지 않는 것으로 되어 있다. 그러나 아마도 모래치료의 미니모형들이라면 그것을 가능하게 한다.

(6) 모래놀이치료는 안정감을 제공하는 경계와 제한을 제공한다

경계와 제한은 치료적 관계를 규정짓는 중요한 요소이다. 모래놀이치료과정의 면밀한 구조와 치료자에 의해 신중하게 선별된 도구들은 내담자에게 경계를 제공하고 그 테두리 안에서 내담자는 성장을 위한 필요한 안정감을 느낀다. 모래상자의 크기, 미니모형의 크기와 선택, 방의 환경설정, 치료자의 안내 등은 모두 내담자에게 경계와 제한을 제공해 준다. 이러한 제한들은 필수적이고 의도적이면서 한편으로는 표현의 자유를 촉진한다. 스위니(Sweeny, 1997)는 다음과 같이 얘기했다.

> "경계가 없는 관계는 관계가 아니라 이루어질 수 없는 연결에 대한 비체계적인 시도라고 보아야 한다. 왜냐하면 사람들이 관계를 맺는 데는 어떤 특별한 규칙이라는 것이 없기 때문이다. 또한 제한이 없는 세계는 안전한 세계가 아니다. 그렇게 안전하다고 느끼지 못하는 곳에서 아동들은 성장하지 않는다"(p.103).

모래놀이치료의 이런 제한들은 치료과정에서 중심을 잡아주고, 안정감 속에서 내담자들은 자신의 문제에 더 초점을 맞추게 된다.

(7) 모래놀이치료는 치료적 은유가 나타나는 특별한 세팅이다

은유들과 심리치료에 대한 문헌들은 양적으로 점차 증가하고 있고 그 중 대부분은 언어적 은유에 집중되어 있다. 시겔만(Siegelman, 1990)에 의하면 은유적 표현들은 "추상적인 것과 구체적인 것을 특별한 방법으로 배합하여 우리에게 알려지고 감지된 것으로부터 미지와 상징의 세계로 나아가는 것을 가능하게 한다. 그것들은 보통 직감들의 통합을 이끌어 내는 강력한 감정에서 시작하기도 하고, 새로이 감정을 불러일으키기도 하는 식으로 결합을 이루어낸다." 은유는 치료적으로 매우 강력하다. 치료에서 가장 강력한 은유들은 내담자 자신들에 의해 만들어지는 것들이다. 모래놀이치료는 이 모든 것이 일어나기 위한 최적의 무대를 제공한다. 모래와 미니모형들은 내담자들이 자신만의 치료적인 은유들을 표현하기에 매우 이상적인 매체이다.

(8) 모래놀이치료는 저항극복에 효과적이다

아동들과 가족들의 치료에서는 비자발적인 내담자들이 대부분이다. 일반적으로 아동들은 스스로 오는 경우가 없으며, 모든 성인들도 치료에 열심히 임하지는 않는다. 모래놀이치료는 비위협적이고 몰입하게 되는 특성 때문에 비자발적인 내담자를 끌어들일 수 있으며, 말이 없는 가족구성원도 참여시킬 수 있다. 놀이는 아동을 위한 자연적인 의사소통의 매체이기 때문에 성인에 의해 치료에 참여하게 된 아동들도 치료에 기꺼이 참여한다.

(9) 모래놀이치료는 언어능력이 부족한 경우에도 효과적인 의사소통이 가능하다

앞에서도 지적했듯이 말이 없거나 언어능력이 부족한 내담자의 경우 모래놀이치료가 효과적이다. 아동뿐 아니라 빈약한 언어표현능력을 지닌 성인, 즉 발달상 언어지연이나 장애를 가진 내담자, 사회적으로나 관계상의 어려움을 지닌 내담자, 생리학적 어려움이 있는 내담자에게 모래놀이치료는 위안의 장소가 된다. 이곳에서는 표현이 말솜씨에 의존하는 것이 아니라 매체의 자유로움을 통하여 일어나기 때문이다.

(10) 모래놀이치료는 방어로 사용되는 언어적 표현을 뚫을 수 있다

효과적인 의사소통이 불가능한 내담자뿐 아니라, 방어적으로 합리화와 주지화를 사용하여 세련된 언어를 구사하는 성인의 경우에도 그 방어의 벽을 뚫을 수 있다. 또한 알아 두어야 할 중요한 역동적인 면은 언어적으로 방어가 잘된 구성원을 포함한 가족체계의 경우, 효율적인 의사소통 및 관계성립이 어려운 한 명 이상의 가족구성원을 포함하고 있는 경우가 많다. 모래놀이치료의 비언어적이고 표현적인 특성이 이러한 역동성에 맞추어 그것을 다룰 수 있는 비언어적인 방법을 제공한다.

(11) 모래놀이치료는 아동과 가족에게 통제 경험을 제공한다

위기와 정신적 외상의 주요 결과물 중 하나는 그 경험 속에서 사람들이 통제력을 상실한다는 것이다. 정서적, 심리적, 생리적 통제마저도 상실한다는 것은 위기와 갈등의 가장 괴로운 부산물 중의 하나다. 위기에 처한 개인과 가족은 다같이 통제력 상실에 대한 좌절과 두려움을 느낀다. 이러한 내담자들의 필수적인 목표는 무력감을 가져다 준 개인적 또는 가족적 충격에서 벗어나 다시 힘을 회복하도록 하는 것이다.

모래놀이치료의 자기주도적인 절차는 내담자가 다시 통제를 갖도록 해준다. 모래놀이치료는 한계를 설정하고 그 안에서 자유를 허용함으로써 자기통제감을 갖게 해준다. 또한 책임을 회피하려는 내담자에 대해 모래놀이치료는 그 과정에 대한 책임과 통제를 내담자에게 돌리게 된다.

(12) 모래놀이치료에서는 전이가 효과적으로 강조된다

로웬펠드(1979)에 의하면 모래 위에 세계들을 구성할 때 전이는 내담자와 치료자 사이에서라기보다는 내담자와 모래상자 사이에서 일어난다. 바인립(Weinrib, 1983)은 모래상자가 흔히 독립적인 대상으로 받아들여지면서 내담자는 치료자보다는 상자의 이미지들을 마음에 담아가게 된다고 하였다. 그렇지만 전이에 대한 이론적 관점에 관계 없이, 모래놀이치료는 전이의 문제들이 필요할 때 안전하게 다루어질 수 있도록 해준다. 모래상자와 미니모형들은 전이의 대상물 혹은 전이의 문제들이 안전하게 다루어질 수 있는 수단이 된다.

(13) 모래놀이치료는 깊은 내부의 심리적 문제들에 안전하고 신속하게 접근할 수 있게 한다

깊은 내부의 심리적 문제들이 모래놀이치료를 통해서 보다 완전하고 신속하게 다루어질 수 있다. 깊은 곳에 자리 잡은 정서적인 문제들과 무의식적 갈등들에 접근하는 것은 어떤 치료자에게도 어려운 일이다. 하지만 앞에서 열거한 모래놀이치료의 이점들은 복잡한 내면의 심리적 문제들에 안전하게 접근할 수 있는 분위기를 조성한다.

3. 모래놀이의 실제

01 모래놀이치료의 요소

(1) 모래상자

모래놀이치료는 대개 치료자가 내담자에게 "이 상자에 모래와 미니모형을 사용해 뭔가를 만들어 보세요"라고 요구하면서 상호작용이 시작된다. 치료자는 내담자의 에너지 흐름을 방해하지 않도록 주의하면서 오로지 경외로움과 존경, 사랑의 마음으로 내담자의 마음의 세계를 음미한다. 일반적으로 치료는 내담자가 모래상자 안에서 자신의 내적표현을 하면 옆에서 함께하는 치료자가 이것을 이해하는 과정을 통해 전개된다. 칼프는 모래상자의 공간에 대하여 '자유롭지만 보호된 공간'이라고 표현했으며, 모래상자는 일종의 틀을 의미하는 동시에 그 속에서 인격의 변화가 일어날 수 있도록 지켜주는 그릇의 역할을 하는 것이다.

① 모래상자의 규격

모래상자는 직사각형으로 상자의 안 치수가 세로 57cm × 가로 72cm × 높이 7cm의 크기로 안쪽을 방수처리를 하고 파란색으로 칠한다. 안쪽을 파랗게 칠하는 것은 모래를 팠을 때 물이 나오는 느낌을 주기 위한 것이다. 이것은 칼프가 제안한 모래상자의 형태로 여기에 모래를 넣게 되면 대지, 즉 하늘에 대비한 땅을 상징하게 된다. 그러나 모래상자 치료자들은 모래상자의 크기를 중요하게 생각하지 않으며, 모래상자의 형태도 둥근 상자나 정사각형의 상자도 가능하다고 하였다. 중요한 것은 전체적인 크기가 머리를 돌리지 않고도 한눈에 들어올 정도의 크기면 좋다고 하였다. 또한 집단모래치료의 경우, 큰 모래상자에 구획을 나눠 사용하는 경우도 있고, 이동가능한 크기의 파란 뚜껑이 달린 투명 플라스틱 상자를 이용할 수 있다.

그림 8-1 ● 모래놀이치료상자

모래의 높이는 상자의 1/2~2/3이 바람직하고 지나치게 많은 모래나 적은 모래가 담긴 상자는 모래로 어떤 것을 표현하기 어렵게 만들며 상징물을 넣어도 안정감을 주지 못한다.

② **모래상자의 위치**

일반적으로 상자가 보통 탁자높이(보통 체격의 허리높이)보다 높지 않은 것이 좋다. 키가 작은 아동들부터 성인들까지 있음을 감안하여 내담자들의 키를 반영하고 그에 맞출 수 있어야 한다. 상자를 놓는 곳은 휴대용 카트가 편리하다. 이 카트는 자료들의 저장 측면에서 융통성을 줄 뿐만 아니라 내담자가 장면들에 대해서 생각해 보고 미니모형들을 배치할 때 상자를 끌고 돌아다닐 수 있도록 해준다.

(2) 미니모형

모래놀이치료에는 작은 크기의 장난감과 같은 미니모형을 다양하게 갖추고 있는 것이 바람직하다. 미니모형들은 내담자의 무언의 의사소통에서의 상징들이자 은유로 쓰이는 단어들과 같다. 이 모형들을 통해서 내담자들은 말로 표현하기에는 너무나도 두려운 느낌, 생각, 신념 그리고 욕구를 표현할 수 있는 것이다. 내남자가 표현하려고 하는 세계는 실제적이고 구체적인 세상에서부터 추상적인 이미지까지 상당히 폭이 넓다. 내담자가 충분히 표현할 수 있도록 구체적이고 현실에 가까운 상징물로부터 추상적인 세계를 창조하기 위한 상징적인 것들까지 갖추고 있어야 한다. 일반적으로 이같은 미니모형들은 범주에 따라 분류하여 제시하게 된다. 〈표 8-1〉을 참고하라.

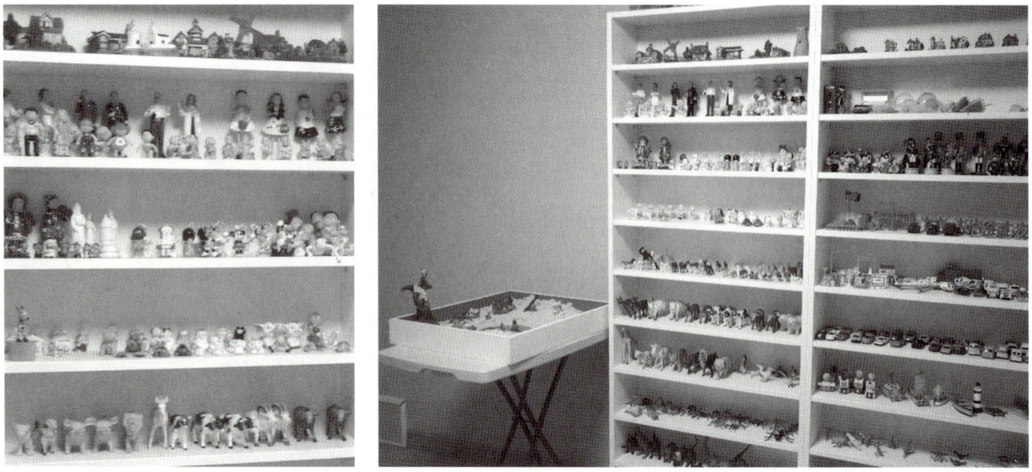

그림 8-2 ● 모래놀이치료에 필요한 기본적인 미니모형

표 8-1 ● 기본적 미니모형의 종류

사람들	가족들(두 집단 이상), 아기들(자세가 다양하게), 신부와 신랑, 직업별 사람들(경찰, 소방관, 공사장 인부 등), 군대(16명 이상), 우주비행사나 기사들, 악대, 광대, 운동을 하는 사람들, 원시인 등
동물들	공룡(4개 이상), 동물원(사자, 기린, 얼룩말, 코끼리 등), 가축(소, 말, 양, 닭, 강아지, 고양이), 곤충, 거미, 뱀, 바다동물들, 새 종류, 거북이, 개구리, 조개 등
초목	나무(4그루 이상), 꽃, 풀, 화분, 과일나무, 시든 나무
빌딩들	집, 학교, 등대, 성, 성채, 오두막, 소방서, 주유소, 탑, 절, 교회, 성당, 다리, 터널, 공중전화박스, 우물, 비석, 풍차, 우체통
차량들	자동차(4개 이상), 트럭(2개 이상), 비행기, 보트, 헬리콥터, 경찰차, 소방차, 앰블런스, 기차
가정용품들	가구, 도구들, 맥주와 포도주병, 쓰레기통, 변기, 시계, 개집, 놀이터, 구슬 등
울타리들, 표지판들	담장, 교통표지판, 장애물, 철책
자연적 품목들	조개껍질, 돌맹이, 식물, 가지들, 크리스탈,
환상적인 것들	마술사, 요정, 용(2개 이상), 괴물(6개 정도), 만화캐릭터(4개), 외계인
초자연적인 것들	천사, 십자가, 부처, 성모마리아, 작은 거울
무기들	대포, 탱크, 총, 군함, 전차, 군용헬기, 칼, 활, 화살 등
조경과 다른 장식물들	소원의 샘, 다리, 보물상자, 보물, 깃발, 회전목마

출처 : 山中康裕 · 김유숙(2005). 모래놀이치료의 본질. 서울: 학지사.
Linda, E. Homeyer & Daniel, S. Sweeny(1988). *Sand tray : A Parctical Manual.* 모래상자기법 : 실제지침서. 서울: 학지사.

전문서적들은 한 심리치료 세션에서 내담자가 사용할 수 있도록 적어도 300개의 미니모형들을 갖추는 것이 좋다고 제안한다. 라이스-메뉴힌(Ryce-Menuhin, 1992)은 대략 1,000개의 모형을 가지고 있으면 내담자가 자유롭게 선택할 수 있다고 하였다. 하지만 모래놀이치료에서 미니모형을 어느 정도 갖추고 있어야 하는지에 대한 특별한 기준은 없다. 보통 미니모형의 갯수가 너무 적으면 내담자에게 감정적 제한을 가지고 오고, 너무 많으면 감정적 범람을 하게 한다고 한다. 그러나 임상적 경험에 의하면 내담자는 자유롭게 이미지를 전개하는 힘을 가지고 있다. 즉, 자신의 이미지에 반드시 들어맞는 것이 없어도 비슷한 것을 가지고 적당히 만들어 낼 수 있는 힘을 가지고 있다. 따라서 자신의 이미지와 일치하는 것이 없을 때는 구비된 미니모형으로 작품을 만들어낸다.

(3) 모 래

모래는 몰입적이고 효율적인 치료양식에서 기본이 되는 매체로 지구상에서 가장 단순하고 일상적인 기본 원소들의 혼합물이다. 모래는 흙과는 달리 섬세한 한알 한알의 제각기 다른 입자들이 모이기도 하고, 때로는 흩어지는 유연성 때문에 모래는 현상이나 상징을 다양한 각도에서 볼 수 있게 해준다. 그런 의미에서 모래는 소우주, 즉 가장 작은 형태로서의 세계를 의미하기도 한다. 모래가 갖고 있는 이같은 특징을 이해한 칼프는 우리의 무의식과 같은 깊은 마음의 세계를 표현하는 데 모래가 가장 이상적인 매체라고 보았다.

모래의 치료적 의미는 감각을 자극하고 퇴행을 촉진하여 무의식의 세계로 여행을 시작하게 되는 촉진제가 된다. 나바호 원주민의 치유과정과 티벳 불교의 종교의식 중 하나인 통과의례에서는 모래를 사용한다. 이들의 전개과정이 모래놀이치료과정에서 보는 것과 유사하다고 하였다(Shephered, 2002). 기독교에서의 모래는 하나님이 아브라함에게 모래만큼의 자손을 번창시키겠다는 축복의 의미이다. 또한 이슬람 세계에서는 모래를 모든 것의 근원이라고 생각하여 신은 모래처럼 어디서나 존재하면서 소리도 내지 않고 형태를 변화해간다고 생각하였다(山中康裕 · 김유숙, 2005). 또한 이초프(Eichoff, 1952)는 "모래는 묵직한 감정들을 표현하는 수단이다. 모래는 던져 버릴 수도 있고, 올렸다 떨어뜨렸다 할 수도 있고, 모양을 만들 수도 있고, 그냥 흩어 놓을 수도 있고, 매끄럽게 할 수도 있기 때문이다. 그리고 그 위에 기본적이고 구체적인 상징물을 놓을 수 있다(p.235)"고 하였다. 즉 모래는 하나의 치료적인 매체 이상의 것이다. 그것은 우리가 누구인가의 바로 그 핵심을 표현하는 수단이다.

모래는 젖은 모래와 마른 모래를 쓸 수 있는 두 개의 상자를 준비한다. 산이나 언덕 등 젖은 모래를 쌓아서 만드는 구조물이 필요할 때는 젖은 모래를 사용하는 것이 좋다. 모래와 마찬가지로 물도 깊은 수준의 정신세계와 접하는 독특한 감각적 · 운동지각적 특징을 지닌다. 물은 정화와 부활, 범람과 죽음, 혹은 다른 수많은 은유들을 상징할 수 있다. 또한 물은 모래의 점성 및 순응성을 변화시킨다.

모래가 가지는 치유적 효과는 두 가지 정도로 압축할 수 있다. 첫째, 모래는 퇴행을 촉진시킨다는 것이다. 따뜻함이나 마음이 편한 모성성과 관계가 있다. 언어로 표현하는 것보다 모래를 매개로 할 때 치료자에게 불필요한 의존 없이 보다 쉽게 퇴행을 경험할 수 있다.

둘째, 모래는 감각을 자극한다. 인간이 본래 갖고 있었으나 잊혀져 버린 동물적이고 본능적 감각들을 모래를 통해 자각하게 된다. 때로는 모래놀이치료의 작품이 모래만으로 만들어지는 경우가 있다. 이 경우 모래의 부드러움이 인간의 마음과 신체를 통합하는 작용을 한 것이며, 인간 본래의 자세로 돌아가게 한 것이다.

02 모래놀이치료사의 역할

내담자가 작품을 만드는 동안, 치료자가 그 옆에 있는 것은 중요한 일이고, 치료자는 시종일관 허용적인 태도로 그 작품이 이루어져 가는 것을 음미하며 즐기는 기분으로 보고 있는 것이 바람직하다.

이 기법을 실시할 때 가능하면 간단히 "모래와 미니모형을 사용하여 무엇이든 마음 내키는 대로 만들어도 좋다"라고 설명한다. 일반적으로 도구들을 보면 상황을 이해하여 아무런 설명없이 작품을 만드는 경우도 있다. 때로는 내담자가 "모래를 만져도 되나요?" 또는 "동물만 놔둬도 되요?" 등의 질문을 하는 경우가 있다. 이때는 "뭐든지 하고 싶은대로 하세요"라는 허용적인 대답을 하여 자유로운 표현의 기회를 주는 것이 좋다.

내담자들이 종종 작품을 만들면서 이야기하거나 설명하는 경우가 있는데, 이같은 것은 모두 기록해 놓는 것이 바람직하다. 특히 미니모형을 놓은 순서도 기록하는 것이 좋다. 마지막 완성된 단계에서는 사진으로 남긴다.

작품이 끝난 후 "이것에 대해 설명해 주세요"라고 물으면 보통 내담자는 여러 가지 설명을 해준다. 필요하다면 작품에 대하여 여러 가지 질문을 할 수는 있지만, 잘못된 질문으로 인해 치료관계가 무너지고, 치료적 흐름이 왜곡될 가능성이 있기 때문에 가능하면 많은 질문을 하지 않는다(山中康裕 · 김유숙, 2005).

모든 심리치료사들이 그렇듯 모래놀이치료에 있어서도 치료자의 자질은 치료에서 중요한 역할을 차지한다. 모래놀이치료사의 자질은 다음과 같다. 첫째, 칼프는 모자일체성의 관계 속에서 모래놀이치료를 강조하였다. 그러므로 치료자에게 어머니 같은 역할을 기대하며 자유롭고 보호된 공간을 제공할 수 있는 힘이 필요하다. 둘째, 아동은 자기 내면의 이미지를 따라 노는 일이 가능하다. 모래놀이치료에서 놀이는 중요한 요소이다. 따라서 모래놀이치료사는 풍부한 놀이 감각을 가져야 한다. 셋째, 모래놀이치료사는 스스로 모형물을 모으고 만들며 모래놀이의 모형물의 세계에 빠져 모래놀이치료법의 분위기를 갖게 되어야 한다. 넷째, 모래놀이치료사는 자신의 모래놀이를 반복해서 만들며 자신의 내면 문제인식과 문제해결과 병행하여 모래놀이 표현이 진행되는 것을 경험하는 것이 필요하다. 이러한 경험은 내담자로 하여금 모래놀이치료에 몰두하기 쉽게 할 것이다. 즉 치료자의 내면적 자질이 내담자에게 인성의 분위기로 전달된다.

03 모래놀이작품의 해석

치료자가 내담자를 알고 느끼기 위해서는 모래놀이 표현 속에 나타나는 여러 가지 주제와 장면, 미니모형들을 볼 때, 그 의미를 융이 말하는 심상과 상징으로 받아들이는 것이 중요하다. 즉 치료자는 내담자가 만들어가는 작품의 표현을 함께 느끼고, 함께 체험해 가는 태도를 가짐과 동시에 그 작품 속에 표현된 것들을 가능한 한 확실히 파악하여 의식화 하려는 태도를 가져야 한다. 그러나 심상이나 상징의 의미는 개성적인 요소들로 구성되며, 미지의 가능성이 내재되어 있다는 점에서 어떤 표현에 대해서든 단정적인 해석은 피해야 한다.

(1) 치료과정에 따른 발단단계

칼프는 에리히 노이만(Erich Neuman, 1973)의 아동기의 심리성적인 발달에 대한 이론을 받아들여 모래놀이의 표현 속에 발달단계가 있음을 인식하였다. 우선 치료자와 내담자의 관계에서 치료의 힘이 활동하기 시작하고, 자기(self)의 상징이 생성된 후 발달단계에 따라 계속해서 고차원적인 자기상징이 생긴다고 하였다. 여기서는 노이만의 발달단계에 대해 살펴보겠다(山中康裕 · 김유숙, 2005).

첫 번째 단계는 혼돈의 세계이다. 내담자 자신도 문제가 무엇인지 알지 못하는 엉망진창의 시점에서 많은 상징물을 사용하지만 서로 관련이 없이 단지 나열된 것처럼 보인다. 그러나 내담자가 자유롭게 자신의 내면세계를 경험하면서 우선 자기를 표현하는 것으로 나타난다. 노이만은 이렇게 혼란스럽고 엉망으로 표현된 이 시기가 초기의 모자관계의 경험과 관련 있다고 보았다.

두 번째 단계는 동식물의 세계이다. 어떤 유형의 동물들이 사용되는가가 중요한 의미를 지니며, 이때 내담자의 발달단계나 이야기 만들기 또는 상징 속에서 동물들이 내포하고 있는 의미를 찾을 수 있다. 치료자는 이때 안전한 환경을 마련하고 내담자를 하

1단계: 혼돈의 세계

2단계: 동식물의 세계

3단계: 투쟁의 세계

4단계 : 자아와 자기의 건설과 관련된 세계

5단계: 집단적응과 관련된 세계

그림 8-3 ● 노이만의 치료과정에 따른 발달단계

나의 완전한 인격체로 존중해야 한다. 초기 모래놀이는 메마르고 생명이 없는 장면이 나타날 수 있으며, 이는 침체상태를 의미한다(김유숙, 1996).

세 번째 단계는 투쟁의 세계다. 단순히 충동적인 에너지의 표현에 머무르지 않고 대립과 투쟁이란 형태로 혼돈된 세계에 의미 있는 힘과 힘의 충돌이 생겨난다. 이것은 일종의 질서를 만들어 낸다. 투쟁은 혼란, 죽음 그리고 파괴와도 연결되는 것이나, 대립이란 투쟁이 명확하게 된다는 의미에서는 하나의 질서라고 해도 좋을 것이다. 보통 선과 악의 대결로 그려진다. 이 단계에서 남녀간의 차이가 있는데, 남자아이들은 실제로 전투장면처럼 소리를 지르고 싸우는 등 자신의 자아를 매우 강한 수준으로 재건하려고 노력하며, 여자아이들은 소품을 자신의 본능적인 측면과 연결시켜 내부에 있는 본능적 정체감을 자유롭게 표현한다(김유숙, 2003).

네 번째 단계는 자아와 자기의 건설과 관련된 세계이다. 내담자가 어느 정도 자아분화를 완성했다는 것을 의미하고, 모자분리의 개념이 통할 수도 있다. 여성과 남성이 한 쌍으로 인식되어 표현되기도 하고, 균형감각을 얻게 되기도 해서 감탄할 만한 작품들이 나오는 때이다.

다섯 번째 단계는 집단적응과 관련있는 단계이다. 남자들의 경우는 건설장면이나 일하는 모습들이 나타날 수 있고, 여자의 경우는 차와 트럭들의 움직임이나 동네나 마을, 시장의 모습으로 표현되기도 한다. 이는 내담자가 자신을 발견하고 이제는 세상속으로 들어갈 관심이 증대되었고, 어느 정도는 영역의 확장을 의미하는 것으로 종결을 준비할 때이다. 이 시기에는 완전함과 전체성을 표현하는 만다라의 표현이 나타나기도 한다. 이런 전체성의 통합과정은 한번에 종결되는 것이 아니라 마음의 발달로서 항상 반복되는데, 이것이 자기실현의 과정이라 할 수 있다(山中康裕 · 김유숙, 2005).

(2) 모래상자에서 나타난 발달과정의 특징

일반적으로 모래놀이치료자의 역할은 공감적으로 듣고 관찰하고 참여하는 것이다. 그러기 위해서 치료자는 단순한 인지적 이해뿐만 아니라 작품에 나타난 발달단계를 깊이 이해하는 것이 중요하다. 아동의 연령에 따라 〈표 8-2〉에 제시한 것처럼 선택하는 상징물이나 모래놀이작품이 달라질 수 있다.

이같은 표는 일반적인 지침일 뿐이므로 해석에 있어 지나치게 원칙을 따를 필요는 없다. 초기 외상이 있는 성인이나 아동의 경우에는 그 외상이 있었던 시기와 유사한 작품을 선보일 수 있다. 아동 내담자의 경우, 그들의 발달과 모래상자의 내용이 언제나 전형적으로 나타나는 것은 아니지만, 에릭슨(Erickson)의 발달단계를 고려하면서 아동의 작품을 이해하는 것이 도움이 된다.

표 8-2 ● 발달단계에 따른 발달과업과 모래상자의 특징

<table>
<tr><th>연 령</th><th>에릭슨의 발달과업</th><th>모래상자에 나타나는 모습</th><th>상징물</th></tr>
<tr><td>만 3세 미만</td><td>신뢰감 vs 불신감
자율성 vs 수치심</td><td>규격화되지 않음–상자를 완성하기보다는 과정을 즐김</td><td>상어, 괴물, 아기, 부모, 선반에 손이 닿는 건 모두 사용</td></tr>
<tr><td>만 4세</td><td>솔선성 vs 죄책감</td><td>정렬하기–혼란을 즐기는, 상자에 줄세워 늘어놓기</td><td>유목화된 상징물, 농장 동물들, 가족들, 목욕용품들</td></tr>
<tr><td>만 5세</td><td rowspan="3">근면성 vs 열등감</td><td>정리–'마술'적 이야기를 시작함</td><td>판타지 상징물, 아기, 집, 공룡, 영웅</td></tr>
<tr><td>만 6~8세</td><td>매우 분주함–무작위적인 이야기</td><td>차, 결혼식, 판타지, 자아를 상징하는 상징물, 불</td></tr>
<tr><td>만 9~10세</td><td>시간의 순서에 맞는 순차적 이야기를 시작함.
추상적인 이미지를 말함</td><td>기사, 군인, 말, 가족집단</td></tr>
<tr><td>만 11~14세</td><td rowspan="2">정체감 형성 vs 역할혼미</td><td>여행을 시작–불길한 것으로의 접근</td><td>신화적 판타지, 용, 공주</td></tr>
<tr><td>후기 청소년기</td><td>성인과 비슷–여행</td><td>보다 추상화된 모든 것</td></tr>
<tr><td>초기 성인기</td><td>친밀감 vs 고립감</td><td>여행, 무리짓기, 중앙에 놓기</td><td>자아를 상징하는 상징물, 이상적인 여성상과 남성상, 교회, 절, 결혼용품, 쌍으로 놓기</td></tr>
<tr><td>중년 성인기</td><td>생산성 vs 침체감</td><td>여행, 무리짓기, 언덕만들기, 공허한 곳</td><td>아기, 아동, 알(계란), 엄마와 아기, 아빠와 아기, 정원, 보물, 가족</td></tr>
<tr><td>후기 성인기</td><td>자아통합 vs 절망</td><td>여행, 모험, 탐구, 중앙에 놓기, 자아와 신의 만남, 장애물, 결핍</td><td>미스터리, 알려지지 않은 숨겨진 영적인 상징물</td></tr>
</table>

출처 : Amatruda & Helm-Simpson(1997). *The scared healing.* Novato CA: Trance *Sand* dance.

(3) 작품해석의 기본요소

모래놀이의 작품을 보면 해석의 가능성이 다양하기 때문에 적용되는 규칙을 거론하기는 어렵지만, 다음과 같은 몇 가지의 규칙성을 제시할 수 있다(河合隼雄, 1969; 김유숙, 2003).

① 통합성

모래 위에 나타난 작품에 대해 치료자가 갖는 전체적인 느낌은 작품에 대한 진단뿐 아니라 제작자를 이해하는 데 있어 중요한 의미가 있다. 따라서 작품을 통해 받는 인상 중에 통합성은 중요한 요소 중 하나이다. 통합성이란 분리, 조잡, 빈곤, 기계적, 고정적인 요소가 적은 작품을 의미한다. 작품을 볼 때, 모래상자 안에서 분리된 부분

이 없다고 해서 반드시 통합성이 높은 것이라고 단언할 수 없다. 오히려 그것은 미분화적인 전체를 나타내는 경우가 많기 때문이다. 그러므로 통합성이 나타난 작품이란 나뉘었던 세계가 전체 속으로 통합되어 가는 작품이나, 세부까지 주의를 기울인 작품, 힘의 균형이 나타나 있거나 소수의 모형들을 사용했더라도 서로간에 상호관계가 나타난 작품, 빈곤한 표현보다 풍부한 표현 등이 있는 작품을 말한다.

② **공간배치**

모래놀이에서 모래상자 위의 공간을 어떻게 사용하는가에 따라 그 의미가 상당히 달라질 수 있다. 공간배치에 대한 이론은 오래 전부터 유럽에서 널리 인정되어 온 공간상징이론에 기초하여 설명할 수 있다. 이것은 인물화 검사라든지, 나무그림 검사, 그밖의 그림검사 해석에서도 적용된다. 이 이론에서는 왼쪽과 오른쪽을 무의식과 의식, 또는 내면세계와 외부세계로 대응시키고 있으며, 위와 아래를 정신과 육체, 미래와 과거, 아버지와 어머니로 대응시키고 있다. 그리고 동물, 인물, 강 등의 움직임이 모두 일정한 방향으로 향했을 경우에는, 왼쪽으로 향한 경우는 퇴행으로, 오른쪽으로 향한 경우는 진행으로 본다.

③ **주 제**

모래놀이의 표현 속에서 살펴보면, 어떤 의미에서 주제라고 불릴만한 것을 찾아 낼 수 있는 경우가 많다. 이렇게 표현되는 갖가지 주제와 장면, 상징물 등은 내담자를 이해하고 느끼기 위한 실마리가 된다. 즉 모래놀이에 표현되는 주제는 내담자의 세계관을 나타내며, 자기상이 나타났다고 볼 수 있다. 칼프는 모래놀이에 나타난 의식과 무의식을 포함한 마음의 전체성의 상징을 중요시했으며, 이와 같은 자기의 상징은 원, 정방형, 종교적인 상으로 표현된다. 작품에 일반적으로 표현되는 주제는 가족, 공동체, 자연, 그리고 종교적 · 신화적인 장소, 결혼, 갈등과의 연합 등의 주제가 나타난다. 하지만 한번 나타난 작품에 주목하는 것이 아니라 일련의 작품에 주의를 기울여 살펴보아야 하며, 매회마다의 중심표현들이 어떻게 진행되고 있는지를 살펴봄으로써 주제를 파악할 수 있다. 또한 주제의 변화를 잘 살펴봐야 한다.

보통 슈퍼맨의 상징은 남자아동이 갖고 있는 남성성의 원형으로 볼 수 있으며, 뱀은 껍질을 벗고 새롭게 태어난다는 의미로 변용을 뜻한다. 우물이나 주유소는 재충전의 의미로 볼 수 있다.

이상과 같이 모래놀이의 표현을 해석하는 데 있어 통합성, 공간배치, 주제라는 관점에서 이해할 수 있으며, 그것이 계속해서 어떻게 변화하고 관련짓는가를 살펴보는 것이 중요한 과정이라 할 수 있다.

경험적 집단모래놀이치료 프로그램

1. 목 적

- 개인아동과 양육자 간의 상호작용에 초점을 둔다. 개인의 욕구, 가족 개개인의 욕구, 집단의 공동추구, 상호협조와 관계를 지지한다.
- 지도자, 주도자가 되는 방법을 배운다. 창의적이 되는 방법, 타인을 받아들이고, 지지하고 함께 하는 것, 관계를 유지하는 것, 다른 사람의 시선에 위축되지 않는 것, 모든 개개인의 공헌을 존중하는 것을 배운다.
- 즐거운 경험이 상호존경, 사랑스러운 양육, 따뜻한 보살핌, 유연성, 주의집중을 하게 한다. 지금 그리고 여기에서 타인과 함께 하는 능력을 통해 분산된 주의를 극복한다.

2. 목 표

- 각 개인은 자신의 세계를 만든다. 타인 앞에서 자발적이고 자유롭게 한다.
- 집단 모래상자가 창조된다. 모든 참여자가 하나의 세계를 창조한다. 한 사람이 만들고 다른 사람은 관찰을 한다. 개인의 독특성과 창의력을 존중한다. 방해받지 않고 서로 의사소통한다. 서로간의 구분이 확실함을 경험한다.

3. 진행절차

- 선택한 매개물을 소개한다.
- 자발적이고 자유스런 모래놀이를 한다. 어떠한 세계도 허용된다.
- 경험을 한다. 세계가 완성되면 조용히 모래놀이 이미지를 본다. 만든 내용을 다른 사람과 같이 나눈다. 언어적 의사소통은 필요하지 않다.
- 반영한다. 모래놀이 경험 이후 놀이의 내용, 느낌, 생각을 말한다. 놀이과정에서 일어난 자신의 내면세계를 말한다.
- 사진촬영을 한다.
- 모래세계를 치워도 되는지 묻는다. 모래놀이 세계를 치운다.

출처 : 김보애(2004). 신비스러운 모래놀이치료. 학지사

9

심리극

심리극은 모레노(Jacob Levy Moreno)에 의해 시작된 집단치료기법으로, 자발성을 강조하는 즉흥극이다. 모레노는 심리극을 '진실의 극장(a theater of true)'이라고 정의하였으며, 심리극은 상호작용적인 집단 역동에 대한 통찰력과 그 창조성의 철학을 통합시켜 만들어낸 집단정신치료의 접근방식으로서 이후 수십여 년 간 다듬어지고 세분화되었다(Blatner, 1988). 현재는 내담자의 심리적인 문제해결을 위해 광범위하게 적용되고 있지만, 모레노는 극 행위가 관객과 배우(행위자) 모두에게 카타르시스 효과를 나타낸다는 긍정적인 효과를 활용하여 즉흥적인 각본을 가지고 자신의 경험을 집단심리극 세팅에 적용하였다.

1. 심리극의 개념

01 정 의

심리극은 '정신'이라는 의미의 psyche와 '저항을 극복하는 행동'이라는 의미의 dram이 합성된 용어로 상상력을 이용하여 마음의 긴장과 갈등을 극적 상황으로 표현하는 방식이다. 즉, 심리극은 내담자가 단순히 자신의 문제에 대해 말로 표현하는 것이 아니라 자신이 주인공이 되어 연기로 표현하도록 하는 정신치료의 한 방법이다.

모레노는 정신치료의 전통적인 방법인 언어적 형태에 행동화라는 비언어적 형태를 첨가하여 인지분석적인 면과 경험적인 측면들을 통합시켜 효과를 확장시키고자 한(차정화, 1998) 모레노의 방법론과 철학이론으로부터 발달되었다. 모레노는 심리극을 연극적인 방법을 통해 진실을 탐색하는 과학이라고 정의하였는데(Moreno, 1985), 심리극은 자신의 문제를 단순하게 말로 표현하는 대신, 자발적인 행동으로 문제해결을 표현하는 자발성과 즉흥성, 창조성이 핵심이 되는 즉흥극이라고 할 수 있다. 더불어 한 인간의 갈등에 관한 정서적 문제해결을 포함한 설정에 관한 것으로서 주인공이 중심이며(Blatner, 1988), 극은 주인공 인생의 많은 주변, 즉 과거, 현재, 미래를 오가며 주로 깊은 정서적 상황 쪽으로 이동하게 된다(Kellerman, 1987).

심리극을 통해 참여자는 자신의 문제를 행동으로 표현하고, 심리극적 표현방법을 통해 행동화하려는 욕구를 관찰하고 그것에 관련된 환상, 기억, 투사 등을 의식의 수면으로 떠올리면서 감정표현과 동시에 개인의 자아인식을 발달시켜 정서적 갈등을 분명히 할 수 있다(Blatner, 1988). 또한 심리극의 극적인 분위기와 기법을 활용함으로써 인간의 내면 깊이 숨어 있거나 표현되지 못한 갈등, 현실을 똑바로 보지 못하게 하는 비현실감이나 심한 열등감 또는 우월감으로부터 해방될 수 있다. 심리극은 보통 집단상황 내에서 사용되며, 집단과정을 촉진시키고 다시 집단역동에 의해 촉진되는 매우 유용한 과정이다. 그러나 심리극은 근본적으로 집단정신치료를 위해서만 실시되는 것은 아니며, 개인치료를 위해 사용할 수도 있고, 가족치료를 위해서도 사용할 수 있다.

02 원 리

심리극은 즉흥극이라는 형태와 자발성 및 창조성이라는 원리를 가지고 있다. 대본을 미리 준비하지도 않고 연기연습을 하지 않았음에도 불구하고 즉흥극이 가능할 수 있는 것은 자발성과 창조성의 원리가 뒷받침하고 있기 때문이다. 자발성은 일반적으로 우리가 생각하는 것과 같이 스스로 나서는 것이 아니라, 미지의 상황에 대해 가장 적절한 해답을 찾아내려고 집중하는 것을 말하며, 최선의 노력을 다해 서로 만족할 수 있는 결과를 도출해 내는 것을 창조성이라 한다.

심리극에서 자발성과 창조성이 표현되려면 참여자들이 창의성을 갖고 자기노출을 하며 자신의 문제를 기꺼이 행동화할 준비가 되어 있어야 한다. 그리고 주인공들의 갈등, 문제 들이 바로 '지금, 여기서(here and now)' 일어나는 것처럼 재현되어야 한다는 점에서 현재성이 매우 중요하다(최윤미, 1992).

심리극이 한 특정 이론에 구속되어 있지 않은 것과 같이 치료자들도 정신분석적 치료, 행동치료, 그리고 다른 여러 유형의 치료들로의 다양한 이론적인 확장을 포함해야 할 것이다. 또한 치료자들은 성공적이고 안전하게 기법을 사용하기 위해서 적절한 훈련과 임상 경험들을 받아야 한다.

2. 심리극의 특성

01 특 징

심리극만이 갖는 몇 가지 특징을 살펴보면 다음과 같다(오수성, 1985).

(1) 심리극은 인지적, 언어적 차원뿐만 아니라 신체동작에 따른 행동적 차원까지 포함한다

개인정신치료나 집단정신치료에서 다루어지지 않는 행동적 감정표현은 가장 자아에 가까운 형태로, 심리극에서는 이를 잘 이용한다. 잘 의식되지 않는 상징적이고 비언어적인 신체언어를 치료의 단서로 삼기 때문에 지적이지 않거나 언어를 잘 사용하지 못하는 사람이나 방어기제를 과도하게 사용하는 사람들에게도 도움이 된다.

(2) 심리극은 행동화하려는 무의식적 욕구를 쉽게 자아로 통합시켜 준다

행동화는 환자가 자신의 욕구를 자아의 통제없이 무의식적이고 퇴행적인 수준에서 만족시키려는 방어기제이다. 기존의 개인정신치료에서는 이러한 행동화를 막기 위해 환자의 행동을 금해 왔으나 심리극에서는 어떠한 퇴행적 행동도 연출자, 보조자아, 관객이라는 현실적 대행자아들이 지켜보게 되기 때문에 환자에게 어느 정도 관찰되고 통제되는 자아가 기능을 발휘하게 된다. 더욱이 행동화함으로써 잘 노출되지 않는 충동이 쉽게 드러나게 되어 그 욕구와 인식이나 의식수준에서의 통합이 쉬워질 수 있다.

(3) 심리극은 인간의 개인성뿐만 아니라 사회성, 집단성을 이용한다

개인에게 사회 내에서의 대인관계가 갈등의 중요한 원인이 될 수 있다. 심리극은 대인관계에서 생긴 문제를 단순히 개인의 기억을 분석함으로써 해결하려는 것이 아니라 집단의 역동적 관계, 다시 말해 보조자아나 관객과의 관계를 통해 해결하고자 한다.

(4) 심리극은 구체적이고 현실적인 참여의 측면을 강조한다

현실을 너무나 벗어난 상황, 즉 기존의 정신치료에서는 너무나 언어화하고 방어하게 되어 갈등의 중심으로 들어가기가 어렵게 되어 해결책을 찾기 어려운 반면, 심리극에서는 보조자아의 도움을 받아 현실의 구체적인 상황을 현실 밖에서 현실적이고 구체적인 상황을 경험하게 된다.

심리극은 집단치료의 한 방법으로 참여자들의 문제해결과 개인성장을 도우며 매우 경제적이고 효율적이고 효과적으로 적용할 수 있다. 이에 심각한 장애를 가진 환자의 치료에서부터 다양한 욕구를 지닌 일반인의 인격 성숙 및 예방적 차원의 정신건강교육으로도 널리 활용될 수 있다.

02 효 과

심리극에서는 여러 기법을 사용하여 주인공의 갈등을 명료화함으로써 자신을 객관적으로 볼 수 있는 기회와 억압되어온 감정을 분출할 수 있는 기회를 주고, 그러한 자신의 모습을 내적으로 통합할 수 있도록 도와준다. 문제를 제기하는 주인공의 능력뿐만 아니라 집단에 참여한 다른 구성원도 무대 위의 주인공과 자신을 동일시하고 그 문제를 함께 해결하는 경험을 제공해 주기 때문에 좋은 치료적 경험이 된다.

심리극을 통해 얻어지는 효과는 다음과 같다(김유광, 1983).

(1) 자기이해 및 통찰

심리극을 통해 무의식 속의 심리적 내용에 대한 통찰을 통해 보다 객관적으로 자신을 인식하고 받아들이게 되면서 자신에 대한 이해가 깊어진다.

(2) 대인관계양식의 인식

심리극을 통해 보조자아들과 관계를 맺는 방식 속에 자신의 대인관계양식이 그대로 반영되기 때문에 이를 분명히 인식할 수 있고, 더불어 사회 속에서 자신과 타인에 대한 책임감이 증진될 수 있다. 또한 대인관계에서 자기중심적인 태도를 줄이고, 점차 타인을 인식하면서 관계를 맺게 되고, 타인의 관점에서 공감하는 것을 배우게 된다.

(3) 새로운 행동방안의 습득

역할연기나 역할교대 등의 역할연습을 통해 현재 행동을 보완해 줄 대안적 행동을 익히게 되어 자신을 표현하는 능력이 향상되는 등 사회적 기술이 증진된다.

(4) 가치관과 인생철학

자신의 가치관이나 인생철학을 명료하게 인식하게 되며 자신의 인생의 중요성을 알게 되고, 가치관을 재검토할 수 있게 된다.

(5) 신체동작의 율동감과 균형감

연극이 가지는 유희성, 명랑성, 즉흥성, 예술성 등을 통해 즐거움을 얻을 수 있고, 신체동작을 통해 운동감각적 즐거움과 생동감, 유머감각을 회복할 수 있다.

(6) 상상을 통한 개인적 성장

상상을 통해 자신의 꿈과 그것이 상징하는 바를 알게 되고 직관력이 향상되는 등 개인적 성장에 필요한 기술을 배우게 된다.

이와 같이 심리극은 자신에 대해 보다 깊은 이해를 갖게 하고, 역할연습을 통해 현재 행동을 보완해 줄 대안적 행동을 습득하게 되어 자신을 표현하는 능력이 향상되기도 하며, 대인관계를 인식하고 통찰하는 데 효과적이고 새로운 바람직한 행동양식을 습득할 수 있는 기회를 가진다는 장점을 가진다.

3. 심리극의 구성

심리극은 언어뿐만 아니라 신체동작으로 나타나는 모든 행위, 즉 인간의 몸과 마음을 도구로 이용하여 심리적 문제를 표현하고 이를 해결해 나가는 드라마의 형식을 하고 있다고 할 수 있다. 심리극의 용어에서 중심적인 역할을 하면서 극에서 자발적으로 자신의 문제를 드러내고 문제를 해결하고자 연기하는 사람을 주인공(protagonist)이라고 하는데, 치료자에게 보조를 받으면서 주인공은 자신의 갈등을 연기하고 행동적인 기법들의 도움으로 해결책을 찾기 위해 시도한다.

주인공은 자신이 느끼는 문제를 드러내는 가장 중심적인 인물로, 개인의 내면세계와 그로부터 파생되는 인간관계에 초점을 둔다. 심리극에 참여하는 사람이라면 환자든 학생이든 훈련생이든 누구나 심리극의 주인공이 될 수 있다. 사회극(sociodrama)이 흔히 집단 내의 개인과 개인 혹은 집단 간의 관계에 초점을 두는 것과는 달리 심리극은 주인공이 겪고 있는 갈등이나 생활장면을 중심으로 진행되며, 주인공 개인의 내면 세계 및 그로부터 파생되는 인간관계에 초점을 맞춘다. 흔히 주인공들은 대립자(antagonist)의 역할을 하는 다른 집단구성원들에 의해 지지받는다.

극 전체를 이끌어나가는 연출자(director)는 주인공이 자신의 문제를 탐색하게 하기 위해 심리극을 할 수 있도록 심리극 전반을 진행하는 사람이다. 보통 집단지도자, 치료자, 교사 또는 상담자가 심리극에서 연출자의 역할을 맡게 된다. 연출자는 심리극의 진행 과정에서 여러 기법을 사용하여 주인공이 자신의 갈등을 명료하게 표현하도록 도움으로써 자신을 객관적으로 볼 수 있는 기회와 억압되어 왔던 감정을 분출시킬 수 있는 기회를 주고, 그러한 자신의 여러 모습을 내적으로 통합할 수 있도록 도와 준다.

무엇보다도 연출자는 주인공의 심리적 차원을 이해하고 신뢰감을 주어 주인공이 자신의 내면을 표현할 수 있도록 극의 분위기를 조성하고 객관적인 자세를 유지해야 하며, 극 중 일어나는 변화를 예민하게 관찰하면서 관객의 반응과 변화를 살펴야 한다. 심리극의 연출자는 참여자들이 자발성을 갖고 참여할 수 있도록 자유로움과 융통성을 제공해 주는 것과 동시에 참여자들이 심리극에서 해야 하는 작업의 틀, 즉 구조를 제시해 주어야 한다.

주인공이 극을 엮어가는 과정에서 극의 상황을 함께 연기해 줄 상대인물을 필요로 하는데, 주인공의 상대역이 되어주고 주인공이 극을 진행시키는 데 촉진자의 역할을 해주는 인물을 보조자아(auxoliary ego)라고 한다. 보조자아는 보통 집단구성원 중 한 사람이나 전문적인 보조자아에 의해 수행된다. 전문 보조자아는 자신이 맡은 역할을 스스로 준비하는 데 숙련되어 있기 때문에 다양한 역할을 수행할 수 있고 감정표현을 쉽고 자유롭게 할 수 있다는 장점이 있다. 그러나 대부분 주인공이 특정 역할을 맡을 보조자아를 선택하는 경우가 많다. 이러한 선택이 일어날 경우에는 주인공이 보조자아를 직관적으로 선택한 배경이 무엇인지를 확인해 보는 것이 좋다. 또 다른 방법은 집단의 구성원들 중에서 혹은 관객 중에서 그 역할을 원하거나 비슷한 상황에 처했다고 판단되는 사람에게 보조자아의 역할을 맡기는 것이다. 보조자아는 주인공의 아버지, 어머니 등과 같이 주인공에게 의미있는 타인의 역할을 하기도 하고, 주인공의 양심, 감정, 이성 등의 속마음과 같은 변형된 자아의 역할을 할 수도 있으며, 때로는 집, 옷장, 의자 등과 같은 무생물이지만 주인공에게는 의미있는 사물이나 대상의 역할을 할 수도 있다.

심리극이 진행되는 동안 심리극 모임에 참석하여 주인공의 이야기를 보고 있는 사람들을 관객(audience)이라고 한다. 심리극에서 관객들은 주인공의 이야기를 통해 자신의 경험을 정리하고 통찰을 얻음으로써 직접 도움을 받기도 하고 또 주인공의 극이 끝나면 극 속에서 공유한 자신의 경험을 드러내고 이야기를 나누는 시간에 주인공이 되어보는 등의 역할을 한다. 마무리 단계에서 관객들의 반응은 그날의 극을 정리하고 주인공이 심리극에서 탐색한 것들을 정리하는 데 필요하다. 주인공의 이야기를 보면서 자신이 겪은 비슷한 경험이나 느낌들, 매우 다르게 느꼈던 경험들에 대한 관객들의 이야기는 주인공을 지지하고 격려하는 효과가 있다. 관객들은 극에 지속적으로 참여하면서 극을 어떻게 보고 느꼈으며, 주인공에게 어떤 점을 느꼈고 그것을 어떻게 표현할 것인지를 배우고 느낄 수 있다.

심리극이 일어나는 무대공간(stage)은 주인공의 행동표현을 가능하게 하는 장소로, 모레노는 희랍극을 본딴 삼단의 원형 무대가 심리극에 적절한 공간형태라고 제안하였다. 최근에 집단상담의 형태로 심리극을 이용할 때에는 물리적 상황에 따라 임의적으로 공간을 활용하기도 한다. 보통은 약간 둥글고, 계단식 경사가 있는 관객석과 관객과 무대를 연결하는 널찍한 계단, 조명, 음향 등으로 구성될 수 있다. 무대 위에는 가벼운 의자, 단순한 디자인의 탁자, 쿠션, 침대 등 몇 가지 소품들이 갖추어지는 것이 좋고, 조명이나 음향기구는 반드시 필요한 것은 아니지만, 준비가 된다면 상당히 좋은 효과를 연출하는 데 도움이 될 수 있다.

4. 심리극의 단계

심리극은 아동 및 청소년을 다루기에 유용한 기법이며, 진단적인 평가와 교육적인 측정을 성공적으로 지지하기 위해 사용되었다(Widlöcher, 1974). 역할연기는 심리극의 접근방법 중 하나이다. 참여자의 정서에 대한 지각을 향상시키고 다른 방법들로는 해내기 어려운 다른 학습하는 과정을 주도하기 위해 사용될 수 있다.

여러 상이한 심리극의 기법들이 집단치료에서 사용될 수 있는데, 집단연기가 그 중 하나이다(Schützenberger, 1979). 이 기법은 치료자가 '우리는 한 배에 함께 타고 있어요' 라고 설명하게 하면서 요정이야기나 쇼핑을 가거나 학교에 있는 상황과 같은 일상생활의 전형적인 상황들을 연기하는 것을 촉진시킨다. 심리극의 가장 중요한 측면은 '주인공 중심의 극' 이라는 것으로 고대 그리스 비극의 형식과 매우 유사하다.

페졸드(Petzold, 1978)는 주인공 중심의 극에서 상이한 단계들을 변별하기 위해 초기단계, 행위 단계, 통합단계 그리고 재교육단계 등 네 개의 단계로 된 체계를 도입하였다(Petzold, 1978). 이러한 단계들은 〈그림 9-1〉에 요약되어 있다. 심리극 기법들은 보통 이러한 네 단계를 따른다. 이 기법들은 극의 중간에 정화작용이 있는 절정을 불러일으키는 정서적인 강도를 증가시키기 위해 사용될 수 있는데, 이를 통해 주인공은 개인간 정신적 갈등 및 행동적인 어려움에 대해 반영할 기회를 얻게 된다.

초기단계는 모든 연기의 첫 과정으로, 심리극에 들어가기 전에 집단의 목표, 역할, 경비, 제한점, 시간 배정들을 집단구성원들에게 분명히 해두는 단계이다. 이 단계에서는 참여자들이 심리극 연기로 들어가기 위해 신체적 · 심리적으로 준비를 하는 단계로 주인공의 문제를 본격적으로 극화시키기 전에 참여자들이 심리극에 친숙해지고, 극에 능동적으로 참여하여 주인공으로 설 마음의 준비를 하고 극으로 표현하는 문제에 몰입할 수 있는 분위기를 조성하는 단계이다. 참여자들이 서로 신뢰하는 분위기가 형성될 때 자신의 개인적 이야기를 좀 더 깊이 있게 꺼내놓고 다룰 수 있게 되기 때문에 연출자는 이 단계에서 집단의 응집력과 자발성을 향상시키기 위한 노력을 해야 한다.

이 단계에서 극을 준비하는 것은 집단구성원에 대해 많은 정보를 얻을 수 있는 기회가 되고 이를 통해 행위단계에서 이루어질 작업의 방향을 잡을 수 있기 때문에 연출자에게도 매우 중요한 단계일 수 있다. 이 과정이 잘 진행이 되면 참여자들은 자신의 문제를 개방할 준비가 되고, 주인공이 되어 자신의 문제를 드러내게 되기 때문에 연출자는 그 날의 주인공을 선택하기가 용이하고 극에 대한 저항을 감소시킬 수 있게 된다.

초기단계는 집단토론으로 특징짓는데, 집단토론은 개개 집단구성원들의 갈등을 명확하게 하는 데 도움이 된다. 이 단계 동안 극의 중심이 되는 주인공의 관점으로 환자의 욕구는 보다 더 명확해진다. 자신의 문제와 갈등을 설명하는 환자의 자발적인 태도는 이 단계에 증진되는 경향이 있다. 준비과정(warm-up)과 같은 특정 기법은 긍정적인 치료적 분위기를 불러일으키는 데 도움을 줄 수 있고 잠재적인 주인공이 자신의 억압을 극복하고 완전히 참여하도록 돕는다. 초기에 치료자는 개개의 환자들이 참여하도록 격려하는 것에 주력해야 할 필요가 있다. 예를 들어, 이것은 내키지 않는 환자 뒤에 서있고, 그의 속마음(double)으로 행위하고, 그의 의심, 불안, 그리고 양가적인 감정들을 표현하는 것을 포함할 수도 있다. 이러한 방식으로 치료자들은 집단 내에서 그들의 갈등을 설명하도록 환자들을 지지한다.

초기단계동안 개별적인 집단구성원들의 동기수준을 인식하고, 역할극을 사용하여 어떤 갈등이 이야기될 수 있는지 결정하고, 잠재적인 주인공들이 중심적인 역할을 연기하도록 격려하고, 다른 집단구성원들을 포함하는 것으로 행위단계를 준비하는 것이 치료자의 과업이다. 참여자들이 치료자를 포함한 서로를 신뢰하는 것은 필수적이다. 이러한 맥락에서 전이와 역전이 문제가 관련있을 수 있다.

초기단계에서는 창조적 가능성의 분위기를 형성해 준다. 이 단계에서는 개인이 연출자와 집단, 그리고 심리극의 방법을 신뢰하도록 하는 안전망을 만들어 준다. 그 안전한 분위기로 인해 집단구성원들이 편안감을 느끼게 되면 이전에 생각할 수 없었던 것을 생각하게 되고 표현하기 어려웠던 것들을 표현하게 된다(Karp et al, 1998). 또한 이 단계에서 연출자는 집단의 목표, 역할, 시간 배정 등에 관해 논의하고, 집단구성원들이 서로 친숙해지도록 소개해 준다.

집단구성원의 소개가 끝나고 나면 연출자는 집단의 응집력과 자발성을 키우기 위해 행동연습을 시킨다. 행동연습은 구성원들의 자발성을 촉진시키고 집단의 응집력을 높

초기단계

목표: 발달력, 진단적인 평가

회상/자극

준비단계(warm-up) · 접촉 · 응집력

움직임, 표현, 행동, 언어의 분석

정신역동적 관점: 투사의 평가

게스탈트 이론적 관점: 맥락과 함축성 분석

학습이론적 관점: 행동적 분석

갈등 중심적인 혹은 경험 중심적 접근

↓

행위단계

정신정화적인 목표

반복/탐색

심각한 극

호흡, 음성, 표현 및 상상적인 연습들을 가지고 하는 갈등 중심적인 작업

정화작용

신나는 극

환상과 민감성을 북돋우는 운동, 춤을 가지고 하는 경험중심적인 작업들

절정의 경험

개방하고 폐쇄하는 경험, 함축성있는 경험

정서적인 경험

경험하기에 의한 학습(정서적인 학습)

↓

통합단계

통합단계

분석적인-소통적인 목표

훈습/통합

되돌아보기 · 공유하기 · 피드백 · 분석

정신역동적인 관계인 전이를 확인하기

행동 패턴들과 의사소통구조를 분석하기

맥락, 연속성, 그리고 완전함에 대한 반영

합리적인 통찰

통찰 학습

↓

재교육단계

목표: 행동적인 수정

수정/시도

민감성, 표현성, 유연성, 이완훈련 등에 대한 훈련

행동적 프로그램들, 구체화, 감감법, 모델링, 행동 극, 전이훈련 등

실험, 새로운 모습들의 형성

행동적인 수정

행동적인 학습

그림 9-1 ● 통합적 심리극치료의 네 단계로 된 체계(Petzold, 1978)

이는 기능을 한다. 집단응집력을 높이기 위해 자기소개, 행동연습뿐만 아니라 춤, 음악, 무언극, 마술상점, 상황극 등을 사용하여 자발성을 극대화시키기도 한다. 이러한 기법을 통해 집단의 응집력이 발달하고 자발성이 높아지면 개인의 문제나 집단의 공통적인 주제가 나타나게 되는데, 이때 연출자는 집단의 유형, 크기, 시간, 갈등유형 등을 고려하여 집단구성원 중 한 사람을 자기 자신 또는 집단의 문제를 연기할 주인공으로 선정한다.

행위단계 이전에 주인공은 자신의 문제를 치료자와 토론하도록 요구받는다. 치료자는 〈그림 9-2〉와 같이 환자의 속마음을 연기하는 기법을 사용할 수 있다. 치료자는 주인공이 현재 가지고 있는 저항을 설명하면서 참여하도록 설득할 필요가 있다. 상연되는 장면은 종종 이러한 개인의 특성에 주목하면서 주인공의 지시에 따라 형제자매들과 같은 특정 역할들을 연기하는 다른 참여자들과 함께 현재의 문제나 갈등들을 종종 반영한다.

개개인의 참여자들은 주인공이 원하는 방식으로 자신의 역할을 하지 않을 수도 있고, 자신이 특정인물처럼 연기해야 하는지를 설명해야 할 수도 있다. 연기를 하는 개인이 특정 상황에서 어떻게 행동하는지를 설명하면서 역할을 교환하도록 주인공을 격려하는 것이 종종 도움이 된다. 한 역할에서 다른 역할로 전환하는 것으로 주인공은 자신의 관점에서뿐만 아니라 연기하는 사람의 관점에서 상황을 경험할 기회를 갖는다.

행위단계는 준비단계에서 뽑은 주인공의 이야기를 중심으로 극을 만들어가는 단계로, 연출자는 주인공을 무대로 데려와 주인공이 겪는 갈등을 연기할 수 있는 구체적인 사례로 재구성한다. 연출자는 주인공이 직면하고 있는 문제와 갈등에 대해 간단히 이야기를 하게 하면서 그 이야기 내용이 연기로 표현될 수 있도록 구체적인 사례로 재구성한다. 이때 연출자는 주인공이 마치 지금, 그리고 여기에서 그 일이 벌어지고 있는 것처럼 상황을 연기하도록 돕는 한편, 집단의 다른 구성원은 극에서 기타 중요한 인물(보조자아)의 역할을 맡게 한다. 연출자는 다양한 기법을 사용하여 주인공이 보다 정교하게 감정을 표현하고 그가 경험한 여러 국면을 탐구하게 한다. 주인공은 그의 상황에 대한 다른 대처방법과 행동반응을 찾고 연습해 보도록 도움을 받는다.

무대 위에서 벌어지고 있는 모든 상황이 현실에서 벌어지는 일들, 벌어졌던 일들, 혹은 앞으로 일어날 일들과 완전히 같지는 않기 때문에 무대 위의 상황을 실제처럼 느껴지게 하는 것은 매우 중요하다. 이러한 과정 속에서 과거의 느낌이 재현되거나 현재의 모습 등이 반영될 수 있다. 실연을 통해 주인공은 자신의 문제에 대한 통찰을 얻게 되고 억압했던 감정을 상징적으로 행동화하면서 감정의 정화를 경험하게 된다. 이 단계에서 주인공은 다양한 정서적 표현을 하게 되는데, 이때 무엇보다도 주인공이 지금, 그리고 여기에서의 상황에 몰입하도록 돕는 것이 가장 중요하다.

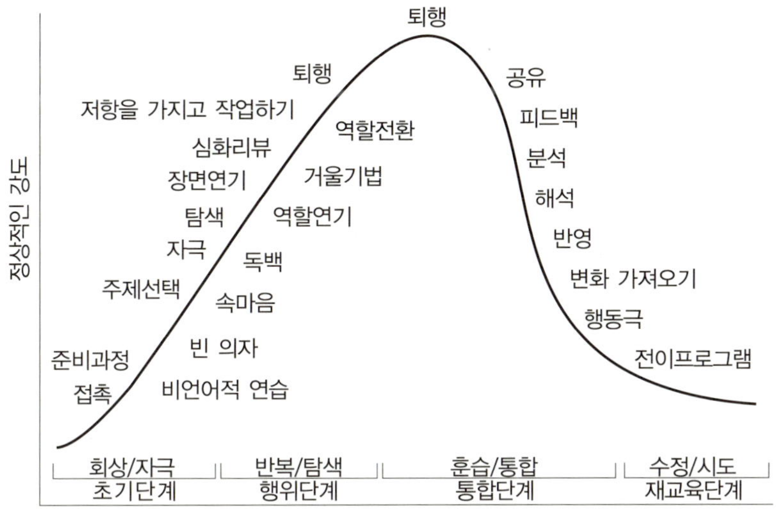

그림 9-2 ● 네 단계로 된 체계 내에서 심리극의 진행 과정(Petzold, 1978)

갈등의 발달과 일상생활에서의 갈등의 영향을 탐색하기 위해 현재의 갈등을 나타내는 장면을 사용하는 것이 종종 도움이 된다. 이 과정동안 주인공은 아동기에 발생한 억압된 갈등에 직면하게 된다. 역할연기에 포함된 퇴행은 주인공에게 갈등이 자신의 개인적인 발달에 어떤 영향을 주었는지 인식할 기회를 준다. 주인공 중심극에서의 이 단계동안 경험들은 정서를 격하게 하고, 치료자들은 그 이상의 정화작용이 있는 경험들이 도움이 될지 아니면 환자에게 과도한 부담이 될지를 결정하는 어려운 과업을 맞이하게 된다.

치료적인 관점에서 정화작용이 있는 소산반응은 유용하긴 하지만, 이전의 외상적인 경험에 직면하는 것은 약한 '자아'를 가지거나 자살 및 정신병의 위험이 있는 환자들에게 증상의 악화를 야기할 수도 있는 위험이 있다. 주인공이 심리극의 효과를 충분히 얻을 수 있게 하기 위해 연출자는 행위단계동안 다양한 기법을 사용하여 무의식 속의 욕망, 갈등, 감정들이 분명하게 드러나고 통찰하게 되어 바람직한 대안적 행동을 찾을 수도 있도록 도와야 한다. 주인공의 문제가 극화되어 해결의 방향을 잡고 나면 심리극은 정리가 되고 행위단계는 끝을 맺게 된다.

행위단계에 이어지는 통합단계동안 참여자들은 그들의 역할과 더불어 자신들의 경험을 토론하며 역할에 대해 피드백한다. 빈번하게 참여자들은 자발적으로 서로 자신들의 경험을 이야기하고 공유한다. 치료자들은 주인공의 행동에 대한 통찰을 더욱 발달시키기 위해 극의 내적인 논리를 설명하는 과정과 연관된 심리적 및 개인 내적 갈등을 분석하는 것이 중요하다.

종결단계에서는 주인공이 무대 위에서 연기로 보여 주었던 자신의 삶에 대해 관객의 느낌을 서로 나누는 시간을 가진다. 이때 연출자는 주인공에 대한 긍정적인 피드백을 하거나 자신의 경험에 대해 이야기하게 한다. 또한 관객이 주인공의 문제를 분석하여 판단하거나 비판하지 않고, 자신들이 연극과정에 참여하며 느꼈던 감정을 주인공과 공유하도록 돕는다.

이러한 공유의 단계는 심리극에 참여한 모든 사람의 감정을 소통시키는 기회를 제공하며, 집단원의 감정을 정화시키는 역할을 한다. 공유하기는 집단정화와 통합을 위한 시간이며 동일시를 조장하는 피드백보다 사랑을 돌려주기 위한 시간이다. 공유하기를 위해서는 주인공을 비판하지 않아야 하며, 주인공의 행동이나 태도가 마음에 들지 않는다고 해서 평가 · 비교 · 공격하지 않고 있는 그대로 받아들이는 것이 중요하다. 주인공과 비슷한 상황에서 자신이 느낀 점을 이야기하거나 비슷한 느낌을 가졌던 것에 대해 이야기하는 것도 필요하다. 이러한 경험을 통해 주인공은 자신이 감추고 있던 비밀들이 다른 사람들 앞에서 드러낸 것으로 인해 얻게 되는 수치심이나 불안감 및 자신의 문제를 정리할 수 있게 된다. 이 단계는 주인공과 집단구성원들이 서로의 감정과 경험을 나누고 정리하는 시간이 된다는 것 이외에도 서로를 지지해 주는 시간으로서도 중요한 의미를 가진다. 연출자는 주인공이 집단구성원들로부터 지지받고 격려받을 수 있도록 도와 주어야 한다.

마지막 재교육단계에 사회적으로 수용될 수 있는 행동의 방법들이 연습되는 특정 훈련 회기가 있을 수 있다. 역할 연기, 역할의 교환, 역할 피드백은 심리극을 구성하는 기본적인 요소들이다.

5. 심리극의 기법들

심리극에서는 역할교대, 이중자아 등의 기법 이외에도 무수히 많은 기법들이 사용된다. 이러한 기법은 현재 심리극 이외의 장면에도 많이 보급되어 가족치료, 게슈탈트치료 등 치료장면뿐만 아니라 교육이나 훈련 장면에서도 유용하게 활용되고 있다. 심리극을 진행하기 위해서는 이러한 기법들의 기본적인 원리를 이해하는 것이 필요하며, 원리를 이해한 후 창조성을 살려 다양하게 변화시켜 나갈 수 있다.

(1) 역할놀이

역할놀이는 심리극에서 가장 기본적인 기법이다. 자기가 위치한 장면에서 어떤 역할을 선택해서 그것을 연기하는 방법으로 개인이 자유롭게 역할을 창출하여 즉흥적으로 행동하거나 특정 상황 속의 역할 등을 연기해 보면서 적응성, 창조성, 자발성을 발휘하게 된다.

(2) 독 백

독백은 주인공이 평소에 억압해온 느낌과 생각을 관객과 함께 나누는 기법으로, 내면의 생각이나 느낌을 혼잣말로 하는 방법이다. 이 기법은 보통 주인공이 자기 자신과 나누는 대화로 방백의 형식으로 표현된다. 주인공에게 숨어있는 생각이나 감정이 말을 통해 드러나게 되어 주인공의 감정을 이해하는 데 도움이 된다.

(3) 역할전환

역할전환은 진행 중인 극의 상황에서 보조자아와 서로 역할을 바꾸어 그 장면을 다시 시도해 봄으로써 상대의 입장을 이해하고 자신이 어떤 행동을 취할 것인지에 대해 생각하도록 돕는 기법이다. 주인공과 보조자아들은 역할전환을 통해 상대방의 입장이 되어봄으로써 관점을 변화시켜 보게 되고 이를 통해 공감을 더 잘하고 상황에 대한 이해를 증진시키고 자신의 질문에 대한 답을 찾으며 정화를 경험하게 된다.

그림 9-3 ● 역할극을 하고 있는 아동들

(4) 거울기법

거울기법은 주인공이 관객석에 앉아 보조자아가 주인공의 역할을 하는 것을 보는 것을 말한다. 이 기법은 타인의 눈에 자신이 어떻게 보이는지에 대한 관점을 제공하고 그에 따른 반응을 유도하기 위한 것으로 직면시킬 때 유익하다. 위축되어 있거나 워밍업이 부족한 경우, 자신의 행동에 대해 이해하지 못하고 있거나 그 영향을 모르는 경우, 타인과 적절히 상호작용을 하지 못하는 경우 등에 사용될 수 있다. 그러나 강력한 직면기법이 될 수 있으므로 조심하여 사용하여야 한다.

(5) 이중자아

이중자아는 자기의 감정을 확실하게 표현하지 못하는 주인공들의 가장 깊숙한 심정을 밖으로 유도해낸다는 점에서 심리극에서 핵심적인 기법이다. 이 기법에서 보조자아는 주인공의 뒤에 서서 주인공의 또 다른 자아 역할을 한다. 주인공의 심리적인 쌍둥이가 되어 주인공 내면의 소리로 숨어있는 생각, 관심, 감정 등을 드러내어 주인공이 다시 그것을 충분히 표현할 수 있도록 한다. 또한 고립된 기분의 주인공에게는 다른 누군가가 자신을 이해하고 있다는 느낌을 주어 주인공의 심리적 경험을 최대한 표출할 수 있게 도와 주기도 한다.

그림 9-4 ● 아동들과 역할 전환을 하여 역할극을 하고 있는 부모들

(6) 빈 의자 기법

빈 의자 기법에서는 빈 의자를 중앙에 놓고 주인공에게 누가 그 의자에 앉아있는지 상상해 보게 하고 그가 가장 얘기하고 싶은 사람이나 보고 싶은 사람을 그려 보게 한다. 주인공이 대상을 선택하고 그를 묘사할 수 있게 되면 주인공에게 그 대상에 대해 마음속으로 하고 싶은 말을 하게 한다. 주인공이 대상에 대한 자신의 감정을 쏟아내고 나면, 이번에는 반대로 주인공이 그 대상이 되어 의자에 앉아 자신이 한 말에 대한 대답을 하도록 유도하는 방법이다. 이 기법은 주로 심리극의 준비단계에서 사용되며, 주인공의 사고나 느낌을 효과적으로 표현하고 정리할 수 있도록 도와 준다.

10

미술치료

철학자들과 심리학자들은 인간은 무언가를 창조하고, 만들려는 기본적인 욕구와 능력을 가지고 있다고 믿는다(Kohut, 1966; Lasch, 1979; Masterson, 1985). 창조하려는 욕구에 대해 가장 간결하게 표현한 것은 부버(M. Buber)로, 부버는 창조의 욕구를 '창시본능(originator instinct)'이라고 했다(Buber, 1965, p.85). 창조의 욕구는 인간이 주변환경에 반영된 자기 자신을 보려는 욕구와 주변환경에 자신과 관련된 자기의 의미를 불어 넣고자 하는 욕구에서 시작된 것이다. 가장 광범위한 의미로 사용되는 용어인 예술은 기본적인 인간의 욕구와 만나는 창조와 자기표현을 위한 매체를 제공한다.

미술치료는 예술이라는 개념이 갖는 포괄성 때문에 용어정의에서부터 논란이 있어 왔다. 예술은 미술만이 아니고 글쓰기, 시, 음악, 연극, 무용 등 자신을 표현할 수 있는 모든 것이 다 포함되기 때문에 예술을 그림, 조소, 디자인, 공예, 서예 등 미술의 영역으로만 국한시켜 치료에 도입한 경우를 미술치료라고 한다(김순혜, 2004; Brems, 2002). 이 장에서 미술이라는 용어는 이런 의미로 사용할 것이며, 여기에는 완성된 미술작품뿐만 아니라 완성하기 전의 작업도 포함될 것이다.

이 장에서는 미술이란 무엇인지, 아동미술치료란 어떤 것인지에 대해 정의내려 보고, 그것의 원리와 실제가 어떻게 적용되고 있는지를 살펴보고자 한다.

1. 미술의 개념

아동에게 있어 미술발달은 놀이발달과 마찬가지로 정상적인 발달단계를 따른다. 그러나 미술은 놀이보다 좀 더 목표지향적이며, 아동의 자기(self)에 좀 더 설득력 있는 요구를 하며, 좀 더 지속적이고 실제적이며, 타인에 의해 이해되도록 고안되었고, 삶의 결정에 중요한 영향을 줄 수 있다(Kramer, 1998). 놀이와 미술을 비교해 보면, 어떤 이론가들은 놀이의 기능이란 균형감을 유지시켜 주거나 이상적 자기나 환상적 자기를 묘사해 준다고 주장한다. 반면 미술은 문제를 드러내고 결국 상황에 대한 현실적 결과나 현실적 자기를 묘사하게 하는 것이라고 하였다. 이런 관점에 따르면 미술은 놀이와는 다르게 인간을 현실에 직면하게 하고, 해결책을 찾도록 한다. 또한 미술은 아동에게 원래의 역할이 수동적이고, 위축되어 있으며, 통제능력이 상실되어 있는 상태에 있었더라도 활동적인 역할을 통해 재경험할 수 있는 기회를 준다. 미술은 완전히 새롭고 창의적인 과정을 경험하게 하며, 과거의 상황에서 벗어나 과업에 대한 숙달과 문제해결에 이르게 한다(Kramer, 1998). 다른 말로 해서 미술은 분명한 발달적 목적을 갖고 있으며, 아동을 위한 중요한 활동이다.

01 목 적

미술의 목적은 다양하다. 미술은 여러 학자들에 의해 다양하게 표현되어 왔다. 미술은 '목적있는 상징의 구성'(Kramer, 1998, p.63), '아동의 자기표현의 자발적 방법'(Rambert, 1964, p.340), '받아들일 수 없는 행동을 승화시켜 받아들일 수 있는 행동으로 재전환하는 것'(Rubin, 1998), '혼란스러움에서 벗어나 질서를 찾는 방법'(Rubin, 1978, p.254)이라고 언급되었다. 또한 미술은 아동이 어떤 결과의 두려움이나 환경으로부터의 보복없이 대인관계를 창조하고, 상징적으로 소망을 이루고, 자극을 통제하고 감정과 욕구를 표현하기 위해 사용될 수 있다(Rubin, 2001). 이런 기능 외에도 미술은 아동의 욕구를 반영시키는 것과 관련되어 나타나고(Kohut, 1984), 이상화된 욕구를 충족시켜 준다. 이처럼 아동은 자신들이 미술매체와 관련 도구를 통제하고 사용하는 것을 배움으로써 환경을 통제하는 것을 배우게 된다. 즉, 연습과 자기부과적 활동을 통해서 조직하는 것을 배우게 되며, 미술활동 기술들은 새로운 매체를 제공하고 그에 맞는 새로운 기술들을 연습하고 모델링함에 따라 습득된다. 따라서 아동들은 이를 통해 자발적으로 창조하고자 하는 자신의 욕구를 표현하게 되고, 새로운 기술들은 새로운 대처행동과 문제해결전략의 발달을 촉진시킨다.

02 의미와 가치

미술의 의미와 가치는 다음과 같이 정리해 볼 수 있다(김동연 · 권기덕, 1995; 김순혜, 2004).

첫째, 미술은 이미지의 표현이다.

둘째, 미술은 비언어적 수단이므로 통제를 덜 받게 된다. 더 나아가 미술활동은 아동 스스로 주도하고 조절하는 자율적인 활동이다. 따라서 아동은 자신의 활동의 결과물인 미술작품을 보면서 자신감을 갖게 된다. 자신이 선택한 미술재료를 가지고 자신이 그리고 싶은 것, 만들고 싶은 것을 완성하고 나서 성취감, 만족감, 자아가치감을 느끼면서 성장한다.

셋째, 미술은 즉각적으로 구체적인 유형의 자료를 얻을 수 있다. 즉 눈으로 보고 직접 만질 수 있다. 어떤 내담자는 단 한번의 작품에서도 자신의 감정을 느낄 수 있다. 또한 미술작품은 보관이 가능하므로 자료의 영속성이 있고 내담자가 만든 작품을 필요한 시기에 다시 재검토할 수 있다. 내담자의 작품변화를 통해 치료과정을 한 눈으로 이해할 수 있다.

넷째, 미술은 시간성에서 자유롭다. 미술은 아동으로 하여금 현재의 사건과 관계되는 생각이나 감정뿐만 아니라 미래에 대한 생각까지도 표현할 수 있게 한다.

다섯째, 미술은 공간성을 지닌다. 자신의 가족을 그림이나 조소 작품으로 묘사하여 가깝고 먼 가족, 결합과 분리, 유사점과 차이점, 가족의 생활환경 및 속성을 표현할 수 있고 그것은 우리의 경험을 반영하는 것이다.

여섯째, 미술활동은 아동으로 하여금 자신의 분노나 적대감을 사회적으로 수용될 수 있는 해롭지 않은 방식으로 해소시킬 수 있도록 한다. 그와 반대로 소심하거나 위축되어 있어 말이 없는 아동과도 친밀감을 형성할 수 있어 쉽게 관계를 형성할 수 있고 자신을 표현할 수 있게 해준다.

일곱째, 미술은 창조성과 신체적 에너지를 유발한다. 미술작업을 하면서 토론하고 감상하고 정리하는 시간을 통하여 체내의 에너지 정도가 변화함을 느낄 수 있고, 연극이나 영화의 역할을 맡은 배우처럼 창조적 에너지를 발산할 수 있다.

03 미술창작의 발달단계

미술과 미술창작 과정을 이해하기 위해 치료자는 정상적이고 건강한 표현과 억압된 표현 간의 차이를 구분할 수 있는 발달적 단계를 이해해야 한다(Rubin, 2001). 루빈

(2001)은 아동이 새로운 미술매체를 학습하기 위해 꼭 거쳐야 하는 아홉 개의 단계를 설명하고 있다.

첫 번째 단계는 준비단계로 자극(manipulating)단계라고 한다. 이것은 고도로 감각적이고 운동감각적이며, 근본적으로 탐색의 목적을 지니고 있다. 두 번째 단계는 형성단계로, 아동은 미술매체에 대한 통제를 하기 시작하고 다양한 결과를 만들기 위해 재료들을 의식적으로 다루기 시작한다. 이 단계에서는 낙서하기, 문지르기, 굴리기, 평평하게 하기 등이 두드러진다. 세 번째 단계는 이름붙이기(naming)단계로, 아동의 창작과정은 성인의 격려를 받아가며 무언가를 만들어내고, 작품에 이름을 붙이기 시작한다. 아동이 작품에 이름을 붙이지만, 그 작품의 모양은 실제와 전혀 다를 수 있다. 네 번째 단계인 표상(representing)단계가 되기까지 창작물은 어떤 모양을 확실하게 갖고 있지 않으며, 성인들은 확실한 모양이나 표상을 확인하기 어렵다. 이 단계에서는 대상이나 그림들은 어떤 모양을 갖고 있긴 하지만 아동이 알고 있는 것, 또는 대상에서 초점화된 것을 강조한 것이다.

다섯 번째 단계인 머물러 있기(containing)단계에서는 아동접근에 정확한 변화가 일어났음을 보여 준다. 미술과 그 창작물은 더 이상 혼란스럽지 않고, 윤곽선 안을 채워넣는 등 체계적이 된다. 이 시점에서 아동들은 스스로 충동을 통제하는 능력을 시험해보는 단계로, 예술적으로뿐만 아니라 상징적으로도 경계 내에 머무르는 것을 배우게 된다. 여섯 번째 단계는 실험(experimenting)단계로, 아동들은 같은 재료를 다른 방식으로 표현하고 상징화하거나 다양한 매체를 사용하는 등 여러 가지 탐색방법들을 시도해 본다. 아동들은 진실로 창의적이 되며, 소근육 통제능력이 증가되면서 자신의 작업은 좀 더 세밀해지고, 보는 사람들을 더욱 더 흥미롭게 하며, 더욱 더 정교해진다. 일곱 번째 단계는 공고화(consolidating)단계로, 아동들은 어떤 특정한 미술매체를 선호하고, 작품은 매우 실제적이며, 자아중심적 단계에서 벗어나기 시작한다. 아직 그림은 이차원적이지만 다른 사람들이 포함되며 나무와 집처럼 사물의 다양한 측면들이 포함된다. 여덟 번째 단계는 자연화(naturalizing)단계로 아동의 그림은 정교화되고 세련되게 된다. 이 단계의 아동은 자신이 비율, 음영, 차원을 완전하게 그리지 못하면 좌절하고, 이 단계에서 아동은 자기비판적 태도를 갖게 되기도 하며, 심지어는 그림 그리기를 포기하게 된다. 이런 좌절감은 이 시점까지 아동이 작업했던 좀 더 안전한 도식을 포기하고 새로운 것을 배우려는 욕구를 막는 것으로, 많은 아동들뿐만 아니라 성인들까지도 이 단계를 넘어서지 못하게 한다.

마지막 단계는 개인화(personalizing)단계로, 예술적 표현에 대한 개인적 스타일을 추구하는 단계이다. 이 단계에서 아동이나 성인의 미술은 자신의 가치와 이상을 반영

표 10-1 ● 미술작품과 미술창작과정에 대한 정상적 발달단계

단 계	특징적 과정	특징적 활동
자극단계	감각이나 운동감각적 자극을 위한 탐색 행동	물감 물 튀기기나 문지르기, 종이나 점토 튀기기나 문지르기 또는 구기기
형성단계	아동은 매체에 대한 통제를 하기 위해 재료를 의식적으로 다룸	낙서하기, 점토나 플레이도우를 굴리고, 평평하게 하기
이름붙이기단계	작품은 무언가를 나타내기 시작하며, 성인의 격려를 받아 아동은 이름을 붙일 수 있음	무언가를 나타내기 위해 아동만이 알아보는 낙서하기 또는 점토나 플레이도우로 형태만들기
표상단계	작품은 형태를 띠지만, 아직 식별 하기는 힘듦. 형태가 있으며 명확한 표상적 가치를 갖고 있음	비록 확인하기는 어렵지만, 표상적 가치를 갖고 있는 대상이나 그림
머물러 있기단계	윤곽선에 따라 체계적으로 안을 채움, 경계내에 머무름	대상의 명확한 윤곽선을 그림, 실제를 표상한 명확한 경계가 있는 점토 모델
실험단계	매체간, 그리고 매체내에서 탐색을 함, 창의성이 만개함, 세부적인 것에 집중함	보는 사람의 관심을 사로잡고자 그림이나 모델을 정교화 함
공고화단계	선호하는 매체가 생김, 2차원적 표상이지만 현실적임, 사람들과 사물들을 포함시킴으로써 자기중심성에서 벗어나기 시작함	사물들이 포함되어 있는 타인들의 그림을 그림, 현실적인 조각을 만듦
자연화단계	정교화되고 세련됨, 비율, 음영, 차원에 맞게 그리려 노력함	3차원이 나타나고 비율이 맞는 그림과 조각을 만듦
개인화단계	자기표현과 개인적 스타일을 추구함, 가치와 이상을 반영함, 갈등이 좀 더 분명하게 드러남	3차원적이고 정교화되며, 의미가 담긴 색다른 그림이나 조각을 만듦

출처: Brems, C.(2002). *A comprehensive guide to child psychotherapy.* Long Grove, IL: Waveland Press. Inc. p.296

한다. 이제 좀 더 분명한 표현 속에서 개인의 갈등들을 발견하게 된다. 아동의 미술발달수준을 이해하게 되면 아동의 전반적 발달단계를 이해할 수 있을 뿐 아니라 치료자들이 아동치료에서 미술을 좀 더 쉽게 적용시킬 수 있게 된다(표 10-1 참고).

2. 아동미술치료

미술치료기법은 수많은 현장에 성공적으로 적용되었고, 수술 전의 예기불안, 악몽, 성폭력, 폭력에의 노출, 죽음과 죽어가는 과정의 다룸 등과 같이 수많은 현존 문제를 위해서도 적용되었다(Brems, 2002). 일반적인 아동심리치료에서 미술기법의 사용은 순수 미술치료와는 다르다. 순수 미술치료는 미술적인 감동 부분에 초점을 두고 있으며(Kramer, 1998), 미술적 과정과 작품에 조언을 하고 도움을 주는 것이다. 순수 미술치료사들은 미술기법만 사용하는 치료자들과는 미술기법을 다르게 사용한다. 미술이 기법적인 것으로만 사용되면, 특히 현장에서 미술기법 사용에만 초점을 두게 되는 것은 작품을 만드는 과정과 결과물의 상징성에만 초점을 두게 되는 것이다. 사용된 기법의 감동과 정확성은 치료적으로 평가되지 않는다. 그러므로 아동들과의 작업에 적용하는 기법으로서의 미술은 아동의 미술적 능력을 요구하는 것이 아니라 다양한 치료적 목표를 위해 미술재료를 사용하려는 아동의 의지를 요구한다(Landgarten, 1987).

01 목 표

미술치료의 목표는 크게 3가지-평가, 정화, 성장-로 나뉜다. 이 세 가지 목적은 모두 치료 처음부터 치료 마지막까지 해당된다(Brems, 2002).

(1) 평 가

평가를 위해 미술을 사용하는 한 가지 이유는 치료자에게 아동사례의 개념화와 문제가 무엇인가에 대한 진단적이고 역동적인 정보를 주기 때문이다. 미술은 치료자로 하여금 창작의 과정과 결과물을 통해 갈등, 욕구, 정서를 인식할 수 있도록 해준다. 미술을 사용하는 또 다른 이유는 치료과정과 종결에 대한 준비를 결정하는 데 도움을 준다. 이 과정에서 임상가는 아동의 성장과 성숙을 평가하기 위해 미술작업과정과 결과물에서의 변화를 평가한다. 이전에 갈등이나 정서장애를 표현한 것으로 해석되었던 어떤 주제가 사라졌다는 것은 과정에서 변화가 있다는 것으로 좀 더 인내심이 많아졌고, 자기확신이 증가했으며, 좀 더 목표지향적이 되었다는 것을 의미한다. 이것은 미술이 어떻게 치료의 진전을 가져왔는가를 보여준다. 아동이 평가목적을 위해 미술작업을 하는 것은 의사소통과 자기노출의 한 방법이다. 치료자가 평가목적을 위해 미술작업을 하는 것은 아동으로 부터 새로운 정보를 얻기 위한 것이다.

아동미술을 진단 또는 평가하는 도구로 사용하기 위해 수많은 표준화된 절차들이 발달되었다. 미술기법을 이용한 다양한 평가도구로는 인물화 검사(Draw-A-Person Test)(Machover, 1952), 집-나무-사람 검사(House-Tree-Person Drawing)(Buck, 1948). 동작성 집-나무-사람 검사(Kinetic House-Tree-Person Drawing)(Burns, 1987), 동작성 가족화 검사(Kinetic Family Drawing)(Burns and Kaufman, 1970) 등이 있다. 이런 기법들은 모두 아동에게 제공되는 방법과 유도해내는 내용이 명백히 다르지만, 공동목표는 평가하는 과정에서 아동으로부터 추가적인 정보를 얻기 위한 것이다. 그러나 이런 표준화된 과정들이 있다고 해서 구조화되지 않고, 자유로우며, 낙서와 같은 그림들이 평가의 목적에 맞지 않는다고 말할 수는 없다(Kramer, 1998; Naumberg, 1966).

(2) 정 화

정화의 목적으로 사용되는 미술활동은 감정의 표현과 숙달을 강조한다. 정화경험에서 아동은 미술적 자기표현 과정이나 작품을 통해 과거의 경험을 다시 경험하게 된다. 예를 들어, 어떤 아동은 분노를 불러일으키는 사건이 떠올라 점토를 세게 내리칠 수도 있고, 분출하는 화산을 만들 수도 있다. 최근의 사건에 대한 표현과 그와 연관된 정서표현 또한 정화를 경험하게 하고, 감정이나 욕구를 자유롭게 표현하도록 해준다. 정화의 목적으로 아동에게 있어 미술을 사용하는 것은 정서와 갈등을 방출하고 숙련되게 해준다. 임상가에게 있어 미술의 사용은 아동의 금지된 정서경험이나 욕구를 표현하도록 격려해 주고 촉진시켜 준다.

(3) 성 장

성장을 활성화시키는 매체로서의 미술은 라포형성이나 치료적 관계를 촉진시키기 위해 사용된다. 아동이 문제해결을 위한 대안적 방법을 배울 수 있도록 도우며, 창의성을 키우도록 고안된다. 대안적인 방법의 탐색과 창의적인 다양한 매체의 사용은 특히 아동의 성장에 도움이 된다. 아동들은 다양한 해결책을 시도해 볼 수 있으며, 이런 다양한 해결책을 시도해 봄으로써, 융통성과 대안적 접근이 성장과정에 중요하다는 것을 아동에게 강조할 수 있다. 미술매체의 사용은 기술학습을 증진시킬 것이며, 재능발달을 격려할 것이다. 또한 이것은 자기확신감, 만족감, 성취감을 증진시키게 된다. 결과적으로 자아존중감이 높아지고, 문제해결력이 촉진되며, 대안방법을 추구하게 됨으로써 미술은 갈등의 훈습과정을 촉진시킨다. 아동은 자신의 창작활동을 통해 갈등표현에 자유롭게 되고, 해결과 숙달경험으로 나아가게 된다. 아동과 치료자 모두에게 미술사용

표 10-2 ● 미술의 치료적 목적

목 적	하위목적
평 가	개념화에 도움을 주는 진단적 정보 치료계획에 도움을 주는 진단적 정보 역동적인 개인간 정보 갈등과 문제에 대한 인식 정서와 욕구에 대한 인식 진전을 의미하는 변화에 대한 결정 종결준비 결정
정 화	정서와 욕구에 대한 자유로운 표현 과거 일어났던 일에 대한 억압되지 않는 과정 최근 사건에 대한 표현과 재창조 예기되는 사건에 대한 표현과 재창조 감정과 갈등에 대한 방출과 숙달
성 장	치료적 라포형성 대안적 문제해결책 탐색 창조적 문제해결책 양성 문제상황에서 창의적인 접근방식과 해결책 양성 기술훈련과 재능발달 자아존중감 및 자기확신감 증가 목표지향성 증가

출처: Brems, C.(2002). *A comprehensive guide to child psychotherapy.* Long Grove, IL: Waveland Press. Inc. p.300

에 있어 가장 중요한 것은 의미와 후속 해결책에 대한 해석이다. 이런 맥락에서 볼 때 미술은 변화를 위한 촉매제가 된다.

아동-치료자 상호작용에서 일어나는 미술의 치료적 목적을 이루기 위해 치료자는 창작과정과 미술작품의 의미에 대해 이해해야 한다. 다른 말로 하면, 아동의 행동과 창작과정이 드러내 주는 것이 무엇인가를 해석하는 능력은 치료기법으로써 미술의 유용한 적용과 실행에 있어 중요하다. 초보 임상가는 작품의 상징성, 작품이 만들어진 과정의 의미, 결과물의 형태와 친밀해지기 위해 오랜 시간을 보내야만 한다. 그리고 또 주의해야 할 점은 과정이나 형태, 또는 작품이 각기 다른 상황에서 각기 다른 아동들에게 각기 다른 의미를 갖고 있을 수 있다는 것을 명심해야 한다. 그러므로 여기에 해석을 위한 몇 가지 일반적 가이드라인이 제공되긴 하겠지만, 개방된 마음상태로 아동의 미술과정에 접근하고, 그것의 의미와 개인적이고 개별적인 기준의 중요성에 대해 인식해야 한다. 더 나아가 치료자는 아동의 그림을 이해해야 하며, 그것을 해석할 수 있어야 하지만, 다른 한편으로는 똑같은 규칙을 모든 아동에게 적용해서는 안 된다(Oster and Gould, 1987).

02 아동미술치료에서 미술작업의 해석

미술활동을 통해 상담목표를 달성하려면 치료자는 아동의 행동과 창작품이 무엇을 나타내는지 이해해야만 한다. 해석하기는 미술치료사에게 더할 나위 없이 중요한 역할이다. 우선 치료자는 아동이 미술작품을 통해 투사하고자 하는 바를 정확히 지각하도록 노력해야 한다(김춘경, 2004). 랜드가르튼(Landgarten, 1987)은 미술작업과정과 작품에 대한 해석을 '자신의 눈으로 듣는 과정' 이라 묘사했다. 이것은 두 가지 이유에서 치료전략으로써 미술사용의 중요성을 정의해 놓은 것으로 보인다. 첫 번째 이유로 미술의 사용은 내담자가 이전에 알지 못하거나 인식하지 못했던 감정이나 욕구를 인지하도록 돕는다. 작품은 아동으로 하여금 문제, 느낌, 욕구, 해결책, 대안 등을 시각적으로 기억하게 한다. 이런 시각적 상기는 아동의 치료적 성장에 중요한 영향을 주기 위해 치료자에 의해 크게 해석될 필요는 없다. 두 번째 이유로 미술의 사용은 몇 가지 이유로 언어화 하지 못하는 아동들의 문제에 치료자의 관심을 집중시킨다. 따라서 미술은 아동들과 그들의 가족, 환경에 대한 새로운 정보나 과정에 대해 치료자가 눈뜨게 해준다. 이것은 치료자가 치료계획을 수정하게 도와 주며, 말로 표현되지 않은 문제에 대한 해결책을 이끌도록 개입하게 도와 준다. 자신의 눈으로 듣는 과정을 촉진시키기 위해, 치료자는 미술의 세 가지 차원, 즉 과정, 형태, 내용을 해석할 수 있는 능력이 있어야 한다. 이 세 가지 차원 모두에서 해석은 단순히 가설로만 받아들여야 한다. 미술작업 과정과 작품이 다음에 설명한 해석의 의미로만 정의된다고 믿는 것은 잘못된 것이다. 그러므로 해석 부분에 대한 논의는 임의적 영향과 작품과 현실간의 환상적 관계를 피하기 위한 가설의 맥락으로만 이해되어야 한다(Brems, 2002).

(1) 과정해석

과정해석은 미술재료를 사용하여 작품을 만드는 과정을 치료자가 탐색하는 것을 말한다. 치료자는 아동이 재료표현에 어떻게 반응하고 어떤 재료를 선택하고 어떻게 그것을 조작하고 어떻게 결합시키는지 관찰한다. 더 나아가 창작과정에서 아동이 주저하는지, 즐거워하는지, 자발적인지, 억제적인지, 유사한 재반응을 하는지 등 아동의 태도를 신중하게 관찰한다. 이런 해석의 형태는 특히 예상된 방어나 대처기제에 대한 가설설정에 유용하다. 예들 들어 행동하지 않고 자주 방어하는 아동이 한두 가지의 그림을 그리거나 점토를 거부할 수도 있고, 작품이 완성된 뒤에 즉시 숨기거나 파괴시킬 수도 있다. 유사하게 그림을 그리거나 색칠할 때 아동은 그림 위에 어두운 색을 칠해서 그림이 나타내는 것을 감추려 할 수도 있다. 감정이나 사고의 고립이나 제한 혹은 억압 같은 제한된 방어는 아동이 자발성이나 창조성이 없음을 나타내는 매우 통제된 접근의 결과이다. 그런 아동은 매우 경직된 윤곽선을 고수하고 그림에 색칠을 하지 않는다. 이와 관련해서 어떤 아동은 손에 묻히는 것이 싫어서 점토작업을 거부할 수도 있다.

어떤 행동은 연령이나 발달적 수준에 적합할 수도 있지만 또 다른 행동은 그렇지 않을 수도 있다. 10세 아동이 문지르거나 두드리는 매체만을 사용한다면, 그 아동은 억압을 하고 있다는 증거가 될지도 모른다. 그러나 3세 아동이 이와 같은 행동을 하는 것은 연령에 적합한 행동이다. 즉 같은 행동이라도 연령에 따라 다르게 해석될 수 있기 때문에 연령에 맞는 발달적 해석을 고려해야 한다.

과정에 대한 관찰은 갈등이나 현재 문제상태의 내용에 대한 가설을 제공할 수 있다. 이러한 목적을 위해 치료자들은 언제 어디서 아동이 화를 내고, 혼란되고, 두려워하고, 슬퍼하는지, 또는 정서적으로 영향을 받는지 살펴볼 필요가 있다. 예를 들어, 가족을 그리던 아동이 갑자기 화를 낼 수도 있다. 좀 더 자세히 조사해 본 결과, 특정한 형제자매를 그릴 때 지속적으로 화를 내는 경향이 있다는 것을 알아냈다. 이럴 경우 형제자매관계에서 중요한 문제가 부가적으로 조사되어야 한다. 마찬가지로 점토로 즐거운 장면을 구성하는 아동이 갑자기 부수고 파손시키는 것은 불안을 나타내고 아동을 압도하는 장면으로, 치료자는 그것과 관련된 이야기를 나누어 볼 수 있다.

치료자가 자신의 해석에 대한 확신을 하기 위해서는 배경을 신중하게 고려해야 한다. 더 나아가 눈에 보이는 것의 가치만 취할 것이 아니라 부가적인 관찰과 자료수집을 통해 확고히 해야 한다. 그럼에도 불구하고 행동의 의미에 대한 몇 가지 공통점이 있다. 예를 들면, 테두리 내에 있는 것에 대해 지나친 관심을 나타내는 것은 자극 통제와 관련된 표시이고, 반면 지나치게 지우는 것은 불안과 불확실함 혹은 도움을 요구하는 소심함을 반영하는 것일 수 있다(Ogden, 1979). 과정정보는 매우 가치 있지만, 미술활동과 작품의 형태와 내용에 기초를 둔 가설과 그것으로부터 얻는 정보를 보충함으로써 가치가 높아질 것이다(Malchiodi, 1998).

(2) 형태해석

형태해석은 작품의 전체 형태와 인상에서 얻은 의미에 대한 해석이라 할 수 있다. 그림이나 조소작품의 위치, 완전성, 대칭 등은 형태의 중요한 구성요소이며, 명료성, 움직임, 색깔, 대상들의 크기와 그들의 상대적 크기 또한 평가될 필요가 있다(Ogdon, 1979). 예를 들어, 종이의 오른쪽 측면에 위치한 그림은 주지화, 내향성, 미래지향과 관련되는 경향이 있으며, 종이의 아래쪽 측면에 위치한 그림은 불안과 우울의 신호이다(Ogdon, 1979). 가장자리에 위치한 그림은 불안을 암시하고, 외부에 경계를 넣는 것은 내면구조의 부재를 의미한다(Burns, 1982). 과도하게 낮은 필압은 수줍음, 두려움, 낮은 에너지 수준과 연관되고(Ogdon, 1979), 과도하게 높은 필압은 때때로 공격성이나 기질적 뇌손상과 연관된다(Burns, 1982). 과장되게 큰 그림은 과장되고 과대망상적인 내담자에게서 보이는 경향이 있다(Ogdon, 1979). 또한 과도하게 작은 그림은 우울하거나 위축되어 불안정한 사람에게서 보인다(Burns, 1982). 그러나 같은 그림에서 그림의 상대적 크기는 아동 각자의 정서적 특징을 반영한다(Burns, 1987). 과도한 음영은 초조한 우울 및 불안과 연관되어 있다(Burns, 1987).

위에서 설명한 해석은 연구문헌으로 나와 있지만, 가설 이상의 것으로 받아들여서는 안된다. 즉 과정해석에서처럼 형태에 대한 구체적 의미는 각 개인마다 굉장히 다를 수 있다. 그러므로 치료자는 항상 자신의 해석을 아동의 행동과 작품에 임의적으로 강요해서는 안 된다. 가설은 또 다른 정보와 자료수집을 통해 확증되어야만 한다. 그럼에도 불구하고 아동그림의 형태를 평가하는 임상가들을 위한 안내서들은 초보 임상가들에게 매우 도움이 된다.

마지막으로 형태해석은 아동의 발달적 맥락을 고려해야 한다. 매우 어린 유아들의 활동은 그 경계의 부재로 인해 세밀하게 조사될 수 없다. 경계와 윤곽만 그린 아동이 반복적으로 이렇게 그리더라도 방어적이거나 억압적이라고 볼 수 없다. 그 아동은 단지 발달적으로 미술재료에 적응하고 새로운 실험을 하는 것일 수 있다. 형태해석에서 발달적 수준을 평가하는 매우 유용한 또 다른 요소는 한 아이에게 다양한 그림을 그리게 하고 그것들을 비교하거나 한 아이에게 같은 그림을 여러 개 그리게 하는 것이다. 그 후 모든 그림을 정교화와 성숙의 단계로 평가한다.

(3) 내용해석

내용해석은 그림이나 조소 등의 실제 최종작품을 이용하는 것을 말한다(Levick, 1998). 내용해석에는 세 가지 수준이 있는데, 최종작품으로부터 최대한 많은 정보를 얻기 위해 주의를 집중해야 한다. 첫 번째 수준에는 명백한 주제나 주된 문제가 탐색되어야 한다. 이 수준의 분석은 성인 내담자의 꿈 분석에서의 명백한 내용에 대한 해석과 비교될 수 있다. 예를 들면, 한 소녀가 서로 가까운 곳에 두 개의 집을 그리고, 그 다음 구름다리로 그 두 집을 연결하고 한집에는 자신의 이름을 붙이고 다른 집에는 치료자의 이름을 붙였다. 이 그림의 분명한 내용은 소녀가 아직 치료자와 관계를 맺고 싶은 강한 욕구를 느끼고 있다는 것이다. 그 소녀는 4주의 방학을 하기 전에 이 그림을 그렸는데, 이 그림에 대한 해석이 그 세션에서 진행할 치료자의 개입에 지침이 되었다. 아동은 떨어져 있는 동안에도 둘 간의 정신적 유대감이 유지된다는 것에 대한 재확신이 필요했던 것이다.

두 번째 수준에서는 그림이나 점토작품에 대한 제목이나 이야기에서 얻은 연상된 내용을 고찰하는 것이다. 작품의 내용이 명백하지 않을 때는 작품에 대한 가설을 만들기 위해 작품과 관련된 여러 가지 질문을 통해 작품 내용을 이해해야 한다. 예를 들어, 한 소녀가 다른 대상은 전혀 없이 독버섯만을 그렸다. 이 작품만으로는 내용이 분명하지 않았으나, 그림을 그리면서 아동이 설명한 내용으로 작품의 내용을 이해할 수 있었다. 그녀는 집에 사는 토끼는 빨리 달릴 수 없으며 집에서 멀리가는 것조차 허용되지 않는다고 했다. 소녀는 멀리 가고 싶었지만 그럴 때마다 엄마에 의해 즉시 통제당해야 했다. 이 작품은 해로운 가정환경뿐만 아니라, 아동의 어머니가 다른 곳에서의 양육을 방해하고, 아동의 양육에 대한 욕구를 잠재적으로 충족시켜 줄 수 있는 다른 성인들과의 상호작용을 금지하고 있다는 것을 나타냈다.

연상된 내용해석은 그림이나 조소에서 내용을 인식할 수 없을 때 좀 더 중요하다. 많은 아동들은 미술재료들을 가지고 매우 낮은 발달수준을 반영하는 작품을 통해 경험을 나타낸다. 그러므로 치료자는 그것을 분명하게 인식하기 어렵다. 그런 작품에 대해 이야기하도록 격려함으로써 그것들의 의미에 접근할 수 있고, 그에 따라 내용을 알 수 있게 된다. 예를 들어, 한 아동이 짙은 검정색 선으로 나누어진 2개의 그림을 그렸다. 한쪽 그림은 힘 있는 색과 파동 치는 선이 자유로운 붓으로 그려져 있고, 다른 쪽의 그림은 어두운 색과 경직된 윤곽으로 그려져 있었다. 내용으로 보아 치료자는 분리된 방어의 가능성과 흑백사고의 가능성을 인식할 수 있었다. 그러나 의미 있는 정보를 제공한 것은 연상된 내용에서였다. 아동에게 그림의 제목을 물어보자 그 소년은 아버지가 자신을 어떻게 바라보는지를 생각해서 그린 자화상이라고 했다. 좀 더 정교한 설명을 부탁하자, 그의 아버지는 때때로 소년의 엉덩이를 치며 칭찬을 하곤 하는데, 특히 자신이 새로운 기술을 습득하였거나 선생님으로부터 어떤 성취에 대한 칭찬을 받은 후에 그렇다고 얘기했다. 그러나 어떤 때는 아버지가 소년을 비난하고 자신감이나 자아 존중감을 손상시켰다. 분명히 이런 분리는 아동의 일상에서 일어났지만, 그 방어에 관여한 사람은 아동이 아니라 그의 아버지였다.

마지막으로 작품에 내재된(또는 잠재된) 내용에 대한 해석이다. 이러한 해석은 그림이나 모형의 상징성을 분석하는 것이다. 어떤 상징들은 주어진 문화, 지역사회, 혹은 단지 한 아동의 내부에서만 일반적인 것이다(Rubin, 2001). 치료자는 이런 상징과 개개 아동의 표현에 잠재된 의미를 파악할 수 있어야 한다. 연구문헌에는 주의해서 사용해야 하는 몇 가지 일반적인 의미에 대해 소개하고 있다. 예를 들어, 집은 종종 어머니나 가족생활을 일반적으로 상징하는 반면, 태양은 아버지 상을 표상하는 경우가 많다. 마녀는 적대감이나 자기비하를 표상하고, 차나 다른 교통수단은 독립과 자율성에 대한 욕구를 반영한다(Ogdon, 1979). 나무 구멍속의 동물들은 종종 의존욕구를 나타낸다(아마도 자궁으로의 회귀를 뜻하는 것 같다). 나무줄기의 옹이나 상처, 흠집들은 정신적 외상의 경험을 상징하는데(Ogdon, 1979), 특정한 위치의 상처는 외상이 일어났던 특정 시기를 나타낸다. 예를 들면, 나무의 중간 정도의 상처는 아동이 살아온 삶의 중간 정도가 외상의 시기임을 나타낸다. 만약 아동이 10살이면, 외상은 5살 정도에 일어났을 것으로 추정한다. 연은 억압된 가정환경으로부터의 탈출신호인 반면, 사다리는 긴장을 반영한다(Burns, 1987). 물은 종종 무의식을 상징한다(Ogdon, 1979).

잠재된 내용평가에 있어 두 가지 측면으로 아동그림을 접근해야 한다고 제안하고 있다. 첫 번째, 치료자는 모든 인물그림은 무시하면서 그림의 내용만 보고, 두 번째로는 모든 다른 내용은 무시하면서 그림의 모습만 본다(Burns, 1982). 이것은 치료자가 그림의 구체적 상세묘사에만 주의를 집중시키는 데 도움이 되며, 부가적인 의미를 밝히기 위한 질문을 하게 한다. 예를 들어, 그림을 보는 동안 치료자는 내용을 무시하면서 모든 인물그림이 상반신만 그렸다는 것을 인식한다. 즉, 다른 사물들로 인물의 하반신을 막아버렸다. 이것을 인식했을 때, 치료자는 스스로나 아동에게 왜 인물그림의 한 부분만 보이는지를 직접 물어볼 수 있다. 유사하게 또 다른 그림에서는 치료자가 인물그림을 무시하고, 그림에서 사물들이 빠져 있다는 것을 인식하게 된다. 이런 인식은 왜 아동이 자신의 주변의 사물들을 인식할 수 없는지에 대한 평가를 필요로 한다.

마지막으로, 잠재된 내용 평가에 있어 치료자는 많은 작품에서 반복적으로 나타나는 주제에 주목해야 한다. 예를 들면, 자신의 그림에 항상 구름을 포함시키는 아동은 항상 햇빛을 그리는 아동보다 확실히 생활경험이 다를 것이다. 다른 한편, 커다란 그림에 비와 햇빛은 조화롭게 그리는 아동은 세 아동들 중에서 가장 현실적인 관점을 가졌을지도 모른다. 인물그림을 그리지 않고 기계적인 대상에 보다 더 많은 초점을 두는 아동은 상호작용적인 환경이 매우 혼란스러울지 모른다. 한번 주제가 정해지면, 치료자는 갑작스럽거나 점진적인 변화가 나타나는지를 주목해야 한다. 따라서 인물그림을 그리지 않는 아동이 갑자기 자동차의 한쪽에 사람을 그린다면, 이것은 기록할 가치가 있는 상황이며, 치료의 진보나 성장을 나타낸다고 볼 수 있다.

요약하면 미술이나 창조적인 과정에 대한 주의 깊은 관찰이나 촉진은 상담자에게 가치 있는 정보를 제공하고 아동에게 자기표현과 정화, 문제해결을 할 수 있는 풍부한 기회를 제공한다(Malchiodi, 1998). 미술의 기본목표인 평가, 정화, 성장은 해석을 위한 개념틀을 제공한다. 아동행동과 작품에서 발췌한 의미는 과정, 형태, 내용 분석의 세 가지 차원으로 주의 깊게 평가되어야 한다. 아동상담에서 미술기법을 사용하는 데 있어 이 세 가지 차원의 지식과 경험은 치료자로 하여금 아동과의 작업에서 유용한 도구가 된다(Levick, 1998).

3. 미술치료의 실제

01 치료매체의 종류와 특성

미술치료는 다양한 매체들을 사용하며, 크게 세 가지 범주로 나눌 수 있다. 첫 번째는 회화재료로 연필, 색연필, 사인펜, 크레용, 파스텔, 수채물감, 아크릴물감, 얇고 굵은 펠트마커, 템페라가루 등이 있으며, 두 번째 범주는 조소재료로 찰흙, 플레이도우, 지점토, 밀가루 반죽, 종이죽, 다양한 종류의 점토 등이 포함된다. 세 번째 범주는 공예재료로 가장 광범위하면서 다양한 재료들이 포함된다. 예를 들면, 신문, 잡지, 천, 리본, 곡식 알갱이, 색노끈, 수수깡, 여러 종류의 종이, 색종이, 스티로폼, 우유곽, 상자, 아이스크림 막대, 플라스틱병 등 재활용품을 활용할 수 있다.

미술치료를 효과적으로 실시하기 위해서는 미술매체의 특성을 이해해야 한다. 여기서는 유동적인 것과 딱딱한 것으로 나누어 그 특성을 살펴보겠다(Cohen, Barnes, & Rankin, 1995). 〈표 10-3〉을 참고하라.

또한 매체의 특성에 따라 통제의 정도를 구분할 수도 있다(Landgarten, 1987). 랜드가르튼은 최소한의 통제를 받는 재료에서 보다 많은 통제를 받는 재료까지 재료를 체

표 10-3 ● 미술매체의 특성

종 류		특 성
부드러운 느낌의 재료	물감, 크레용, 파스텔, 찰흙 등	• 다루기 쉽지만 지저분해지고 심리적인 방어를 느슨하게 해줌 • 유동적인 재료를 사용해서 분노를 표현하기는 어려움 • 쉽게 접근할 수 없는 감정을 다루고자 한다면 부드러운 파스텔 같은 재료가 감정을 드러내기 쉽게 해줌
딱딱한 느낌의 재료	연필, 색연필, 마커, 잡지그림	• 에너지를 최대로 방출시킬 수 있고 깔끔함 • 종이를 찢어서 콜라주를 하거나 문제해결을 위한 그림을 그리는 것에 좋음 • 강하고 거친 감정을 표현할 때 도움 • 과제에 맞는 재료는 사용하는 동안 사용자는 의식적인 사고판단 과정을 수행할 수 있고 보다 더 통제된 상태를 유지할 수 있음 • 통제된 모습이 평소 스타일이라면 보다 부드러운 재료를 사용하는 것도 좋음

출처: B.M. Cohen, M.M. Barnes, & A.B. Rankin(1995). *Managing traumatic stress through art.* 상처입은 마음의 성형(이윤희 · 주리애 공역, 2003). 한국미술치료연구센터

계화하는 이론을 전개했다. 이를테면 연필이나 색연필은 정밀하고 세부적인 묘사를 할 수 있고 저항력이 강하기 때문에 가장 통제성이 강한 재료이다. 수채물감이나 젖은 점토 같은 물기가 많은 재료들은 통제하기 어려운 재료에 속한다.

02 미술매체 선택의 유의점

미술재료의 선택은 적절할 때 적절한 재료의 사용은 좋은 결과를 가져올 것이라는 치료자의 확신에 따르는데, 몇 가지 준거에 맞아야 한다(Brems, 2002). 첫 번째 준거로 재료나 매체는 연령에 적합한 것을 준비해야 한다. 모든 재료들이 서로 다른 연령의 아동들에게 똑같이 유용한 것은 아니다. 붓이나 얇고 두꺼운 펠트마커를 사용할 만큼 충분히 운동협응능력이 발달되지 않은 매우 어린 유아들에게는 핑거페인트 작업이 좋다. 그러나 그보다 나이든 아동에게는 붓이나 얇고 두꺼운 펠트마커를 선택하는 것이 더 좋다. 점토는 감각을 자극시켜 주기 때문에 발달적으로 지체된 아동이나 매우 어린 아동에게는 유용한 재료이다(Henley, 1991).

재료는 아동이 선택할 수 있을 만큼 충분해야 하지만, 너무 많은 재료는 결정하는 것을 어렵게 만들기 때문에 좋지 않다. 미술매체가 아동에게 불안을 불러일으킬 수도 있다. 점토나 플레이도우를 두려워하는 아동에게 이 재료의 사용을 과도하게 격려하지 말아야 한다. 이런 아동들이 다른 기법사용을 통해 성장하게 된다면 아마도 점토나 플레이도우를 더 이상 두려워하지 않게 될지도 모른다.

아동의 협응과 소근육 통제를 고려해야 한다. 예를 들어, 눈과 손의 협응이 잘 안되는 아동은 가위를 사용하여 작업을 하는 것이 어려울 수 있다. 특별한 도움이 필요한 아동들에게는 그들이 다룰 수 있는 재료를 준비해 주어야 한다.

또한 미술매체를 다뤄봤던 아동의 이전 경험도 영향을 줄 수 있다. 어떤 매체는 이전에 작업해 봤기 때문에 아동에게 더 편안함을 줄 수 있다. 반면 어떤 매체는 이전에 잘 다루지 못했고, 부정적인 경험을 했었기 때문에 불편할 수도 있다. 따라서 치료자는 그림을 그리고, 색을 칠하고, 조각을 하고, 무언가를 만들기 위해 다양한 종류의 재료를 준비해 두고, 각 아동의 욕구, 재능, 흥미, 또는 기타 요인들에 따라 신중하게 사용할 수 있도록 격려한다.

아동이 그림을 그릴 때 양적으로 다양한 재료를 선택할 수 있도록 질 좋은 재료들을 제공하면, 다양한 표현을 할 수 있기 때문에 아동의 그림에 많은 영향을 줄 수 있다. 예를 들어, 어떠한 미술재료가 제공되는가에 따라 아동이 그림을 그릴 때 어떤 색을 선택하고 사용하는지에 영향을 줄 수 있다. 어떤 아동들은 어떠한 상황에서도 부러진 크레용을 사용하지 않고 좋은 상태의 크레용만을 사용하기를 좋아할 것이다. 또한 분필이나 파스텔을 사용하는 활동에서는 손가락이 더럽혀지는 것을 싫어하여 종이로 싸여진 파스텔만 사용하는 아동들도 있을 것이다. 이는 아동들이 성격이나 선호도를 나타내 주기도 하지만, 어떤 그림을 그리느냐 또는 그림의 내용이 무엇이냐에 따라서 아동의 색 선택에 영향을 줄 수 있다(Malchiodi, 1998).

03 환경의 중요성

환경은 아동의 그림 내용과 스타일에 영향을 줄 수 있는 또 다른 측면이다. 미술작업의 공간은 아동의 미술활동 과정에 영향을 준다(Malchiodi, 1998). 정돈되어 있지만 학생들로 북적대는 공간에 있는 아동들의 미술표현은 다른 아동들처럼 색이 화려하고 상상력이 풍부했다. 그러나 이러한 환경 속에 있는 아동들은 종종 깔끔한 것에 대한 강박관념을 가지고 있으며, 그림의 구도와 색채면에서 조심스러움을 드러내기도 했다. 활동에 있어 제한을 가하는 매우 체계화된 환경의 경우는 그 공간 자체가 미술표현 방식에 영향을 준다는 것을 알 수 있다.

반면에 자유롭게 활동할 수 있는 공간적 여유를 갖고 있는 경우, 아동들은 작업을 하면서 자유롭게 돌아다니기도 하고, 노래를 부르기도 했다. 또한 대형작업을 하고 집단을 통해 그림을 표현할 수도 있다.

미술활동을 위해 마련된 별도의 공간이 있으면 이상적이기는 하지만, 치료자들은 종종 다른 환경에서 아동들을 위해 일해야 하는 경우도 있다. 예를 들어, 부엌, 레크레이션실, 미술실, 사무실 등을 이용할 때도 있지만, 성인용 탁자와 의자를 사용하는 것은 미술활동의 효율성과 능률성을 떨어뜨린다.

따라서 미술작업공간은 아동들의 표현에 영향을 미치는 요인이며, 아동들의 참여수준과 그림에 환경이 직접적으로 어떠한 영향을 주는지를 알고 있는 것이 중요하다. 대부분의 많은 아동들은 잘 짜여진 공간에 자극을 받기도 하나 어떤 아동들은 너무 넓은 공간과 주의산만한 환경에 압도될 수도 있다. 어떤 아동들은 바로 앞에 놓인 지나치게 많은 재료와 놀잇감에 쉽게 흥분하는가 하면, 시작하는 것에 대해 불안해 하거나 싫어하는 아동들이 있을 때에는 많은 재료들이 집중할 수 있는 아동의 능력을 떨어뜨릴 수도 있다. 비록 많은 상황에서 치료자들이 아동들의 미술작업 환경을 완전히 통제하지는 못하겠지만, 아동이 그림을 그리는 관심도와 참여도에 공간이 영향을 준다는 것을 아는 것은 중요하다.

아동들이 자신의 그림을 다른 사람들이 보는 것을 원치 않을 수도 있으므로 미술활동공간은 안전하다는 느낌을 갖게 하는 곳이어야 한다. 그림을 그리는 공간은 가능한 한 편안하고 안전하다는 느낌을 가질 수 있는 곳이어야 한다. 치료받기 위해 오는 아동들의 대부분은 어려움과 걱정이 있고, 두려움을 가지고 오기 때문에 새롭고 낯선 환경이 이러한 아동들에게 불안감을 유발할 수 있다. 미술표현을 위한 안전한 장소를 아동들에게 제공하기 위해서는 치료자와 둘만의 공간을 사용하거나 또는 집단이나 가족과 좀 떨어진 곳을 사용하거나 하여 아동이 선택권을 갖게 하는 것이 필요하다.

더불어 아동들을 치료하는 치료자들은 아동들이 분필, 페인트, 풀 혹은 다른 종류의 미술재료를 가지고 공간을 엉망으로 만들지 않을까 하는 걱정을 한다. 만약 아동치료의 목표 중 하나가 그림을 통해 자유로운 표현을 하도록 돕는 것이라면, 이러한 걱정은 치료목표의 성취면에서 도움이 되지 않을 것이다.

04 미술치료사의 역할

치료자의 자질과 역할은 치료에 있어 매우 중요한 사항이다. 기법으로써 미술을 사용하는 치료자의 역할은 순수 미술치료사와의 역할과는 다소 다르다. "미술치료사는 아동들의 보조근육으로써, 사실적인 정보의 근원으로써, 미술적 기법의 지도자로써, 자기와 환경에 대한 새로운 태도를 실험하고 효과적인 억압을 하기 위한 성스러운 제공자로서, 비밀유지와 환상의 수령인으로서, 동일시의 대상으로서 많은 능력을 아동들에게 제공한다"(Kramer, 1998, p.158). 그러나 일반적인 심리치료사들은 보통 미술치료사의 첫 세 가지 기능은 제공하지 못한다. 루빈(2001)에 따르면, 미술치료사는 예술가이다. 이들은 치료에 초점을 둘 수 있을 뿐만 아니라 기법이나 매체를 가르칠 수 있어야 한다. 이 부분이 미술을 기법으로만 사용하는 치료자와 매우 다른 점이다.

미술치료사와 일반 심리치료사 간의 이런 차이점에도 불구하고 임상가는 아동이 자유롭게 자기표현을 할 수 있고, 미술매체를 편안하게 사용할 수 있는 환경을 만들 필요가 있다. 여기서는 미술을 기법으로써 다루는 치료자와 〈표 1-1〉 미술치료사 모두에게 필요한 전문적 지식과 자질에 대해 살펴보겠다.

김동연(2000)은 미술치료를 위해 다음과 같은 전문적인 지식과 자질을 갖춰야 한다고 보았다. 첫째, 미술매체와 과정들 그리고 미술의 특성과 잠재성에 대한 지식을 갖고 있어야 한다. 둘째, 미술치료사는 발달, 정신역동성, 그리고 대인관계라는 측면에서 치료자 자신뿐만 아니라 타인에 대해서도 알아야 한다. 셋째, 미술치료사는 다른 사람을 변화시키기 위해 치료관계와 치료기제의 특성에 대해서도 알아야 한다. 그 외에도 치료자의 기본적인 자질에 대해서도 설명하고 있다. 〈표 10-4〉를 참고하라.

표 10-4 ● 미술치료사의 기본적인 자질

- 아동을 진심으로 좋아하고 그들의 내면세계 그 자체를 이해하며 아동의 사고, 감정, 충동을 수용하고 그것에 익숙해야 한다.
- 아동의 성장과 치료과정에 대해 신뢰하는 마음가짐과 일관성 있는 치료관계를 통하여 아동에게 안정성을 부여한다.
- 아동과 비언어적 의사소통을 할 수 있는 창조적이고 전문성을 지닌 치료자이어야 한다.
- 치료자가 아동에게 행하는 칭찬이나 격려, 지지, 통제 등은 적절한 시기에 신중하게 사용되어야 한다.
- 치료의 과학적 측면을 고려해야 한다.
- 치료자는 미술활동을 주의 깊고 기술적으로 사용하여 경험을 제공하고 그들의 작품뿐만 아니라 작업환경을 이해해야 한다.
- 치료과정에서 가족과의 관계를 중요시하고 아동과 미술에 대한 존중감을 지녀야 한다.

05 미술치료의 과정

아동에 대한 미술치료과정의 단계는 초기부터 종결까지 여러 단계에 걸쳐 진행된다. 김동연(2000)은 미술치료과정의 단계를 아동의 시험적 태도표출, 신뢰감 형성, 노출과정, 의사소통, 직면, 이해와 수용, 대처와 분리로 이루어진다고 보았다. 또 어떤 치료자는 치료의 과정을 도입단계, 중기단계, 종결단계로 나눠서 보기도 하였다. 미술치료의 시간 구성은 치료목표나 대상, 방법에 따라서 결정된다. 대체로 주 1회 정도이며 시간은 아동이나 환경조건을 기초로 구성하지만 대략 약 60~90분 정도로 실시된다. 1회기 미술치료의 진행과정은 일반적으로 도입, 활동, 토론의 순서로 진행된다(강승아, 2000).

(1) 도 입

서로 친밀해지면서 편안한 분위기를 조성하는 것이 중요하다. 치료가 처음 시작될 경우에는 치료목표를 설정하고 미술치료에 대한 전반적 설명과 규칙을 정할 수 있다. 이미 진행중인 경우에는 그 시간의 활동에 대해 간단히 설명하는 정도가 좋다.

(2) 활 동

내담자가 적극적으로 작업에 들어간 단계로 내담자가 활동 자체에 몰입하여 깊은 경험을 할 수 있도록 불필요한 대화를 하지 않는다.

(3) 토 론

먼저 자신의 작품을 살펴보는 과정이 필요하다. 이 과정에서 치료자와 내담자, 내담자와 작품 사이에 상호작용이 일어나는데, 관계가 신뢰롭고 안정되어 있을수록 작품 안에서 더 많은 정보와 느낌을 가질 수 있다.

06 미술치료기법

아동상담에서 사용할 수 있는 미술치료 기법은 크게 진단으로 사용되는 기법과 치료적 목적으로 사용되는 기법으로 나눌 수 있다.

(1) 진단목적을 위한 기법

아동에 대해 접수면접을 하고 난 후 먼저 평가를 위해 미술작품을 통한 개인의 상태를 진단하는데, 이는 개인의 욕구, 감정 등 내면 상태가 그림이나 미술작품으로 표현되기 때문이다. 진단도구로서 미술은 일종의 투사적 기법으로 그림의 내용, 형태, 색, 의미 등을 통해 아동발달 수준과 장애의 정도를 파악하고 진단한다. 진단목적으로 사용되는 미술치료기법으로는 나무 그림검사, 인물화 검사(DAP), 집-나무-사람 그림검사(HTP), 동작성 가족화 검사(KFD), 동작성 학교화(KSD), 자유화, 과제화법, 상상화 그리기, 협동화법, 풍경화(LMT) 및 난화게임법 등이 있다. 여기서는 가장 많이 사용되는 기법들만 소개하겠다(미술치료학회, 1994; 김동연, 2000; 주리애, 2003; 김춘경, 2004).

① 인물화 검사

인물화 검사(DAP)는 다른 여러 가지 투사검사보다 더 깊이 있는 무의식적 심리현상을 표현할 수 있으며, 가장 기본이 되는 그림심리검사이다. 대부분의 사람들은 인물을 그릴 때 자신과 밀접한 관계의 대상이나 자기를 표현하는 경우가 많기 때문이다. 인물화는 무의식 세계의 동기나 욕구를 종합적이면서 객관적으로 표현해주는 중요한 매체이다.

인물화 검사는 A4 용지 한 장을 제시하고 전신상의 사람 모습을 그리라고 한다.

그림 10-1 ● 6세 남아의 인물화 검사

그림 10-2 ● 6세 여아들의 동작성 집-나무-사람 검사

이때 남녀 상에 관한 지시는 하지 않고, 한 장의 그림이 완성되면 다른 종이를 주면서 반대성의 인물을 그리라고 한다. 두 그림이 완성되면 그림의 모호한 부분을 분명히 하기 위해 질문을 한다. 그리고 그려진 인물에 대한 생각, 그 인물의 성격, 배경, 신분에 관한 질문을 한다(김춘경, 2004).

② 집-나무-사람 그림검사

집-나무-사람 검사(HTP)는 내담자에게 집, 나무, 사람을 그리게 하고, 그 그림의 특징을 결정짓는 요인에 관해서 피험자에게 질문을 한다. 집-나무-사람은 모든 연령층의 누구에게나 친숙하고 쉽게 그릴 수 있는 소재이며, 내담자가 비교적 솔직하고 자유롭게 설명하는 것이 가능하며, 무의식적 상징성이 풍부한 아동의 내면세계를 드러낸다. 특히 이 검사는 자신과 환경에 대한 내면적 관점을 반영하기 때문에 아동 자신과 아동의 환경, 특히 가정생활과 가족관계에 대한 정보를 제공해준다.

집-나무-사람 그림검사는 4장의 종이를 준비해 두고 아동에게 각각의 종이에 집, 나무, 사람의 남녀를 그리게 한다. 먼저 집을 그리고 다음은 나무를 그리며 마지막으로 사람을 그리게 한다. 그림을 그리고 난 후, 인물화 검사에서 질문한 것처럼 모호한 부분과 그림과 관련된 생각, 배경, 성격에 대한 것을 묻는다. 그림의 크기, 형태, 위치, 세부사항의 포함여부 등 그림의 특성이 중요한 해석의 자료가 된다.

최근에는 네 장의 그림을 따로 그리는 집-나무-사람 그림검사보다는 한 장의 종이에 이것을 모두 그리는 동작성 집-나무-사람 검사(KHTP)를 사용한다.

③ 동작성 가족화

동작성 가족화(KFD)는 가족그림을 통해 아동의 가족과 가족구성원 사이의 관계와 역동성에 대한 아동의 지각을 이해하고, 아동의 자아개념이나 대인관계갈등 등의 정

그림 10-3 ● 6세 7개월된 여아와 3세 11개월된 남아의 동작성 가족화

서적 특성을 파악하기 위한 목적으로 번즈와 카프만(Burns & Kaufman, 1972)이 만든 것이다.

동작성 가족화는 "가족 모두가 무엇인가를 하고 있는 그림을 그려보자"라고 지시한 후, 각 인물상이 누구인가, 무엇을 하고 있는지, 아동과 그 사람과의 관계, 다른 중요한 개인적인 특성들에 대해 질문한다. 아동의 대답은 가족의 구성원들이 아동의 자아상, 행동, 태도 그리고 감정에 어떻게 영향을 미치는가에 대해 치료자에게 더 많은 정보를 준다.

④ 동작성 학교화

동작성 학교화(Kinetic School Drawing: KSD)은 아동의 학교생활을 파악하는데 좋으며, 치료에도 활용할 수 있다. 또한 가족화와 함께 받아보면 아동생활 전체를 이해하는데 유용하다(Knoff & Prout, 1985). 이 검사를 실시할 때, 치료자는 "학교 그림을 그려보자. 너와 너의 선생님 그리고 한두 명의 친구들을 그리는데, 그들이 모두 뭔가를 하고 있는 것을 그리는 거야"라고 지시한다.

치료자는 아동의 학교, 교사, 그리고 다른 학생들에 대한 태도, 사고, 그리고 감정들을 변화시키는 데 도움이 되는 중재도구로써 동작성 학교화를 사용할 수 있다. 또한 학교에 대한 그들의 태도와 교사, 학생들 그리고 학교의 권위적인 인물과의 관계에 대한 통찰력을 키우도록 하기 위해서도 동작성 학교화를 사용한다. 치료자는 그림을 보면서 학교에서 일어난 역동적인 일들을 아동이 이해하도록 도와 줄 수 있으며, 학교에서 일어난 문제를 해결하기 위해 어떤 행동을 할 것인지, 어떤 태도를 취할 것인지 등에 대해 아동과 논의할 수 있다.

⑤ 나무 그림검사

나무 그림검사는 나무가 자기상을 직접적으로 나타내며 무의식적으로 느끼고 있는 자기 자신의 모습을 나타낸다는 가정에서 출발하였다. 나무 그림검사의 장점은 실시하는 데 있어 내담자의 거부감이 적고 기록이 남아서 발달이나 치료의 과정을 검토하는 데 가치가 있으며 검사시의 상태를 관찰할 수 있다는 것이다. 반면 단점으로는 실시는 간단하지만, 해석하는 데 연령변인을 고려해야 하고, 문화적 차이로 인한 상징적 의미의 기계적 적용은 피해야 하기 때문에 보조도구로써 활용되고 있다(김동연, 1998).

(2) 치료목적을 위한 기법

치료목적을 위해 사용되고 있는 미술활동은 테두리법, 난화 이야기법, 콜라주기법, 역할교환법, 색채 선택법, 갈겨 그리기법, 그림 완성법, 자아감각 발달법, 이것이 나다–잡지 콜라주법, 핑거페인팅, 조소활동법, 벽화 그리기법, 만다라 그리기, 동물가족화, 동물자화상 그리기, 난화와 콜라주 합쳐 표현하기, 삼자관계 그리기, 가계도 그리기, 감정차트만들기, 과거 · 현재 · 미래 나타내기법, 생활선 그리기법, 자기집 평면도 그리기, 누구에게 받고 싶거나 주고 싶은 선물 표현하기, 상동적 표현을 수정하기 위하여 또는 표현을 자극하기 위하여 무용이나 노래를 도입하는 법, 사진기법, 색채치료기법, 만화 그림 방식으로 대화하기 등이 있다. 여기서는 대표적으로 가장 많이 활용되는 미술치료기법 몇 가지를 소개하고자 한다(미술치료학회, 1994; 김동연, 2000; 주리애, 2003; 김춘경, 2004).

① 신체윤곽 그리기

이 기법은 아동을 큰 종이에 눕히고 치료자(또는 집단으로 할 경우, 짝을 이룬 다른 아동)가 아동의 신체를 따라 선을 그린다. 치료자는 신체를 그리고 나서 아동에게 물어본다. "너는 이것이 누가 되길 원하니?" 아동은 여러 가지 재료를 사용하여 자신이 원하는 그림으로 완성한다. 이 작업은 아동이 자신을 어떻게 보느냐에 대한 정보를 치료자에게 제공할 것이다. 또한 이러한 활동으로 긍정적인 신체 이미지나 자아존중감을 갖게 할 수 있다.

② **감정표현하기**

아동의 감정을 노출시킬 수 있는 미술치료기법으로 겔러(Gerler, 1982)의 감정미술(feeling art)과 오코너(O' Connor, 1983)의 인생색칠하기 기법(Color-Your-Life Technique)과 감정차트만들기 기법(feeling chart technique)이 있다. 인생색칠하기 기법에서는 치료자가 아동에게 몇 가지 색채들을 보편적인 정서와 연관시키도록 가르쳐 주고, 채색하는 방법을 가르쳐 주는 반면, 감정차트는 아동이 원하는 색채를 아동이 느끼는 주관적인 정서와 연관시키도록 한다.

이런 기법들을 통해 아동은 감정단어들을 배울 수 있고, 감정에 대해서 의사소통하는 것을 배울 수 있다. 또한 특정한 감정들을 환기할 수 있는 상황의 유형을 탐색할 수 있다.

③ **출발그림**

그림 그리는 데 저항이 있거나 공포, 수줍음 등을 줄여 줌으로써 그림 그리기를 자극하고 촉진하는 데 사용한다. 장애아동이나 정신질환자에게 모두 사용할 수 있다. 종이에 치료자가 직접 잡지에서 얼굴 사진을 오려 붙여주거나 눈을 오려 붙여 주어 그림을 완성하는 방법이다. 처음 작업을 시작할 때 사용하는 기법이다.

④ **콜라주 기법**

콜라주 기법은 주제에 따라 사진을 선택하고 구성해서 붙이는 기법으로 최근에 많이 사용하는 기법이다. 또는 색실이나 철사, 풍선, 천이나 의복조각, 각종 반짝이 등의 재료를 조합하여 주어진 주제를 표현하기도 한다. 거부의 감소, 분노 표출, 희망에 대한 상징 등 다양하게 활용할 수 있다. 표현이 쉽고 정확한 감정전달이 그리기

그림 10-4 ● 부모가 이혼한 아동의 콜라주 작품

보다 우수하나 선택할 수 있는 사진매체가 많아야 한다. 자기 감정 나타내기, 가족이나 친구에게 말하고 싶은 것, 선물로 주고 받고 싶은 것, 타인에 대한 느낌 표현, 문제의 예방 및 대처방법 등을 쉽게 표현할 수 있다.

⑤ 난화 상호 이야기 만들기

난화는 아동으로 하여금 긁적거리기를 통해 창조하지 못했던 이미지를 발견하고 그리도록 해주며, '숨어 있는 이미지'가 출현하도록 도와준다. 이러한 난화의 장점을 이용한 것이 난화 상호 이야기 만들기 기법이다. 치료자와 내담자가 각기 서로 제시해 준 난화에 이미지를 찾아 형상을 그리고 서로 이야기를 만들어 나간다. 이때 난화에서 이끌어 낸 심상의 형성이 치료에 중요한 의미를 지닌다. 최근에는 표현이 부족한 내담자들에게 난화와 콜라주를 합친 기법도 사용되고 있다.

⑥ 역할 교환법

채색이나 콜라주, 난화, 그림 그리기 등에서 내담자와 치료자가 서로 번갈아 가며 작품을 제작한다. 화면분할법(한 장의 종이에 적당산 선을 그어 나눔)과 같이 사용하기도 한다. 라포형성이나 거부감 감소, 흥미유발, 촉진 등에 효과적이다.

⑦ 테두리법

내담자에게 도화지를 제시하면서 용지에 테두리를 그어서 건네주는 방법이다. 조형활동을 자극하고, 공포를 줄일 수 있어 자아가 허약한 환자들에게 많이 사용되고 있다. 테두리를 그릴 때에는 자를 사용하지 않는다. 또 도화지에 원을 그려 주어 원 안에 그림을 그리게 하거나 채색하게 하여 과잉행동, 주의산만 등을 통제하며, 심리적 지지도 해줄 수 있다.

그림 10-5 ● 4명의 아동들이 함께 한 역할교환법

⑧ 갈겨 그리기법

아동에게 사인펜을 주어 손으로 직접 갈겨 그려서 선을 따라 가게한 후 "어떻게 보이는가? 어디가 어떻게 되어 있는가?"에 대해 얘기한 후 채색시킨다. 아동과 치료자가 갈겨 그리기를 같이 하면 아동과 관계형성을 더욱 강하게 한다.

⑨ 자유화와 주제화

자유화는 내담자 스스로 그리고 싶은 것을 결정하여 그리는 방법으로 색채 사용, 선과 형태, 공간이용과 형태, 내용을 분석한다. 자유화는 그리고 싶은 것을 그리므로 내담자의 반응 폭이 넓고, 의식 및 무의식 상태나 태도 동기가 두드러지게 나타난다.

미술치료과정에서 중요한 주제가 나타나기도 하지만 때로는 특별하게 주제를 제시해야 할 시기가 있다. 특별하게 과제를 주는 주제화는 인물, 가족, 친구, 집, 나무, 산, 동물, 길 등의 과제를 미리 주고 아동에게 그림을 그리게 한다. 예를 들어, 가족간의 불화가 주된 원인으로 보이는 내담자가 왔을 경우에는 가족의 모습을 그리게 한다. 또 주제를 주었을 때 그것을 그리지 않고 엉뚱한 것을 그린다면 여러 가지 장애의 가능성을 생각해 볼 수 있다.

⑩ 그림 완성법

소정의 용지에 기호가 그려져 있는 8개의 정방형을 제시하고 그 기호를 사용해서 그림을 완성하게 하는 방법이다. 유아나 성인, 노인, 정신질환자 등 누구에게나 적용할 수 있다. 그린 순서를 적고, 무엇을 그렸는가를 해석하게 한다. 이것은 미술치료과정이나 초기에 사용할 수 있으며, 내담자의 거부감이나 공포를 제거할 수 있다. 동그라미를 그리고 그 안에 점을 찍어 내담자에게 제시함으로써 내담자를 지지해 줄 수도 있다.

그림 10-6 ● 협동집단화 작업

⑪ 풍경구성법

풍경구성법은 도화지에 '강, 산, 밭, 길, 집, 나무, 사람, 꽃, 동물, 돌'을 첨가하고 싶은 것을 순서대로 그려 넣게 하고 하나의 풍경이 되게 채색하도록 한 다음 그것에 대해서 계절, 시각, 기후, 물의 흐르는 방향, 사람과 집, 밭 등의 관계에 대해서 이야기 한다. 치료 가능성의 평가와 문제점의 추측과 관찰에 유용하다.

⑫ 협동화법

가족이나 내담자가 소집단을 이루어 한 장의 종이에 협동하여 그림을 그린다. 집단치료에 유용하다. 자발성의 정도, 협동성, 그리는 위치와 내용, 그림순서, 주의력 등을 관찰하여 분석한다.

⑬ 만다라 그리기

개별적인 작업 또는 생활 만다라를 그리게 한다. 색연필, 사인펜, 파스텔, 크레용 등을 사용하거나 색종이, 자연물(나뭇잎, 조개껍질, 돌, 열매) 등을 사용할 수 있다. 자유연상한 것을 그려도 좋고, 여러 가지 모양의 만다라 모형 중 하나를 골라 만다라 모형을 완성시켜도 된다.

⑭ 조소활동법

점토로 인물상을 만들거나 자기 느낌을 표현하게 하여 해석하게 한다. 묽는 점토는 수채물감과 같은 액체 도구로서 언어화가 결핍된 내담자에게 유용하며, 과도한 언어화를 나타내는 사람에게는 감각적 요소를 강조할 때 사용한다. 특히 대상관계가 부족한 내담자의 치료에 유용하다.

그림 10-7 ● 조소활동

11

문학치료

문학이 즐거움을 부여한다는 관점을 벗어나서 보면, 문학은 심리학에서도 매우 중요한 문제라는 것을 알 수 있다. 우리의 삶을 살펴보면 그것이 무질서한 사건의 나열이나 우연한 사건이 연속이 아니라는 것을 알 수 있다. 삶이 무질서한 사건들로 가득 차 있거나 우연한 일들이 매일 일어나게 되면, 우리는 긴장하게 되고 스트레스를 받게 된다. 프로이트(S. Freud)는 문학작품이 언제나 심리적 갈등에 의해 만들어져 있다는 것을 발견했다. 이 갈등이 없으면 문학작품이 아니라는 뜻이기도 하다. 그러므로 문학/이야기는 인간의 고통과 좌절을 담고 있고 그 이야기는 인간의 경험과 체험을 이미지로 만들어낸다. 이미지로 만들어지지 않은 경험은 오래 지속되지 않기 때문이다.

우리가 살면서 겪게 되는 갈등과 좌절의 경험, 증오와 사랑의 감정들, 즉 어두운 감정들은 우리의 기억에서 삭제할 수 없다. 오히려 우리 삶에서 그것들은 결정적인 역할을 한다. 이런 경험들과 감정들은 우리의 기억 속에 조각난 채 남아 있다. 인간을 치료한다는 것은 이런 조각들을 꿰매는 일이다. 이 꿰매는 작업을 맥락이라 표현한다. 어둡고 불투명한 이야기들, 앞뒤로 연관성 없이 불쑥불쑥 튀어나오는 생각들, 증오와 사랑의 감정들, 그런 것들이 이야기를 통해서 맥락을 얻고 모습을 드러낸다.

문학치료에서는 조각난 인생을 회복하는 길은 오로지 허구적 존재를 통해서만 가능하다고 한다. 왜냐하면 이야기 속에서는 실수를 제거하는 것이 가능하고, 삶의 진행과정을 중지시킬 수도 있고 문제의 원인과 결과가 다 해결되고 난 뒤에도 계속될 수 있기 때문이다. 이야기 속에서는 실제 살았던 것과는 전혀 다른 여러 가지 방법으로 살 수도 있다. 그렇기 때문에 다른 버전으로 이야기를 바꾸는 것이 곧 치료의 출발점이라고 할 수 있다(변학수, 2005).

이 장에서는 우선 문학치료란 무엇인지에 대해 정의해 보고, 문학치료의 실제로 문학치료의 목표, 치료자의 역할, 자료, 조건치료의 단계 및 과정, 치료활동에 대해 살펴보고자 한다.

1. 문학치료의 개념

여기서는 문학치료의 개념을 살펴보기 전에 문학의 치료적 가치를 먼저 살펴보고, 이런 치료적 가치를 바탕으로 문학치료의 개념과 영역에 대해 살펴보겠다.

01 문학의 치료적 가치

문학을 치료로 사용하는 데 있어 문학의 가치를 아는 것은 매우 중요하다. 문학적 가치를 여러 측면에서 살펴볼 수 있겠으나 아동문학의 치료적 가치와 관련된 것을 중심으로 살펴보겠다.

(1) 구매어(Gumaer, 1984)가 말하는 아동문학작품을 읽음으로써 얻게 되는 7가지 가치

① 아동은 즐거움을 느낀다. 책을 사랑하고 즐길 수 있게 된다. 책을 읽고 이야기를 듣는 행위 자체를 즐기게 된다.

② 언어의 발달, 즉 읽고 쓰고 말하고 듣는 영역의 발달을 증진시킨다.

③ 상상력을 발휘할 수 있도록 격려하며 창의력을 길러준다. 책은 아동에게 창조적인 활동의 원천을 제공해 준다.

④ 자신이 직면한 문제들을 더 잘 이해할 수 있도록 도와 준다. 아동은 책 속에서 자신과 비슷한 문제에 부딪친 주인공이 문제를 해결해 가는 과정을 봄으로써 자신의 생활에 그것을 적용할 수 있게 된다. 또한 아동은 자신의 문제가 자기 혼자만의 것이 아님을 알게 되어 위안을 얻기도 한다.

⑤ 다른 사람에 대한 많은 지식을 얻을 수 있다. 자신과 다른 사람들을 이해하도록 도와 준다. 다양한 종류의 인물을 이해하는 데 한계를 지닌 아동은 책을 통하여 자신과는 다른 환경에서 자라는 아동들의 세계와 다른 여러 문화와 나라에 대해 배울 수 있는 기회를 가지게 된다.

⑥ 틀에 박힌 일상생활에서 잠시 벗어날 수 있는 기회를 준다. 아동은 옛날이야기나 환상동화에 나오는 기적이나 마술이 자신의 실제 생활에서도 일어나리라고 생각한다. 이러한 환상적인 이야기를 즐김으로써 아동은 편안한 마음으로 일상적인 압력으로부터 벗어날 수 있게 된다.

⑦ 도덕적 기준과 태도를 발견하고 개발할 수 있도록 도와 준다. 잘 쓰여진 책은 아동이 책을 읽은 동안 높은 차원의 도덕적 기준을 느낄 수 있도록 해 준다.

(2) 치료적 요소

① 인식의 전환을 통한 사고, 행동, 관계 등의 재구성을 하게 된다. 문학은 자신을 다른 각도에서 살펴보도록 유도함으로써 우리의 기분, 느낌, 생각을 바꾸어 놓는 데 이를 인식의 전환이라고 할 수 있다(이종인 역, 2003). 아동은 자신이 현재 갖고 있는 행동이나 태도들을 재평가해 보고, 행동이나 태도, 계획들을 바꾸게 된다. 또한 주변 세계와 맺고 있는 관계의 방식까지도 바꾸게 된다. 따라서 아동은 문학치료를 통해 새로운 방향을 얻으며 새로운 방법으로 다른 사람과 상호작용하게 된다(Gladding & Gladding, 1991).

② 문제해결 능력을 키워 준다. 인식의 전환은 아동으로 하여금 문제해결 능력을 증가시켜 준다. 문학 속에서 상상된 문제해결의 상황은 아동으로 하여금 통제의식과 성공의 느낌을 심어 주게 되고, 결국 자신의 문제를 해결하는 데 도움을 준다. 예를 들면, 탐정소설을 통하여 과거에는 해결하기 어려웠던 문제에 대한 자신감과 통제감을 얻게 된다(이종인 역, 2003). 특히 문학치료는 치료사와 아동 사이에 치료적인 상호작용을 촉진시킴으로써 문제를 해결하는 데 도움을 준다.

③ 타인과 만족스러운 관계를 맺는 경험을 제공한다. 아동들은 함께 책을 읽고, 동일한 스토리를 통해 체험의 세계를 함께 경험하기 때문에 서로에게 소중한 체험이 되며, 나누는 경험에 참여한 치료자와 집단구성원들 간에 강렬한 연대감이나 유대감을 느끼게 된다(이종인 역, 2003). 이러한 만족스러운 관계의 경험은 다른 상황이나 집단에서도 확산될 수 있다.

02 개 념

이러한 문학의 가치와 기능을 바탕으로 하는 문학치료는 아직까지 정립되지 않은 영역이다. 심리학에서 문학을 치료나 내담자의 회복으로 이용하기 위하여 시도한 경우는 있으나, 아직 체계적인 성과는 없다. 문학치료는 장르에 따라 여러 가지로 구분된다. 서구에서는 보편적으로 독서치료(bibliotherapy)로 알려져 있고, 시쓰기 치료(poetry therapy)나 이야기치료(narrative therapy), 글쓰기 치료(journal therapy)가 활성화되어 있다. 문학치료(literatherapy)라는 개념은 이 모든 것을 포함하는 개념이며, 문학치료는 문학, 즉 읽기와 쓰기, 이야기하기를 통한 치료라고 말할 수 있다(변학수, 2005).

문학치료를 이루고 있는 각각의 개념을 살펴보면, 우선 독서치료란 가장 넓은 의미로 사용되는데, 발달상의 문제나 특정하고 심각한 문제를 가지고 있는 참여자가 다양한 문학작품들을 매개로 하여 치료자와 일대일이나 집단으로 토론, 글쓰기, 그림 그리기 등의 여러 가지 방법의 상호작용을 통하여 자신의 적성과 성장 및 당면한 문제들을 해결하는 데 도움을 얻는 것을 뜻한다. 다양한 문학작품들에는 인쇄된 글, 시청각자료, 노랫말, 자신의 일기 등 글쓰기 작품들이 모두 포함될 수 있다(한국독서치료학회, 2005).

두 번째로 독서치료와 비슷하게 사용되는 개념으로는 이야기치료가 있다. 이야기치료는 이야기가 사람을 변화시키는 힘이 있다는 사실을 전제하고 있다는 점에서 독서치료와 유사하다. 그러나 이야기치료가 내담자와 상담자의 치료적 관계 속에서 책을 매개로 하지 않고 직접 대화를 통해 이야기를 만들어 가지만, 독서치료는 이미 쓰여진 이야기를 매개로 한다는 점에서 그 차이가 있다(이숙 · 정미자 · 최진아 · 유우영 · 김미란, 2004 재인용).

세 번째로 글쓰기 치료는 정신적 · 육체적 · 정서적 · 영적으로 더 나은 건강과 행복을 위하여 반성적인 글쓰기를 목적지향적이고 의도적으로 사용하는 것이다(이숙 외, 2004 재인용).

네 번째로 시치료는 독서치료의 한 세부적인 형태로 은유, 상상, 리듬, 다른 여러 시적인 요소들을 사용하는 것이다.

이렇듯 문학치료가 통합적인 개념임에도 불구하고 대중적으로는 문학치료의 개념보다는 가장 많이 사용되는 독서치료의 개념을 문학치료의 개념으로 사용하고 있다. 즉 문학치료라는 개념보다는 독서치료에 이야기하기와 글쓰기 등을 포함시켜 독서치료의 개념을 확장시켜 사용한다고 보는 것이 정확하다.

문학치료는 협의적 개념으로 심리치료의 한 방법이기도 한다. 그러므로 키틀러와 문젤(Kittler & Munzel, 1987)의 정의에 따르면, 의학이나 정신과 및 심리치료적 진료에 수반되는 대안으로 문학치료가 사용될 수 있다. 광의적 개념으로 문학치료는 인생의 목표를 설정하거나 삶의 위기를 극복하기 위한 삶의 대체물로 이해될 수 있다. 그러나 문첼이 책읽기 자체만으로도 문학치료가 될 수 있다고 본 반면, 코르넷(Cornett, 1980)은 문학치료의 개념을 일정한 조건하에서 이해하고 있다.

> 문학치료는 처음부터 구체적으로 정립된 분명한 목표를 지닌 계획적인 조정이다. 다시 말하면, 필요성이 인식되고 이 필요에 따라 특수한 책이 선택되고 경우에 따라 특수한 사람이 있어야 하며, 시범과 계획이 고안되고 수단이 마련되어야 독서치료라 할 수 있다.

코르넷이 의미한 문학치료는 계획된, 내담자의 일정한 문제를 겨냥한, 그야말로 목적의식을 갖고 전개되는 치료를 말한다. 따라서 문학치료는 독서와 글쓰기를 통하여 목적의식을 가지고 전개되는 치료라고 할 수 있다(변학수, 2005).

우리나라의 경우, 현재 독서치료와 문학치료 두 가지 용어가 모두 사용되고 있는데, 독서치료라는 용어가 지금까지 광범위하게 사용되고 있다. 이 책에서는 문학치료의 개념을 확장된 독서치료의 개념으로 보고, 문학치료와 확장된 독서치료의 용어를 같은 의미로 사용할 것이다.

03 영 역

문학치료의 개념을 좀 더 명확하게 하기 위해서 문학치료가 사용되는 영역을 살펴보겠다. 앞에서도 얘기했듯이, 문학의 치료적 가치가 있다고 해서 항상 스스로 치료할 수 있는 것은 아니다. 왜냐하면 문학이나 책 그 자체만으로 치유가 되기는 어렵기 때문이다. 그래서 치료자의 개입이 필요하고 문학치료가 필요하게 된다. 보통 문학치료가 필요한 경우는 크게 두 가지로 구분되는데, 임상적인 개입과 발달적인(교육적) 개입으로 나눈다. 임상적인 개입은 병원이나 상담기관에서 하는 것으로 정서적이나 행동적인 문제를 가지고 약물치료를 받고 있는 내담자의 경우이다. 발달적 개입은 일상생활에서 위기상황을 맞아 힘들어하는 정서적이나 행동적 문제를 갖고 있지 않은 내담자를 대상으로 한다(Hebert & Kent, 2000). 좀 더 자세한 내용은 〈표 11-1〉을 참고하라.

표 11-1 ● 문학치료의 적용범위

	임상적	발달적(교육적)
양 식	집단으로 실시 자발적 또는 비자발적 집단	집단으로 실시 자발적 집단
내담자	정서장애, 행동장애	위기상황의 정상인
치료자	의사, 문학치료사, 상담자	문학치료사
재 료	허구적 문학	허구적 문학
기 술	내담자의 반응과 통찰을 고려한 문학을 통한 대화	내담자의 반응과 통찰을 고려한 문학을 통한 대화
세 팅	병원, 상담기관	상담기관
목 표	통찰을 통한 행동변화	자아강화와 정상생활의 도출 예방적인 목적

출처 : Rubin, R. J.(1978). *Using Bibliotherapy: A guide to therapy and practice.* London: Mansell, p.7.

그림 11-1 ● 책읽는 아동들

2. 문학치료의 실제

01 목 적

독서를 아동에게 적용한 구매어(1984)가 문학치료의 목적을 다음과 같이 제시하였다.

첫째, 장기적으로 아동의 정신상태를 건강하고 풍부하게 한다.

둘째, 단기적으로 상황적인 위기와 중요한 결정을 현실적으로 검토해 보도록 도와준다.

셋째, 자기를 보는 방법을 개선시키고, 조정되거나 변화시킬 수 없는 발달상황에 창조적으로 대응하는 것을 배움으로써 문제를 예방한다.

넷째, 재교육과 통찰력을 발달시킴으로써 문제를 해결한다.

이 외에도 문학자체의 가치와 기능뿐 아니라, 치료자의 역할도 중요하다. 독서에서 오는 감동과 힘이 인격을 바꾸고 내담자의 내면세계의 문제를 치료하는 데는 치료자의 역할이 크다. 따라서 문학치료의 목적을 달성하게 하는 데는 내담자가 어떻게 문학작품을 읽고, 이에 대해 치료자가 어떻게 반응하여 내담자의 문제를 해결하게 하는가가 중요하다.

02 문학치료사의 역할

치료자로서 문학치료사는 놀이치료사나 미술치료사, 음악치료사 등과 같이 심리치료사로서의 일반적으로 요구되는 개인적인 자질 및 전문적인 자질을 갖추고 있어야 한다. 치료자는 아동에 대한 공감, 존중, 진솔성을 가지고 임해야 한다. 또한 아동의 정상적인 발달 및 병리에 대한 충분한 지식이 있어야 하고 더 나아가 아동을 둘러싼 환경으로서의 가족, 교사 등 관련된 성인들을 도울 수 있도록 상담에 대한 지식과 기술이 필요하다.

더불어 문학치료사의 전문적인 역할은 문학치료에서 문학작품의 선정 못지않게 중요하다. 구매어(1984)는 문학치료는 다음의 세 가지 기술이 필수적으로 요구된다고 제시하였다.

첫째, 적절한 유형의 도서를 선정하여 적절한 시기에 읽을 수 있게 해야 한다. 그러기 위해서는 치료자는 도서의 경향, 도서에 대한 전문지식을 가지고 있어야 한다. 치료자는 좋은 자료를 모으려고 노력하고, 아동들과 그 자료들을 나누게 된다. 이때 책의 내용을 완전히 파악하고 있을 정도로 친숙해야 한다. 즉 읽을거리의 길이와 내용의 깊이 등을 알고 있어야 한다(Marlowe & Maychoc, 2000; Rubin, 1978).

둘째, 책에서의 경험과 관련지어 치료과정에서 아동과 치료자 간에 상호작용을 해야 한다. 책의 내용, 저자의 문제, 책 주인공의 특성, 아동의 문제와의 유사성, 아동에 대한 적용의 여부 등을 인식하여 아동과 상호작용해야 한다.

셋째, 그러한 상호작용을 자극하기 위해 치료자의 기술과 지식을 바탕으로 활동해야 한다. 치료자는 아동이 치료과정을 통해 개인적인 통찰이나 문제해결이 이루어지도록 적절한 발문과 대화, 토론을 이끌어내는 기술과 지식이 있어야 한다.

문학치료의 성공여부는 치료자가 전체적인 과정을 진행하는 데 있어 촉진자로서의 생동감 있는 역할을 어떻게 수행하느냐에 달려 있다. 이러한 과정을 위하여 치료자는 또다른 치료자나 교육자 등과 협력할 수 있다(이숙 외, 2004).

03 자 료

문학자료는 심리치료의 과정을 좀 더 편안하고 효율적이 되게 하고 시간도 절약시켜 준다. 효과적인 자료는 아동으로 하여금 자신의 문제를 직접적으로 내놓지 않고, 안전하게 나눌 수 있는 촉매역할을 할 뿐만 아니라(Hynes & Hynes-Berry, 1994), 다양한 종류 및 수준의 의미를 담고 있어서 아동에게 자료의 장단점에 대해 자유롭게 표현할 수 있는 등의 반응의 폭도 넓혀 준다.

따라서 효과적인 자료들을 선정하는 것이 무엇보다도 중요하다. 사용되는 자료로는 소설, 시, 동화, 이야기, 글쓰기, 신문이나 잡지의 기사, 노래의 가사나 영화 등의 다양한 문학적 장르들이 사용된다. 또한 그 문학적 자료를 읽거나 들은 후에 토론이나 역할놀이, 창의적인 문제해결활동 등을 구체적으로 수행하는 것은 아동에게 도움을 줄 수 있다(Hebert, 1991; Pardeck, 1994)

문학치료에는 시와 소설이 원재료로 가장 많이 사용되는데, 소설에는 단편, 우화, 과학소설, 환상을 다룬 이야기, 희곡 등이 포함된다. 시는 어떤 경험에 대해 정돈되고 함축된 상태로 표현된다. 시는 그 길이에 있어서도 적절하고, 시에 나타난 이미지와 은유는 감각, 정서, 지성, 상상력에 동시적으로 호소할 수 있다(한국독서치료학회, 2005).

또 시와 소설 속의 이야기는 ① 인지기능의 결과물이고, ② 인간의 정서를 다루는 데 필요한 느낌을 환기시켜 주고, ③ 치료자와 내담자를 이어주는 연결통로이며, ④ 아동과 나머지 세상과의 연결고리가 되기 때문에 원자료로써 적절하게 사용된다.

04 기 준

다음은 문학치료에 적합한 도서를 선택하기 위한 기준이다. 페얼슨(Pehrsson 외, 2001), 하인스(Hynes 외, 1994), 독서치료학회(2005), 이숙 외(2004), 이재연(2001)의 자료를 참고로 하였다.

(1) 아동의 연령

기본적으로 아동의 발달수준에 부합하는 것이어야 한다. 발달수준에 맞지 않는 책은 지루하거나, 재미가 없을 것이다. 따라서 치료자는 아동의 발달에 대한 이해와 더불어 아동의 책에 대한 선호도에 대한 지식이 있어야 한다.

파알텍과 파알텍(Pardeck & Pardeck, 1989)은 연령에 따라 선호도의 단계를 구분하였다.

① 2~7세 아동은 자신과 친숙한 사건에 대한 이야기를 선호한다.

② 10~11세 아동은 상상적인 이야기를 선호한다.

③ 12~15세 아동은 동물 이야기, 모험과 추리에 관한 것, 초자연적인 이야기, 스포츠에 관한 이야기 등을 좋아한다.

④ 15~18세 청소년은 전쟁에 관한 내용, 사랑 또는 청소년의 생활에 관한 이야기 등을 좋아한다.

⑤ 18~21세 청소년은 개인적인 가치관이나 사회적인 의미, 이례적이거나 이상한 삶의 경험, 성인기로의 전이 등에 관한 내용을 선호한다.

(2) 아동의 정서상태 및 문제행동의 유형

치료자는 아동의 정서상태의 수준이나 문제행동의 특성을 미리 파악해야 한다. 이를 통해 치료에 필요한 책의 내용과 주의집중시간을 예측하여 책의 길이 등을 정할 수 있다. 이때 책의 내용은 아동이 경험하는 것과 같은 느낌이나 감정을 표현하는 것이 좋다.

(3) 책의 주제

책의 주제는 아동이 자신의 문제와 읽는 책에 등장하는 인물이 처한 문제 사이에 유사성을 발견하여 자신의 문제에 활용할 수 있어야 한다. 하지만 반드시 아동의 당면문제와 같을 필요는 없다(이재연, 2001). 일반적으로 보편적인 주제, 강한 영향을 끼칠 만큼 감동적인 주제, 아동의 수준에서 이해될 만한 주제, 아동에게 희망을 주고 장점을 강화시키는 등의 자아존중감을 증진시키면서 현실감을 갖춘 주제 등이 내포되어 있는 것이 적절하다(독서치료학회, 2005).

(4) 읽기의 용이성

아동의 읽기 수준에 맞는 자료로서 읽기 쉬워야 할 것이다. 자료를 읽는 것이 어려운 어린 아동의 경우, 자료를 읽고 문학치료를 하는 과정은 매우 힘들기 때문에 자신의 느낌에 기초한 반응을 하지 못한다. 따라서 읽지 못하거나 읽기에 문제가 있는 아동에게는 소리내어 읽어 주거나 시청각 자료를 사용하는 것이 좋다.

(5) 어휘의 적절성

자료에서 사용되는 어휘 역시 아동의 연령에 적합해야 한다. 또한 어휘의 의미가 모호하거나 어려운 것은 부적절하고, 강한 의미를 함축하는 정확한 단어들이 적절하다.

(6) 책의 그림

어린 아동을 대상으로 할 때 선택할 수 있는 좋은 그림책으로는 예술적인 그림과 시적인 세련된 언어로 구성되어 있는 것이 적절하다(이상금, 1998). 또한 스토리의 내용을 생생하게 돋보일 수 있게 하고, 거기에서 일어나는 사실이 눈에 보이도록 그려진 그림

책이 적절하다. 매력적인 색상을 사용함으로써 어린 아동의 흥미를 유발해야 한다. 특히 동물 주인공은 성별이나 연령, 인종 등의 요인들이 개입되지 않기 때문에 아동이 이야기에 더 집중하기 쉽고 상상을 자극시킨다.

(7) 책의 길이와 문장의 길이

문학치료를 하기 위해서는 길이가 짧은 자료가 좋다. 문학치료를 할 때 자료의 내용을 소개하고 내용에 대해 생각을 하며 자료에 대한 토의를 할 수 있는 시간이 필요한데, 내용이 길면 자료를 소개하고 이해하는 데 시간이 많이 걸리게 된다. 또 작품이 길면 아동들이 여러 가지 자극에 압도되어 내용에 대해 제대로 집중하지 못한다(독서치료연구회, 2005). 따라서 아동의 발달수준과 주의집중시간에 적절한지를 고려한 후 선택한다. 문장의 길이 역시 산만하고 긴 문장이 아닌 간결하고 명확한 문장이 좋다.

예를 들면 1~2쪽 정도의 우화, 신화, 속담 등은 보편적인 이미지를 떠올리게 하고, 사물의 성격에 대한 신념을 반영한다. 반면 수필이나 장편은 한번에 전체를 제시하고 토의하기가 어려우므로 중요한 단락만 뽑아서 사용할 수도 있고, 미리 읽어오게 할 수도 있다. 이외에도 활자의 크기나 종류, 여백 등도 아동의 연령 및 수준을 고려하여 선정한다(독서치료연구회, 2005). 작품 선정에 있어 아동에 대한 정보나 교사의 의견은 큰 도움이 될 수 있다. 만약 내담자가 정신적 문제를 갖고 있는 경우는 작품을 읽는 시간은 5분 이내가 적절하고 아무리 길어도 10분을 넘지 않아야 한다. 아동의 경우 주의집중시간을 고려하여 선정하여야 한다. 어려운 작품은 읽기와 해석, 설명을 하다보면 내담자가 흥미를 잃게 되기 때문에 배제한다(김춘경, 2004).

그 외에도 문학치료는 자신이 작품을 해석한 것처럼 남들도 똑같이 해석할 것이라 생각하면 안된다. 자신이 낙천적이고 긍정적으로 해석한 작품이 아동들에게 있어서는 정반대로 비관적이고 부정적인 것으로 해석될 수 있다.

05 단 계

돌과 돌(Doll & Doll, 1997)은 문학치료 단계를 파알덱(1994)과 쟌(Jeon, 1992)의 견해를 종합하여 다섯 가지 단계로 제시했다. 이를 구체적으로 설명하면 다음과 같다(한국독서치료학회, 2005 재인용).

(1) 준비를 위한 단계

① 내담자와 신뢰관계를 형성한다.
② 문제의 정도와 정확한 특성을 찾아낸다.
③ 필요한 경우 내담자의 상태에 대하여 심리검사 등의 부가적인 평가를 실시한다.

(2) 자료선택

① 내담자의 독서수준과 흥미에 맞으면서 문학적으로나 예술적으로 질이 높은 책을 선택한다.
② 내담자가 현재 이해할 수 있는 책을 선택한다.
③ 내담자의 문제 상황에서 헤쳐나갈 수 있는 해결책을 제공하는 자료를 선택한다.

(3) 자료제시

① 내담자의 흥미를 촉진시킬 수 있는 방법으로 책을 제시한다.
② 내담자의 이해를 돕기 위하여 계획된 활동들을 중간에 끼워 넣음으로써 읽는 것을 중지할 수도 있다.
③ 책의 내용에 대하여 심각한 걱정을 하는 등 정서적으로 과민한 반응을 보이면 정서적인 부분을 다독여줌으로써 조정해 주고 완화시켜 준다.

(4) 이해의 조성

① 내담자로 하여금 책에 나오는 주인공들과 중요한 문제들을 검토하도록 도와 준다.
② 주인공이 어떤 방식으로 행동하는지, 그리고 그 행동을 이끄는 동기에 특별한 관심을 기울이게 한다.
③ 책의 플롯 안에서 검토된 문제를 지적하고, 책에서 제기된 해결책과는 다른 해결책을 이야기해 보고, 그 해결책으로 인한 결과를 검토해 본다.
④ 내담자가 책 속에 나오는 등장인물과 자신과 그가 아는 사람들 사이의 비슷한 점을 볼 수 있도록 도와 준다.

이해를 조성할 때 책을 읽은 후 토의를 하며 때로는 쓰기활동과 미술활동, 역할놀이나 극화활동을 하기도 한다. 이 단계에서는 앞의 네 과정에 따라 관련 질문을 한다.

(5) 추후활동과 평가하기

① 내담자가 적절한 활동을 할 수 있도록 결정을 내리게 격려한다.
② 내담자가 성공 가능한 합리적인 계획을 발전시킬 수 있도록 도와 준다.
③ 행동계획을 시간을 두고 지속해도 좋을지 결정한다.
④ 행동계획의 효과를 보기 위해 필요한 만큼 자주 바꾸고 재시도를 한다.

06 과 정

문학치료의 과정은 내담자 스스로가 문학작품에 반응할 수 있는 잠재능력을 갖고 있다는 믿음을 전제로 한다. 따라서 문학치료의 과정에는 내담자가 자기 스스로를 돕는 과정을 우선 경험하고, 그 다음에 치료자와 상호작용하게 된다. 하인스와 하인스-베리(Hynes & Hynes-Berry, 1994)는 이러한 치료의 과정을 인식(recognition), 고찰(examination), 병렬(juxtaposition), 자기적용(application to self)의 네 단계로 나누어 설명하고 있다(한국독서치료학회, 2005).

(1) 인 식

인식이란 자료에 내포되어 있는 것을 내담자가 지각하는 것을 말한다. 문학치료는 이 인식에서 출발하는데, 이 인식반응이 일어나기 위해서는 자료속에 참여자를 끌어들이고, 흥미를 유발시키며, 상상력을 발휘시켜 줄 뿐 아니라 두서 없는 생각을 중단시킬 수 있는 요인들이 포함되어 있어야 한다. 이 인식과정에서 가장 중요한 것은 등장인물이나 어떤 경험을 이해하는 것이다. 따라서 내담자가 그 자료를 읽은 적이 있어서 그 내용을 아는 것보다는 자신이 알고는 있었지만 의식하지 못했던 느낌들을 일깨워 주는 것이 더 중요하다. 예를 들어, '그 작품은 예전에 읽은 적이 있어요' 라든지, '주인공은 욕심쟁이예요' 와 같은 것보다는 '욕심을 너무 부리는 것은 좋지 않은 것 같아요' 와 같은 반응을 유도할 수 있어야 한다.

인식은 사용되는 자료와 그에 관한 대화를 통해서 이루어지는데 3가지 종류의 인식이 있다.

① 모호한 느낌의 인식

문학치료는 내담자가 정상적인 성장에서 나타나는 모호성과 연관된 문제를 해결하는 데 도움을 주는 효과적인 촉매제이다. 그리고 이것은 정상적인 성숙에서 보이는 모호성과도 관련이 있다. 흔히 사람들은 발달상에 나타나는 여러 문제들이 모호성을 갖고 있기 때문에 그것들을 정확하게 인식하지 못하고 흘려버리는 경우가 많다. 문학치료는 이런 모호성을 인식하는 데 매우 유용하다.

예를 들면, 동생이 생기면서 부모의 관심과 손길이 소홀해진 아동은 가정이나 기관에서 문제를 일으키는 경우가 많다. 아동은 자신의 신변의 변화를 알고 불안해하며, 부모에게 짜증을 부리고 어린 동생에게 해를 입히게 된다. 이럴 때 부모와 아동은 동생이 생김으로 인해 나타날 수 있는 문제를 다룬 동화(예를 들면, '피터의 의자'나 '내동생 싸게 팔아요' 등)를 읽음으로써 그런 정서를 이해하게 되고, 아동은 동생에 대한 미안함과 소중함, 부모에 대한 서운함을 느낄 수 있게 된다.

② **반응유형의 인식**

내담자들이 문학치료에 반복적으로 참여하면서 보이는 행동은 반응에 대한 그들의 인식유형을 보여 준다. 모임을 몇 번이나 했어도 계속 불평만을 표현하는 사람이 있고, 자료에서 우울한 메시지만을 보려는 사람도 있다. 또 임상적으로 문제를 갖고 있는 아동은 이런 태도를 쉽게 인식하지 못하는 경우가 많다. 문학치료집단은 그 아동에게 그러한 개인적인 반응이 부정적이고, 똑같은 패턴을 보이고 있다는 것을 인식할 수 있도록 도와 줄 수 있다.

③ **정 화**

인식의 과정에서 카타르시스를 동반하게 되면 매우 강한 힘을 발휘하게 된다. 심리학적 의미에서 카타르시스는 억압되었던 사고와 느낌을 방출하는 것을 말하는데, 문학치료에서는 이를 문학과 심리학적 의미 모두를 함축하고 있는 것으로 이해할 필요가 있다. 참여자는 작품 속의 어떤 점을 강하게 자신과 동일시하거나, 잠재된 기억이나 정서를 자극하는 대화나 작업에 참여함으로써 이러한 감정의 방출을 경험하게 된다.

(2) 고 찰

고찰은 관련된 문학작품을 자세히 살펴보는 활동으로 '이 책에서 흥미있는 것은 무엇인가?', '나의 가치관과 인물의 가치관은 얼마나 유사한가, 혹은 얼마나 다른가?'라고 질문해 봄으로써 가치관과 관심을 조사해 보는 것을 의미한다(Gumaer, 1984). 대부분 읽은 책에 대한 줄거리는 잘 이야기 하지만, 그것이 그 책을 읽은 사람에게 어떤 의미를 주는지는 탐색해봐야 알 수 있다.

따라서 고찰을 할 때는 '누가, 무엇을, 언제, 어떻게, 왜, 얼마나, 어디서'라는 질문이 수반된다. 고찰을 위해서는 먼저 실제적인 사실을 살펴보고, 그것에 대한 느낌, 다른 관점으로 살펴보기 등을 하게 된다. 즉 왜 그런 느낌을 갖는지, 왜 그런 반응을 보이는지를 알아차리게 되는 것이다. 이 고찰과정은 첫 단계인 인식단계가 강화된 것이라고 볼 수 있다.

중요한 것은 고찰할 때는 마지막으로 '왜' 라는 질문을 해야 한다. 대개의 경우, 책을 읽고 줄거리를 알고 있을 때나, 반응을 보이기 시작할 때를 고찰행위의 시작점으로 보는데, 그렇게 하기에는 너무 혼란스럽고 애매하다. 치료자는 내담자가 책을 읽은 후 자신의 반응이 언제, 얼마나 자주 나타나는지, 그런 반응을 일으키는 대상은 무엇인지에 관해 내담자 스스로 알 수 있도록 도와 준다.

(3) 병 렬

병렬은 책을 읽은 후, 그 책으로부터 받은 두 가지 이상의 인상에 대한 자기 인식과 고찰의 결과로 인해 생긴 것이다. 즉 인식을 고찰하게 되면 그 주제에 대한 추가적인 인상이 생겨나고, 그 추가적인 인상은 내담자가 가졌던 처음의 반응에 수정과 변화를 가져오게 한다. 이때 처음에 가졌던 인상과 고찰을 통해 나온 인상을 나란히 놓고 비교하고 대조해 보게 되는 과정이 병렬이다.

처음에 일어났던 인상과 반대되는 새로운 인상은 대화를 통해 생겨난 느낌이나 개념일 수도 있고, 문학 그 자체에서 발견할 수 있는 개념, 상황, 등장인물, 이미지 등 모든 것이 해당될 수 있다. 내담자는 새로 입력된 인상에 비추어 처음에 나타났던 반응을 돌이켜보게 되는데, 특히 처음에 나타났던 가치, 상황, 개념, 태도, 느낌에 대해 충분히 고찰했을 경우에는 예전의 것과 새로운 것을 나란히 놓고 비교해 봄으로써 거기에 포함된 문제에 대해 보다 더 깊이 고찰할 수 있는 기회를 가지게 된다.

어떤 내담자의 경우는 새로 제시된 개념과 전에 세웠던 의견이나 느낌을 대조시키도록 하면 무조건 원래의 의견을 옳다고 주장한다. 어떤 사람은 치료과정을 통한 수정을 좋아하는 경우도 있다. 그러나 대부분의 경우에는 기존의 것과 새로운 것을 신중히 검토하기 위한 시간과 여러 다른 관점에 관한 탐색을 필요로 한다.

(4) 자기적용

작품을 통해 인식되고 고찰되고 병렬되었던 느낌과 개념은 자기적용의 경험으로 발전되어야 한다. 문학치료는 평가와 통합이라는 과정을 거쳐야 그 과정이 완성된다고 할 수 있다. 평가가 인식하고, 고찰하여 병렬을 이끌어내는 과정이라 한다면, 통합이란 독서를 통해 얻게 된 통찰력을 통합하고 그 통찰력을 바탕으로 개인의 생활을 조절하여 적응해 나가는 것을 말한다. 이것은 아동들이 자기의 생활을 향상시키기 위해 행동상의 변화를 취하는 것, 혹은 취하고자 하는 것이다. 이때 치료자는 완벽하게 변화하는

그림 11-2 ● 그림자연극활동을 통한 문학치료

것을 요구하기보다는 조그마한 변화와 진보에 대해서도 긍정적인 피드백과 지지를 보내 주는 것이 필요하다.

이 단계를 활성화시키기 위해 치료자는 독서 이외에 창조적인 글쓰기, 미술, 역할극, 책 만들기, 이야기 나누기, 또는 다른 적당한 방법을 사용하기 때문에 진정한 문학치료가 될 수 있다. 글래딩과 글래딩(Gladding & Gladding, 1991)은 다른 미디어의 사용이나 토론활동의 사용은 책의 영향력을 최대한으로 향상시킨다고 하였다.

평가를 하고 변화를 실행하는 데는 시간이 필요하다. 어떤 경우엔 내담자가 마지막 자기적용단계까지 도달하는 데 몇 달 혹은 몇 년이 걸리기도 한다. 감정에 대한 반응을 경험하고 표현하기 위해서, 그리고 그 반응을 분석하고 통합하기 위해서 작품을 반복적으로 살피게 되는 행위는 결국 촉매역할을 하는 작품의 힘에 달려 있다. 작품은 참여자가 직접적으로 자기적용을 하도록 하기보다는 촉매로 작용한다.

07 활 동

문학치료는 도서(소설, 비소설, 전기, 자서전 등)를 포함하여 영화, 연극, 슬라이드, 일기, 녹음테이프나 녹화테이프, 잡지 등 다양한 재료를 이용할 수 있다.

(1) 일반적 활동

문학치료의 초기과정에서 이루어질 수 있는 좋은 문학활동은 〈표 11-2〉와 같다.

내담자들은 보통 자기노출을 먼저 시작한 후 치료자와 상호작용을 하기 시작한다. 초기 활동을 통해 상호작용을 시작하면 중간단계로 넘어가게 된다.

표 11-2 ● 문학치료의 초기단계에서 사용할 수 있는 활동

<table>
<tr><th>활동명</th><th>활동목표</th><th>활동내용</th><th>비 고</th></tr>
<tr><td rowspan="4">자서전</td><td rowspan="4">참여자로 하여금 자신을 노출하도록 하는 데 도움을 준다.</td><td>언어사용에 능숙한 내담자는 격려를 받으면 그들이 생활하면서 중요했던 사건들을 중심으로 자신의 이야기를 녹음할 수 있다.</td><td rowspan="4">상담의 초기단계에서 사용되며, 내담자들은 보통 자기노출을 시작하고, 또 치료자와 상호작용을 하기 시작한다.</td></tr>
<tr><td>잘 쓰지 못하는 내담자들은 녹음기에 자신의 이야기를 녹음할 수 있다.</td></tr>
<tr><td>자신이 만든 것을 자신이 간직할 수 있도록 한다.</td></tr>
<tr><td>내담자가 그것을 자기 집으로 가지고 가길 원하면 복사하여 그 내담자에 관한 서류철에 넣어둔다.</td></tr>
<tr><td rowspan="3">인생선
(life-line)</td><td rowspan="3">참여자들에 대한 개인적인 신상정보를 알 수 있다.</td><td>참여자는 20×28cm 정도의 종이 위에 긴 직선을 긋는다.</td><td rowspan="3">내담자가 인생선 활동이나 자서전에 대해 이야기하는 과정을 기록해 두면 유용하다.</td></tr>
<tr><td>"이 그림은 당신의 출생을 가리키는 겁니다. 당신이 생활하면서 가장 행복했던 때와 가장 슬펐던 때를 생각하고서 그것이 일어났던 때를 선 위에 표시해 보세요. 그리기보다 말로 표현하고 싶으면 그렇게 해도 됩니다"라고 내담자에게 말한다.</td></tr>
<tr><td>내담자가 그리는 동안 치료자는 그가 그린 각 사건에 대해 간단하게 이야기하도록 유도한다.</td></tr>
</table>

출처: 한국독서치료학회(2005). 독서치료. 서울: 학지사. p.121

문학치료의 중간단계에서 사용할 수 있는 활동들은 〈표11-3〉과 같다.

(2) 추후활동

도서를 읽고 나서의 추후활동은 치료자에 의해 활용될 수 있다. 이러한 추후활동은 반드시 내담자와 함께 이루어져야 한다. 어떤 추후활동은 집단활동을 요구하기도 한다. 치료자들은 한 활동이나 여러 가지 활동을 이용하는 것이 좋다. 추후활동에는 창의적 글쓰기, 미술활동, 토의, 역할놀이 등의 활동이 포함된다.

표 11-3 ● 문학치료의 중간단계에서 사용할 수 있는 활동

활동명	활동목표	활동내용	비 고
이야기나 시완성하기	이야기를 창의적으로 구성할 수 있고, 의사소통을 할 수 있다.	치료 중에 경험하는 특별한 저항이나 난관에 기초하여 치료자가 몇 줄 정도 길이의 이야기를 쓴다.	내담자의 저항이 너무 강할 때는 강요하지 않는다.
		내담자에게 그것을 읽도록 하고, 이야기나 시의 다음 부분을 이어서 완성하도록 지도한다.	
		내담자가 참여할 수 있고, 참여하려고 하는 한 이런 형태로 치료자는 내담자와 상호작용을 할 수 있다.	
유언, 사망기사, 비문쓰기	문제에 저항하는 것에 대하여 더 큰 통찰력을 발달시킬 수 있다.	만일 당신이 오늘 죽는다면, '가족들과 친구들에게 마지막으로 무슨 말을 하게 될 것 같습니까?'	
		내담자들은 자신이 어떤 사람이었는가 혹은 어떻게 기억되기를 바라는가를 정확하게 설명하는 비문이 새겨진 묘비를 그리거나 사망기사를 씀으로써 자기 자신에게 초점을 맞추도록 도움을 받는다.	
편지쓰기	타인과의 의사소통 능력을 증진시킨다.	내담자들은 보통 흥미있었던 일과 재미있게 하고 있는 일에 대해 쓰지만 거의 대부분이 편지의 끝부분에 '나는 당신을 사랑합니다'라는 표시를 한다. 문학치료의 종결 무렵에는 치료자와 계속 사랑을 주고받으려는 욕구가 크다.	편지쓰기는 내담자가 친구들과 의사소통을 하는 데 있어 자연스럽고 재미 있는 교육적인 활동이다.
		치료자는 답장에서 내담자들의 긍정적인 행동을 강화하고 치료자 역시 참여자들을 그리워하고 사랑하고 있음을 알게 해야 한다.	
일기쓰기	자신의 감정이나 느낌을 표현할 수 있다.	성인이나 청소년, 연령이 높은 아동들은 편지에는 표현하지 않던 자신의 속마음을 일기에 쏟아 놓는 경우가 많다.	개인일기는 직접 대면하기 힘든 것들을 표현하게 하는 데 가장 효과적인 방법이며 이것은 개인의 프라이버시를 지켜준다.
		일기를 씀으로써 자유연상을 한다. 종종 내담자들은 자기의 꿈을 일기에 털어놓기도 한다.	

출처: 한국독서치료학회(2005). 독서치료. 서울:학지사. p.122

12 음악치료

음악은 가락, 장단, 화음 등의 요소들이 합쳐져서 하나의 의미를 가진 체계화된 형태로써 이념과 감정을 표현하는 시간적인 소리의 예술이다(김군자, 1998). 음은 생리적으로나 심리적으로 인간의 마음을 조용하게 안정시키기도 하고, 어떤 경우에는 혼란시키기도 한다. 갑작스러운 큰 소리는 공포와 불안을, 잘 다듬어진 음악적인 공명은 즐거움을, 경쾌한 음은 운동적인 활동을 자극하여 긴장을 줄이고, 불협화음과 날카로운 소리는 긴장을 조장시키고 고통을 느끼게 할 수 있다. 리드미컬하고 화성적인 음은 정서적인 느낌을 일으키고, 행복을 조장하며, 감정을 흥분시키거나 슬프게 하기도 한다. 또한 음악은 인간의 일상생활에서 즐거울 때 노래를 흥얼거리게 하며 사람들과 어울려 노래를 부르게 하기도 하고, 슬플 때 음악으로 위로를 받기도 하는 등 인간생활을 윤택하게 해주거나 도움을 준다. 그러나 이러한 음악생활이 인간생활을 풍요롭게 하고 건강하게 할지라도 치료라고 부르지 않는다. 그렇다면 인간의 삶을 풍요롭게 하는 음악생활과 음악치료의 근본적인 차이점이 무엇인지 그 이유를 찾아보면, 첫째 치료는 즐거움만을 목적으로 하거나 건강에 도움을 준다는 것과는 다른 개념이며, 둘째 음악생활은 주관적인데 반하여 음악치료는 객관적이라 할 수 있다. 그리고 음악활동만으로 음악치료의 목적이나 적용을 설명할 수는 없다.

심리학적 견지에서 보면 음악은 우리의 원초아, 자아, 초자아에 영향을 준다. 원초아와 음악의 관계를 보면 음악은 우리의 본능적 욕구를 자극하거나 표현하며 때로는 이를 해소시켜 주기도 하고 감소시켜 주기도 한다. 자아와 음악의 관계를 보면 음악은 자아를 강화시키고 감정을 발산시키거나 통제하기도 한다. 마지막으로 초자아와 음악의 관계를 보면 음악은 초자아에 적응하여 감정을 승화시키거나 수준 높은 미적 경험과 풍부한 심미적 경험을 갖게 해준다. 음악은 이처럼 우리 인격의 세 가지 구성요소에 모두 영향을 주기 때문에 음악치료에서는 이러한 심리적 효과들을 이용하여 인간의 온갖 경험을 표현하게 하는 것이다.

이 장에서는 음악치료의 개념, 기본전제, 적용영역을 먼저 살펴보고, 아동발달과 음악치료와의 관계 및 음악치료의 실제에 대해 살펴보고자 한다.

1. 음악치료의 개념

일반적으로 상담이나 심리치료가 언어라는 매개체를 사용하여 내담자의 행동의 변화를 꾀하는 것이라면, 음악치료는 음악이라는 매개체를 사용한다는 특징이 있다. 또한 이러한 치료과정에서 음악을 도구적으로 적절하게 사용하여 최적의 효과를 가져오기 위해서는 적절한 교육과 훈련을 받은 전문가로서의 음악치료사가 그 역할을 수행한다. 음악치료사는 다양한 음악을 적절한 방식으로 사용할 수 있는 기술과 지식을 갖추고 치료활동을 전개한다.

음악치료는 음악적 결과물보다는 음악을 만들어 가고 경험하는 과정에 중점을 두며, 음악적 과정을 통해 신체적, 정신적, 그리고 심리적 측면의 기능적 변화를 포함한 목표들을 이루고 이러한 변화들을 음악 외적인 환경에 전이시키는 데 목적을 둔다. 예를 들면 낮은 자존감을 갖고 있는 아동이 목소리 즉흥연주를 통해 본인을 표현하고 알리는 경험을 계속 함으로써 또래관계에서보다 더 건강한 자아 개념을 갖도록 해준다.

음악치료의 아버지로 불리는 개스톤(Gaston, 968)은 음악은 인간행동의 한 형태로써 아주 독특하고 강력한 영향을 미치며, 장애자나 내담자들로 하여금 바람직한 행동을 획득하게 하며, 그 전의 잘못된 행동을 변화시키는 데 도움을 준다고 하였다. 때로는 음악 그 자체가 행동 변화를 야기하기도 하지만 대부분은 치료자가 직 · 간접적으로 이끌어가는 역할을 함으로써 이루어진다.

먼저 음악치료의 개념을 살펴보기 전에 음악치료라는 학문이 만들어지게 된 토대를 살펴보면, 음악치료는 여러 전문분야의 학문들이 모여 새로운 치료방법으로 태어나게 된 것이다. 음악치료가 뿌리를 내리고 있는 분야는 크게 음악관련 분야와 치료관련 분야로 나눌 수 있다. 음악관련 분야에는 음악이론, 화성학, 실용음악, 음악미학, 음향학, 음악심리학이 포함될 수 있고, 치료관련 분야에는 심리학, 특수교육, 사회복지, 언어병리, 정신병리, 인체학, 해부학 등의 학문이 포함된다. 이 분야들이 모여 음악치료라는 새로운 학문을 만들어 내게 되었다(정현주, 2005).

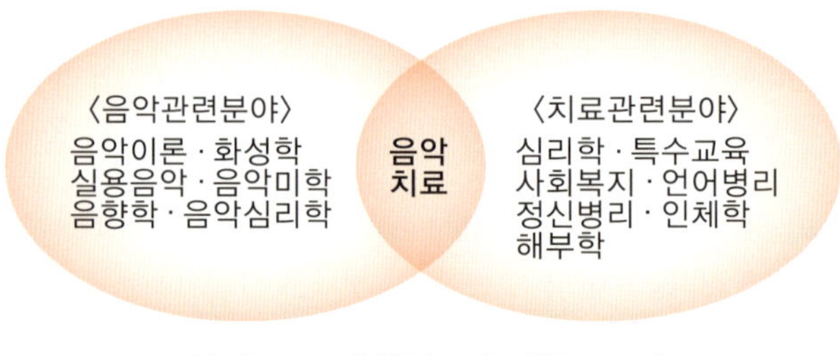

그림 12-1 ● 음악치료의 이론적 토대

이런 음악치료는 학문화되는 과정에서 계속해서 다양하게 정의되어 왔다. 이러한 정의는 학자의 치료철학에 따라 다르며, 음악의 치료적인 접근은 그 범위가 방대하기 때문에 그것이 어떠한 영역에서 이루어지느냐에 따라 달라질 수 있다. 즉, 음악치료는 대상이 가지고 있는 다양한 신체적 · 정신적 문제, 또는 연령에 따른 발달의 강화나 노화로 인한 문제에 대한 개입으로서 다양한 접근이 가능하다.

브루샤(Bruscia, 1989)는 음악치료를 정의 내리기가 쉽지 않다면서 '음악'과 '치료'라는 두 단어가 다양한 내용을 함축하고 있기 때문이라고 말하고 있다. 음악은 예술의 속성을 가지고 있으며, 치료는 과학적인 입장을 가지고 있기 때문이다. 그는 음악치료란 "치료자가 내담자를 도와 건강을 회복시키기 위해 음악적 경험과 관계들을 통해 역동적인 변화를 이끌어 내는 체계적인 치료의 과정"이라고 정의내리고 있다.

미국음악치료협회(National Association for Music Therapy)에서는 음악치료를 다음과 같이 정의하고 있다.

> 음악치료는 치료적인 목적, 즉 정신과 신체건강을 복원 및 유지시키며 향상시키기 위해 음악을 사용하는 것이다. 이것은 치료환경 속에서 내담자의 행동을 바람직한 방향으로 변화시키기 위한 목적으로 음악치료사가 음악을 단계적으로 사용하는 것이다.

또한 한국음악치료학회(Korean Association for Music Therapy)에서는 음악치료를 다음과 같이 정의하고 있다.

> 음악치료는 음악활동을 체계적으로 사용하여 사람의 신체와 정신기능을 향상시켜 개인의 삶의 질을 추구하고 보다 나은 행동의 변화를 가져오게 하는 음악의 전문분야이다.

정영조(2002)는 음악치료를 과학적 관점과 치료적인 관점 두 가지에서 정의하고 있다. 그는 "과학적 관점에서 볼 때 음악치료는 소리와 인간의 상호관계를 연구, 조사하여 소리가 음악적이든 비음악적이든 간에 그 소리 안에 내재된 진단적 요소와 치료적 방법을 발견해 내는 과학의 한 분야이다. 한편 치료적 관점에서의 음악치료란 소리, 음악, 동작 등을 이용해 퇴행효과를 주며, 내담자를 훈련시키고 사회복귀과정을 시작하도록 하여 내담자의 의사소통을 쉽게 해주는 통로를 열여 주는 의학의 인접분야다"라고 정의하였다.

이외에도 여러 음악치료 학자들은 각자 고유의 철학에 따라 다양한 정의를 내놓았다. 여러 정의들 중에서도 공통적인 부분은 음악치료가 음악적 경험 내에서 일어난다는 것과 체계적인 과정이라는 것, 그리고 치료적 접근은 중재와 변화를 목적으로 해야 한다는 점이다. 다시 말해 음악치료는 음악을 이용하여 내담자의 역동적인 변화를 유도함으로써 목표된 신체적 · 정신적 건강을 성취할 수 있도록 도와주는 체계적인 과정인 것이다. 여기서 '역동적' 이란 의미는 설정된 목표에 따라 제시된 음악적 중재라 하더라도 내담자의 반응은 다양한 차원에서 일어나야 한다는 것이며, 이는 정신적, 심리적, 정서적 그리고 신체적 자원 모두를 포함한다(정현주, 2005).

01 기본 전제

음악치료에 대해 좀 더 자세히 알아보기 위해 기본전제를 살펴보면 다음과 같다.

(1) 음악성은 선천적으로 내재되어 있다

태아는 어릴 때부터 양수 속 환경에서 엄마의 언어적 특성에 적응해 간다. 즉 태아는 엄마가 사용하는 언어의 음색, 높낮이, 강도, 빠르기 등을 통해 엄마의 정서상태에 대한 메시지를 간접적으로 받는다. 이렇듯 인간은 출생전부터 긍정적인 정서를 표현하는 소리와 그렇지 않은 것을 구별할 수 있는 능력을 갖고 태어난다.

올프(Orff, 1980)는 인간에 내재된 음악성을 '기초적 음악' 이라는 개념을 통해 설명했다. 이 개념에서는 모든 인간이 선천적으로 율동, 동작, 소리, 노래 등을 이용하여 즉흥적으로 음악을 만들어 낼 수 있는 내재된 능력과 음악에 대한 자율적인 표현방법을 가지고 있다고 설명했다. 따라서 음악치료의 목적 중 하나는 특정 장애가 있건 없건 상관없이, 내재된 '음악적 재능' 을 일깨워서 타고난 잠재력을 개발시켜 주고 음악적 경험 내에서 성장하도록 돕는 일이다.

(2) 음악적 환경에서 보인 행동은 음악 외적 환경에 전이된다

음악치료에서 또 다른 가정은 음악적 환경 대 음악 외적 환경, 즉 브루샤가 이야기하는 음악적 조건 대 사회적 조건이라는 개념이다. 이는 인간이 음악적 환경에서 보여 주는 행동은 외부세계, 곧 사회적 상호작용에서 볼 수 있는 행동이며, 반대로 그 사람의 사회적인 행동성향은 음악적 환경에 노출되었을 때 보이는 행동양상과 많은 부분에서 일치한다는 점과 관련된다. 이는 개인이 가지고 있는 정서 · 사회적 행동이 주어진 환경과 자극에 따라 반응하는 양상과 비슷하고, 행동에 있어서도 어느 정도 행동의 전이와 일관성이 있다는 기본가정에서 비롯되었다.

CHAPTER 12 음악치료

(3) 음악은 기본적인 욕구들을 다루는 힘이 있다

음악교육을 받은 정도나 배경에 상관없이 사람들은 모두 음악을 감상하고 음악을 통해 자신을 표현하는 기본 소양을 갖추고 있다. 브루샤는 이 기본적 소양을 좌우하는 것은 뛰어난 음악 적성이나 재능 이전에 정상적인 성장발달의 과정 속에서 체험하는 전반적인 학습 및 관련 활동이 기본이 된다고 했다.

(4) 음악적 활동에는 인간의 모든 측면이 관련된다

인간의 행동은 다양한 분야로 구분될 수 있다. 예를 들어, 인지, 신체/운동, 언어/의사소통, 사회/정서, 생리/화학적 측면으로 분류될 수 있다. 어떠한 행동이든 한 영역에만 국한되어 분류되지는 않는다. 노래, 악기, 연주, 즉흥, 작곡 또는 음악 청취가 되려면 모든 감각기관을 총동원해야 하고, 기본적인 지각 및 인지과정을 거쳐야 한다. 또한 정서를 체험하고 나눠야 하며, 자신만의 생각과 느낌을 표현할 수 있어야 하고, 타인의 음악세계와도 교감할 수 있어야 한다. 이렇기 때문에 음악은 일종의 총체적인 체험이라 할 수 있다.

이러한 전제는 음악적 환경이 아동들의 발달과정에서 중요한 요소가 될 수 있음을 시사한다. 음악을 통해 아동의 수용, 인지 및 표현기술이 종합되고, 이로 말미암아 성격 체계의 여러 가지 측면들이 통합된다.

(5) 음악적 작업은 내재된 동기를 바탕으로 한 인식의 연속성을 유도한다

감상과 연주를 통한 음악적 경험은 어떤 개별적인 동작을 다루는 것이 아니라 동작과 활동이 계속적으로 연계되어 연속적으로 일어나는 현상을 기본으로 한다. 이는 어떠한 음악적 활동이든 공통적으로 내재된 특성이라고 할 수 있다. 박실(Boxill, 1985)은 음악적 경험 안에서 자신과 타인 및 환경에 대한 인식이 자극되고 증진된다고 하면서 음악치료는 음악을 인식의 도구로서 기능적으로 사용하는 창조적인 과정이라고 하였다. 이러한 인식은 특정한 주기를 갖는데, '인식–흥분–접촉' 의 과정이 포함된다. 먼저 음악적 감각과 함께 인식의 주기가 시작되는데, 인식은 에너지를 동원시켜 심리적 · 신체적 감각을 경험하도록 하고, 이에 따른 내재된 욕구나 필요를 충족하도록 이끈다. 게슈탈트적으로 볼 때, 이러한 동기와 함께 의미를 두는 대상이 배경으로부터 분리되어 전경(figure)으로 부각되면서 이 과정에서 대상과의 통합과 자아인식이 경험된다.

02 적용 영역

음악치료는 심신의 도움을 필요로 하는 사람들을 대상으로 하는데, 그 영역은 크게 두 가지로 구분할 수 있다.

첫 번째 영역은 임상음악치료 영역으로 의학적인 장애를 갖고 있는 사람들에게 임상의 목적으로 음악치료를 실시하는 것이다. 그 영역에 포함되는 내담자들은 ① 노약자나 치매환자, ② 신체장애인, ③ 정신지체인, ④ 정신질환자, ⑤ 약물중독자, ⑥ 정서장애나 발달장애, 감각장애를 갖고 있는 사람, ⑦ 수술환자, 화상환자, 말기상태의 환자 등이 포함된다.

두 번째 영역은 음악심리치료 영역으로 상담 및 심리치료에 음악이 하나의 매체로 사용되는 것이다. 이 영역에 포함되는 대상은 스트레스를 많이 받은 사람, 대인공포를 갖고 있는 사람, 학습을 강화시키기 위한 학생, 비행청소년을 주로 다룬다. 또한 집단상담에서 음악을 매체로 사용하는 경우, 창의성을 개발하거나 집단응집력, 자기표현력을 기르기 위해서도 사용된다.

2. 아동발달과 음악치료

인간은 출생 후 성장하는 동안에 신체적, 운동적, 인지적, 사회적, 정서적인 발달이 이루어짐과 동시에 음악적인 활동에 참여하고, 음악적인 발달이 이루어진다. 여러 측면에서 음악적인 참여와 발달은 개인의 정신적, 사회적, 운동기능의 발달과 관련되어 있다. 데이비스 외 동료들(Davis, Gfeller, Thaut, 1999)은 피아제의 인지발달단계에 따른 음악적 발달과 활동 및 그 의미에 대해 다음과 같이 제시하였다(이숙 · 정미자 · 최진아 · 유우영 · 김미란, 2005 재인용).

01 감각운동기

감각운동기 동안 영아는 오감을 포함한 감각기관과 운동활동을 통해 주변환경에 대해 인지하게 되고, 서서히 자아에 대한 인식이 이루어지게 된다. 따라서 이 시기동안 주변환경에 대해 감각적 탐색의 기회를 충분히 제공하는 것이 지적 발달을 촉진시켜 준다. 특히 음악은 청각, 촉각자극에 의해 인지되는 에너지의 한 형태이다. 감각운동기의 시기에 음악적 자극은 감각, 인지, 의사소통, 사회화 그리고 운동활동에 많은 영향을 준다. 구체적으로 살펴보면 다음과 같다.

(1) 신생아

신생아는 청각을 통한 소리로 세상을 인식하는데, 태어난 지 며칠 안된 신생아도 자장가를 부르면서 부드럽게 흔드는 부모의 행위를 통해 감각자극과 운동자극을 받고 이를 인식하게 된다. 이러한 조용하고 리드미컬한 노래와 흔들거림은 영아에게 안정과 편안함을 제공함으로써 각성상태를 진정시키고, 조용하고 평안한 상태에 이르게 한다. 이를 볼 때 신생아들조차도 매우 적극적인 감상자라고 할 수 있다.

(2) 6개월

6개월 정도 되면 영아는 음악에 대해 분명한 신체적 반응을 한다. 신체적 발달을 거듭하면서 박자에 맞춰 몸을 흔드는가 하면, 의도적으로 팔과 다리를 움직인다. 또한 2차 순환반응이 나타나면서 주변에 있는 사물을 반복적으로 흔들어서 소리를 생산해 내기도 한다. 또한 그 소리에 주의를 기울이고, 즐기며, 소리를 계속하여 생산한다. 이런 활동은 적극적인 목소리의 발성에서도 나타난다. 예를 들어, 영아들은 6개월 이후부터 자음과 모음을 결합하여 반복적인 소리를 내는데, 이 역시 자신의 소리를 들으면서 즐거움을 느끼고 그러한 활동이 강화되어 계속적으로 나타나기 때문에 유지되는 것이다.

(3) 1세 반

1세 반이 되면 청취능력과 음성의 산출능력이 급격히 발달한다. 이 시기의 영아는 큰소리 또는 작은 소리와 같은 음악적 역동과 음색의 차이를 구별할 수 있게 되며, 궁극적으로는 음높이와 리듬을 구별할 수 있다. 또한 음성화 과정에서 약간의 멜로디와 리듬의 패턴이 나타나기도 한다. 2세가 되면 리듬이 있는 박자의 파동에도 반응할 수 있다.

이와 같이 영아기에 있어서 음악은 자연스러우면서 즐거운 생활의 일부분이며, 궁극적으로는 여러 가지 중요한 발달학적 과제들을 익히는 데 필요한 치료적 · 교육적 도구로서 매우 융통성 있고 유용하게 쓰인다.

02 전조작기

전조작기의 유아는 대표적인 상징의 하나인 언어를 사용할 수 있게 됨으로써 효과적인 의사소통이 가능해진다. 또한 개념이 발달하는 과정에서 언어를 통한 개념의 명칭화가 이루어지는데, 이 과정에서 음악적 사물이나 사건들을 경험하고 이름을 붙이는 활동은 언어발달에 긍정적인 영향을 주게 된다. 특히 음악활동 중에 발생되는 음성화는 더 많은 음성을 사용하게 하고, 의사소통을 즐겁게 연습할 수 있는 기회를 제공한다(Barrickman, 1989).

또한 전조작기는 자기중심적인 특징이 있어서 타인의 입장이나 견해를 인식하는데 어려움이 있고, 사회적 상호작용에서도 자기중심적인 성향을 나타낸다. 그러면서도 4~5세경이 되면 다른 또래들과 나누고 협동하려는 의지를 보이게 되고, 4~6세경에는 지시를 따르고, 순서를 기다리고, 다른 사람과 협동하고, 음악활동을 위한 사회적 예의도 갖출 정도로 발달한다. 따라서 이 시기에 실시되는 음악게임이나 집단적인 음악활동은 사회적 기술을 발달시키고, 연습할 수 있는 기회를 제공하게 된다. 더불어 직접적인 운동적 움직임을 필요로 하는 음악게임들은 공간에 대한 감각과 운동기술들을 연습할 수 있도록 돕는다. 따라서 전조작기가 끝날 무렵의 아동들은 박자에 맞춰 깡충깡충 뛰거나 손뼉 치기 등의 활동에 능숙해진다. 이와 같이 전조작기 단계를 거치면서 아동이 성장하는 동안 음악은 계속해서 효과적이고 즐거운 학습의 한 양식으로 자리 잡는다. 언어 · 사회적 협동, 신체적 활동을 요구하는 음악활동은 이 단계에서 특징적인 여러 기술들을 연습하고 능숙하게 만드는 데 많은 도움을 준다.

03 구체적 조작기

자기중심적인 관점에서 벗어나 구체적 조작기에 접어든 아동은 또래들이 가지고 있는 여러 가지 상이한 관점들을 이해하고 추리할 수 있게 됨으로써 또래와의 관계 형성에 도움을 준다. 또한 이전의 단계에서는 내적 표상을 갖는 것만이 가능했으나, 이 시기에는 내적 표상을 여러 가지 방식으로 조정할 수 있다. 또한 사물의 속성을 다룰 때 그들 사이의 관계성도 고려할 수 있다(장휘숙, 2002).

음악과 관련되어서는 악보 읽는 법을 익힐 수 있고, 리듬과 하모니의 개념을 획득할 수 있을 뿐만 아니라 멜로디들이 복잡하여도 자신이 기억하고 있는 리듬과 멜로디를 확장하거나 보존할 수 있다.

구체적 조작기에 악기를 연주하는 것은 소근육의 협응을 도와 주며, 음악적 집단에 참여하는 것은 집단에 대한 참여와 협동에 대한 좋은 기회를 제공해 준다. 따라서 구체적 조작기에 사회적 교류를 형성하고, 집단 안에서 협동하기 위한 구심점으로서 음악이 매우 효과적인 역할을 한다. 또한 음악활동들은 운동기능의 발달과 음악적 기술의 숙련, 개인적인 성취감 등을 맛볼 수 있는 기회를 제공해 준다.

04 형식적 조작기

이 시기에 현실을 넘어선 추상적 추론이 가능하게 되고, 가설을 세우며 체계적으로 검증하는 등의 인지적 발달이 이루어진다. 또한 하나의 문제에 직면했을 때, 모든 가능한 해결책을 논리적으로 사고해 봄으로써 문제해결에 이르게 되는 조합적 사고가 가능해진다(장휘숙, 2002). 추상적이고 논리적 사고가 가능해진 청소년들은 자유롭고도 광범위한 음악적 경험들을 하고, 때로는 깊이 몰두한다. 청소년을 대표하는 록, 힙합 등의 음악은 청소년 문화의 중요한 부분으로서, 이 시기에 발생하는 혼란과 반항의 감정들을 분출하는 분출구로 사용된다(Brooks, 1989). 음악은 청소년들에게 중요한 문화의 하나로써 치료도구로 사용될 수 있다.

3. 음악치료의 실제

01 음악치료에 영향을 주는 음악적 요소들

음악치료에 영향을 주는 음악적 요소들은 크게 음정, 강도, 음색, 화성, 리듬으로 구별할 수 있다. 이 요소들은 상징적이거나 지적인 의미를 갖고 있지 않음에도 음악이라는 정서적 감동의 힘으로 막강한 영향력을 행사한다(Boxill, 1985).

(1) 음 정

음정은 진동수에 의해 생기며, 물리적인 작용으로서 진동수의 변화는 긴장이나 이완을 가져오는 역할을 한다. 대체로 느린 진동은 이완적 효과를, 급격한 진동은 자극적인 효과를 가지게 된다.

진동수의 이러한 특성으로 긴장되거나 신경질적인 사람들에게 높은 진동이 계속될 경우, 또는 그 반대로 에너지 충전이 필요한 사람에게 느린 진동수의 낮은 음정을 계속 듣게 할 경우 부정적인 영향을 준다.

(2) 강도(세기)

강도는 진동의 폭에 의존하며 진폭이 크면 음량이 불어나고 소리의 전달력이 확대된다. 소리의 강도는 음악의 효과를 내는 데 있어서의 역할이 크다고 할 수 있는데, 예를 들면 소리의 강도만으로 감상자에게 만족감을 준다. 즉, 부드러운 음향은 친밀감과 안전한 분위기를 느끼게 해주기 때문에 허약하고 소극적인 사람에게 위압과 강요에서 벗어난 환경을 조성해 줄 수 있다. 반면 강한 감각을 원하는 감상자에게는 이러한 음향이 초조감을 줄 수 있다. 소리의 세기는 리듬이 함께 작용할 때 그 효과가 극대화된다.

(3) 음 색

음색은 소리의 질을 나타낸다고 할 수 있다. 음색은 악기들의 특성을 구별시켜 주는 음악의 요소이다. 동일 작품을 같은 수준의 두 연주가가 연주 또는 노래한다고 해도 음색의 차이로 인해 청중들은 매우 다르게 들을 수 있다. 음색은 다른 음악적 요소와는 달리 측정단위가 없기 때문에 사람들의 주관적 설명에 따라 묘사되는 특성을 가지고 있다.

(4) 화 성

주파수가 다른 두 개 이상의 음이 동시에 날 때 맺어지는 관계를 화성이라고 한다. 화성의 진행에 따라 사람들은 여러 가지의 느낌으로 음악을 받아들이게 된다. 화성의 변화는 음악이 추구하는 의미를 전달하며, 곡의 시작부터 끝까지의 시간적 진행을 담당한다. 음악이 진행되면서 불협화음이 화성적 질서를 따라 끝나게 되는데, 이는 청중과 연주자 모두에게 정서적 만족감을 느끼게 해준다.

(5) 리 듬

리듬 없이는 음악이 존재하기 어렵다고 할 만큼 리듬은 음악에 있어서 중요 요소이다. 리듬의 역할은 조직력과 에너지에 있다고 말할 수 있다. 인간이 생리적으로 호흡과 맥박이라는 일정한 리듬의 바탕 위에 생체리듬을 형성하고 있다. 따라서 리듬은 어떤 의미에서는 인간 생존의 기본과도 일치한다고 할 수 있다. 리듬이 치료적으로 사용될 경우 개인의 리듬적 기능을 향상시키는 역할을 주로 하게 되는데, 운동의 영역과 걸음걸이의 훈련, 또는 긴장이완법 등이 이에 해당된다.

02 음악치료실의 환경

음악치료실은 가능한 한 시각적으로 자극이 없어야 한다. 커튼보다는 블라인드가 낫고 소음이 없는 쾌적한 방이어야 한다. 벽면과 방바닥도 방음이 되어 있어 음을 흡수하여 내담자들이 불안감을 갖지 않도록 하는 것이 좋다.

조명도 따뜻한 분위기로 조성하며 피아노는 방 한가운데 있어서 내담자의 치료실에서의 활동이 자유롭고 넓어야 한다. 피아노의 높이는 치료자가 내담자의 활동을 볼 수 있도록 아주 낮은 것이 좋다. 산만한 내담자나 집중력이 부족한 내담자를 위해서는 특별히 제작된 의자를 사용한다. 악기방은 치료실 옆방에 있어서 순간적으로 악기를 바꾸어야 할 때 쉽게 교체할 수 있는 것이 좋다(김군자, 1998).

03 악기 선택

음악치료에 사용되는 악기는 음악적인 또는 소리를 내는 모든 악기가 포함된다. 음악치료에 사용되는 악기로서 유용하려면 몇 가지 특징을 갖고 있어야 한다(정영조, 2002).

(1) 다루기가 쉬어야 한다

음악치료의 현장에서 내담자들이 저항 없이 선택하려면 다루기 쉽고 편안해야 한다.

(2) 움직이기 쉬워야 한다

일반적으로 치료실에서 세션이 진행되지만 외부의 적절한 장소에서도 사용할 수 있어야 하고, 치료의 장에서 움직이기 쉬워야 한다.

(3) 소리가 멀리 퍼져야 한다

소리가 안으로 향하지 않고, 밖으로 확산되어야 한다. 악기의 치료적 가치는 악기의 울려퍼짐의 정도와 관련된다.

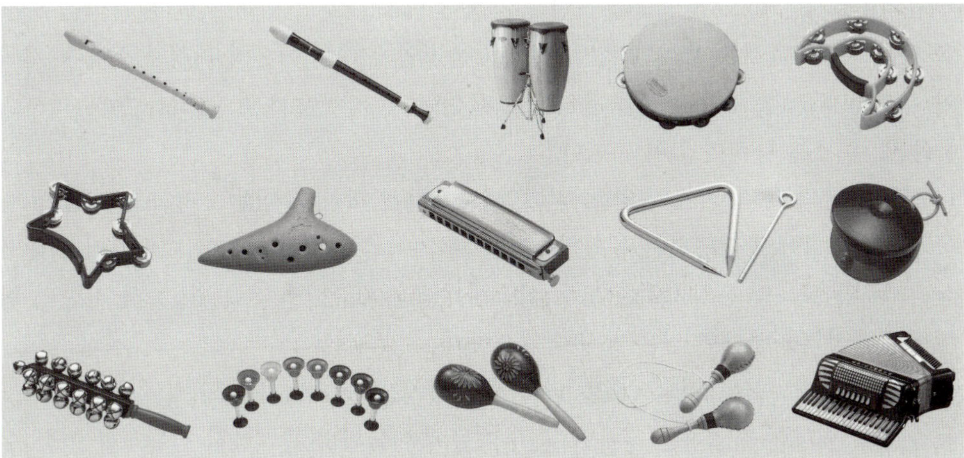

그림 12-2 ● 다양한 악기들

(4) 모양과 재료가 원시적일수록 이상적이다

원시적인 악기는 주로 타악기, 예를 들면, 실로폰, 마림바, 시스트라 등이다. 반면 플룻, 바이올린, 기타 등은 그에 비해 더 복잡한 멜로디 악기에 속하고 특별히 배워야 한다. 따라서 치료가 시작된 후 시간이 얼마간 지난 후에 점차적으로 포함시키는 것이 좋다. 피아노, 오르간 등은 보다 더 복잡한 악기로서 언어적 의사소통에 버금가는 기간이 필요하다.

(5) 소리가 날 가능성이 확실하고 리듬과 멜로디의 구조를 이해할 수 있어야 한다

이런 특징에 맞아 보통 사용되는 악기는 올프(1980)가 일반 아동들을 위해 개발한 리듬악기들이 좋고, 장구, 징, 북, 꽹과리, 목탁 등 우리나라 악기들도 사용할 수 있다. 음악치료에는 타악기, 목관악기, 피아노, 현악기 등이 다양하게 사용되며, 일상생활에서 쉽게 구할 수 있는 물건을 악기로 만들어 쓰는 것은 더욱 창조적인 방법이라 하겠다. 예를 들어, 깡통에 모래를 넣어 사용하거나 라면 봉지를 부스럭거리는 것 등이 여기에 해당한다.

04 음악치료사의 역할

음악치료사는 심리치료사로서의 인간적 자질과 전문적 자질을 갖고 있어야 한다. 인간적 자질에 대한 부분은 다른 장에서도 다루었기 때문에, 여기서는 전문적 자질 부분에 대한 것을 중점적으로 살펴보겠다.

음악치료사는 어느 정도 기본적인 음악적 능력을 갖추고 있어야 한다. 음악을 도구로 사용하기 위해서는 소리와 음악, 그리고 움직임에 대한 이론적 배경과 실제적 지식이 풍부해야 한다. 또한 자신을 음악으로 표현할 수 있어야 하며, 음악을 통해 의사소통을 할 수 있는 능력이 있어야 한다.

전문적 음악 능력 외에도 의학, 심리학, 교육학에 대한 기본적인 지식을 갖고 있고, 음악치료의 장에서 당면하는 문제의 하나인 무의식과 퇴행적인 면을 이해하기 위해서 심리치료와 교육적 음악치료를 모두 섭렵해야 하는 것은 물론, 음악치료사 자신의 퇴행적인 핵심부분에 대한 깊은 지식이 필요하다.

또한 음악치료사는 일반적으로 의사, 심리학자, 운동요법사, 물리치료사, 특수교사 등과 팀을 이루어 작업하는 경우가 많기 때문에 이들과의 관계에서 팀워크를 이룰 수 있는 능력이 요구된다.

05 치료의 형태

음악치료의 형태는 크게 개인치료와 집단치료로 나눌 수 있다. 치료를 계획할 때 치료자는 먼저 내담자가 일 대 일의 개인치료, 혹은 집단치료 중 치료효과가 높은 어느 것 한 가지를 선택해야 할 것이다.

개인치료는 내담자가 너무 소극적이거나 다른 사람들에게 공격적인 반응을 보일 경우, 혹은 치료의 목적 자체가 일 대 일로 치료해야 효과를 높일 수 있을 때에 적합하다. 그리고 개인치료는 내담자의 사생활보장 등 내담자의 신변이 보장되기도 하며 집단치료에 참가할 수 없을 만큼 정신적 · 신체적 기능이 갖추어 있지 않는 사람, 심한 정서장애, 자폐, 중증 신체장애로 다른 사람과 같이 음악활동을 할 수 없는 아동에게 효과적이다.

집단치료는 또래들과의 교류 및 사회적인 발달이 요구될 때, 또는 개인적으로 치료자와의 가까운 관계형성이 치료에 도움이 되지 않을 때 적절하다. 그리고 가족치료와 같이 참석할 집단이 많을 때는 집단활동을 역동적으로 하여 치료의 효과를 높일 수도 있다. 집단의 구성은 장애의 종류나 정도, 기능수준, 음악적 취향 등이 각각 달라도 집단의 일원으로 공감대를 형성 할 수 있는 사람이면 좋다. 그러나 구성원의 활동에 필요한 역동성, 동기, 성격, 증상의 발달배경이 유사할수록 좋다. 집단구성원의 수는 대개 7~12명 정도가 알맞으나 기능이 낮은 아동, 발달지체 아동, 참여도가 낮은 아동, 심각한 장애상태의 집단일수록 인원수가 적어야 한다. 그러나 보조치료자나 가족이 함께 참여할 때에는 인원수를 늘릴 수도 있다.

06 음악치료의 과정

음악치료의 과정은 ① 내담자의 문제 확인 및 정확한 진단과 평가, ② 내담자가 지닌 문제를 해결하고 필요를 충족시키기 위한 목적 및 목표 설정, ③ 내담자에게 설정된 목적 및 목표달성을 위해 음악활동 계획, ④ 치료활동을 적용시키고 내담자의 반응을 평가하는 것 등이다.

(1) 진단평가(assessment)

음악치료를 시행하기 전에 반드시 내담자의 현재 상태와 무엇을 필요로 하는지를 알아야 한다. 내담자가 지닌 특정한 문제점, 장점, 약점 등을 알기 위해 ① 내담자의 성장 발달과정, 개인적 병력을 검토, ② 내담자에게 필요한 영역에 대한 정보수집(교사 및 타치료교사), ③ 음악활동을 통해 나타나는 내담자의 발달, 사회성, 운동력, 청력 그리고 커뮤니케이션 기술 수준 등을 관찰한다.

(2) 치료목적과 목표설정

치료목적과 목표설정은 진단평가 후 장·단기 치료목표 설정, 매 치료과정별(세션별) 음악활동 선정, 레슨계획 수립 등이 있다.

① 목적 설정

음악치료의 목적은 청각개념의 발달, 시각개념의 발달, 소근육·대근육 운동기술의 발달, 언어발달, 사회적 기술의 발달 등이며, 다른 각도에서는 사회심리, 운동심리, 생리학의 분야까지 음악치료가 적용된다. 예를 들면 연주활동(합주활동)으로 치료를 하는 경우 대근육·소근육의 발달 등의 목적과 음악 외적인 목적으로 집중력, 사회성, 협동심 등의 향상이 있을 수 있다. 그러나 내담자의 상태에 따라 대표적인 목적 한 가지를 설정하도록 하는 것이 좋다.

또 다른 예로는 또래들로부터 따돌림을 당하는 아동들의 경우, 또래들과의 관계를 증진시키기 위한 목적을 설정한다.

② 행동목표 설정

음악치료의 행동목표에는 치료적인 조건, 대상 내담자, 기대되는 행동, 기준의 네 요소가 필요하다.

- 치료조건 : 음악치료를 위해 제공되는 치료 행위를 말한다. 예를 들면 모이면 먼저 인사하고 이름을 교환하고 준비된 음악을 들으며 긴장이완을 할 수 있도록 치료자가 지시하는 것을 치료적인 조건이라 한다.
- 대상 내담자 : 치료받을 내담자(집단별, 개인별)
- 기대되는 행동 : 주어진 치료적인 조건(주로 음악적인)에 대한 반응을 말한다. 예를 들면 리듬악기로 연주하기, 물음에 대답하기, 노래 3절까지 부르기 등
- 기준 : 기대되는 행동의 반응을 측정하는 기준을 말한다. 예를 들면, 목표행동이 10번의 북치기 행동일 경우 5번 이상 북치기가 기준이 된다. 또 목표가 노래 3절까지 부르기일 경우 기준을 2절까지 부르기로 한다.

(3) 음악활동계획

음악활동계획은 설정된 목표달성을 위한 음악활동계획과 음악외적 목표달성을 위한 음악활동계획으로 구분하여 세운다. 다양한 음악경험, 즉 노래하기, 악기연주, 음악 만

들기, 음악에 따라 움직이기, 음악에 관해 토의하는 활동들을 치료 목적에 맞게 사용한다. 치료활동에 대한 구체적인 내용들은 다음 파트에서 다룰 것이다.

① 활동계획 작성 : 다양한 활동을 조화 있게 작성한다

예를 들면 첫 활동은 노래를 통해 인사하면서 서로 이름 나누기를 하고, 세션 시간의 2/3정도 경과할 즈음에 절정을 이루게 한 후, 자연스럽게 종결되도록 유도한다. 그리고 종결단계에도 시작과 유사하게 노래로 만족감을 갖게 한다. 그리고 모든 활동은 다음에 나오는 세 가지 요소들(3R)을 유의하여 계획한다.

- 일관성(Routine) : 매주 같은 집단으로 고정할 경우 같은 노래와 같은 양식으로 시작하고 끝맺어야 안정감을 갖게 되고 당혹감, 불안감에서 벗어난다.
- 반복(Repetition) : 자신감을 주고 부담 없이 치료자를 따르게 반복적인 음악형식을 이용한다. 론도형식을 반복하면 긴장 이완을 하게 하여 마음이 열리게 된다. 몸과 마음이 이완되고 맺힌 부분이 풀려야 마음을 열고 변화를 수용하게 된다.
- 해결(Resolution) : 성공적인 종결을 의미한다.

② 치료활동의 적용과 내담자의 반응평가

문서상으로 아무리 잘 짜여진 활동계획이라도 실제 내담자에게 혜택을 주지 못하면 계획을 수정하여야 한다. 내담자의 반응에 대한 평가는 치료차트에 기록한다. 대체로 처음 치료를 하다보면 치료자 자신을 중심으로 음악활동을 하게 된다. 자신의 음악활동에 치중하거나 치료 시행 기술에 대한 자신감이 부족하여 내담자의 반응에 따라 그때 그때 변화를 주지 못하는 경우가 있다. 차츰 경험이 쌓이면 내담자가 눈에 들어오게 되고, 내담자의 문제를 보게 된다. 그러므로 자신의 활동을 녹음이나 비디오에 담아 여러 차례 반복 분석하여 자신감을 갖게 되는 것이 좋다.

07 음악치료 활동들

음악치료는 치료자가 치료적 목적을 달성하기 위해 내담자와의 관계 속에서 음악을 도구로 사용하는 것이다. 이때 치료의 목표는 내담자의 행동변화와 관련되는 음악 외적인 목적이 되며, 결코 음악 자체를 목적으로 하지 않는다. 음악치료사는 치료를 하기 전에 반드시 내담자의 증상을 정확하게 파악한 후, 이에 맞는 치료적 중재를 먼저 계획한 후 음악치료활동들을 실행한다.

음악치료활동은 표현활동을 중심으로 한 치료활동과 감상활동을 중심으로 한 치료활동, 그 외에 음악을 도구로 하는 활동들로 구분하여 생각할 수 있다. 표현을 중심으로 한 치료활동으로는 연주형태로서의 음악집단활동, 즉흥연주활동, 창작 · 작곡 · 노래만들기 활동이 포함되며, 감상활동을 중심으로 한 치료활동에는 적극적인 음악감상과 인식활동, 적극적인 음악감상과 상상활동, 적극적인 음악감상과 말하기 유도활동, 배경음악을 사용한 다른 활동들이 있다. 마지막으로 그 외에 음악을 도구로 하는 활동에는 삶을 위한 리듬활동이 있다(정현주, 2005; 최병철, 1994).

(1) 연주형태로서의 음악집단활동

가장 일반적으로 행해지는 음악활동으로 피아노나 기타 등의 악기를 배우고 가르치는 활동과 핸드벨이나 그룹악기 연주활동, 그리고 함께 노래 부르기, 합창, 합주하기 등의 음악활동으로 음악치료사가 음악활동이라는 도구를 통하여 내담자의 행동 변화를 갖게 하는 것이다. 이것은 재창조 연주경험이라 불린다.

이것은 크게 노래 부르기와 악기 연주하기로 나눌 수 있다.

① 노래 부르기

우선 노래 부르기를 살펴보면, 노래 부르기는 아동으로 하여금 노래의 속성(음역, 높낮이, 음의 크기, 악절 나누기, 표현 등)에 주의를 기울이면서 동시에 다른 아동과 상호작용할 수 있도록 만든다.

노래 부르기에서 언급되는 몇 가지 심리치료적 기능을 살펴보면 다음과 같다(정현주, 2005).

- 문제의 규명 : 노래를 통해 자신의 내면적 문제와 정서를 확인할 수 있다.
- 감정이입 : 노래에서 다루는 내용에 대한 감정을 경험하고 공감할 수 있다.
- 투사 : 노래의 가사에서 다루어진 문제점이나 감정과 동일시한다.
- 자기정화 : 특정 이슈에 대한 감정을 표출시킬 수 있다.
- 설득 : 가사를 통해 현재 대면하고 있는 심리적 어려움에 대한 새로운 시각, 그리고 해결방법을 얻는다.
- 보편화 : 가사를 통해 본인의 문제가 타인들도 경험할 수 있는 것이라는 것을 인식한다.
- 외면화 : 무의식적으로 노래에 대한 긍정적인 혹은 감정적인 반응과 함께 내재된 갈등이나 문제를 규명할 수 있는 기회가 된다.
- 자기표현 : 본인의 문제를 노래를 통해 전달하고 표현하는 방법으로 활용된다.

집단으로 노래를 부르는 것은 공동의 목표, 심미적 경험을 서로 나누어 가지게 하므로, 집단 구성원에게 연대감을 주고 동료애를 증진시킨다. 집단 노래활동은 치료의 시작으로 매우 좋은 방법이다. 같이 노래를 부르는 것은 집단에서 아동 자신의 이미지를 강화시키고, 사회적 대인관계기술을 발달시킬 수 있는 좋은 기회가 된다. 또한 창의적 실험을 해 볼 수 있고, 자신의 신체를 소리의 도구로서 탐색해 보는 기회를 아동에게 제공한다. 노래활동이 치료적이려면 노래 선택이 매우 중요하다. 어느 누구에게나 또는 다른 집단원에게도 저항감을 주지 않는 노래를 택해야 한다.

음역은 노래를 부르는 아동의 성량수준에 맞아야 한다. 노래를 선택할 때는 노래를 부르는 아동의 나이도 고려해야 한다. 특히 어린 아동이 좋아하는 노래는 동요, 자장가, 동작성이 있는 노래이며, 좀 더 높은 연령의 아동과 청소년들은 대중음악과 감미로운 노래를 좋아하는 경향이 있다. 어느 경우든 치료자는 노래를 잘 알아야 한다(김춘경, 2005).

② 악기 연주하기

악기 연주는 적극적인 참여를 유도하는 음악경험 중 하나로서 기존의 음악을 다양한 악기로 연주하는 활동과 새로운 음악을 창작하여 연주하는 활동을 모두 포함한다. 음악치료에서 연주활동이란 악기를 이용하여 음악을 만들어내는 과정을 의미하나 어느 정도의 구조화된 접근을 중심으로 한다. 악기 연주하기의 목표는 연주활동을 통해 과제 수행력과 문제해결능력과 같이 참여과정에서 나타날 수 있는 변화를 중심으로 한다.

음악치료 환경에서 사용되는 악기연주는 내담자의 장점과 단점을 고려하여 단계별로 나누어 구성될 수 있다. 음악치료에서는 내담자가 치료자와 맺는 관계가 가장 중심이 되지만, 이외에 내담자가 음악과 갖게 되는 관계 또한 중요한 요소이다. 즉 음악을 받아들이지 못하거나 연주 자체에 저항을 한다면 이는 내담자와 음악과의 관계가 이루어졌다

그림 12-1 ● 악기 연주하기

고 보기 힘들다. 그러므로 먼저 악기 탐색과 악기에 대한 호기심, 그리고 하나의 소리가 훌륭한 음악을 구성한다는 사실을 인지할 필요가 있다. 이 과정에서 음색, 크기, 모양 등이 다른 다양한 종류의 타악기를 탐색하고 연주하는 과정을 통해 내담자의 참여수준과 반응, 그리고 가능한 악기 선호를 파악하는 것이 무엇보다 중요하다(정현주, 2005).

타악기 연주는 활동이 제한되어 있거나 움직일 수 없어서 스스로 즐길 기회를 갖지 못하는 등 상태가 심하거나 중복장애를 가진 아동에게 특히 적합하다. 이들은 악기를 연주함으로써 신체적 · 정서적으로 만족을 주는 표현방식을 통해 외부세계에 참여할 수 있다. 치료자는 음성, 피아노, 기타, 오토하프 등으로 음악적인 지지를 해 줌으로써 소리자극을 창조하여 내담자가 종을 잡고 흔들거나 북을 치거나 리듬막대를 두드리는 등 악기를 연주하도록 동기부여할 수 있다.

악기를 치료에 사용하는 본질적인 측면은 그것이 정서상태에 영향을 줄 수 있을 뿐만 아니라 감정표현의 배출구로서 기여할 수 있다는 데 있다. 또 한 가지 흥미로운 점은 여러 소리들을 생성하는 것이 신체표현과 감정표현의 결합으로부터 비롯된다는 것이다. 예를 들어, 어떤 사람이 북을 빠르고 힘차게 친다면 여기에는 에너지의 증대뿐 아니라 감정에 의해 활성화되는 신체동작이 포함되어 있는 것이다. 또한 느낌과 감정의 모든 면을 승화 · 표현 · 환기시키는 도구로 악기를 사용할 수 있는 가능성은 악기의 성격에 달려 있다. 악기를 선택하는 방법과 기준은 대체로 음역, 음색, 크기, 형태, 그리고 소리 생성의 방법을 고려하여 결정한다. 치료자는 악기의 성격을 잘 파악하고 있어야 한다. 예를 들면, 치료자나 내담자는 분노를 해소시키기 위해 북을 선택할 수 있다(김춘경, 2004).

(2) 즉흥연주활동

즉흥연주는 치료자가 내담자에게 규칙, 체계, 주제없이 자신이 원하는 대로 즉흥적으로 연주하도록 하면서, 내담자에게 절대적인 자유를 주는 것이다. 이 즉흥음악치료에서는 음악치료과정을 지적, 신체적, 사회-감정적 성장의 연속단계에서 계획되고 충족되어야 하는 발달과정으로 보고, 발달과정에서는 내담자가 자기, 타인, 사물과 관계를 맺을 수 있게 도와주는 것을 가장 중요하게 생각한다. 즉흥연주는 음악 치료적 접근의 한 부분으로 사용되며, 감상, 연주, 기록, 동작이 포함된다. 이 접근법에서 악기는 치료자와 내담자 관계에 중요한 역동적 기능을 제공하기 때문에 악기의 사용이 매우 중요하다.

즉흥연주는 즐겁고 창조적인 음악치료를 가능하게 하는 주요 방법으로서 음악치료사가 내담자로 하여금 음악을 이용한 여러 가지 활동, 즉 적극적인 참여를 상황에 따라 창조적으로 유발시키는 주요 수단이다. 이런 즉흥연주의 목표는 내담자를 즉흥연주 과정에 참여시켜 음악에 대한 내담자의 반응이 치료경험의 중심이 되게 하는 것으로, 이때 음악은 치료과정에서 자극과 반응의 매개체가 되어 내담자의 치료적 성장에 동기를 부여하고, 긍정적인 영향을 주는 주요 수단이 된다(김춘경, 2004).

즉흥연주활동의 효과는 내담자 개개인의 감정적 경험을 즉각적으로 표현하도록 도우며, 이러한 감정표현과정을 통해 내담자는 감각의 세련화, 현실에의 적응, 창조력, 질서와 협동심 등을 받아들이게 된다. 그리고 자기표현을 통해 자신과 환경에 대한 평가를 하며 비언어적 교류를 통해 타인과 커뮤니케이션을 하게 되고, 이러한 음악 행위를 통해 책임과 질서, 상호교류와 대인관계, 사회 복귀를 위한 유용한 행동학습으로 이어지게 된다.

(3) 창작활동

아동은 치료자나 동료의 지도 없이도 자연스럽게 음악활동을 수정한다. 독특한 음악활동을 개발하는 방법에는 노래 가사를 만들어 보거나 새로운 멜로디를 만들어 보고, 새로운 화음을 선택하거나 독특한 소리를 내어 보며, 새로운 악기들을 만들어 본다든지, 또는 다른 사람과 음악으로 서로 의사소통하는 상징 등을 만드는 것을 생각해 볼 수 있다.

전형적인 음악치료집단에서는 치료자가 4마디 또는 8마디의 간단한 노래를 만들어 노래를 통해 질문하고 내담자의 답을 듣는 방법을 사용한다. 이는 언어로 의사소통하는 것보다 훨씬 효율적으로 내담자와 유대관계를 형성하면서 자연스럽게 학습을 진행하도록 해준다. 그 외 간단한 노래에 자신의 느낌을 넣어 노래하기도 한다. 이때 사용하는 노래 곡은 내담자에게 익숙한 곡으로 하고 집단활동의 주제에 맞게 선정하여야 한다. 내담자들은 이러한 노래들을 오랫동안 기억하고, 비슷한 어려움을 당할 때마다 이 노래를 기억하면서 그 어려움을 극복하는 경우도 있다.

창작활동이 가지는 치료적 목표는 다음과 같다(Boxill, 1985).

· 계획과 조직력을 발달시킨다.
· 창의적 문제해결 기술을 발달시킨다.
· 책임감을 증진시킨다.
· 기억기술을 발달시킨다.
· 내면 경험으로부터 의사소통을 발달시킨다.
· 노래가사를 통해 치료적 주제를 탐구해 가도록 한다.
· 부분을 전체로 연합시키고 통합하는 능력을 발달시킨다.

(4) 적극적인 음악감상과 인식활동

이 활동은 음악치료사가 부르는 노래를 알아맞히거나 합주곡을 들으면서 사용된 악기의 소리를 찾는 활동들이다. 노래를 알아맞히는 것은 노인성 질환자에게 옛날을 회상하며 노래를 함께 따라 부르게 하며, 합주곡은 취학 전 아동들의 집중력과 소리에 대한 집중, 음색의 구별, 악기소리를 기억하여 기억력을 높이는 방법으로 사용될 수 있다. 그 외 치료의 목적에 따라 다양하게 적용될 수 있다.

(5) 적극적인 음악감상과 상상활동

이 활동은 음악의 연상작용을 통해 내담자의 필요를 충족시키는 경우에 해당되는 것으로, 단순한 음악감상 이상으로 치료자와의 밀접한 대화를 통해 목적을 달성하는 복합적인 접근이다. 이 활동은 몸과 마음이 평안하게 이완되도록 유도하기도 한다. 이 활동을 통한 음악치료의 한 방법으로 널리 알려진 것은 '유도된 심상과 음악(GIM: Guided Imagery and Music)'이라는 방법이다.

유도된 심상과 음악은 음악적 연상작용을 통해서 내담자의 상태, 필요 등을 치료자와 대화함으로써 이끌어내는 치료방법으로, 분석적 정신치료에 음악의 특성을 고려해서 사용한 것이다. 즉 정신분석과 같은 치료기법으로 무의식을 탐구해 나가는 치료도구로 음악을 사용한 것이다. 차분해진 몸과 마음의 상태에서 고전음악을 감상하는 동안 일어나는 상상을 통해 자아실현을 경험하는 것을 목적으로 한다.

(6) 적극적인 음악감상과 말하기 유도활동

이 활동은 음악을 들으며 이야기를 만들어 가는 방법이다. 내담자의 수나 기능수준에 따라 다를 수 있겠지만 대개 치료자가 미리 편집한 음악을 들으며 음악이 주는 이미지가 달라질 때마다 내담자들이 차례로 이야기를 이어가면서 자신의 느낌과 원하는 방향으로 이야기를 만들어 가는 경우를 생각해 볼 수 있다.

음악을 감상하고 그 음악에 대해 토의하는 경우도 있는데, 이때 음악을 들으며 느꼈던 자신의 생각은 물론 음악이 자신의 감정을 어떻게 유도했으며 또 그것에 영향을 주었는지에 대해서 함께 토의하기도 한다.

(7) 배경음악을 사용한 다른 활동들

배경음악을 들으며 이완을 하게 하고, 그림을 그리게도 하며, 몸을 움직이게도 한다. 그리고 내담자와 대화를 편안하게 유도하는 시간을 갖는다. 이때 치료자는 내담자에게 맞는 환경을 조성하고 활동하도록 한다. 여기에 사용되는 음악은 치료자가 선택할 수도 있고, 내담자가 좋아하는 음악을 들려 줄 수도 있다.

(8) 삶을 위한 리듬활동

이 활동은 최근에 미국에서 시작되고 있는 새로운 음악치료방법이다. 옛날부터 오늘에 이르기까지 드럼소리만큼 치료에 오랫동안 사용된 것은 없다. 개스턴(1968)은 그의 저서에서 그래함(Graham, 1958)의 글을 인용하여 "만일 빠르기와 리듬의 패턴이 일정하게 유지된다면, 긴장하고 불안감을 느끼는 내담자들은 훨씬 쉽게 집단의 리듬에 참여하게 된다"라고 하였다. 개스턴 역시 리듬을 '조직자와 에너지 자체'로 보았으며, 리듬적인 활동은 사람들이 집단으로 작업하도록 도와 준다고 하였다. 이때 리듬은 다른 설명이 필요 없이 사람들에게 공통적인 연대감을 형성시켜 주고 다른 사람들과 함께 일하는 데 어떤 자유로움을 준다.

리듬에 기초한 음악치료에서는 잘 선정되고 계획된 타악기 및 드럼활동에 내담자가 적극적으로 참여하게 된다. 사실 거의 모든 민족들의 악기에서도 공통적으로 나타나는 것은 타악기들이 사람들을 자극하고 리듬을 선명하게 드러나게 한다는 것이다. 그래서 '삶을 위한 리듬'에서는 각 민족의 전통적인 악기와 리듬 패턴들을 사용하며, 협동심과 그룹참여에 강조를 둔다.

앞에서 소개한 음악치료활동들의 예를 통해 음악치료사가 내담자의 행동 변화를 위해 어떤 음악활동을 시행할 수 있는지를 대략적으로 설명했다. 이러한 음악치료활동은 성격상 크게 두 가지로 구분하여 생각해 볼 수 있다. 첫째, 음악활동은 작품을 위한 것이고(Product oriented music activity), 다음은 음악활동의 과정(Process oriented music therapy) 그 자체에 중요성을 두는 것이다. 이 두 가지 중 어느 것이 더 낫다거나 높은 수준의 방법이라고 말할 수는 없으나 단지 치료자가 판단하여 내담자의 집단활동에 어떤 형태로 적용하는 것이 더 좋은지 결정해야 할 것이다.

다음의 〈표 12-1〉은 치료효과가 인정되어 음악감상을 하거나 배경으로 사용하기 좋은 음악과 이야기를 이끌어 나갈 수 있는 음악의 예이다.

표 12-1 ● 치료효과가 인정된 음악의 예

	음악의 종류	비 고
간헐적인 두통을 경감시키는 음악	리스트의 '헝가리 광시곡 1번', 멘델스존의 '엘리야', 모차르트의 '돈 조반니', 오펜바흐의 '호프만의 이야기', 베토벤의 '피데리오', 거쉬인의 '파리의 미국인', 보로딘의 '이고르 공', 하차튜란의 '무도회 조곡', 코플랜드의 '링컨의 초상'	
과잉행동, 정서장애를 갖고 있는 아동의 심리적 안정을 위한 음악	바흐의 '이탈리아 협주곡', 하이든의 '시계 교향곡', 시벨리우스의 '핀란디아', 바흐의 '칸타타 2번', 바르톡의 '현악 4중주 5번', 쇼팽의 '야상곡 D장조', 베토벤의 '월광 소나타', 바흐의 '칸타타 21번', 라벨의 '현악 4중주'	
정신적 고통과 신경적인 고통을 감소시키는 음악	우리나라의 전통음악을 비롯한 리듬적인 민속음악, 포스터의 '스와니강', '켄터키 옛집', '올드블랙조', 브람스의 '헝가리 무곡', 수자의 행진곡들, 인도 민속음악 '사랑가', 스페인 탱고 음악	
줄거리가 있는 음악	베를리오즈의 '환상교향곡', 듀카스의 '마법의 제전', 코달리의 '하리야누스 조곡', 무소르그스키의 '민둥산의 하룻밤', 림스키코르사코프의 '세라자드', 생상의 '죽음의 무도회', 스트라빈스키의 '불새', 차이코프스키의 '호두까기 인형'	이야기를 이끌어 나가는 음악
환경을 묘사하는 음악	브리튼의 '청소년을 위한 관현악 입문', 드뷔시의 '바다', 거쉬인의 '파리의 미국인', 그로페의 '그랜드캐년', 무소르그스키의 '전람회의 그림', 라벨의 '다프니스와 클레', 레스피기의 '로마의 축제', 생상의 '동물사육제', 스메타나의 '몰다우강'	이야기를 이끌어 나가는 음악
분위기를 지닌 음악	알비노니의 '현과 오르간을 위한 아다지오', 바흐의 '오르간을 위한 토카타와 푸가', 베버의 '현을 위한 아다지오', 브로흐의 '첼로와 오케스트라를 위한 랩소디', 라벨의 '볼레로'	

출처 : 김순혜(2004). 현대아동상담. 서울: 학지사, pp.169-170

13

무용/동작치료

인간의 욕구를 드러내는 방법 중 가장 간단하며 진실한 것은 움직임이다. 갓 태어난 신생아는 자신의 배고픔, 고통 등의 욕구를 온몸을 다하여 우는 움직임으로 표현한다. 또한 언어발달 이전의 유아기에는 자신의 모든 욕구를 움직임으로 표현하게 된다. 즉 움직임을 통해 자신의 의사를 표현하고, 다른 사람들과 관계를 맺는 방법을 스스로 습득하게 된다. 언어가 발달된 이후의 유아들도 언어적 표현보다 신체적 움직임을 더 많이 사용하는 것을 놀이나 대인관계 형성에서 관찰할 수 있다. 그러므로 움직임을 치료의 수단으로 사용하는 무용/동작치료는 유아나 아동들에게 가장 편안하고 자연스러운 치료적 접근법 중 하나이다(김나영, 2004). 무용/동작치료는 몸과 마음이 지속적인 상태에 있다는 가정에 그 기본 개념을 두고 있으며, 이는 몸과 마음의 관련성에 역점을 두는 심리학적 및 생리학적 개념에 바탕을 두고 있는 치료법이다.

무용/동작치료 과정에서 아동들은 자신의 감정변화와 지적인 인식 등 자신이 느끼는 모든 것을 동작으로 몸속에서 이미지화하고 기억시킨다. 이러한 이미지를 움직임으로 표현하면서 아동들은 자유로운 감정의 흐름과 움직임을 선택하게 되고 내적인 발전과 외적인 적응을 경험한다. 그리고 무용/동작치료를 통하여 의식 속에 잊혀진 움직임이나 점차 없어지는 신체의 이미지들을 다시 몸으로 나타낼 수 있게 된다(박은규, 2002).

여기서는 무용/동작치료란 무엇이고, 그것의 원리와 실제로써 어떻게 적용되고 있는지를 살펴고자 한다.

1. 무용/동작치료의 개념

대부분의 문헌에서 보면 무용치료, 동작치료, 무용/동작치료의 용어는 서로 교환해서 사용하며, 무용/동작치료란 용어는 영국에서 무용치료와 동작치료 간의 혼돈을 피하기 위해 채택되어 사용되었다.

무용/동작치료의 개념을 알아보기 위해서 먼저 사전적인 의미를 살펴보면, 미국 《헤리티지 사전(American Heritage Dictionary 4판, 2000)》에서는 "무용치료란 긍정적이고 부정적인 경험들과 감정들을 처리하고 표현하는 데 있어서 동작과 무용을 사용하는 심리적 처치의 한 방법이다. 이는 역시 동작치료라고도 부른다"라고 정의내리고 있다.

한편 미국무용/동작치료협회(ADTR)에서는 무용/동작치료의 개념에 대해서 "무용/동작치료는 개인의 정서적, 인지적, 사회적, 신체적 통합을 목적으로 하는 과정으로서 동작을 심리치료적으로 사용하는 것이다"라고 정의하고 있다(www.adta.org).

이러한 개념을 바탕으로 류분순(2000)은 "무용/동작치료는 음악, 미술, 드라마와 함께 하는 예술치료의 한 분야로 동작을 심리치료적으로 사용하여 개인의 감정과 정신, 신체를 통합시키는 것을 목적으로 하는 것이다. 무용/동작치료는 무용의 표현적이고 창의적인 개념들을 심리치료의 통찰력과 결합시키는데, 이것은 치료사와 환자의 관계에서 환자를 변화시킬 수 있게 초점을 두고 있으며, 일상적인 자각과 내부에 존재하는 무의식적인 정신 과정들을 이해하기 위한 것이다"라고 정의한다.

무용/동작치료는 개인과 집단의 심리치료방법으로부터 그 이론과 방법을 도입하고 있으며, 무언의 상호작용에 대한 연구와 발달심리학, 동작에 관한 연구를 함께 사용하고 있다. 뿐만 아니라, 무용/동작치료법은 안무와 동작분석 시스템들을 사용하여 동작

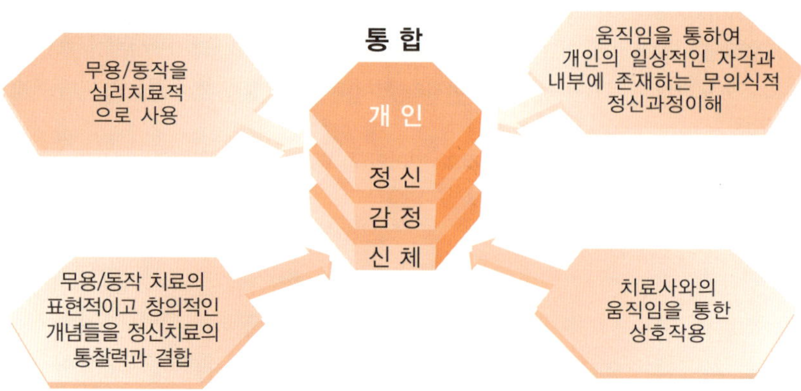

그림 13-1 ● 무용/동작치료의 개념

의 특성들을 분석한다. 또한 무용/동작치료에서, 동작은 개개인들에 따른 개인차와 타인들과 어울릴 수 있는 개인들의 능력에 따른 차이를 용이하게 하는데 이용된다. 다음의 〈그림 13-1〉은 무용/동작치료의 개념을 도식화시켜 놓은 것이다.

이런 무용/동작치료의 효과 및 장점은 개인 및 집단적 행위가 가능하며 예술적인 기능은 물론 현재와 과거의 갈등해결을 위해 보다 쉽게 문제에 접근할 수 있다는 점이다. 그리고 개인이 갖는 무의식적인 심리적 경험을 현재의 의식수준으로 끌어내어 움직임을 통해 경험하고 표현하게 하여 개인이 가지는 감정을 스스로 관찰하고 이해하도록 함으로써 감정의 변화를 가져올 수 있는 효과가 있다(정선아, 2003).

01 원 리

무용/동작치료의 개념에 대해 좀 더 잘 이해하기 위해 무용/동작치료의 원리를 살펴보면, 크게 5가지로 볼 수 있다.

(1) 정신과 신체는 통합되어 있다

무용/동작치료의 심리치료적 철학은 심리학과 의학, 생리학적 배경을 가지고 있으나, 특히 융의 이론이 큰 영향을 주었다. 융은 정신과 물질은 하나이면서도 두 가지 다른 측면이면서 또한 동일한 것이라 생각했다(Jung, 1947; 이숙 외, 2004 재인용). 따라서 정신적인 것과 신체적인 것은 두 개의 독립된 평행적 과정들이 아니라 상호 호혜적인 행동을 통해 필수적으로 연결되어 있을 가능성이 높다는 것이다.

이와 같은 생각들에 기초하여 정신과 신체가 분리될 수 없는 것이며, 서로 관련되어 있어서 끊임없이 상호작용을 한다는 것, 즉 이 둘이 통합되어 있다는 것이 무용/동작치료의 대전제이다(Levy, 1995).

몸의 움직임은 정서와 연관되어 있고, 움직임이 정서와 연관되어 작동함으로써 느낌 수준에서 즉각적인 반응을 하게 된다(Bowlby, 1982; Gendlin, 1962a; Payne, 1999 재인용). 이것은 전언어적 수준에서 정서가 무용의 상징을 통해 재경험되고 통합될 수 있는 기회를 제공한다. 즉 무용/동작은 정서의 표현이고, 정서에 의해 동기화된다. 정서는 무용/동작의 원천이며 에너지를 준다(Chodorow, 1991). 예를 들면 정신적이고 정서적 문제들은 때로 근육의 긴장, 부자연스럽고 거북한 동작 패턴들로써 신체에 나타난다. 마음속에서 경험한 것이 역시 신체에서도 경험되는 것이다. 반대로 몸의 상태는 긍정적으로나 부정적으로 감정과 태도에 영향을 줄 수 있다(Levy, 1995). 예를 들어, 무용/동작들은 정서들을 변화시키고, 때로는 정화를 시킨다. 또 어떤 경우에는 무용/동작은 우리의 정서상태를 발달시키고, 정교화시키며 완전히 변형시키기도 한다(Chodorow, 1991).

(2) 동작을 만들어내는 행위, 즉 창조성은 본질적으로 치료를 가능하게 한다

즉흥 움직임을 통해서 하나의 동작을 만들어 내는 행위는 개인으로 하여금 허구의 세계에 대한 새로운 경험을 하게 만들어 주기 때문에 본질적으로 치료를 가능하게 해준다는 원리이다(류분순, 2000).

운동활동을 수반하지 않는 언어만으로는 인간의 전체적인 느낌을 알아차릴 수 없으며, 스스로 참여하여 만들어 내는 자기표현, 즉 창조성이야 말로 개인의 성장과 변화를 촉진한다는 전제를 하고 있다. 따라서 상징적이고, 표현적인 수준에서의 동작의 경험은 개인들을 변화시키고, 그들 스스로를 발견할 수 있도록 인도해 준다. 이때 무용/동작치료사는 아동이 자신의 욕구와 창조적으로 만나도록 인내와 격려를 가지고 치료에 임한다(Kubie, 1961).

예를 들면 어떤 사람들은 자신이 감히 표현할 수 없었던 것을 춤을 통해 표현한다. 자신의 슬픔, 격노, 죄책감, 상실감, 사랑과 공감, 소망, 꿈, 그리고 숨겨진 힘과 용기들을 표현한다. 이러한 춤은 신체의 언어이고, 자신뿐만 아니라 타인과 의사소통하는 언어이다. 느낌과 사고에 의해 추진되어 움직이는 개인은 더 이상 감추지 않고 자기를 표현하게 된다. 이와 같이 무용/동작은 합리적인 것을 넘어서 영혼에 깊게 다다르게 하는 도구인 것이다(Levy, 1995).

(3) 동작은 개인의 성격을 반영하는 것이다

인간의 초기 사회적 관계를 통한 경험들, 예를 들면 어머니와의 관계에 대한 경험은 인간의 발달에 지대한 영향을 주면서 한 개인의 성격을 형성해 간다. 그런데 이러한 초기의 경험은 언어를 통해 배우거나 형성된 것이 아니라, 인간 신체를 통해 습득된 것이다(Chodorow, 1991). 이러한 초기의 신체적 의식은 우리의 심리적인 발달과 성격의 토대로서 오랫동안 남아 있으며, 동작 속에서도 남아 있다. 이론적으로 살펴보면, 정신분석학자인 빌헬름 라이히(Wilhelm Reich)는 신체가 유년기의 상처에 대한 흔적을 보여주고 있기 때문에 신체의 자세, 제스처, 동작이 적개심이나 성욕, 불안감들을 막아내는 방어적 행위를 나타낸 것이라고 했다(류분순, 2000 재인용). 또한 게스텐버그(Kestenberg, 1975)는 유년기의 정신적 성욕의 발달에 대한 프로이드의 생각들이 구강기, 항문기, 남근기를 거쳐 어떻게 동작에 나타나는지를 자세히 연구했다. 그 밖에도 많은 심리분석가들은 어머니와 유아 간의 초기 상호작용이 인격형성에 결정적인 역할을 한다는 이론을 고수했다.

무용/동작치료법은 내담자의 동작을 반영해 주는 기법을 사용함으로써 성격발달의 비언어적인 영역에 관심을 두고 있다. 예를 들어, 무용/동작치료사는 아동의 동작을 반영해 주는 기술을 사용한다. 이러한 반영은 하나의 중요한 발전적 심리과정을 반복해서 보여 주는 것으로, 이러한 과정에서 아동은 치료자의 행동을 통해 자신이 누구인지 알게 된다(류분순, 2000).

(4) 치료자와 내담자의 관계를 정립함에 있어서 무용/동작은 효율적인 접근방식이다

무용/동작치료법에서 동작을 통해 내담자와 치료자 사이에 이루어진 관계는 행동의 변화를 가능하게 해준다(Schmais, 1974). 내담자에 대한 치료자 대부분의 반응들이 주로 언어에 의해 이루어지는 심리치료와는 다르게 무용/동작치료사는 내담자의 동작을 그대로 움직이고 반복하며, 그것에 덧붙이는 반응을 보임으로써 내담자에게 반응을 한다. 이것은 다른 말로 하면, 내담자와 치료자 간에 밀접한 관계를 형성하고, 내담자에 대한 치료자의 관리와 지지가 필요하다는 것을 의미한다(Sandel, 1980). 특히 언어로 자신의 감정이나 생각을 말하는 데 제한이 있는 아동들을 대상으로 할 때 비언어적인 움직임을 통해 자신의 의견과 감정을 치료자에게 전달하게 된다. 그러기 위해선 치료자와 아동이 친밀한 관계를 형성하고, 아동이 자신의 감정을 동작으로 표현할 수 있도록 충분한 지지가 이루어져야 한다.

(5) 동작은 무의식의 증거이다

꿈이나 그림, 자유연상과 마찬가지로 동작은 무의식을 나타낸다. 무의식은 의식적인 자각의 분야에 존재하지 않는 영혼의 내용들로써 정의되며, 억압된 생각이나 느낌, 이미지들을 포함한다(Laplanche & Pontails, 1973). 무의식의 내용들은 원시적이고 본능적이거나 또는 미성숙하며, 이러한 무의식의 상징들은 동작을 통해 드러나며, 이를 통해 치료자는 내담자의 무의식을 알게 된다.

2. 무용/동작치료의 실제

01 아동 대상의 무용/동작치료의 중요성

무용/동작치료의 대상은 광범위하다. 자폐증, 정신지체, 우울증, 정신분열증, 그와 유사한 장애를 갖고 있는 사람뿐만 아니라 외부에서 일상적으로 마주치게 되는 많은 사람들, 즉 아동이나 청소년, 노인들 모두에게 적절하다. 특히 아동은 무용/동작치료에 있어서 가장 유용한 대상들이다. 질적연구들에서 보면, 다양한 아동기 정신과적 문제들이 무용/동작치료로 인해 실질적인 향상을 보인다고 보고하고 있다.

무용/동작치료는 아동들에게 움직임의 대화라고 할 수 있다. 말로써 이루어지는 의사전달보다 더 확실하고 명확하게 의미를 전달하고 더 정확한 표현으로 나타나기 때문이다(박은규, 2002). 거닝과 홈즈(Gunning & Holmes, 1973)는 정신과 치료를 받는 아동들의 동기 성취에 있어서의 향상을 보고했는데, 일반적인 공간과 개인적인 공간을 혼동하는 학대받은 아이들에게 있어서 무용/동작치료의 효과를 보고하고 있다. 굿딜(Goodill, 1987) 또한 무용/동작치료가 이러한 아동들에게 공간에서의 움직임 조절과 그들 자신의 몸에 대한 주인의식과 자기조절감을 다시 갖도록 도와줄 수 있다고 보고하고 있다. 또한 아동들의 신체감각 행동을 통해 공간개념을 이해할 수 있도록 도와 주며, 자폐아동이나 정신지체 아동들의 근육 조절, 균형 감각, 공간인식능력의 향상을 가져 온다고 보고하고 있다.

그림 13-2 ● 무용/동작 시연을 보이고 있는 초등학생

02 무용/동작치료의 목표

무용/동작치료는 3가지 기초적인 목표를 갖고 있는데, 이것들은 다음과 같다.

(1) 신체 요소들의 활성화와 재통합할 수 있는 기회를 제공한다

이것은 직접적인 동작워밍업들과 간접적인 즉흥동작을 이용하면서 내담자에게 활력, 통합, 자극 그리고 동기를 제공해 주는 것이다. 그 외에도 내담자의 표현적 동작범위를 확장시키고, 비언어적 수준에서 다른 사람들과 상호작용을 하게 한다.

아동을 대상으로 할 때는 긴장의 분출, 충동에 대한 통제, 비언어적 수준에서 부모와 아동간의 상호작용을 재연하는 것 등이 포함될 수 있다.

(2) 개인의 정체성 확립과 사회적 재창조 및 독립성을 갖게 한다

무용/동작치료 집단경험은 집단의 상호반응적 동작경험을 내담자들에 제공해 줌으로써 개인적인 역할수행능력을 향상시켜 준다. 또한 집단 안에서 자기 자신의 표현적인 동작을 통해 효율적으로 다른 사람들을 이끎으로써 내담자들은 개인적인 효율성과 독립심을 발전시켜 나갈 수 있게 된다. 또한 다른 내담자들의 동작을 따라 함으로써 다른 사람들에 대한 감정이입이 가능해진다. 게다가 집단구성원들은 제시된 동작과제들을 수행하기 위해 협조를 하게 된다.

(3) 상징, 심상, 은유를 사용함으로써 감정적 문제들을 표현할 수 있게 하며, 감정들을 행동으로 표출시켜 말과 행동의 통합할 수 있게 한다

무용/동작치료집단은 감정적인 문제들을 좀 더 안정되고 지속적으로 표현하도록 하나의 장을 제공한다. 이것은 집단의 즉흥동작의 배경 안에서 내담자들의 개인적이고 심리적인 경험들을 탐구한다고 할 수 있다. 내담자의 개인적이고 심리적인 경험들이 담겨진 자신의 동작이 집단안에서 수용되게 되면, 자신의 내적 경험들을 스스로 통합하게 된다.

위의 목표를 토대로 아동을 대상으로 한 무용/동작치료의 목표를 살펴보면 다음과 같다.

첫 번째 목표는 아동들이 현재 가지고 있는 문제행동에 대한 상징적 의사소통의 수단으로 동작을 사용하는 것이다. 이러한 문제행동을 찾아내고 이해함으로써 아동은 자신의 문제에 대처할 수 있고, 문제행동을 감소시킬 수 있다. 두 번째 목표는 더욱 적절한 상호작용을 위해서 아동의 행동을 반영하고 되비춰 주는 것이다. 그리고 부모와 아동 간의 관계를 회복시키는 것이 목표이다. 세 번째 목표는 아동 내담자에 대한 무용/동작치료는 신체심상과 신체자아를 치료하는 방법으로서의 동작경험에 초점을 맞추고 있을 뿐만 아니라, 무용/동작치료사는 아동의 발달적 신체동작을 평가하고, 아동의 비언어적인 행동에 기초해서 심리적인 상태를 관찰하고 아동의 상태에 대한 가설을 세울 수 있다(류분순, 2000).

03 무용/동작치료사의 역할

무용/동작치료사는 다른 치료분야에서의 치료자와 마찬가지로 치료자가 지녀야 할 개인적인 자질과 전문적인 자질을 갖추어야 한다. 여기서는 무용/동작치료사로서의 전문적인 자질에 대해 살펴보겠다.

무용/동작치료사는 내담자들이 제시하는 동작을 비언어적으로 반영해 주고, 확장해 주며, 명확히 해주는 데 책임이 있을 뿐만 아니라 차례가 된 내담자들과 집단의 다른 구성원들 사이에서 나오게 되는 동작과 언어적 전이들도 제시해 주어야 한다. 치료자는 구성원들이 다음에 무엇을 해야 하는지를 기억하고 시작할 수 있게 되기까지 집단의 활동을 위한 초기 추진력을 제시해 주어야 한다.

집단을 위한 이런 역할 제시는 부분적으로는 '치료자로 하여금 집단 정체성의 보유자가 되도록 만드는 것' 일 수도 있다(Sandel & Johnson, 1983). 그런 보유자가 되는 것의 다른 측면은 집단의 정신적 이미지를 자각하고 그것을 지키는 것일 수도 있는데, 그러한 정신적 이미지는 무용/동작치료사의 행동을 통해 내담자들에게 전달된다. 이러한 이미지는 치료의 공동협력자와 함께 집단에 대해서 토의하고 이론화하며, 감독자에게 비디오테이프로 제공하고, 감독자가 때때로 집단에 참여하게 함으로써 생생하게 유지시킬 수 있다.

무용/동작치료사가 공동협력자를 가지는 것은 중요하다. 공동협력자는 특히 움츠리거나 주저하는 아동들을 더 잘 보조할 수 있고, 파괴적인 아동들을 신체적으로 감당할 수 있다. 또한 다른 환경에서 아동들이 행한 행동에 대해 핵심적인 정보를 제공할 수 있고, 아동을 다른 유사기관에 의뢰할 때 보내게 되는 기초자료를 만드는 데도 도움이 된다. 또한 집단준비에도 필요한 사람이다. 공동협력자는 무용/동작치료사로부터 집단에서 무엇을 하려고 하는지에 대한 설명을 들어야 한다. 공동협력자는 집단에서의 활동적인 행동 중에서 놓치기 쉬운 일들을 볼 수 있는 유능한 눈역할을 한다.

04 물리적 환경

(1) 시간과 공간구성

무용/동작치료는 대부분 매주 한 번 동일한 시간에 실시한다. 진행시간은 아동의 행동 특성이나 수준에 따라 달라지는데, 시간을 정해 놓은 것이 아동들에게 감정적인 지속감이나 안정감을 주게 된다. 공간의 크기는 집단의 크기에 따라 달라지는데, 보통 집단을 하나의 원으로 만들고 서 있을 수 있으면서 앞뒤로 움직일 수 있고, 누울 수도 있고, 옆 아동과 부딪힐 위험이 없으면 적당하다.

일반적으로 바닥에 누웠을 때 차갑지 않도록 카페트를 깐 나무바닥이 좋고, 일방경이 설치되어 있으면 좋다(Blau 외, 1995). 무용/동작치료의 집단이 사용할 방은 수업 중 일정해야 하고, 안전성이 보장되고 조용하며, 깨질만한 것이 없어야 한다. 신체적인 안전은 아동으로 하여금 자신의 모든 감정을 분출할 수 있게 해준다. 가구가 적거나 아예 없는 방이 적당하다.

(2) 음악과 보조도구

음악과 보조도구는 집단 세션에서 매우 중요하다. 복잡한 리듬의 음악은 취약하거나 조직화가 안되어 있는 아동을 혼란스럽게 하기 때문에 간단한 리듬감이 있는 구조를 가진 음악을 사용하는 것이 좋다. 그러나 세션의 마무리 단계나 치료자가 적절하다고 간주될 때는 고요하거나 명상적인 형태의 음악을 사용해도 된다(Erfer, 1995).

보조도구는 다양한 목적으로 사용될 수 있다. 하지만 장난감이 집단의 관심대상이 되어서는 안된다. 사용목적은 집단원들간의 관계 및 치료자와의 관계를 형성하고 개인과 집단동작행동이 감정을 표현할 수 있도록 만드는 데 있다. 또한 아동이나 집단의 주의를 집중시키는 데 도움이 된다. 보조도구를 집단의 중심에 전략적으로 배치하면 모든 아동들의 주의를 모아주고, 집단동작을 동시에 발생하게 하는 데 유용하다(Erfer, 1995).

아동의 수만큼 탄력이 있는 천을 사용하는 것도 좋다. 이것은 많은 용도로 사용될 수 있다. 길이가 3미터 이상이고 1.5미터의 폭을 가진 충분히 큰 탄력이 있는 천은 양쪽에서 치료자와 공동협력자가 잡고 그 안에 아동들이 들어가 갇히거나 부드럽게 뛰어나오는 활동을 하게 할 수 있다. 그 외에도 담요, 베개, 크기별 공, 줄다리기 로프, 배트맨 망토, 귀신복장, 안에 숨을 수 있는 텐트, 음악을 들을 수 있는 기구, 성인용 흔들의자도 보조도구로 사용된다.

구조화된 집단에서는 아동이 어떻게 생각하는지를 설명하도록 하기 위해 보조도구들을 사용한다. 예를 들어, 감정카드를 사용하여 자신의 감정을 나타내는 카드를 선택하고, 감정카드에 나타난 얼굴표정 지어보기 등을 통해 자신의 감정에 대해 표현할 수 있고, 다른 집단원들의 감정도 확인할 수 있다.

어떤 아동들은 보조도구를 얻지 못하거나 얻으려고 다투려 하고, 심지어 그것을 부수려는 아동들도 있다. 이 점 때문에 무용/동작치료사들은 잘 깨지지 않는 물건을 보조도구로 준비한다. 처음 시작할 때가 아니라면 집단구성원들과 치료자 및 공동협력자의 신체적인 안전과 장비의 안전에 대한 규칙을 말할 필요가 있다. 내담자들 서로에게 해를 입히거나 또는 치료자를 다치게 하거나 장비에 손상을 입힐 수 없다는 것을 간략하고 단순한 규칙을 제공하여 이해시켜야 한다. 치료자와 공동협력자는 아동들이 서로에게 공격적일 때 이들을 멈추게 해서 지금 무엇을 하고 있는지 깨닫도록 만들어야 한다. 아동들은 신체적 활동에 적절한 옷을 입도록 해야 한다. 물론 치료자도 편안한 옷을 입어야 하며, 장신구는 아동들과의 신체적인 상호작용에서 떨어지거나 부서질 수 있고, 아동들의 안전에 위협이 될 수 있으므로 달지 않도록 해야 한다.

05 무용/동작치료의 과정

실제적인 치료의 세션은 치료자의 개성이나 지향점, 시설의 성격, 아동의 기능수준, 치료세팅, 아동의 목표와 욕구에 따라 다양하게 진행될 수 있다. 그러나 일반적으로는 준비단계, 전개단계, 마무리의 기본구조로 진행된다(Erfer, 1995). 명확하고 예측 가능하며, 안정적인 기본구조는 아동으로 하여금 안전감을 느끼게 함으로써 동작탐색을 가능하게 해주고, 위험을 감수하고 성장을 위한 시도를 할 수 있도록 해준다. 더 나아가 아동과 치료자와의 관계에서 신뢰 발달을 촉진한다. 치료자는 구조 내에서 동작을 통한 상호작용과 집단인식을 촉진시키는 한편 아동 개인의 목표를 달성하려고 끊임없이 노력한다(Erfer, 1995; 이숙 외, 2004 재인용).

(1) 준비단계

준비단계는 다음 활동에 대한 정서적이고 신체적인 준비로서 친숙하고 안전하면서도 다른 수업과는 분리된 것으로 시작된다. 아동들의 기능, 에너지, 인식의 수준에 따라 동작의 형태와 길이는 다양한데, 특히 치료가 시행될 때의 아동의 신체적, 심리적, 정서적 상태를 고려하여 실시한다.

준비단계 동안에 일반적으로 원으로 배치된 의자에 앉거나 바닥에 둥글게 앉는다. 이때 원은 집단의 경계를 명확히 해 주고 공간적인 조직을 제공하며 초점의 중심을 제공하는 역할을 한다. 특히 의자는 바닥에 앉거나 서 있는 동안에 중심을 유지하기 어려운 아동들에게 사용한다. 준비단계에서 치료자가 아동 개개인에게 눈을 맞추고 수용하고 격려하면, 집단 자각과 결속력의 느낌을 갖게 된다. 예를 들면, 리듬감이 있는 동작 – 굽히기, 쭉 뻗기, 흔들기, 꼬기, 발을 구르기 등 – 을 통해 신체 부분들을 통합하고 전체로서의 신체를 인식하게 된다. 신체부분들을 만지고 움직이고, 신체 부분에 이름을 붙이는 것은 신체적 활동과 인지적 부분간에 연결을 시켜준다. 또한 시작을 알리는 '인사' 노래하기 등은 집단에게 리듬을 형성하면서 어휘력발달, 의사소통, 언어표현 등을 촉진하기도 한다. 준비단계가 끝나면 활동이 끝났다는 것을 간단하고 명확한 단어로 말해 주고, 다음 단계로 들어간다.

(2) 전개단계

아동들은 전체적으로 몸을 움직이는 활동을 하게 된다. 이때 종종 더 높은 에너지 수준에 도달하기도 한다. 전개의 단계에서 치료자가 구상한 것들이 실행되고, 주제들이 발전하며, 운동기술을 가르치고 연습하며, 사회적 기술들이 발달하게 된다. 또한 대집단 활동이 아닌 두 명씩 짝을 이룬 활동이나 소집단 속에서의 상호작용이 나타나고, 개인적인 동작탐색과 치료사의 일대일의 상호작용이 나타난다. 점차로 활발한 활동들은 조용하고, 에너지 수준이 낮은 활동들로 대체된다.

(3) 마무리 단계

모두 원으로 돌아오고, 조용한 상태에서 진행된다. 집단의 시작을 '안녕인사' 노래로 시작했듯이, 집단의 마지막을 상징하는 '바이-바이' 노래를 부른다. 이는 아동이 완성감과 성취감을 가지고, 일상생활로 돌아가도록 돕는 전환의 과정이다.

Child Counseling

PART IV

아동상담의 접근

Chapter 14 집단상담
Chapter 15 가족상담
Chapter 16 위기상담

14 집단상담

집단상담은 자신을 있는 그대로 내보일 수 있도록 신뢰롭고 허용적인 분위기를 제공하여 집단에 참여한 구성원들이 자신의 삶을 바람직한 방향으로 변화시키거나 자기를 이해하고 자신의 문제를 해결하도록 돕는 데 목적이 있다. 또한 내가 어떤 사람인지에 대해 생각해보고 나의 참모습을 탐색해 보면서 성숙한 나를 보게 된다.

집단상담은 기존의 강의나 토론처럼 지식에 초점을 두는 전통적인 교육방식과는 달리 스스로 체험하며 배우는 방식이기 때문에 집단상담을 처음 경험하는 아동들은 집단상담의 방식이 낯설고 부담스러울 수 있다. 그러나 집단상담은 스스로를 탐색하고 알아가도록 도움을 주기 위한 것이므로 실제로 직접 참여하고 스스로 생각하고 느끼는 내용을 서로 주고받는 과정을 통해 짧은 시간 동안 변화를 체험할 수 있는 참만남의 경험이 될 수 있다.

1. 집단상담의 개념

집단상담이 무엇인지 정의하기 위해 집단상담과 관련된 요소를 살펴보면 다음과 같다(이형득 외, 2005; 노상우 외, 1999). 첫째, 집단상담은 정상범위에서 심하게 일탈되지 않은 사람들을 대상으로 이루어진다. 심한 정서적 · 성격적 문제를 가지고 있는 사람은 집단상담 대상에서 제외되며, 치료의 목적보다는 성장과 적응에 목적을 두고 있다. 둘째, 집단상담자는 집단상담에 대한 폭넓은 지식과 자질을 갖춘 전문적인 훈련을 받은 사람이어야 한다. 셋째, 집단상담의 분위기는 신뢰적이고 수용적이어야 한다. 집단상담 과정에서 중요한 것은 자기탐색 및 이해, 자기개방과 피드백 주고받기에 있다. 집단원 상호간의 무조건적인 수용과 신뢰할만한 분위기는 효과적인 집단상담을 위한 필수조건이다. 넷째, 집단상담은 집단원이 상호작용하는 역동적인 대인관계 과정이다. 집단상담의 가장 큰 장점은 집단의 응집력을 이용한다는 것이다. 집단 응집력은 집단 내의 친밀감, 신뢰감, 온화함, 공감적 이해로 나타나며, 때로 적대감이나 갈등을 포함할 수 있다. 응집력 있는 집단은 집단원들이 자기를 개방하게 하고 위험을 감수할 수 있는 힘을 불어넣어 주며, 집단 내의 갈등에 대해 건설적으로 표현하게 함으로써 성공적인 상담으로 나아갈 수 있다.

다시 말해, 집단상담은 심리적 문제가 심각하지 않은 사람들이 전문상담자와 함께 신뢰롭고 허용적인 분위기 속에서 상호작용을 통해 태도와 행동을 변화시키고 문제를 해결하며, 나아가 잠재능력의 개발을 꾀하는 활동이다.

2. 집단상담의 장점과 단점

01 장 점

개인상담과는 달리 집단상담을 통해 얻는 장점은 다음과 같다(노상우 외, 1999).

첫째, 집단상담은 개인상담에 비해 경제적이다. 집단상담은 짧은 시간 동안 많은 사람을 대상으로 도움을 줄 수 있기 때문에 시간과 노력을 크게 줄일 수 있다.

둘째, 집단상담은 실제적이고 현실적이다. 개인상담에서는 내담자가 일상생활에서 보여 주는 사회적 상호작용의 모습을 있는 그대로 볼 수 없지만 집단상담에서는 실제 상황과 유사한 사회적 상호작용을 경험할 수 있다. 이러한 현실적인 사회관계는 사회에서 상호작용하는 방식에 대해 이해하고, 사회적 상호작용을 통해 사회화를 촉진하는 기술을 향상시키고 개선하도록 하는 기회를 제공한다.

셋째, 집단원들은 집단경험을 통해 자신과 타인에 대해 책임을 지는 태도를 기를 수 있다. 집단에 참여하는 것은 그에 필요한 책임을 지는 것으로, 같은 의견이나 결정이라도 집단에 함께 참여한 집단원들의 협의에 의해 이루어질 때 더 많은 책임감과 참여의식을 경험하게 된다. 집단원은 집단의 상호작용에 기여하거나 집단과제를 수행하면서 자신의 행동에 대한 책임감을 기를 수 있게 된다.

넷째, 집단상담은 문제해결방식을 보다 구체적으로 계획하고 실천할 수 있게 한다. 집단원은 집단 내에서 문제해결방식을 시험하고 다른 집단원의 피드백을 통해 다양한 측면에서 자신의 행동에 대한 평가와 조언을 들을 수 있다. 이를 통해 집단상담에서는 집단원들의 공통된 문제에 관해 보다 현실적인 판단을 내릴 수 있고, 주요 쟁점이나 의견을 비교할 수 있으며, 개인상담과는 달리 새로운 아이디어와 정보를 더 많이 활용할 수 있다.

다섯째, 집단상담은 수용적이고 촉진적이다. 내담자들은 개인상담에 비해 집단상담을 좀더 쉽고 편안하게 받아들이는 경향이 있다. 개인상담을 받는 내담자는 자신의 문제가 실제보다 심각하거나 비정상적이라고 믿는 경향이 있지만, 집단상담에서는 다른 집단원과 함께하는 경험을 통해 자신이 특별한 문제를 가지고 있다는 생각이 줄어들게 되고, 집단원 모두가 비슷한 문제를 가지고 있다고 느끼게 된다. 비록 모든 집단원이 동일한 문제를 가지고 있는 것은 아니지만 다른 사람들도 각자 나름대로의 문제를 가지고 있음을 알게 되면서 자신의 감정을 털어놓고 이야기할 수 있게 된다. 집단원들은 서로의 관심사나 감정을 터놓고 이야기할 수 있기 때문에 서로를 좀더 신뢰하게 되며 쉽게 소속감과 동료의식을 발달시킬 수 있다.

여섯째, 집단상담은 다면적이고 생산적이다. 집단상담은 서로 다른 배경과 폭넓고 다양한 성격, 그리고 다양한 경험을 가진 집단원이 함께 참여하면서 서로에게 풍부한 학습 경험을 제공하게 된다. 개인상담에서는 상담자가 한 사람뿐이지만, 집단상담에서는 지도자와 집단원이 모두 상담자로서의 역할을 할 수 있다. 특히 상담이 중반 이후로 갈수록 상담자의 지시나 조언이 없이도 집단원 상호간에 깊은 사회적 교류를 경험할 수 있다. 상호간에 수용하고, 지지하고, 맞닥뜨리고, 해석해 주는 경험은 아무리 유능하고 경험이 풍부한 상담자라도 혼자서는 도저히 제공할 수 없는 통찰과 지각, 정서적 반응을 제공한다.

02 단 점

집단상담이 갖는 단점은 다음과 같다.

첫째, 집단상담이 개인의 행동을 변화시키는 절대적인 수단은 아니다. 어떤 사람은 집단상담을 개인의 행동을 변화시키는 가장 좋은 방법으로 보는 경향이 있으나, 집단상담은 인간의 행동을 변화시키는 여러 가지 접근 중 하나일 뿐이며 때로는 실패와 부작용도 있을 수 있다.

둘째, 모든 아동이 집단상담에 적합한 것은 아니다. 집단상담은 모든 아동을 대상으로 할 수도 없으며, 개인상담을 대신할 수 없는 경우도 많다. 집단의 역동을 피하거나 집단에 노출할 수 없는 문제로 고통 받는 아동도 있고, 집단 경험을 통해 그 어떤 것도 배우기 어려운 경우도 있다.

셋째, 집단상담에서는 특정 집단원의 문제를 충분히 다루지 못할 가능성이 많다. 집단상담에서는 한 집단원의 개인적인 문제를 깊이 다루기보다 전체 집단의 공통적인 관심사나 다른 집단원의 문제에 대한 논의가 전반적으로 이루어질 수 있기 때문이다.

넷째, 집단상담은 개인상담에 비해서 비밀을 유지하기가 어렵다. 내담자의 자기노출은 행동변화나 성장의 경험에 필수적인 원동력이 되는데, 집단상담에서는 집단원의 사적인 경험을 집단원 모두가 공유할 수밖에 없기 때문에 자기노출이 줄어드는 원인이 될 수 있다.

다섯째, 집단상담에서는 집단원이 부정적인 집단압력에 의해 희생될 가능성이 있다. 집단원의 동조압력과 같은 집단압력은 집단상담에서 피할 수 없는 요소로 작용한다. 이러한 집단 사고의 과정은 집단의 규범을 제정할 때처럼 도움이 되는 경우도 있으나, 개인의 주도성, 자율성, 창의성을 억제할 수도 있다. 특히 집단원이 마음의 준비가 되기 전에 집단원 대부분이 자기노출을 하게 되는 경우에는 자신의 비밀을 털어 놓아야 한다는 집단압력에 의해 심리적인 갈등을 유발할 수 있다.

여섯째, 집단상담을 통하여 어떤 집단원은 개인생활의 균열을 경험할 수도 있다. 집단상담은 독특한 감정표현과 사고방식을 조장하는 경향이 있다. 이러한 행동양식의 변화가 개인의 삶을 불안정하게 하거나 파괴할 수도 있다. 더구나 왜곡된 집단경험은 현실에 대한 불안을 증가시키고 부적응 행동을 초래하는 경우도 있다.

3. 집단상담자의 태도와 자질

집단상담자는 개인상담에서의 상담자와 마찬가지로 인간적인 자질과 전문적인 자질을 갖추어야 한다. 보통 유능한 집단상담자의 특성으로는 관심, 개방성, 융통성, 따뜻함, 객관성, 신뢰성, 정직성, 능력, 인내심, 민감성 등이 요구되는 것으로 알려져 있다. 그 외에도 자신과 타인을 위로하는 능력, 다른 사람의 기분이나 반응, 분위기, 말에 잘 대응할 수 있는 능력 등이 필요할 수 있다. 지도자로서의 태도나 자질을 적절히 갖추지 못한 경우에는 집단을 잘못된 방향으로 이끌 수도 있다.

01 다양한 사람들과의 경험

유능한 지도자들은 다양한 사람들과의 다양한 경험을 통해 삶의 경험을 넓히고, 집단원의 다양성을 이해할 수 있는 기회를 가진다. 효과적인 집단상담을 이끌기 위해서 지도자는 집단을 이끄는 동안 일어날 수 있는 다양한 상황을 예측하고, 집단원들과의 작업에서 더 많은 경험을 가지기 위해 일반적인 경험뿐만 아니라 개인 상담경험도 중요하다.

02 집단경험

집단상담의 기술을 발달시키기 위해 집단 내에서의 연습과 경험은 매우 중요하다. 초보지도자들은 집단을 이끄는 경험을 배워가는 과정에서 실수를 하기도 하지만, 자신의 실수에 대해 너무 비판적이어서는 안 된다. 처음에는 4~5명으로 구성된 교육, 토론, 지지집단부터 연습하기 시작하는 것이 좋으며, 진행이 익숙해지면 집단원의 수를 증가시키고 집단원들에게 친숙한 주제에 초점을 둔 성장집단을 시도해 보는 것이 좋다. 집단의 지도자가 집단을 이끌어 보는 경험을 하기 이전에 자신이 직접 집단에 참여하여 경험을 해본다면 집단을 이끄는 데 매우 도움이 될 것이다.

03 개인의 갈등에 대한 충분한 이해

집단지도자는 개인의 다양한 문제뿐만 아니라, 이러한 문제에서 발생하는 다양한 감정을 다룰 준비가 있어야 한다. 예를 들어, 사람들이 표현하는 즐겁고 행복한 감정뿐만 아니라 불안, 죄책감, 실패에 대한 두려움, 분노, 죽음에 대한 충동과 같은 다양한 감정과 함께 이러한 감정을 야기하는 대상에 대한 다양한 갈등상황에 대해서도 이해함으로써 그러한 문제를 가진 사람들을 도울 방법에 대해 알고 있어야 한다.

04 계획과 조직기술

집단지도자는 집단을 흥미롭고 효과적으로 이끌 수 있고, 주제에 적합하게 집단원들의 경험을 조직하기 위한 효율적인 계획을 가지고 있어야 한다.

05 상담주제에 대한 지식

지도자가 상담주제에 대한 정보를 많이 가지고 있으면 풍부한 정보를 가지고 토론을 유도하고, 문제를 명료화하며, 생각을 공유하는 데 활용할 수 있다. 지도자가 주제에 대한 지식이 부족하면 집단원들이 주제에 초점을 맞추고 효율적으로 집단의 과정을 이끌어 가는 데에는 어려움이 있을 수 있다.

06 상담이론에 대한 이해

지도자는 집단의 주제나 문제에 적합한 상담이론을 잘 활용할 수 있어야 한다. 상담이론을 잘 이해하면 개인이 집단 내에서, 행동하는 방식을 이해하는 데 도움이 될 수 있으므로 지도자가 상담이론에 대해 폭넓고, 깊은 이해를 가진다면 개개인이 가진 어려움이나 문제를 이해하는 데 다양한 견해를 제공할 수 있을 것이다.

4. 집단상담의 치료적 요인

집단상담은 개인상담과는 달리 집단원으로 참여한 개개인들 간의 상호교환이 치료과정에서 중요한 역할을 한다. 집단원들 간의 신뢰, 갈등, 동맹, 관심추구 행동들과 같은 역동을 세밀히 관찰하는 것은 집단원을 이해하는 데 도움이 될 수 있다. 집단원들은 집단 내에서 수용감과 소속감, 안전감을 경험하며, 이러한 경험이 제대로 일어나지 않을 때 집단원들은 부정적인 감정, 적대감, 위축감, 냉담함 등을 경험하게 된다.

무엇보다도 집단은 집단원 개개인에게 다른 집단원들에게 베푸는 이타주의, 감정의 정화, 집단원이나 지도자를 모델링하는 동일시, 마치 어떤 사람을 가족 내에 있는 것처럼 느끼고 그런 경험으로부터 배우는 가족재연, 삶에 희망을 느끼게 하는 희망의 고취 등과 같은 치료 요인들을 가지고 있다(Yalom, 1995). 이러한 요인들을 통해 집단원들은 집단 경험으로부터 많은 도움을 얻을 수 있을 것이다. 이 외에 얄롬(Yalom, 1995)은 지도자가 집단 내에서 주목해야 할 요인을 설명하였는데, 이러한 요인은 치료에 긍정적일 수도, 부정적일 수도, 중립적일 수도 있다. 이러한 요인들은 단 한 가지 요인만으로도 집단에 매우 큰 영향을 미칠 수 있기 때문에 이러한 요인을 검토해 봄으로써 집단을 평가해 볼 필요가 있다. 집단의 평가를 위해 알아두어야 할 내용들은 간략히 살펴보면 다음과 같다.

01 집단상담의 목적

집단의 지도자는 집단을 계획하고 집단원들이 집단 경험에 참여할 때 그 목적이 무엇인지를 정확히 이해해야 한다. 또한, 지도자와 집단원들이 집단의 목적을 정확하게 이해하고 있는 것만큼 그 상담의 목적도 집단원들의 흥미나 관심에 적절한 것으로 구성되어야 한다.

02 집단의 크기

집단의 크기는, 특히 집단 역동에 많은 영향을 미치기 때문에 지도자는 어느 정도 크기의 집단을 구성할 것인지에 관심을 가져야 한다. 집단의 크기는 집단의 목표, 각 회기의 길이, 유효한 세팅, 지도자의 경험에 따라 결정될 수 있지만, 대부분 이상적인 집단원의 수는 5~8명 정도이다. 집단의 목적이 교육적인 것일 때에는 5~15명 정도로 더 많은 사람들이 포함될 수 있으며, 개인적 성장이나 지지, 상담 및 치료집단은 5~8명 정도로 구성하는 것이 바람직하다.

집단의 크기가 너무 크면 집단원들이 자신의 이야기를 충분히 나누지 못하거나, 자신의 경험을 드러내기를 망설일 수 있다. 너무 집단의 크기가 작으면 집단원들은 집단에 참여해야 한다는 압박감을 심하게 느낄 수도 있지만, 집단원들이 자신의 이야기를 여러 사람에게 알리기 어려운 경우에는 2~3명이 적당할 수 있다. 그러므로 집단의 지도자는 집단원들의 요구나 필요성, 관심에 따라 적절하게 집단의 크기를 구성해야 한다.

03 각 회기의 구성

집단상담에서는 집단원들에게 충분히 자신의 경험을 나눌 수 있도록 충분한 시간을 제공해야 한다. 시간이 부족하면 집단원들은 집단원들 간에 의견이나 감정을 충분히 나누지 못했다고 느낄 수 있다. 반면 시간이 너무 길면 집단원들은 너무 힘들고 지루해할 수도 있다. 보통 아동들을 위한 집단상담으로는 한 회기를 30~45분 정도로 구성하는 것이 바람직하며, 학교에서 이루어지는 집단상담은 40~50분 정도가 적당하다.

각 회기는 보통 일주일에 1번 혹은 일주일에 2~3번 정도가 적절하다. 너무 회기가 잦으면 집단원들의 일상생활에 지장을 주거나, 만남 자체가 지루하게 느껴질 수 있지만, 너무 가끔 모이면 집단에서 서로 공유했던 내용을 쉽게 잊거나 관계가 소원해질 수도 있다. 지도자는 회기의 간격에 주의를 기울이면서 집단원들의 특성에 적절하게 횟수를 조절해야 한다. 아동들을 대상으로 할 경우에는 주 1회가 일반적이며, 집단원들에게 시간의 한정이 있음을 정확히 알리기 위해 종결일을 정하여 놓는 것도 필요하다.

04 장소와 시간

(1) 장 소

집단상담이 이루어지는 공간을 선정할 때 주의해야 할 것 중 첫 번째는 비밀보장이 가능한 장소인가 여부이다. 회기가 진행되는 동안 상담에 방해받지 않을 만큼 조용하고 방음이 잘 되는 곳이면 가장 바람직하다. 장소가 공개되어 있어 비밀보장이 잘 되지 않는 곳이라면 집단원들은 불편감을 느낄 수 있고, 집단의 응집력이 떨어질 수 있다. 두 번째로, 집단원들이 규칙적으로 편하게 접근할 수 있는 위치를 선정해야 한다. 셋째, 모임장소의 안정성, 안락한 의자, 따뜻한 환경 등과 같은 상담환경에도 관심을 기울여야 한다. 특히 책상이나 의자의 배치는 집단역동에 영향을 미칠 수 있는데 보통의 경우 집단원들이 앉는 의자의 높이는 특별한 역동을 일으키지 않도록 일정한 것이 좋고, 원형 탁자를 사용하여 집단원들 간의 친밀감을 유도하는 것이 좋다.

(2) 시 간

집단원들이 모이는 시간은 집단원들이 모이기에 편하다고 동의한 시간으로 결정하는 것이 좋다. 무엇보다도 집단원들이 집단에 활력있고 편하게 참여할 수 있는 시간이 언제인지를 확인하여야 할 필요가 있다.

05 지도자의 태도

지도자의 태도에 따라 집단은 긍정적인 힘을 이끌어 낼 수도 있지만, 지도자가 집단에 대해 부정적인 태도를 갖거나 집단을 이끄는 데 어려움을 갖는 경우 부정적인 힘을 이끌어 낼 수 있는 등 지도자의 태도가 집단의 진행에 지대한 영향을 미칠 수 있다.

06 집단의 구성

(1) 개방집단과 폐쇄집단

집단을 구성할 때 처음 정해진 집단원들만으로 계속 진행을 해나갈 것인지, 집단을 떠나거나 새롭게 들어가는 것이 자유로운 집단으로 구성할 것인지는 집단의 목적에 따라 다를 수 있다. 대부분 상담 및 치료를 목적으로 하는 경우에는 집단원들의 신뢰가 중요하기 때문에 새로운 집단원을 받아들이지 않는 것이 더 효과적일 수 있다. 물론 새로운 집단원들이 들어오는 것으로 인해 집단원들이 활력을 얻거나 활동성이 높아질 수도 있지만, 한편으로는 새로운 집단원이 들어올 때마다 집단원을 소개하는 것으로 시간을 허비하거나 집단의 응집성이 약화될 수 있다는 측면에서 집단의 목적을 성취해 가는 데 많은 부정적인 영향을 얻을 수 있을 것이다.

(2) 자발적/비자발적 집단원

아동들의 경우에는 학교나 부모의 요구로 인해 대부분 집단에 비자발적으로 참여하게 되는 경우가 많다. 집단상담을 할 때 집단원들이 모두 자발적으로 참여한다면 무엇보다도 좋겠지만, 집단원을 준비시키고 교육시키는 것은 지도자의 능력에 따라 달라질 수 있다. 비자발적으로 참여한 집단원이 많을 경우 지도자는 첫 회기부터 집단원들이 비참여적일 수 있다는 예측을 하고 참여해야 한다. 비자발적 집단원들도 집단을 통해 변화를 이루고 학습해 갈 수 있지만, 집단원들이 계속 부정적인 태도를 취한다면 지도자는 이러한 현상 자체를 인정하고 받아들여야 하며, 집단원들과 그러한 부정적인 태도에 대해 논의함으로써 집단상담이 보다 효율적이고 효과적일 수 있는 방향에 대해 이야기를 나누는 것이 필요하다.

(3) 동질성/이질성을 가진 집단원

집단을 구성할 때에는 가급적 집단원의 연령이나 공통된 관심사를 가진 사람들과 같이 동질적인 특성을 가진 사람들로 집단을 구성하는 것이 좋다. 특정한 목적을 가지고 집단을 구성한 경우에는 특히 동질적 집단이 효과적일 수 있는데, 예를 들어, 이혼한 가정의 아동들을 위한 집단은 이혼 가정의 아동들로 구성하거나, 주의력 결핍을 가진 아동들을 위한 집단은 주의력이 낮은 아동들로 구성되는 것이 효과적일 것이다. 이질적인 특성을 가진 집단의 경우에는 집단원들이 다양한 구성원들로부터 자극받고, 새로운 행동을 배워나갈 기회를 더 많이 경험할 수 있는 장점도 가질 수 있지만, 이질적인 집단을 구성할 경우에도 나이나 배경, 관심사나 흥미 등은 비슷한 것이 더 효과적일 수 있다.

07 집단원들 간의 관계

(1) 집단원들 간의 호의, 신뢰감

집단원들이 서로에 대해 호의를 가지고 있는 경우에는 참여수준이 높아질 수 있고, 지도자가 집단을 이끄는 것이 수월해질 수 있다. 또한 집단원들 간에 호의를 가진 경우에는 서로에 대한 신뢰감이 높을 수 있는데, 때때로 신뢰감이 낮은 집단원들로 인해 집단 내 갈등이 높아질 경우에는 갈등의 문제를 가진 집단원들을 집단에서 내보내거나 개별적으로 만나 이에 대해 이야기하고 변화시키기 위해 노력해야 한다. 다른 집단원에게 상처가 되는 말을 하거나 통제적인 집단원으로 인해 다른 집단원들이 자신의 감정이나 생각을 노출하기 어려워하는 경우에는 집단원들이 덜 비판적으로 될 수 있도록 도와야 하며, 상처를 주는 집단원에게 초점을 두거나 그 상황 자체에 초점을 두고 상담을 진행하도록 한다.

(2) 지도자에 대한 태도

집단원들이 지도자에 대해 갖는 태도는 매우 다양할 수 있는데, 집단원들이 지도자에 대해 부정적인 감정을 가지거나 지도자를 괴롭히려고 하는 경우 집단역동에는 방해가 될 수 있고, 이로 인해 집단 내 상호작용이나 노출에 영향을 끼칠 수 있기 때문에 지도자는 부정적인 집단원에게 초점을 두기보다 부정적 역동을 빗겨갈 필요도 있다.

반대로 집단원들이 지도자에게 잘 보이려 하거나 집단원 간의 상호작용보다 지도자와의 관계에 더 큰 비중을 두는 경우 이러한 현상 자체에 대해 이야기를 나누고 지도자에게 의존하는 것보다 집단원들 간의 관계가 더 중요함을 이해시켜야 한다.

08 지도자의 경험

집단을 처음 이끄는 지도자는 많은 불안감이나 두려움에 사로잡힐 수 있고, 실수를 할 수도 있다. 초보지도자는 자신이 불안하거나 두려울 수 있음을 충분히 인정하고, 집단원들에게 자신이 많은 경험을 하지 않았다는 것을 언급하는 것이 좋다. 하지만 특히 상담 및 치료집단에서 지도자가 개인상담의 경험도 부족한 경우에는 집단원들은 부정적인 태도를 가질 수 있다. 집단을 이끌기 위해서는 다양한 개인상담의 경험이 요구되며, 처음 집단을 이끄는 경우에는 경험이 많은 보조자와 함께 하거나 혹은 스스로 집단에 참여해 보는 경험을 갖고, 집단경험에 대해 슈퍼바이저와 항상 논의하고 배우는 태도가 요구된다.

09 조화로운 리더십

두 명의 지도자가 집단을 이끌 때 서로 조화를 이루면 긍정적인 방향으로 집단이 진행될 수 있지만, 그렇지 못한 경우 집단은 조화가 깨지고 부정적인 방향으로 나아갈 수도 있다.

5. 집단상담의 과정과 내용

집단상담에 있어 집단상담을 구성하는 내용만큼 집단의 과정도 중요하다. 집단내용은 집단의 목표나 집단의 과제 등을 포함하는 용어이며, 집단과정은 집단단계, 집단역동, 치료적인 요인 등을 포함하는 말이다. 어떤 지도자들은 집단의 목표를 세우고 그에 적합한 활동을 구성하는 데 많은 노력을 투자하는 반면, 어떤 지도자는 집단의 역동과 같은 과정에 너무 치우치는 경우가 있다.

집단의 내용을 너무 강조하거나 과정을 너무 강조하는 경우에 흔히 지도자들은 집단역동을 제대로 읽지 못하는 실수를 경험하는 반면, 집단의 과정을 너무 강조하는 지도자는 집단활동을 무시한 채 집단역동에만 얽매이는 경우가 있다. 집단상담을 진행하는 동안 지도자는 내용과 과정에 모두 관심을 가지고 둘 사이에 적절한 균형을 둠으로써 집단활동이 피상적으로 흐르지 않도록 해야 한다.

6. 집단상담 계획하기

집단상담은 첫 회기가 시작되기 이전부터 마지막 회기가 끝난 후에도 계속 진행된다. 지도자에 따라 집단상담을 계획하고 진행해 가는 과정에서 일어나는 다양한 단계 중 몇몇 단계를 제외하는 경우도 있지만, 대부분 다음과 같은 과정을 따라 진행하는 것이 일반적이다.

01 욕구 조사

집단상담을 계획하는 과정에서 가장 중요한 것은 특정 상황에 있는 내담자들이 필요로 하는 욕구가 무엇인지 알아내는 것이다. 집단상담을 통해 내담자들이 가진 모든 욕구를 다 충족시킬 수는 없겠지만, 내담자들의 욕구에 따라 집단상담의 방향과 목적이 어느 정도 정해질 수 있다.

02 집단상담계획서 만들기

집단상담의 방향이 정해지고 나면, 집단상담에서 목표로 하는 바와 진행될 내용을 계획한다. 집단상담의 계획서에는 집단상담의 목적, 대상, 일시, 장소, 집단지도자, 절차와 기법 등과 같은 다양한 정보가 포함되어야 한다.

03 집단원 모집 홍보하기

집단상담계획서가 작성되면 집단원들을 모집하는 광고를 하게 되는데, 학교나 유치원과 같은 교육기관을 통해 교사나 학부모에게 홍보를 하는 방법이 일반적이며, 지역 신문이나 학교, 상담기관, 관련 기관 등의 인터넷 홈페이지를 통해 홍보를 하는 것도 도움이 될 수 있다.

04 부모 · 보호자의 승인

아동들이 집단상담에 참여하기 위해서는 부모나 보호자의 동의서가 필요한데, 이때 부모나 보호자가 집단상담의 내용에 대해 충분히 이해할 수 있도록 구체적인 계획이 포함된 정보가 제공되어야 한다. 또한 집단에 참여할 대상 아동 및 부모나 보호자에게는 다음과 같은 정보를 제공해야 한다(Gazda, 1989).

① 사용될 절차와 기본 접근방법 및 그것이 사용되는 이유
② 집단상담과정에서 지도자의 역할
③ 집단상담과정에서 집단원의 역할 및 집단 참여로 인해 경험할 수 있는 위험성
④ 집단원들이 경험할 수 있는 불편사항들
⑤ 집단상담에 참여한 결과로 집단원들이 기대할 수 있는 것
⑥ 집단에 참여하는 것 대신 집단원들이 고려할 수 있는 다른 대안들

⑦ 집단원들이 집단의 과정에 대해 언제든 질문할 수 있는 권리
⑧ 집단원들이 집단상담에 참여하는 것을 언제든 취소할 수 있으며, 참여를 거부할 수 있는 권리 또는 참여 중에도 언제든 참여를 중단할 수 있는 권리

05 사전 집단면접

사전 집단면접이 이루어지는 경우는 많지 않지만, 사전 모임을 하는 이유는 아동에게 집단상담과정 내에서 이루어질 일들을 알려주고, 동의를 받아 서약을 요청하며, 집단원을 선정하는 데 도움이 될 만한 자료들을 얻기 위해서이다. 아동들이 집단에 참여함으로 인하여 도움을 받을 수 있는지 여부를 평가하는 것이 필요하며, 집단참여에 대해 아동들은 어떤 기대를 가지고 있는지 듣는 것도 도움이 될 수 있다.

06 집단원 선정

어떤 집단원을 집단상담의 집단원으로 선정하느냐는 집단상담의 결과에 결정적인 영향을 미치는 중요한 요인이 된다. 집단상담을 할 때에는 집단원들이 유사한 문제를 가지고 있는 것이 바람직하지만, 집단원들이 문제행동을 가지고 있는 경우라면 같은 문제를 가지고 있는 것으로 인하여 부정적인 행동을 초래할 가능성이 있으므로 집단원들이 적절한 행동을 배울 수 있는, 긍정적인 모델이 되어 줄 집단원을 포함하여 선정하는 것도 중요하다.

07 사전검사 실시

집단경험이 집단원들에게 효과적이었는지를 알아보기 위해 사전검사와 사후검사를 실시하는 것은 집단 지도자에게 좋은 정보를 제공해 줄 수 있다. 집단의 목적에 부합하는 설문지나 평가지를 사용하여 집단상담이 시작되기 전 사전검사를 실시한다.

08 집단활동 실시

앞에서 활동 주제, 목적, 일시, 장소 등에 대해 계획한 대로 집단활동을 실시한다. 일반적으로 아동 및 청소년들에게는 8~12회기 정도의 집단활동이 적절하며, 이보다 기간

서 약 서

________________초등학교 이름________________

주소____________________ 전화번호____________

나 ____________는(은) ○○○상담소에서 실시하는 ○○집단상담에 참여하여 집단의 목표를 효과적으로 달성하기 위해 아래 사항을 지키도록 노력하겠습니다.

1. 집단 프로그램의 각 회기에 결석이나 지각을 하지 않고 성실히 참여하겠습니다.
2. 집단 내에서 이루어지는 내용에 대한 비밀을 유지하겠습니다.
3. 집단과정에 적극적으로 참여하여 프로그램을 충분히 활용하겠습니다.

○○○상담소

그림 14-1 ● 집단상담 서약서 예시

이 짧으면 집단과정의 역동성이 충분히 잘 드러나지 않을 수 있으며, 너무 길면 아동들이 지루해하거나 중도탈락할 가능성도 높다.

09 사후검사 실시

집단활동이 종결되고 1~2주 이내에 사전검사에 사용했던 도구를 가지고 사후검사를 실시한다. 그 이상이 지나고 나면 아동들이 집단상담의 효과 외의 다른 영향으로 인해 학습할 가능성이 높기 때문에 집단상담의 효과를 정확하게 파악하기 어려울 수 있다.

10 사후집단에 대한 추후지도 및 평가

집단상담을 마치고 난 후에 집단원들에게 집단 내에서 경험한 일이나 느낌에 대해 이야기를 나누는 기회를 갖게 하고, 집단에서 주로 다루었던 내용들을 앞으로 어떻게 실천하고 유지해나갈 것인지에 대해 의견을 나누는 시간을 갖는다. 보통 추후지도 회기에서는 아동들이 행동변화목표를 달성했는지 평가하고, 새로운 목표를 정하며, 목표를 방해하는 요인들을 극복하는 것에 관해 서로 지지를 해줄 기회를 준다. 추후지도와 평가는 보통 마지막 회기가 끝나고 4~8주 지난 후에 실시하며, 아동들은 행동을 변화시키리라는 약속을 재다짐하고 서로 격려해 줌으로써 도움을 받을 수 있다.

7. 집단의 단계

모든 집단상담은 시작, 중간, 종결단계를 거치게 된다. 각 단계의 특성을 살펴보면 다음과 같다.

01 시작단계

집단상담의 시작단계에서는 집단상담의 목적, 앞으로 일어날 일들, 집단 내에서 지켜야 할 기본적인 규칙들, 집단의 활동내용, 집단경험 내에서 경험하게 될 다양한 감정들 등에 대해 이야기를 나눌 것이다. 대체로 이 단계 동안 집단원들은 서로를 알아가는 과정을 거치게 되고, 서로에 관해 탐색한 내용을 나누며 집단에서 느끼는 편안함의 수준에 대해 이야기를 나눈다.

집단원들이 서로에 대한 충분한 신뢰감과 집단참여에 대한 편안함을 느끼기 위해서 시작단계는 대체로 두세 회기 정도 지속될 수 있다. 같은 경험을 해 왔거나 비슷한 배경을 가진 집단원들로 구성된 경우에는 시작단계가 그보다 더 짧아질 수 있으나, 서로 다른 배경을 가진 집단원들로 집단이 구성된 경우에는 집단 내에서 자신을 개방하고 자신의 경험을 나누는 것이 다소 서먹하고 불편할 수 있기 때문에 시작단계가 더 오래 지속될 수도 있다.

집단상담에 처음 참여하는 아동들은 집단상담이 무엇을 하는 것인지에 대해 충분히 이해하지 못한 경우가 많고, 집단 내에서 어떤 이야기를 해야 하는지에 대해 잘 알지 못하기 때문에 지도자가 기대한 만큼 자신을 잘 드러내거나 다른 집단원에게 적절한 피드

그림 14-2 ● 아동들이 정한 집단의 이름

백을 해주지 못하는 경우가 많다. 아동과 함께 작업하는 지도자들은 이러한 점에 대해 충분히 준비하고 예측해야 한다. 시작단계에서 집단상담의 목적을 명확하게 이해시키고 집단상담에서 일어날 수 있는 점들과 기본적인 규칙 등에 대한 충분한 오리엔테이션이 이루어진다면 어린 아동들일지라도 집단에 보다 수월하게 적응할 수 있을 것이다.

때로는 아동들의 특성에 따라 집단에 적극적으로 잘 참여하는 아동들이 있을 수도 있지만, 지도자에게 매우 의존하거나 자신의 감정을 잘 표현하지 못하는 아동들도 있을 수 있다. 지도자는 참여아동들을 지지해 주고 아동들이 표현하는 것들이 집단의 주제에서 벗어나지 않으며 지금, 그리고 현재에 머무를 수 있도록 도와 주는 것이 필요하다. 집단에 적절하게 참여하지 못하고 상담자를 도우려고 하거나 상담자의 관심을 얻으려고만 하는 아동들은 대부분 성인으로부터 인정을 받고자 하는 욕구를 표현하는 아동들인 경우가 많다. 이런 경우 지도자는 지도자를 돕는 것이 고맙기는 하지만, 집단에 참여하여 자기를 탐색하고 표현하는 것이 더 바람직한 태도임을 알도록 돕는 것이 필요하다.

아동들은 끊임없이 집단 내에서 지도자를 시험할 것이다. 서로 치고 받고 때리거나 욕을 하는 등 공격적인 행동을 통해 이 집단 내에서 자신이 얼마나 수용받을 수 있으며, 일상생활과 집단상담 상황이 어떻게 다른지를 알고자 한다. 집단상담에서 아동을 수용하고 인정해 주는 것은 중요하지만, 집단상담 내에도 규칙이 있고 제한이 있음을 알리는 것도 중요하다. 지도자는 아동들이 집단상담 상황을 시험해 보고자 하는 의도를 미리 예측할 수 있어야 하며, 아동들이 왜 그러한 행동을 하는지에 대해 이야기를 나누어 보는 것이 필요하다. 지도자가 일상 생활의 성인과 마찬가지로 지배적이고 권위적인 태도를 취하거나 평가자의 역할로 아동을 대하고 가르치는 것은 집단상담에 적합하지 않다. 그러한 태도로 인해 아동들은 자신이 참여한 집단상담이 지도자에 의해 지배되는 집단이라고 느끼게 되어 자신의 표현을 억제하거나 숨기게 될 수도 있다.

02 작업단계

작업단계는 집단과정의 핵심단계로, 집단원들이 상담 목표에 초점을 두고 활동을 해나가는 단계이다. 이 단계에서 집단원들은 새로운 것을 배우고, 다양한 주제에 대해 논의하고, 과제를 완성하고 개인적인 경험을 나누면서 치료적인 작업에 참여한다. 집단원들은 이 단계 동안 다양한 역동을 경험하게 되는데, 지도자는 특히 이 단계 동안 집단원들이 서로간에, 그리고 집단원과 지도자 간에 어떤 태도를 가지고 상호작용을 하는지, 어떠한 역동이 일어나는지 주목해야 한다. 이 시기 동안 집단원들이 얼마나 집단에 몰두하고 서로 공유하기를 원하는지가 결정되는 시기이다.

아동들과의 집단상담은 대체로 대화보다는 다양한 음악, 미술, 문학, 놀이활동들을 사용하여 내용을 구성하게 된다. 작업단계 동안 아동들은 많은 활동을 경험하게 되는데, 지도자는 활동을 시작할 때 워밍업 시간을 적절하게 조절하는 것이 필요하며, 한 아동에게 너무 초점을 두거나, 활동시간을 적절하게 조절하지 못하여 시간이 남거나 시간이 너무 초과하는 등의 실수를 하지 않도록 주의해야 한다.

작업단계에서 발생하는 집단원들 간의 다양한 역동에는 우리가 예상하지 못한 다양한 갈등이 포함되는 경우가 많다. 보통 많은 지도자들은 집단원들이 집단활동 내에서

그림 14-3 ● 집단활동 중인 아동들

그림 14-4 ● 집단활동 내용을 이야기 나누고 있는 아동들

서로를 격려해 주고 지지해 주는 모습을 보면서 집단활동이 잘 진행되고 있다고 생각하는 경우가 많지만, 집단원들이 피상적으로 그리고 무조건적으로 상대를 격려해 주고 지지해 주는 것만이 바람직한 것은 아니다. 작업단계 동안 집단원들은 자신이 가지고 있는 감정이나 생각을 서로 교환하고 공유하면서 자신의 상호작용 방식과 태도를 돌아보고 타인과 조율하는 방법을 배워야 할 필요가 있다. 그럼에도 불구하고, 특히 초보지도자들은 집단원들 간에 갈등이 일어나거나 부정적인 감정표현이 나타날 때 갈등을 무마시키고 긍정적인 감정을 느끼게 하기 위해 노력한다. 중요한 것은 상황에서 갈등을 무마시키고 무조건 긍정적인 감정을 느끼도록 돕는 것보다는 집단의 과정에 초점을 두고 갈등과 그 갈등으로 야기된 감정들에 관해 이야기하도록 도움으로써 집단원들 간의 깊은 이해를 이끌어 낼 때 집단원들 간의 신뢰나 응집력이 더 높아질 수 있을 것이다.

또한 집단 내에서 나누었던 집단원들의 경험에 대한 비밀보장이 이루어지지 않을 때가 있다. 지도자는 무슨 일이 어떻게 일어나게 되었는지, 어떤 의도에 의해 비밀이 누설되었는지 등에 대해 이야기를 나누어 본 후 다른 집단원들과 상의하여 그 집단원을 집단에 계속 참여하도록 할 것인지 여부를 고려해야 한다.

03 종결단계

종결단계에서는 집단의 종결에 초점을 둔다. 이 단계에서 집단원들은 시작, 중간단계를 거치면서 자신이 경험한 변화, 집단원들이 배우고 느낀 것을 어떻게 실제 생활에 사용할지에 대해 이야기를 나누게 된다. 종결단계는 집단상담을 계획하는 과정에서 이미

그림 14-5 ● 집단의 종결, 촛불의식

계획된 단계이고, 대개 한 회기를 종결단계로 활용하기는 하지만, 집단원들의 태도나 상담의 진전에 따라 종결단계가 좀더 길어지거나 짧아질 수 있다.

마지막 단계에서는 집단원들이 그 동안의 집단활동을 통해 서로 알게 된 것들을 나누는 기회를 갖는 것이 좋으며, 더 나아가 집단상담을 통해 얻게 된 것이나 자신이 참여했던 집단상담의 장 · 단점 등에 대해 평가하는 기회를 갖는 것이 좋다. 종결단계에 이르면 간혹 집단상담이 끝나고 그동안 서로 친하게 지냈던 집단원들이나 지도자와 헤어지는 것에 어려움을 갖는 아동들이 있다. 지도자는 종결이 다가올수록 아동들이 불안감이나 두려움을 가질 수 있음을 예측하고 이를 다룰 준비를 해야 하는데, 적절한 지지와 격려를 통해 긍정적인 피드백을 제공하는 것이 도움이 될 수 있다.

8. 아동을 위한 집단상담 프로그램의 예시

아동을 위한 정서지능증진 프로그램

본 정서지능촉진 프로그램은 초등학생을 대상으로 마음과 마음이 만나는 경험의 장을 마련하여 자신과의 참만남의 기회를 갖게 하고 이를 통해 자신의 숨겨진 부분을 발견하여 다른 사람을 좀더 이해할 수 있는 마음을 갖게 하는 데 도움을 주고자 하는 목적을 가지고 있다. 다시 말해, 자기의 감정을 이해하고, 이해한 감정을 적절하게 표현하며, 타인의 감정에 대해 이해하고, 타인의 감정을 개방적으로 수용하며, 타인으로부터 얻는 피드백을 적절하게 수용할 수 있는 능력을 배양함으로써 타인과 효율적인 의사소통을 할 수 있는 기회를 제공하고자 하는 것을 목표로 한다(강문희 외, 2007).

프로그램은 활동 목적에 따라 달라질 수 있으나, 각각의 집단은 학년에 따라 구성되며, 보통 한 집단에 지도자 2명과 아동 10명 내외로 구성하는 것이 적당하다. 보통 8~12회기 정도로 진행될 수 있으며, 나, 나와 친구, 가족관계 등의 대주제를 설정한 후 활동들을 대주제 목적에 적합하게 조합하여 활용할 수 있다.

매 활동마다 지도자는 각 활동의 목적과 진행과정에 대해 아동들에게 설명해 주고, 항상 아동들이 자유롭게 감정을 표현할 수 있음을 알려 준다. 활동을 실시하고 난 후에는 반드시 무엇을 했는지, 어떤 감정을 느꼈는지, 다른 사람의 이야기에서 느껴지는 것은 무엇인지에 대해 감정을 나누는 시간을 가짐으로써 아동들은 활동경험 중에 느끼게 되는 자신과 타인에 대한 발견을 하도록 돕는다.

즉, 아동들은 자신이 스스로 감정을 인식하고 이해하고 이야기를 나누는 과정 속에서 자신의 어떤 특성이 타인들과 상호작용하고 있는지에 대한 이해를 하게 되는 것이다. 또한 다른 사람들은 같은 상황을 어떻게 이해하고 어떤 감정을 느끼는지에 대해 이해할 수 있으며, 이러한 타인들의 피드백을 적절하게 수용하는 경험을 통해 효율적인 대인 간 의사소통이 이루어지는 방법을 익히게 된다.

▶ **대주제** 나와 가족

▶ **목　표** 가족 내에서 경험하는 다양한 관계의 특성을 이해하고 원활하고 건강한 의사소통을 하는 방법에 대해 생각해 보고자 한다.

활동 1 자기지각력 촉진

(1) 활동명 내 이름을 불러 주세요

(2) 활동목표

① 자기를 개방하는 기회를 통해 자신의 특징이 무엇인지 확인할 수 있다.
② 자신과 타인을 이해함으로써 자신에 대한 신뢰감을 발달시킨다.

(3) 준비물

시트지, 종이, 사인펜, 가위, 옷핀, 막대, 깃발, 천, 스테플러

(4) 활동방법

① 만들기 전에 지도자는 "이제껏 우리가 사용하고 있는 이름, 부모님께서 지어주셨던 이름이 아니라, 자기가 불리고 싶은 이름을 만들어 보는 것이 어떨까요?"란 지시사항을 준다.
② 지도자와 아이들은 약 15분 동안 새로운 이름을 생각하여 이름표를 만들어 본다. 끝까지 못하고 있는 아동이 있으면, 보조자가 개입하여 어떤 이름을 붙이면 좋을지 생각해 보도록 격려한다. 친구들로부터 그 아동에게 걸맞는 이름이 있는지 물어봐 줄 수도 있다.
③ 지도자는 아동 이름의 특징을 잡아서 질문이나 반영을 한다. 아동들에게도 서로를 존중하는 의미로 "___님"이란 표현을 하도록 한다. 지도자에게도 선생님이란 말 대신 "___님"이라고 부르게 한다.
④ 지도자와 아동들의 이름소개가 끝나면 서로 궁금한 것에 대해 질문한다.

활동 2 자기지각력 촉진

(1) 활동명 동물가족화

(2) 활동목표

① 가족구성원에 대한 이해를 돕는다.
② 가족관계 속에서 자신의 위치를 이해하여 긍정적인 적응을 하도록 돕는다.

(3) 준비물

동물그림들, 도화지, 크레용, 사인펜, 색연필, 색종이, 가위, 풀 등

(4) 활동방법

① 동물이 그려진 종이를 나누어 주고 자신의 가족구성원에 해당하는 동물이 어떤 것인지 생각해 보게 한 후 동물을 골라 도화지에 오려 붙이며 꾸미게 한다.
② 각 가족구성원에 해당하는 동물이 어떤 것인지 아래의 표에 쓰게 한 후, 해당 가족구성원을 그 동물로 표현한 이유가 무엇인지 쓰고 이야기를 나누어 본다.
③ 만약 가족구성원을 자신이 표현했던 동물과 다른 동물로 바꾸어 주고 싶다면 어떤 동물로 바꾸어 주고 싶고 그 이유는 무엇인지 이야기를 나누어 본다.
④ 집단원들은 발표한 아동의 가족동물화를 보며 느껴지는 점들에 대해 피드백을 해준다.

그림 14-6 ● 완성된 동물가족화

⑤ 발표가 모두 끝나면 벽에 동물가족화를 걸어 두고 다른 사람의 동물가족화 중 수정해 주고 싶은 부분을 수정해 주도록 한다.

⑥ 집단원들이 수정해 준 동물 가족화를 보며 어떤 느낌이 드는지 서로 이야기를 나눈다.

- 같이 살고 있는 가족구성원들 중 표현되지 않은 집단원이 있거나 함께 살고 있지 않은 가족구성원들을 포함시킨 경우에는 그 이유가 무엇인지 이야기를 나누어 보도록 한다.
- 자신의 동물가족화를 친구들이 수정하길 원하지 않는 경우에는 그대로 걸어 두고 수정하지 않은 상태의 모습에 대해서 피드백을 해주고 어떻게 수정해 주고 싶은지에 대해서 이야기만 나누게 하거나, 허용한 부분 내에서만 수정을 하게 한다.
- 완성된 동물가족화는 활동이 끝날 때까지 벽에 게시해 두는 것도 좋다.

활동 3 자기지각력 촉진

(1) 활동명 우리 가족은요…

(2) 활동목표

① 가족에 대한 이해와 통찰을 통해 자신의 대응방법을 알아본다.
② 가족에 대한 긍정적 느낌을 증진시킨다.

(3) 준비물

활동자료, 연필

(4) 활동방법

① 나와 나의 가족에 대해 쓸 수 있는 활동자료를 한 장씩 나누어 주고 자신의 가족 구성원들에 대해 생각해 볼 시간을 준다.
② 가족구성원들의 특징이나 특성들에 대해 생각나는 것들을 기록하게 한다.
③ 한 사람씩 돌아가며 가족에 대해 이야기를 나누고, 집단원들은 그것에 대해 피드백해 준 후, 아동에게 집단원들의 피드백에 대해 어떤 느낌을 받았는지 이야기하게 한다.

그림 14-7 ● '우리 가족은요' 활동 중인 아동

활동 4 자기지각력 촉진

(1) 활동명 말, 말, 말

(2) 활동목표

① 주어진 상황에서 가족들과 상호작용하는 방법에 대한 인식을 높인다.

② 가족관계에서 느껴지는 자신의 감정을 파악하고 보다 나은 의사소통방법을 익히도록 한다.

(3) 준비물

활동자료, 사인펜, 색연필, 유성펜 등

(4) 활동방법

① 가족 간의 상호작용 상황을 나타내는 그림이 그려진 활동자료를 나누어 준다.

② 집단원들에게 각 상황을 보고 빈 말풍선 안에 어떤 말을 쓸 것인지에 대해 생각해 보게 한다.

③ 모두 말풍선을 채우고 나면 집단원들은 돌아가며 그 상황이 어떠한 상황이며 어떤 말로 말풍선을 채워 넣었는지, 그러한 상황에서 어떤 감정을 느꼈는지에 대해 이야기를 나눈다.

④ 집단원들은 서로 피드백을 해주고, 만약 보다 나은 의사소통방법이 어떤 것이 있을지에 대해 서로 이야기를 나누게 한다.

그림 14-8 ● '말, 말, 말' 활동

활동 5 자기조절력

(1) 활동명 내 맘대로 붙여 봐

(2) 활동목표

① 가족관계에서 나타나는 역동을 인식하는 기회를 가진다.
② 가족관계 내에서의 정확한 의사소통방법을 익힌다.

(3) 준비물

다양한 표정의 가족구성원, 가전제품 및 가구, 자연환경 등이 그려진 그림자료, 5절 도화지, 색연필, 사인펜, 유성펜, 크레용, 풀, 가위 등

(4) 활동방법

① 다양한 표정의 가족구성원, 가전제품 및 가구, 자연환경 등이 그려진 그림자료를 나누어 주고 가족의 모습을 떠올려 본 뒤 자신이 생각한 가족의 모습을 오려 5절 도화지에 붙여 보게 한다.
② 도화지에 붙이고 자기의 그림을 꾸미고 난 후 자신이 생각한 가족의 특징에 대해 돌아가며 설명하게 하고, 그러한 가족관계에서 느껴지는 느낌이 어떠한지에 대해 이야기하게 한다.
③ 집단원들은 각각의 의견에 대해 피드백을 해준다.
④ 피드백을 들은 후에 그림에서 수정하고 싶은 내용이 있는지, 수정하고 싶다면 어떻게 수정하고 싶은지, 그때의 마음은 어떠할지에 대해 이야기를 나누어 본다.

활동 6 동기화 능력

(1) 활동명 나를 칭찬해 주세요

(2) 활동목표

① 자신의 장점을 찾는다.
② 자신에게 긍정적인 부분이 많다는 것을 확인하고, 인정받는 경험을 한다.
③ 가족관계에서 자신의 장점을 적극 표현하도록 한다.
④ 스스로에게 칭찬함으로써 자신의 유능감을 높인다.

(3) 준비물

장점 활동지, 연필

(4) 활동방법

① 장점 활동지를 작성한다.
② 집단에서 발표하고 구체적인 예를 들도록 한다.
③ 타인의 평가와 반응에 대해 이야기하도록 한다.
④ 자신에게 칭찬의 말을 하도록 요구한다.

활동 7 공감적 이해력

(1) 활동명 네가 되어 볼게

(2) 활동목표

① 다른 가족의 역할을 해봄으로써 내가 아닌 다른 사람의 입장을 이해하는 계기를 마련한다.

② 가족 내에서의 나의 역할을 객관적으로 바라봄으로써 자신의 태도나 행동을 평가하고 수정할 수 있는 경험을 한다.

(3) 준비물

없음

(4) 활동방법

① 집단원이 많은 경우에는 두 팀으로 나누고, 적을 경우에는 한 팀으로 한다.

② 약 10분 동안 집단원들끼리 주제를 정하고, 배역을 정하도록 한다. 이때 참가자는 아주 작은 배역이라도 모두 참여하는 것이 좋다.

③ 이야기를 꾸미고 연습하는 시간을 30~40분을 준다.

④ 역할을 하면서 느낀 점, 다른 사람의 역할을 하면서 가진 생각, 다른 사람은 이 상황이라면 어떻게 했을 것 같은지, 자신이라면 어떻게 했을 것 같은지에 대해 이야기를 나눈다.

활동 8 대인관계 능력

(1) 활동명 내 마음을 받아줘

(2) 활동목표

① 프로그램 전반을 정리해 보는 시간을 가진다.
② 함께 한 집단원들에 대해 생각하고 전달할 수 있는 기회를 가질 수 있다.

(3) 준비물

종이, 복주머니, 리본끈

(4) 활동방법

① 복주머니를 만들고, 집단원의 숫자보다 1장 적게 메모지를 나눠 준다.
② 집단원들에게 보고 느낀 점이나 하고 싶었던 말들을 나눠 준 메모지에 쓸 수 있는 시간을 준다.
③ 읽고 싶은 내용들은 읽어주고 이야기를 나누는 시간을 갖는다. 다른 집단원들이 준 마음의 글을 아동들이 가져갈 수 있도록 복주머니에 넣어 나누어 준다.

15

가족상담

아동과 상담할 때 가족상담은 매우 유용하고 효과적인 방법이 될 수 있다. 아동기는 다른 어느 시기보다도 가족의 영향을 많이 받는 시기이므로 아동만을 상담하는 것으로 성과를 얻기 어려울 때 아동의 가족을 포함하여 접근하는 것은 큰 도움이 될 수 있다. 가족상담은 개인이 가진 문제를 가족관계 속에서 생겨난 가족문제로 보며, 가족 간의 상호작용에 변화를 줌으로써 내담자가 가진 문제를 해결하고자 하는 방법이다. 그렇기 때문에 개인의 정신 내적 과정보다는 개인적인 행동이 가족사회적 체계 안에서 일어날 때 더 잘 이해될 수 있을 것이라는 관점을 가지고 있다.

다시 말해 가족상담은 증상을 가진 한 개인을 변화시키기보다 가족을 하나의 체계로 보고 가족체계를 변화시킴으로써 현재 문제시 되고 있는 증상을 해소하게 하는 접근이다. 가족구조와 체계가 변화될 때 역기능적인 가족구성원의 역할과 행동은 변화될 수 있다.

1. 가족의 특성

01 특 성

가족은 사회를 구성하는 가장 기본적인 단위이자 개인의 사회화 과정에 가장 지대한 영향을 미치는 집단이다. 아동들은 태어나 처음 경험하게 되는 사회인 가족에 소속되어 성장하는 과정동안 사회에서 경험할 다양한 상호작용을 준비하고 기대해 나가게 된다. 가족은 한 공간 속에서 함께 거주하며, 사회를 유지시키고 발전시키기 위한 다양한 기능을 수행해 왔는데, 이러한 기능은 사회의 변화에 따라 강화되기도 하고, 약화되기도 한다. 일반적으로 알고 있는 가족의 기능으로는 경제적 기능, 성적 욕구충족의 기능, 자녀출산의 기능, 양육과 보호의 기능, 사회화 기능, 정서적 기능 등이 있다. 이밖에도 교육적 기능, 오락적 기능, 종교적 기능 등이 있으나 현대사회에 들어서면서 다른 제도의 발달로 이러한 기능들은 점차 축소되어 가고 있다. 이렇게 가족의 기능은 사회가 변화하면서 함께 변화할 뿐만 아니라, 가족이 가진 기능을 충실하고 원활하게 수행함으로써 사회를 유지시키고 발전시키는 데 기여하기도 한다.

또한 가족은 우리가 알고 있는 일반적인 사회적 관계와는 달리 단지 각 구성원들이 독립적으로 작용하는 집단이 아니라, 각 구성원들이 서로 얽혀 정서적인 유대관계를 가지며, 상호작용하는 집단이다. 가족 내에서 경험하는 정서적인 경험은 다른 어떤 사회적인 관계보다도 훨씬 더 강하고 깊은 감정적인 얽힘이 존재하는 복잡한 관계이기 때문에 가족관계 내에서 발생한 다양한 심리사회적 문제들은 한 개인뿐만 아니라 가족 전체의 문제가 되기도 하고, 가족 역동 속에서 만들어진 문제가 한 개인의 증상을 나타나기도 한다. 이러한 다양한 증상들은 가족 내에 존재하는 스트레스를 경감시키고 가족체계를 보다 안정시키기 위한 방법으로 발생하기도 한다.

02 역기능적인 가족

가족이 상호작용하는 유형에 따라 가족체계가 유지되는데, 기능적인 가족은 개인의 변화하는 내적 발달이나 외적인 환경요구에 효율적으로 적응한다. 그러나 역기능적인 가족은 너무 밀착되거나 경직되어 있어 변화에 적절히 적응하지 못하며, 그러한 가족 내에서 아동들은 기본적인 욕구를 충족시키는 것이 어렵다.

역기능적 가족이 갖는 특성은 다음과 같다. 첫째, 역기능적 가정은 가족구성원들에게 적절하게 관심이 돌아가기보다 문제가 있는 가족구성원에게 관심을 집중되어 나머지 구성원들이 적절한 관심과 인정을 받지 못하곤 한다. 둘째, 역기능적 가정은 가정의 문제를 억압하거나 숨기고, 현실을 있는 그대로를 받아들이지 못하게 하여 누구도 가정의 문제를 드러내지 않는다. 셋째, 부모와 자녀 간의 역할이 비정상적이다. 자녀가 부모의 역할을 대신하거나, 부모가 부모로서의 역할을 제대로 하지 못하는 경우가 많다. 넷째, 가족규칙이 너무 완고하고 경직되어 있어 융통성 있게 타협하지 못하기 때문에 가족구성원들이 서로 용서나 사랑으로 감싸지 못하고 처벌이나 보복으로 대응하는 경향이 있다. 다섯째, 가족구성원들이 서로의 경계를 무시하고 침범하는 경향이 있다. 여섯째, 부부관계가 건강하지 못하며, 이러한 부부간의 갈등이나 문제를 자녀에게 투사하거나 부부와 자녀가 삼각관계를 형성하여 부부간의 갈등에 자녀를 포함시키는 경향이 있다. 일곱째, 가족구성원들이 자신이 느끼는 감정을 정확하게 인식하고 표현하는데 어려움을 가진다.

이러한 가정에서 자라난 아동은 가족의 역기능으로 인해 일시적으로 혹은 정상발달을 저해하는 심각한 정도로 심각한 문제행동을 나타낼 수도 있다. 역기능적인 가족 내에서 나타날 수 있는 부모-자녀 관계의 특성은 다음과 같다. 첫째, 부부간의 갈등이 있는 가정은 부부간의 동맹이 약화되면서 부모가 각자의 배우자보다는 자녀와 친밀한 연합관계를 맺음으로써 역기능적인 체계를 형성하기도 한다. 둘째, 부모와 자녀 간의 관계가 정서적으로 과도하게 서로 얽히게 되어 자녀가 부모로부터 감정적으로나 심리적으로 독립하지 못할 수도 있다. 셋째, 부모가 너무 무기력하여 자녀에게 의존하는 행동을 하기 때문에 자녀가 오히려 양육이나 지지, 보호와 같은 부모의 역할을 수행하게 되는 경우, 자녀는 부모에게 의존하고자 하는 자신의 욕구가 좌절되고 이러한 좌절이나 분노와 같은 감정을 억압하면서 자기 파괴적 행동에 취약해지는 특성을 보이기도 한다. 넷째, 자녀가 가족으로부터 분리되는 것을 부모가 불안해 하고 두려워하면 자녀는 부모로부터 독립하는 것 자체보다 분리에 대한 불안한 감정으로 인해 적응이 어려울 수 있다.

03 가족 탄력성

어떤 가족은 위기나 스트레스를 경험하면서 부적응적이고 역기능적인 특성을 나타내지만, 또다른 가족은 위기나 스트레스에도 불구하고 잘 기능하기도 한다. 부적응적이고 역기능적인 가족현상은 가족체계나 가족구성원이 스트레스에 대처할만한 자원을 가지고 있지 못하거나 가족구성원들이 서로를 지지해주고 강화해주는 상호작용 과정이 부족하기 때문만은 아니다. 가족구성원 중에는 위기로 인해 취약해지는 구성원도 있지만, 종종 위기 상황에서 힘을 발휘하여 더 강해지고 다양한 자원을 끌어 모으는 구성원도 있다.

가족 탄력성은 가족이 위기나 스트레스에 잘 적응할 수 있는 대처반응을 만들어내고 스트레스에 대한 가족의 반응을 성장시키고 발달시키는 것을 가능하게 하는 힘을 의미한다. 가족탄력성을 강조하는 접근들은 가족들을 위기로 이끈 도전들로부터 견뎌내고 다시 회복하는 것을 가능하게 하는 주된 상호작용과정을 확인하고 강화해 줄 것을 주장한다(Walsh, 1998). 이러한 접근은 가족이 위기나 위험으로부터 벗어나거나 회피하는 것을 의미하는 것이 아니라, 가족 혹은 개인에게 고통을 주는 스트레스나 역경을 경험하는 과정에서 가족이 협력하는 노력을 통해 살아남고, 재생되어 회복하는 과정을 강조한다.

모든 가족들은 가족생활주기를 경험하는 과정 속에서 다양한 도전에 직면한다. 가족생활주기 중에는 결혼이나 출산, 양육과 같이 예측이 가능한 사건들도 있지만, 때로는 사별이나 이혼, 재혼과 같이 예측할 수 없는 것들도 있다. 이러한 경험 속에서 가족들이 어떻게 가족체계와 가족응집력을 유지하고, 어떻게 문제를 해결해나가는지 등은 중요한 초점이 될 수 있다. 각각의 가족구성원들이 나름대로의 자원을 가지고 있는 것과 동시에 각각의 가족도 친밀감, 애정, 지지, 응집력 등의 자원을 가지고 있다. 이러한 가족의 탄력성은 가족이 경험하는 스트레스로부터 회복하는 데 중요한 열쇠가 될 수 있기 때문에 가족상담자는 무엇보다도 가족이 가진 탄력성을 잘 발휘할 수 있도록 현재의 위기와 역경에 잘 대처하기 위한 다양한 자원을 발견해내야 할 필요가 있다.

2. 가족상담의 발달

가족상담은 아동들과 아동들이 속한 가족이 가진 정서적 문제를 상담하기 위한 아동상담자들의 노력에서 시작되었다. 개인이 가진 다양하고 많은 문제들은 대체로 아동기에 시작되기 때문에 상담자들은 정신장애나 질환들을 예방하기 위한 가장 좋은 방법은 아동을 치료하는 것이라는 확신을 가지고 있었다.

특히 아동기동안 해결되지 않은 갈등이 성인기의 심리적 장애들을 야기하기 때문에 성인 신경증을 예방하기 위한 가장 효과적인 방법은 성장하고 있는 아동을 치료하는 것이라는 프로이트(Freud)의 견해를 추종한 아들러(Adler)는 아동뿐만 아니라 가족과 교사를 상담하는 아동지도클리닉을 조직했다. 아들러는 지지와 격려를 제공하여 아동들이 열등감을 완화시키기 위한 건강한 삶의 양식을 형성하도록 도움으로써 사회적인 관심을 가지고 성공적인 삶을 살아가도록 도와주었다. 아들러의 제자인 드라이커스(Dreikurs)는 미국정통정신의학협회를 조직하여 아동기의 심리적 문제들과 그 원인이 되는 복잡한 사회 및 가족의 영향들에 대한 연구와 치료를 진행하였다. 다양한 연구를 통해 많은 상담자들은 아동들이 가지고 오는 증상의 원인은 아동들이 가지고 오는 문제가 아니라 가족 내의 긴장이라는 데 의견을 함께 했고, 그 결과로 아동의 부모 특히 어머니를 비난하는 경향을 나타냈다.

1940~50년대의 연구자들은 아동이 가진 문제의 원인을 부모의 정신병리에 두고 부모의 유전성 병리적 기질과 자녀의 정신과적 장애 간의 관계를 증명하고자 하였다. 즉, 아동들이 보이는 심리적인 문제들이 성장과정에서 사랑을 받지 못한 어머니가 자

녀에게 지나치게 권력을 휘두르거나 혹은 방임하는 것으로부터 비롯된다는 것을 알아냈다. 또한 존슨 등(Johnson et al, 1954)은 반사회적 행동을 보이는 범죄자들이나 정신병자들의 행동이 부모들로부터 전수받은 초자아에 결함이 있기 때문이라고 보았는데, 이러한 경향도 이 시기동안 자녀의 문제에 대한 부모의 책임은 매우 중요하다는 것을 주장하는 것이었다. 자녀의 문제를 가족 중 특히 어머니의 책임으로 돌리면서, 아동의 문제를 해결하기 위해 일차적으로 아동을 상담하는 것과 동시에 이차적으로 정서적인 압박감이나 불안을 감소시키고 자녀양육방식을 교정하기 위해 어머니를 상담하였다.

이러한 경향은 아동들의 문제가 해결되면 가족의 문제도 해결될 것이라 생각했던 것과는 달리 개인의 문제가 관계 내에서 형성되기도 하고, 다른 문제들과의 상호작용을 통해서 나타나기도 한다는 생각이 나타나면서 아동의 문제는 더 이상 아동 내부만의 문제가 아니며, 아동은 희생자이고 부모는 가해자라는 공식도 더 이상 형성되지 않게 되었다. 가족 내 상호작용의 특성이 아동의 문제와 관계가 있다는 것이 밝혀지면서부터 아동의 문제를 해결하기 위해 아동을 가족들로부터 분리시키는 대신, 가족이 아동을 지지하고 격려해주도록 돕는 것이 더 바람직하다는 것에 초점을 두었다.

이후 보울비(Bowlby)는 가족구성원들과의 인터뷰를 통해 가족들이 서로에 대해 가지고 있는 불만에 대해 이야기하고 가족들이 문제에 기여하고 있는 바가 무엇인지를 해석해 주었다.

3. 가족평가

01 평가의 의미

심리적인 문제를 가지고 있거나 위기에 처한 아동들을 이해하기 위해 가장 중요한 것은 아동들을 둘러싸고 있는 가족에 대해 신속하고 종합적으로 평가를 하는 것이다. 넓은 의미에서의 평가란, 아동의 현재 상태가 어떠한지, 앞으로 어떻게 될지, 어떻게 되어야 하는지 등을 조사하는 방법이라고 할 수 있다(Lauffer, 1982). 즉, 가족이 가진 문제의 원인이 무엇이고, 어떤 부분이 변화할 수 있으며, 수정이 가능한지를 밝히는 과정을 말한다.

상담자와 내담자 가족이 문제해결을 위해 책임감 있게 상담에 임하면서 자료를 수집할 때 상담자는 상담과정에서 큰 도움을 얻을 수 있다. 그러나 때때로 이러한 평가과정부터 비협조적이거나 정보를 제공하길 꺼리거나 거부하는 가족들도 있다. 상담자들은 가족을 평가하기 위해 객관적이면서도 주관적인 방법을 사용해야 한다(Germain & Gitterman, 1980). 예를 들어, 가족구성원, 가족의 역할, 가족이 살고 있는 주거환경, 가족 내 규칙 등과 같은 자료들은 객관적인 자료수집의 방법을 통해 얻을 수 있지만, 개인이 당면한 문제나 문제 발생 과정에서 나타내는 반응이나 문제에 어떤 부여하는 의미, 문제나 상황에 대해 가지는 감정 등과 같은 부분들은 주관적인 방법을 통해 얻을 수 있는 자료들이다. 가족들과의 면담을 통해 얻어진 자료로 상담자는 내담자 혹은 가족이 문제를 가지게 된 원인에 대한 가설을 세우기도 하고, 가족구성원들 간의 상호작용을 통해 이러한 가설을 검증하게 된다.

평가를 통해 상담자는 내담아동의 욕구뿐만 아니라 부모의 욕구, 가족의 욕구를 모두 파악하는 것이 필요하다. 평가과정에서는 다음과 같은 질문에 대한 정보를 모아야 한다.

- 가정환경은 아동을 보호하고 안전하게 양육하도록 도와주는가?
- 가정환경은 아동의 신체적 욕구를 만족시켜 주는가?
- 가정환경은 아동이 정서적으로 안정된 성장을 할 수 있도록 돕는가?
- 내담아동이 가족구성원들이나 친구들과 건강한 관계를 맺는 데 도움을 주는 환경인가?
- 친척이나 친지들이 아동 양육에 도움을 줄 수 있는가?
- 아동을 양육하는 데 유용한(또는 해로운) 가족자원은 무엇이 있는가?

위와 같은 질문을 통해 내담아동이 가지고 있는 개인적인 특성뿐만 아니라 내담아동을 둘러싸고 있는 가족과 환경이 가지고 있는 장점이나 자원 혹은 해로운 부분 등을 알아보고 가족과 환경 간의 상호작용을 이해함으로써 내담아동의 문제를 발생하게 된 과정을 살펴볼 수 있다.

02 평가영역

가족이 가지고 있는 다양한 문제를 효과적으로 해결하기 위해 상담자는 다양한 영역에서 가족을 평가해야 한다.

(1) 가족문제

내담아동이 나타내고 있는 문제를 어떻게 해결해야 할지 알아보기 위해서는 내담아동이 가진 문제의 본질이 무엇인지를 파악하는 것이 가장 중요하다. 그러므로 문제가 언제 발생되었는지, 얼마나 지속되었는지, 얼마나 자주 나타나는 문제인지, 얼마나 심각한 문제인지, 어떤 문제가 복합되어 나타나고 있는지 등을 살펴보아야 한다. 이와 같이 내담자가 보이는 문제의 빈도, 지속성, 심각성, 강도 등과 더불어 내담아동을 둘러싸고 있는 환경적인 특성은 어떠한지, 부모 및 주변 사람들이 이 문제의 해결을 위해 노력할 용의가 있는지, 내담아동에게 필요한 것은 무엇인지 등과 같은 환경 탐색도 이루어져야 한다. 내담아동이 가진 문제가 복잡할수록 상담자는 도움이 될만한 외부 자원이 있는지 여부를 더 많이 탐색해 보아야 한다.

(2) 가족체계

일반적으로 개인은 다른 가족구성원들과 직접적 혹은 간접적으로 관계를 맺고 상호작용한다. 모든 가족원들의 상호관계가 모여 이루어지는 전체는 가족원들 간의 상호작용을 합한 것보다 크며(Compton & Galaway, 1979), 가족은 가족체계 내에서 부분적으로 상호작용을 하고 하부구조를 통해 기능을 수행하고 분화한다(Minuchin, 1974). 가족 내에서 가족성원 개개인은 가족의 하부구조를 이루게 되는데, 하부구조는 세대(부모/자녀), 성별(엄마, 딸/아빠, 아들), 능력이나 흥미(공부를 잘하는 사람/못하는 사람), 기능(아버지/어머니/가장의 역할을 하는 딸) 등을 기준으로 하여 다양하게 나누어질 수 있다. 가족구성원들은 서로 관계를 맺고 있으며, 한 사람의 변화는 다른 가족구성원들이나 가족 전체에 영향을 미칠 수 있기 때문에 가족구성원들 간의 관계가 어떻게 형성되고 있는지, 그리고 그러한 관계가 어떤 의미를 가지는지를 파악하는 것도 중요하다.

① 경 계

가족은 경계를 가지는데, 경계의 정도는 가족경계의 침투성에 따라서 개방에서 반개방, 폐쇄에 이르는 일직선상에 놓일 수 있다. 너무 개방되거나 너무 폐쇄되는 것과 같이 양극단의 체계를 가진 가족에게서 문제가 발생할 가능성이 높다. 경계가 너무 개방된 가족은 가족 내로 들어오고자 하는 사람이나 새로운 생각을 너무 쉽게 받아들이기 때문에 가족구성원을 위한 정서적 · 사회적 · 물질적 자원이 부족할 수 있고, 가족구성원들의 출입을 제한하지 못하여 타인들로부터 이용당할 가능성이 있다. 반대로 너무 폐쇄적 경계를 가진 가족은 시댁 식구나 처가 식구와 같은 가까운 친지나 친구들과 같이 가족 안으로 받아들일 수도 있는 사람들의 도움조차도 받아들이지 않아 당면한 문제를 악화시키고 문제 해결에 필요한 자극이나 원조를 피하기도 한다.

② 의사소통유형

모든 가족들은 정보를 주고받기 위해 언어적으로뿐만 아니라 비언어적으로도 의사소통을 사용한다. 각 가족구성원들은 나름대로 독특한 의사소통방식을 가진다. 그렇기 때문에 가족간의 의사소통을 관찰하는 것으로 그 가족 내에서 어떤 주제의 이야기가 이루어지고 있는지, 가족이 지향하거나 지양하는 바는 무엇인지, 서로에 대해 갖는 기대는 어떠한지 등을 알아볼 수 있다. 다음과 같은 질문들을 통해 가족의 의사소통유형을 평가해볼 수 있다.

· 가족들간에 명확한 의사소통이 이루어지는가?
· 가족들간의 의사소통 시 가족구성원 중 제외되거나 소외되는 사람이 있는가?
· 가족들이 가족구성원 중 한 사람을 습관적으로 비난하거나 따르지는 않는가?
· 의사소통을 하는 과정에서 가족들간의 불안이 증가되는가?
· 가족들 사이에 의사소통을 할 때 정해진 금기사항이 있는가?
· 의사소통 과정에서 이중구속과 같은 의사소통 방법이 사용되는가?

이중구속은 표면적으로는 승인을 하고 있지만 내면적으로는 어떤 행동도 승인받지 못하는 것과 같이 이중적인 의미를 지닌 의사소통이다. 이렇게 분명하지 않은 의미를 전달하는 의사소통방법을 자주 사용하는 가족은 혼란에 빠지기 쉬우며, 가족기능에 심각한 영향을 미칠 수 있다.

③ 가족구조

가족 내에서 일어나는 가족구성원들의 역할을 종합하면 그 가족의 구조를 이해하는데 도움이 될 수 있다. 이러한 가족구조의 본질을 이해하기 위해서는 둘 혹은 그 이상의 가족구성원들 사이에서 일어나는 유형화된 행동의 결과를 광범위하게 관찰해야 한다(Terkelsen, 1980).

가족구성원들은 각자의 욕구충족을 위해 전통적이고도 형식적인 역할을 나누어 수행하게 되며, 가족 내에서 정해진 규칙에 따라 가족들이 맡아야 할 책임이나 역할이 나누어지고 그 사이에서 교류가 이루어진다. 예를 들어, 흔히 우리가 알고 있는 전통적이고 형식적인 역할을 생각해보면 부모는 양육자의 역할을 하고, 자녀는 양육을 받는 자녀로서의 역할을 한다. 사회의 규칙에 따라서 각 역할이 가져야 하거나 가지지 않아야 할 태도나 감정이 규정되고, 해야 하거나 해서는 안되는 행동 등이 정해지게 된다(Comptson & Galaway, 1979).

그러나 이러한 형식적이고 전통적인 역할뿐만 아니라, 가족 내에서 특정 구성원에게 특별히 맡겨진 역할은 아니지만 가족 내에서 비공식적으로 '문제해결자'로서의 기능을 수행하고 있는 가족구성원을 흔히 볼 수 있다. 가족들이 이러한 역할에 대해 특별히 관심을 가지거나 역할을 규정해 놓은 것은 아니지만, 이러한 역할을 담당하고 있는 사람은 가족 내에 어떤 문제가 발생하면 이러한 문제를 해결하는 비공식적인 가족역할을 수행하게 된다. 일반적으로 볼 수 있는 비공식적 가족역할로는 해결사, 영웅, 피해자, 희생양, 놀림감, 효자/효녀, 미운털, 반항아 등이 있다.

흔히 비공식적 역할은 가족체계의 균형을 위해 요구되기도 한다. 대부분의 가족은 비공식적으로 주어진 역할을 가지고 있는데 미운털, 반항아, 피해자나 희생양과 같이 역기능적인 역할을 담당하는 가족원들이 가족 내에 존재할 경우 가족 내에 긴장과 갈등이 증가되고 문제가 발생할 가능성이 높다. 대부분의 역할행동은 가족 규범과 일치할 때 인정받고 승인받을 수 있기 때문에 각 가족구성원은 다른 가족구성원들이 자신에게 기대하는 바에 맞춰 자신의 역할을 결정하게 된다.

이에 가족문제가 발생한 배경이나 원인을 이해하기 위해서는 가족구성원이 가진 비공식적 역할을 조사하는 것이 필요하다. 가족구조를 평가하기 위해서는 이러한 역할과 더불어 가족구성원들이 욕구충족하는 방식을 살펴보는 것이 도움이 된다.

· 각 가족구성원들은 어떠한 역할을 맡고 있는가?
· 가족 내에서 공식적(혹은 비공식적)으로 다양한 역할을 하거나 주어진 역할이 모호한 사람이 있는가?
· 가족구성원 중에 칭찬이나 인정을 받기 위해 특정한 역할을 맡고 있는 사람은 없는가?
· 다른 구성원이 자신의 역할을 대신 해주리라 기대하고 자신의 역할을 수행하지 않는 구성원이 있는가?
· 각 가족구성원들은 가족에 문제가 생겼을 때 상황에 적절하게 적응할 수 있을 만큼 융통성 있게 역할을 수행하고 있는가?

가족이 위기상황에 직면하게 되면 가족구성원들은 역할을 서로 바꾸거나 새로운 역할을 맡기도 하며, 과거에는 효율적이던 역할체계가 갑자기 비효율적으로 변하기도 하고 균형을 잃기도 한다. 위기상황에서 일어나는 갈등을 해결할 수 있는 가족체계는 역할 전환이나 새로운 역할의 수용 등을 나타내기도 하지만, 융통성이 없는 가족체계는 갈등상황이 일어날 때 적절하게 역할을 변화시키지 못하여 문제를 일으킬 수 있는 위험신호로 여겨지기도 한다.

(3) 가족환경

가족을 이해하기 위해서는 가족을 포함한 전반적인 환경을 정확하게 파악해야 한다. 가족환경은 의식주, 거주지, 병원, 직장, 교육이나 오락 등과 같은 구체적인 측면과 개인간의 상호작용을 포함하는 사회적 측면으로 나누어 볼 수 있다. 가족환경이 적절한지 알아보기 위하여 가정의 경제 · 사회적 · 물리적 환경에 대한 탐색을 통해 보다 광범위한 관점의 가족환경을 살펴봄으로써 가족의 욕구가 얼마나 충족될 수 있는지의 여부를 살펴보는 것이 필요하다.

이러한 환경 외에도 가족을 둘러싸고 있는 환경 안에 속한 중요한 사람들과의 관계를 포함하는 사회정서적 네트워크를 평가해야 한다. 사회적 네트워크는 사람들과의 관계, 인정, 규범, 문화적 가치 등 형성하는 데 필요한 자원을 제공해 준다.

(4) 가족생활주기

가족도 개인과 마찬가지로 발달단계를 거친다. 가족구성원들이 건강하게 성장하도록 돕기 위해 가족구성원들의 발달과업과 가족 전체가 안고 있는 발달과업을 연결시켜 가족을 이해하고자 하는 관점에서 가족생활주기의 중요성을 강조하고 있다. 가족생활주기란 개인의 발달단계와 마찬가지로 사회가 가족에게 요구하는 중요한 인생 사건들을 순서대로 나타낸 것으로, 개인이 결혼을 해야 할 시기, 자녀를 출산하고 양육해야 할 시기, 은퇴를 하는 시기 등을 나타내고 있으며, 사회의 기대와 요구를 가족이 얼마나 수행할 수 있는지를 평가하는데 도움이 될 수 있다.

가족생활주기에서의 변화는 아기가 태어나거나, 며느리나 사위와 같은 새로운 가족을 받아들이거나, 자녀가 출가하거나, 사별을 하는 등 주로 가족구성원이 가족체계 내로 들어오거나 나갈 때 일어난다. 이러한 과정은 가족균형에 위협을 주기 때문에 중요하게 다루어져야 할 필요가 있다. 가족이 한 단계에서 다른 단계로 성공적으로 이동하기 위해서는 가족 단계도 필수적으로 변화해야 하는데, 가족생활주기에 맞지 않는 너무 이르거나 늦은 사건들로 인해 가족은 심각한 문제를 경험하기도 한다. 또한 전 단계의 과업을 제대로 해결하지 못한 채 새로운 과업을 맞이해야 하는 경우 적응이나 가족 내 상호작용에도 다양한 어려움이 나타날 수 있다. 가족은 다음 단계에 어떤 생활주기가 오게 될지에 관심을 기울여서 변화를 맞이할 가족구성원들에게 세심하게 신경을 써주고 배려를 해주어야 한다.

가족을 평가하는 과정에서 가족생활주기를 사용한다면 가족이 겪게 될 어려움을 이해하는 데 도움을 받을 수 있을 것이다. 가족의 어려움에 대해 어떻게 개입할 것인지를 결정하기 전에 상담자는 항상 가족생활주기 평가를 통해 지난 단계의 과업이 잘 해결되었는지, 현 단계에서의 직면하게 될 과업은 무엇인지, 과업수행이 적절히 되고 있는지를 평가해야 한다.

03 평가방법

가족평가는 가족구성원의 다양한 역동을 이해하기 위한 방법으로, 상담자에게 가족에 대한 전문적인 지식과 의사소통하는 능력을 요구한다. 다음에서는 다양한 가족평가방법을 살펴보고자 한다.

(1) 면 담

면담은 상담자가 가족을 돕기 위한 목적으로 한 사람 이상의 가족구성원을 만나서 자료를 수집하는 것을 말한다. 면담은 1회로 종결될 수도 있지만, 나아가 보다 깊은 상담을 위해 계속 진행될 수도 있다. 면담을 위해서 상담자는 가족구성원 중 누구와 만날 것인지, 어디서 만날 것인지, 언제 만날 것인지를 결정해야 한다. 면담이 시작되면 다양한 질문을 통해 가족의 역동성을 보다 잘 이해할 수 있도록 다양한 자료를 수집하여야 한다.

(2) 직접관찰

직접관찰은 상담실이나 가정에서 상담자가 가족구성원들 간의 상호작용을 살펴보기 위하여 관찰하는 방법이다. 상담자는 목적에 따라 비참여관찰자, 참여관찰자, 적극적 참여관찰자 등의 역할을 하면서 구조적 혹은 비구조적으로 가족을 관찰한다.

(3) 설문지 사용

가족의 환경적 · 물리적 · 사회적 · 정서적 기능 평가를 위해 설문지를 사용할 수도 있다. 설문지를 통한 가족기능평가는 가족을 전반적으로 살피게 하고, 가족의 강점과 약점을 평가하는 데 도움을 줄 수 있지만, 가족구성원들 간의 미묘한 관계나 역동을 파악하는 데에는 어려움이 있을 수 있다.

가족들을 대상으로 평가를 하거나 상담을 할 때 전체 가족을 대상으로 기본적인 규칙을 주지시키는 것이 무엇보다도 중요하다. 기본적으로 평가 내용에 대한 비밀보장의 문제가 포함되어야 하며, 그 밖에 비밀 혹은 가족상담 회기 외의 조정을 위해 접촉하는 것, 회기 내에 발생한 갈등을 해결하기 위한 부가적인 작업의 요구될 수 있는 것, 변화과정에 관여해 줄 것에 대한 동의 등이 포함된다. 특히 위기 상황에 직면한 가족의 경우에는 안전이나 우발적 사고에 대처하는 방법 등을 포함시켜야 한다. 가족에게 위기 상황이 발생했을 때 위기상황 자체를 덮어두거나 다른 가족구성원들에게 비밀로 하는 것보다 위기상황 자체에 대해 솔직하게 이야기를 나누고, 그러한 상황 자체를 개방적인 태도로 다루는 것이 오히려 가족역동을 긍정적으로 변화시킬 수 있다(McAdams & Foster, 2002).

4. 가족상담접근

개인상담과 가족상담 모두 인간행동에 대해 이해하고자 하는 목적을 가진 치료접근법이다. 두 상담접근법의 차이점은 개인상담이 개인이 두려움을 이기고 문제를 직면하는데 초점을 두어 좀 더 온전한 자기 자신이 되어가도록 돕는 데 목적을 두는 반면, 가족상담은 개인의 삶을 지배하는 힘이 외부에 존재한다고 믿고 가족체계가 변하면 각 구성원의 삶도 변화한다고 믿는다는 것이다. 즉, 가족의 변화는 곧 각 가족구성원들의 삶의 변화를 의미하며, 가족상담은 가족의 맥락 내에 있는 한 개인을 변화시키기 위한 상담방법이 아니라 전체 가족의 변화하도록 이끄는 역할을 한다.

그렇기 때문에 가족상담가들은 개인의 심리적 차원의 문제뿐만 아니라 그들이 처한 사회적 맥락까지 반드시 함께 고려할 것을 강조한다. 가족은 단순히 분리된 개인들의 집합이 아니며, 하나의 유기체적 체계이므로 가족을 무시한 채 개인을 이해한다는 것은 불가능하다. 이에 가족상담은 상담의 초점을 한 단위로서의 가족에 두고 한 가족 전체와 면담하여 가족의 역기능적 문제를 해결하기 위해 계획적인 개입을 시도하는 복잡하고 역동적인 상담과정이다.

즉, 가족상담은 전체 가족이 좀 더 만족스럽게 가족 전체와 각자의 기능과 역할을 수행할 수 있도록 상담이라는 긍정적인 경험을 통해 가족이 성장하는 것이다. 가족상담은 가족체계에 직접 개입하여 문제의 형태에 따라 감정표현을 격려하거나 부정적 감정이 표현되는 구성원을 보호하고, 가족구성원이 잘 적응하도록 새로운 방법을 제시하고, 가족 상호작용을 조정하는 기본규범을 강화시키는 등 가족의 상호작용 형태를 바람직한 방향으로 조정하는 것이다.

01 보웬의 체계적 가족상담

보웬(Bowen)의 가족상담에서는 개인의 문제행동이 개인의 내면적인 문제에서 발생하기보다 역기능적인 가족체계나 관계로부터 발생한다고 본다. 즉, 문제를 발현시키고 있는 개인도 그 가족 내에 문제가 있음을 나타내는 것일 뿐 항상 문제의 원인이나 치료의 대상이 되는 것은 아니기 때문에 개인의 문제를 효율적으로 다루기 위해서는 개인이 속한 가족체계 내에서 가족구성원의 자아분화수준과 가족체계를 이해하는 것이 중요함을 강조한다.

가족체계는 크게 가족의 응집력과 적응성의 차원으로 나누어 볼 수 있다.

① **응집력**

응집력은 가족구성원이 다른 구성원과 맺는 정서적 유대와 가족체계 내에서 한 개인이 경험하는 개별적 자율성의 정도를 말한다. 가족은 응집력의 정도에 따라 응집력이 가장 낮은 가족에서 높은 가족 순으로 유리된 가족, 분리된 가족, 연결된 가족, 속박된 가족으로 분류할 수 있다. 이 중 분리된 가족과 연결된 가족은 한 가족이 응집력의 차원에서 균형을 이루었다는 것을 나타내며, 유리된 가족과 속박된 가족은 극단적 차원에 있는 가족이라 할 수 있다.

② **적응성**

적응성은 가족체계가 상황적이고 발달적인 스트레스에 직면했을 때 가족의 권력구조, 역할관계, 관계규칙 등을 변화시킬 수 있는 능력을 의미한다. 가족은 적응성의 정도가 낮은 순서부터 경직된 가족, 구조화된 가족, 융통성 있는 가족, 혼돈된 가족의 4가지로 범주화할 수 있다. 이 중 구조화된 가족과 융통성 있는 가족은 균형을 이룬 가족이라 할 수 있으며, 경직된 가족과 혼돈된 가족은 극단적인 차원에 놓인 가족이라 할 수 있다.

가족이 응집력과 적응성의 차원에서 균형을 이룰 때 그 가족체계는 가족 내 상호작용의 여러 측면에서 건강하고 잘 기능하며, 더 효과적이고 구성원들이 최적으로 발달할 수 있는 반면, 불균형적인 가족체계는 가족문제를 일으키기 쉽고, 역기능적인 발달을 이룰 가능성이 높다.

가족은 독립적인 개인의 집합체가 아니라 감정적인 유대로 얽힌 감정체계이기 때문에 가족구성원들은 서로에 대해 정서적 반응행동(emotional reactivity)을 보인다. 보통 가족들이 감정을 잘 공유할수록 정서적 반응행동은 커지는데, 정서적 반응행동의 정도는 상대방과 관계를 맺으면서 조금씩 대화가 줄어드는 미묘한 정도부터 아주 큰 소리로 화를 내거나 물건을 부수는 행위 등을 하는 분명한 정서적 반응행동까지 다양할 수 있다. 정서적 반응행동을 많이 보이는 사람은 아직 자아분화가 덜 되어 있는 사람이고, 정서적 반응행동을 잘 보이지 않는 사람은 자아분화가 잘 된 사람일 수 있다.

자아분화란 정신 내적인 개념이자 대인관계적인 개념으로, 자신의 감정과 사고를 분리시킬 수 있는 능력을 의미하는데, 자아분화가 이루어진 사람은 자신과 타인 그리고 외부세계를 객관적으로 정확하게 지각하며, 대인관계에서도 정서적 융합을 이루지 않고 자주적이고 독립적인 입장을 취하고, 스트레스 상황에서도 효율적으로 대처할 뿐만 아니라 목표지향적 삶을 산다(Bowen, 1982). 그러나 자아분화가 이루어지지 못한 사람은 자기 자신과 외부세계를 지각하는 데 있어 객관성이 결여되고, 주관적인 감정과 객관적인 지각과정을 구별하지 못하고 본능적 충동에 따라 반응하며, 융통성이 부족하고 의존적이며 역기능적 행동을 나타내기 쉽기 때문에 가족이나 권위적인 인물들의 지시에 감정적으로 반응하지 못할 수 있다.

이러한 자아분화는 중요한 사람들과의 상호작용을 통해 이루어진 자아구조를 통해 이루어질 수 있는데, 이러한 자아구조는 아주 어린 시기에 대부분 완성되기 때문에 부모가 자녀를 잘 양육하면 건강한 자아구조를 형성하게 된다. 잘못 형성된 자아는 다른 사람들과의 관계에서 쉽게 변하지 않는 특성을 가진 진짜 자아와 다른 사람들과의 관계에서 쉽게 변하는 특성을 가진 가짜 자아로 나누어지는데, 진짜 자아가 많은 사람은 다른 사람들의 영향에 대해 감정반사행동을 적게 하는 반면, 가짜 자아가 많은 사람은 다른 사람들 행동이나 환경에 따라 정서적 반응행동을 많이 보이는 특성을 가진다.

미분화된 관계는 역기능적인 것으로 양자간 관계에서 나타나는 긴장과 갈등을 회피하고자 형성하는 삼각관계, 미분화된 부모와 자식 간에 정서적 혼합이 일어나는 핵가족 정서체계, 부모의 불안이 자녀에게 투사되는 가족투사과정, 가족의 정서적 과정이 세대를 걸쳐 전달되는 다세대 전이과정, 형제순위, 혼합이 심한 개인이 원가족과의 정서적 접촉을 피함으로써 긴장을 감소시키는 정서적 단절, 사회적으로 만연된 정서 및 가치가 가족의 기능에 부정적인 영향을 미치는 사회정서적 과정 등과 같은 관계 및 과정 속에서 발견된다.

보웬의 가족상담에서의 목표는 정서적 충동에 의한 반응의 유형을 의미하는 과정과 연결된 삼각관계 유형을 의미하는 구조에 초점을 두고 가족문제의 유형을 추적하는 것이다. 다시 말해 가족 내 불안을 감소시키고 자아분화를 촉진시켜 밀착된 가족을 탈삼각화 하는 것이다. 보웬은 가족 내에서 나타나고 있는 문제가 개인보다는 타인과의 관계에서의 변화를 통해 자아의 변화를 가져올 수 있다고 보기 때문에 체계를 변화시키고 가족구성원들이 높은 수준의 분화를 이루기 위해서 상담자가 가족 중의 두 사람과 새로운 삼각관계를 구성하고 두 사람 사이에서 중립을 지킴으로써 탈삼각화와 분화의 과정을 이루는 것으로 삼각관계를 수정해야 한다고 주장한다. 가족구성원들이 관계 속에서 발생한 불안을 다루는 방법을 알도록 돕기 위해 불안이 왜 발생했는지에 대한 가족체계에 대한 지식인 인지지도를 이해시킴으로써 체계 내에서 불안이 발생하는 과정을 이해하고 불안을 받아들이고, 효율적으로 처리하는 방법을 가르친다.

보웬은 가족상담과정에 기본적으로 가족 전체를 염두에 두어야 하지만 상담에 모든 가족구성원이 참여할 필요가 없다고 보았다. 보웬의 가족상담단계는 다음과 같이 나뉜다. 첫 번째 단계는 현재 가족이 가지고 있는 호소 문제를 핵가족 안에서 이해하고, 가족 내에서 나타나는 삼각관계와 그에 따른 다른 삼각관계들을 이해함으로써 전체가족의 배경을 이해하는 것이다. 특히 핵가족과 원가족의 관계를 이해하기 위한 가계도를 그려 봄으로써 가족이 가지고 있는 문제를 이해하고자 하며, 가족들과 함께 목표를 설정하여 가족들의 불안을 낮추는데 초점을 둔다. 두 번째 단계에서는 가족구성원들과 상담계획을 세우고, 변화가 일어나면서 나타날 다양한 정서적 반응행동들을 예상하고, 짐작한 정서적인 반응행동에 반응하는 방법을 연습하고, 변화가 일어나는 장면에 익숙해지도록 하고 실제의 변화과정을 경험해가면서 가족들이 감정체계를 다루고 변화되도록 돕는다. 세 번째 단계에는 가족구성원들이 적극적으로 가족을 변화시키는 상담의 대행자 역할을 하고, 상담자는 이 과정에서 조언자 역할만을 하며 구성원들 스스로가 가족들을 변화시키기 위해 계획을 세우고 예상을 하고, 연습한 다음 과정을 지켜보도록 돕는다.

보웬의 가족상담에서는 가계도를 그려봄으로써 가족의 역사를 조직화시키고, 정보를 수집하면서 가족체계 기능을 이해하고 가족 분화를 이끌 수 있는 이점을 가진다고 하였다. 또한 자신이 얽혀있는 삼각관계를 파악하고 탈삼각화 과정을 거치면서 자아분화를 이끌 수 있으며, 감정을 가라앉히고 정서적 반응에 의해 유발된 불안을 경감시키고 사고를 촉진하기 위한 과정질문을 통해 대인관계에 참여하는 방식을 이해하는 과정을 거치게 한다는 장점이 있다.

02 미누친의 구조적 가족상담

미누친(Minuchin)의 구조적 가족상담은 개인을 둘러싼 구조에 관심을 가진 상담자가 비교적 단시간에 가족의 문제점과 가족 특유의 양식을 파악하여 즉각적 개입과 행동을 통해 가족구조를 변화시키고자 하는 접근이다. 다시 말해, 가족구조가 변하면 동시에 가족지위가 변하여 결국 각 개인들의 경험도 변할 수밖에 없다고 보는 관점으로, 미누친은 환경의 변화가 한 개인의 지각을 변화시킬 만큼 중요한 영향을 미친다는 점을 강조하고 있다. 미누친이 창시한 구조적 가족상담의 기본적 구성요소로는 구조, 하위체계, 경계선 등이 있다.

① 가족구조

가족구성원의 상호작용 방식인 가족구조는 가족간의 상호교류가 반복되면서 그에 따른 기대를 만들어내고 이러한 기대가 지속적인 상호작용 유형을 형성하고 확립시킨다. 일단 가족 내에서 몇 가지의 상호작용 유형이 형성되면 가족구성원들은 다양한 행동들을 선택할 수 있음에도 불구하고 익숙한 소수의 행동만을 선택하게 된다. 가족 내 상호작용은 가족구조를 이해하는 실마리를 제공하는데, 가족 간 상호작용

형태를 살펴봄으로써 가족이 어떻게 조직되고 가족구조가 어떻게 유지되는지에 대한 정보를 얻을 수 있다. 가족 내 상호작용 유형 중 어느 하나를 변화시키는 것이 근본적인 가족구조에 영향을 미칠 수도 있고 아닐 수도 있지만, 기본적인 구조를 바꾸는 것은 가족 간의 상호작용에 파급효과를 가져올 수 있다.

② **하위체계**

가족구조는 다양한 기능을 수행하는 하위체계로 분화되는데, 모든 개인은 하나의 하위체계를 이루며, 세대, 성별, 공통관심사에 의해 결정된 또 다른 하위체계를 구성하게 된다. 가족구조는 가족 전체의 행동을 통제하고 지배하는 규칙들을 갖기도 하지만, 가족구성원들 중 일부에게만 적용되는 규칙들을 갖게 되기도 한다. 가족구성원들 일부에게만 규칙이 적용되는 체계를 하위체계라 하며, 이들은 일정한 규칙에 의해 상호작용을 하고 이를 통해 여러 가지 하위체계를 만들며, 각각의 하위체계들은 나름대로 고유한 규칙과 기능을 가지고 있다.

② **경계선**

경계선은 눈에 보이지는 않지만, 개인과 하위체계 사이 혹은 가족과 다른 가족 사이에 허용할 수 있는 접촉의 양과 종류에 따라 나뉘는 경계를 의미한다. 이 경계선이 명확한지, 밀착되어 있는지, 분리되어 있는지에 따라 하위체계 간의 상호작용은 모호한 경계선, 분명한 경계선, 경직된 경계선으로 나뉠 수 있다. 경계선은 위계와 거리를 조정하면서 가족, 개인, 하위체계의 자율성을 보호하는데, 경계가 너무 폐쇄된 경직된 경계선은 지나치게 엄격하고 바깥 하위체계들과의 접촉을 거의 허용하지 않기 때문에 분리된 관계를 초래하게 된다.

분리된 개인이나 하위체계들은 긍정적 측면에서 보면 자율성과 성장을 길러줄 수 있도록 독립적이기는 하지만, 고립된 특성을 갖는다. 반대로 경계가 너무 개방된 모호한 경계선을 가진 속박된 하위체계에서는 매우 높은 수준의 상호지지를 나타내기는 하지만, 구성원 개개인의 독립과 자율성이 손상되는 단점을 가진다. 모호한 경계를 가진 부모들은 사랑이 많고 사려깊은 특성을 가지며, 자녀들과 많은 시간을 보내고 자녀들을 위해 많은 것들을 제공해 주지만, 자녀들은 이러한 부모들에 의해 의존적 특성을 보이게 되며, 혼자 있는 것에 불편을 느끼고 가족 외부의 사람들과 관계를 맺는데 어려움을 가질 가능성이 높다. 분명한 경계선을 가진 가족은 가족구조 내의 위계질서를 잡아주어 부모의 권위가 존중받을 수 있도록 해주며, 자녀들도 부모와 의사소통을 원활하게 할 수 있고, 부부하위체계에 끼어들지 않게 해준다.

구조적 가족상담에서는 가족의 문제가 역기능적 가족구조에 의해 지속된다고 보기 때문에 가족구조를 변화시킴으로써 가족의 문제를 해결할 수 있다고 주장한다. 그렇기 때문에 가족 구조의 변화, 다시 말해 가족의 재구조화가 상담의 목표가 된다. 구조적 가족상담의 상담자는 가족구성원이 가족구조를 변화시킬 수 있도록 가족체계에 합류하여 경계선을 변화시키고 하위체계를 재배치하여 가족구성원 각각의 행동과 경험을 변화시키도록 도움으로써 지속적 구조변화의 결과로 증상이 해결되도록 돕는다. 가족의 구조를 바로 잡고, 가족들이 가지는 규칙을 이해하고 규칙을 재조정하고 유연하게 만듦으로써 가족의 경계선을 명료한 경계선으로 바로 잡게 되면 가족의 기능수준이 향상되고, 가족들간의 적절한 상호작용이 이루어질 수 있다.

구조적 가족상담은 가족이 호소하는 문제를 즉각적이고 구체적인 문제해결을 중심으로 개입하는 보다 문제해결적인 접근이라 할 수 있다. 이러한 구조적 가족상담방법은 첫째, 가족구성원들과 관계를 형성하기 위해 상담자가 기존의 가족구조에 합류하고, 둘째, 가족의 구조를 이해하기 위해 가족구성원들의 상호작용을 실연시켜 보고, 셋째, 가족의 구조를 변화시키기 위해 개입하는 세 단계로 크게 요약할 수 있다(Minuchin, 1974). 가족문제를 개인이나 외부 힘으로 정의하는 가족에게 상담자는 이를 가족구조의 기능문제로 재정의해 주고 상담면담 과정에서 실연화를 통해 가족문제에 대한 재조명이 일어나도록 돕고, 가족교류의 구조를 관찰하여 그 구조가 변화하도록 조력하는 것이 상담자의 역할이다.

03 사티어의 의사소통적 가족상담

사티어(Satir)는 가족의사소통에 초점을 두고 가족구성원이 더 솔직하고 효과적으로 의사소통하는 것을 배울 수 있도록 도왔다. 가족간의 활발한 상호작용은 대화에 있으며, 열린 체계에서의 가족간 대화는 분명하고 상대방을 쉽게 이해할 수 있는 반면, 닫힌 체계에서는 분명하지 않고 상대방을 혼란에 빠뜨리는 방식으로 대화가 진행될 수 있다.

자신이 느끼는 감정과 언어를 통해 전달되는 생각들을 일치된 상태로 상대방에게 잘 전달하는 대화를 사용하는 사람은 자신의 가치를 충분히 잘 느끼고 있는 사람들이라 할 수 있는데, 자기존중감이 높은 사람은 자신을 소중히 여기고, 다른 사람들을 존중과 사랑, 현실성을 가지고 대하며(Satir, 1988), 이들은 통합되고 정직하며 책임감이 높고 열정이 있으며 자신감을 갖고 자신과 타인을 사랑하는 사람이면서 어려운 상황에서 자신을 잘 지탱하고 극복하고, 주어진 상황에 적절하게 대처할 수 있는 사람이다. 이런 사람을 균형이 잘 잡힌 사람, 다시 말해 균형자라고 부르며, 균형자들은 언어와 행동이 일치되고 다른 사람들과 일치된 대화를 한다. 사티어는 가족이 제 기능을 다하지 못하는 요인은 폐쇄적인 가족체계를 유지하게 하는 가족규칙이나 의사소통상에 문제가 있다고 보았으며, 이에 사티어는 인간과 상담에 대해 다음과 같은 신념을 가지고 있다.

① 변화는 가능하다. 외부 환경의 변화가 제한되어 있을지라도 내적 변화는 가능하다.
② 인간은 본래 선하다. 자기가치를 깨닫고 인정하기 위해 자신의 내적보물을 찾아야 한다.
③ 인간은 성공적으로 대처하고 성장하는 데 필요한 내적 자원을 가지고 있다.
④ 상담은 병적인 것보다 건강함과 가능성에 초점을 두어야 한다.
⑤ 문제는 그 자체가 문제가 아니다. 대처하는 방법의 문제이다.
⑥ 대처방법은 자기가치의 수준을 드러낸다. 자기가치가 높을수록 대처하는 방법이 건강하다.

사티어는 역기능적인 가족은 역기능적 의사소통을 하기 때문이며, 역기능적 의사소통을 하는 개인은 자존감이 낮기 때문이라고 보았다. 그렇게 때문에 역기능적 의사소통과 규칙을 기능적으로 변화시키고 자기존중감을 증진시키는 것을 상담의 목표로 보았다. 가족 내에서의 의사소통을 관찰해보면 가족의 행동을 규정하고 제한하면서 가족생활을 이끌어가는 가족구성원의 역할, 행동 등과 같은 가족규칙이 드러나게 되는데, 이러한 가족규칙은 가족구성원 모두가 그 규칙을 의식하거나 아는 것이 아닐 수도 있고, 때로는 합의되지 않은 것도 있을 수 있다. 사티어는 이러한 가족규칙이 어떻게 만들어지고 어떻게 기능하는지 등을 통해서, 그리고 감정에 대한 표현이 나타나는 규칙에 대해 관심을 가지면서 건강하지 못한 가족은 개개인이 나쁜 특성을 가지고 있기 때문이 아니라 가족 내에 존재하는 규칙이 적절하지 못하기 때문이고, 비인간적인 삶을 살아가는 개인은 비인간적인 규칙에 복종하면서 살아가기 때문이라고 보았다. 또한 가족 내에서 보이는 역기능적인 의사소통이 역기능적인 가족을 야기한다고 주장하였는데, 의사소통은 크게 회유형, 산만형, 비난형, 초이성형, 일치형 등으로 분류할 수 있으며 다음과 같은 특징을 가진다(Nichols & Schwartz, 2001).

① **회유형**

자신이 느끼는 감정보다 타인이 화내지 않게 하기 위해 무슨 일이든 상관없이 기분을 맞춰주려고 애쓰고 사과하고 반대의사를 표시하지 않으며 비위를 맞추는 유형으로, 자기가치를 잃어가면서 아첨하고, 내면으로는 옳지 않다고 느끼면서도 겉으로는 거짓말을 한다.

② **비난형**

자신을 보호하기 위해 타인을 괴롭히고 무시하고 결점을 발견하려는 유형으로, 독재적이고 폭력적인 특성을 나타낸다. 자신이 중요하다는 것을 매사에 강조하고 싶어 하지만, 내면적으로는 외로운 실패자의 모습을 가진다. 낮은 자아존중감을 드러내면 자신이 죽을지도 모른다는 생각에 빠져 있으며 자신의 나약한 모습을 인정하지 못하고, 타인의 잘못만 캐내고 비난하지만, 결국 자신이 나약하고 도움이 필요한 사람임을 간접적으로 표현하게 된다.

③ **초이상형**

자기와 타인을 무시하고, 감정을 억제하고, 정확하고 지나치게 이성적이고, 실수를 피하기 위해 노력한다. 사람들로부터 자신을 멀리하고, 감정보다는 상황에 초점을 두고 상황만을 존중하면서 정보와 논리의 수준에서 이야기한다. 논리적인 것을 따지고 선호하며, 자신이 옳다는 것을 증명하기 위해 애쓰며, 추상적인 말을 사용하고, 강박적이고 원칙적이지만 매우 위축되어 있다. 겉으로는 차분하고 냉정하고 강한 사람처럼 보이지만, 내면의 상처를 받기 쉽다.

④ **산만형**

생각도 자주 바뀌고, 해동이나 말이 타인의 행동과 말과는 무관하며, 한꺼번에 많은 행동을 하려 한다. 상황이나 주제에 적절하게 반응하기 어려워하며, 난처할 때 농담을 하거나 딴전을 피운다. 고독과 무의미를 느끼고, 초점이 맞추어진 주제가 없어 말의 의미나 내용도 없이 혼자 바쁘고 산만한 특성을 보인다.

⑤ **일치형**

언어 · 비언어적 특성이 일치하고, 자기존중감이 높다. 원만하고 충만하며 생동감있고 기능적이고, 정직하고 책임감 있으며, 창의적이고 문제해결능력이 높다. 자신과 타인의 상황 모두를 존중하고 변화에 융통적이며, 자신이 하고 있는 일에 대해 알고 그 결과에 대해 받아들일 준비되어 있다.

의사소통적 가족상담의 상담자들은 가족구성원들이 어떤 경로를 통해 증상을 강화하고, 어떤 방식을 통해 역기능적 대화형태가 형성되고 고정되는가에 주목하여 이러한 경로와 방식들을 차단하거나 고정된 역기능적 의사소통을 기능적 의사소통방식으로 바꾸는 것을 목표로 한다. 즉, 가족구성원들이 보다 바람직한 의사소통기술을 습득할 수 있도록 도움으로써 자신이 느끼는 방식대로 표현하고 소통할 수 있게 한다. 이에 상담자는 가족구성원의 성장을 위해 다양한 기법을 능숙하게 적용할 수 있어야 하고, 객관적으로 좋은 의사소통의 모델이 될 수 있어야 한다. 내담자 가족이 과거에 자신과 타인에 대해 가졌던, 타인이 자신에 대해 가졌던 기대나 열망 등이 현재에도 해결되지 않은 부분이 무엇인지 탐색하고, 미해결된 과제를 지금, 여기에서 경험하도록 도움으로써 과거의 상처를 치유하고 성장할 수 있도록 돕는다.

16

위기상담

보통 사람들은 일상적으로 스트레스를 경험하며 살아간다. 스트레스에 직면하면 사람들은 흔히 자신이 사용해오던 효율적인 대처방식을 사용하여 스트레스 상황을 해결하고자 한다. 그러나 일상적인 문제해결 기술로는 해결하기 어려울 정도로 스트레스가 크거나, 스트레스가 축적되어서 상황에 대처하는 능력이 결핍될 때 사람들은 위기상황을 맞이하게 된다. 아동의 경우에도 누구나 일생을 살아가면서 위기를 경험할 수도 있고, 위기를 경험한 순간에는 자신이 흔히 사용하던 대처방식으로는 위기상황에 대처하는 것이 어렵다고 느낀다. 사람들마다 경험하는 생활사건은 서로 다르고, 개개인이 지각하는 스트레스의 크기 및 스트레스에 반응하는 대처방식이나 태도가 서로 다르기 때문에 이러한 위기는 객관적인 기준을 가지고 사람들에게 적용되는 것이 아니라, 개인이 주관적으로 상황을 어떻게 지각하고 있느냐에 따라 위기가 될 수도, 위기가 되지 않을 수도 있다.

1. 위기의 개념

01 정 의

위기라는 용어의 어원은 그리스어의 krisis로 결정 혹은 전환점이라는 의미를 내포하고 있으며, 한자로 위기(危機)는 위험과 기회라는 의미를 모두 포함하고 있다. 위기의 사전적 의미는 '인간생활에 있어서의 상태의 급격한 변화', '결정적인 순간', '불안정한 중대한 시기' 등으로 정의되어 있다.

위기는 일반적으로 스트레스의 일환으로 볼 수 있다. 스트레스 상황에서 문제가 해결되지 못하여 소진상태가 되면 위기로 전환된다. 위기에 처한 개인은 하나의 전환점에 직면하게 되는데, 지금까지 자신이 흔히 사용해 온 대처방법으로는 쉽게 해결할 수 없는 문제에 맞딱드리게 된 것이다. 위기상황은 갑작스럽게 발생하여 즉각적인 행동이 요구되는 응급상황보다는 덜 갑작스럽고 덜 위급한 상황으로, 즉각적인 조치가 취해지지 않을 경우 응급상황에 직면하게 될 수도 있다. 위기상황에 이르면 긴장과 불안이 높아지고, 해결책을 찾으려는 능력이 저하되며, 무력감이나 심한 정서적 혼란상태에 빠져 자신의 문제를 스스로 해결할 수 없다고 생각하는 상태에 이르게 된다.

다시 말해서 위기는 중요한 인생의 과정에 장애가 나타나서 그것이 일반적인 문제해결방법으로 해결되지 않을 때 유발되는 것으로, 상황에 대해 생각하고, 계획하고, 효과적으로 대처하는 개인의 능력에 부정적으로 영향을 미치는 심각한 스트레스의 일종이다(Allan & Anderson, 1986). 이러한 위기는 보통 6~8주간 계속되다가 완화되는 기간의 제한성이 있기는 하지만, 오랜 기간 조정되므로 대응기술의 변화로 인해 다시 위기에 처할 때 영향을 받게 된다.

개인이 처한 스트레스가 위기인지 아닌지 여부를 임상적으로 판단할 수 있는 근거로 다음과 같은 위기 개념에 관한 다섯 가지 요인을 생각해볼 수 있다. 첫째, 본인이 인지하건 못하건 간에 어떤 위협을 주는 사건이 존재하는지의 여부, 둘째, 혼란한 상태가 급속하게 진전되는지의 여부, 셋째, 내면적 불안이 존재하는지의 여부, 넷째, 위기에 의해 희생된 사람의 행동에 혼란이 있음을 외부적으로 관찰할 수 있는지의 여부, 다섯째, 갈등해결의 급진전이 일어나는지의 여부 등이다.

이러한 측면에서 보면 위기는 개인이 일상생활을 하는 데 있어서의 안정상태에 혼란을 일으켜 당황하게 하고, 개인으로 하여금 자포자기나 정신적 충격, 장애 등을 유발할 수 있는 중대한 국면을 야기하기 때문에 위험을 내포하고 있는 개념이 될 수 있다. 그러나 한편으로는 위기에 처한 개인이 이전에 사용해온 대처방식들이 더 이상 유효하지 않다는 것을 자각하고 인식하는 계기가 되어 새로운 대처방식이나 문제해결방식을 모색하고 학습한다는 계기가 될 수 있다는 측면에서 전환점이 될 수도 있다.

02 특 성

위기는 보통 다음과 같은 특성을 가진다. 첫째, 위기는 무한히 지속되는 것이 아니라 일반적으로 유한적인 특성을 가진다. 위기를 경험하는 개인이 최고의 대응수준을 발휘하든 최저의 대응수준의 발휘하건 간에 보통 6주 내에 결과적으로 해결이 이루어지게 되므로 단기적이고 집중적인 개입이 필요하다. 둘째, 위기는 병리적인 행동이나 증상과 매우 유사한 특성을 보이지만, 그 진행과정이나 구조적인 면을 살펴볼 때 병리적인 증상이라기보다는 곤란한 사건에 대한 개인 혹은 가족들의 반응양식이라고 할 수 있다. 셋째, 위기는 발생에서부터 회복에 이르기까지 확인할 수 있는 일정한 단계와 과정이 있기 때문에 예방활동과 중재활동을 준비하는 것이 가능하다. 넷째, 위기상태는 불안정한 시기이고 변화하기 쉬운 상태이기 때문에 그 해결이 적응적일수도, 비적응적일수도 있다. 또한 위기를 경험하는 개인은 위기가 진행되는 중에 타인의 도움이 절실하게 필요하다고 생각하여 도움을 요청하는 횟수나 강도가 증가하게 되고, 사소한 것일지라도 타인으로부터 받는 다양한 지지나 피드백에 매우 민감해지기 때문에 상담의 효과가 극대화될 수도 있다. 다섯째, 위기는 인간을 성장과 발전으로 이르게 하는 좋은 기회가 될 수 있다. 그동안 개인에게 잠재되어 있던 심층적인 문제가 위기상황에서 현재화되어 이전에 가지고 있던 갈등을 처리할 수 있는 기회가 될 수도 있다. 한편으로는 현재의 위기를 극복하기 위해 새로운 문제해결방법이나 대처방법을 사용함으로써 새로운 학습체험을 하게 되고, 이로 인해 앞으로 발생될 위기에 보다 잘 대처하고 갈등처리와 새로운 학습기회를 통해 성장과 발달에 이를 기회를 갖게 된다.

03 유형

위기의 유형은 학자들에 따라 달리 분류되지만, 일반적으로 발달적 위기와 상황적 위기로 나누어 설명할 수 있다.

발달적 위기는 성장 · 발달하는 과정 중에 일어나는 것으로, 개인의 성숙에 대한 결과로 발생한다. 이 위기는 신체적 · 정신적 성장발달 과정 중 일어나는 예견된 위기로, 모든 아동들이 정상적으로 발달하는 과정에서 발달적 위기를 경험하게 되며, 이 발달적 위기의 극복여부에 따라 정서적인 안녕 상태에 영향을 미치게 된다. 보통 개인이 성장하면서 경험하는 발달적 위기로는 출생, 젖떼기, 배변훈련, 오이디푸스 콤플렉스, 입학, 청소년기, 직업 선택, 가정을 떠나는 것, 학교 졸업, 약혼, 결혼, 임신, 부모됨, 중년기의 위기, 부모상실, 폐경, 퇴직, 배우자의 사망, 친구의 사망 등이 있다.

상황적 위기는 크게 환경에 관련된 위기와 우발적 위기로 나누어 볼 수 있다. 환경에 관련된 위기는 모든 사람에게서 보편적으로 일어나는 위기상황은 아니지만, 빈번하게 발생될 수 있는 문제들이다. 예를 들어, 부모와의 사별, 부모의 이혼, 성폭력, 학대, 장애나 질병, 이사 등과 같은 대인관계적 혹은 상황적인 위기들이 포함된다. 우발적 위기는 미리 예측할 수 없는 홍수, 화재, 폭풍 등과 같은 자연재해나 전쟁, 사회의 경제적 위기, 재난 등과 같은 사건들을 포함한다.

04 단 계

스트레스 상황이 사람들은 다음과 같은 단계를 거치게 된다.

감당하기 어려운 사건이 발생하면 처음에는 긴장이 증가하고, 불안이 증가하면서 평소 친숙하게 사용하던 문제해결방법을 사용하여 정서적 균형감각을 유지하고자 한다. 그러나 문제해결방법이 실패하게 되면 스트레스가 보다 증가하게 된다. 이 상태가 두 번째 단계로 아직 위기 단계에 속하지는 않지만 불편감을 계속 경험하게 되고 혼란을 느끼며 더 나은 해결방법을 찾게 된다. 계속 스트레스에 대한 해결방법이 실패하면 세 번째 단계에 이르게 되는데, 이 단계에서는 응급방법에 대한 대처방식들이 동원되고 문제해결을 포기함으로써 정서적인 균형을 유지하고 긴장을 감소시키고자 노력하게 된다. 그러나 세 번째 단계마저 실패하게 되면 긴장수준이 계속 증가하게 되고 마침내 네 번째 단계에는 인격이 혼란되고, 무력감을 느끼고, 인지적 혼돈을 경험하게 되어 정상 상태가 깨어지는 지점에 이르게 된다.

이렇게 위기상태에 이르게 되면 사람들은 일반적으로 위기에 적응하기 위해 다음과 같은 단계를 거치게 된다.

(1) 사람들은 위기에 처하면 충격으로 인해 일단 우울상태가 된다

자존심이 위협당하고 사고와 행동이 분열된다. 계획을 세우거나 논리적인 이유를 대거나 상황을 이해하는 능력이 저하되며, 신체적인 질환으로 고생을 하기도 하고, 사회적으로도 적절히 기능하지 못하고 위축된다. 보통 이 단계는 1~2일 정도로 끝나게 되며, 자신을 인식하게 되고 무슨 일이 일어나고 있는지 타인으로부터 듣게 되면서 두 번째 단계인 방어적 후퇴를 통해 적응하게 된다.

(2) 이전에 성공적으로 적응했거나 문제가 잘 해결되었던 방법들을 이용하기 위해 노력한다

그렇지만 긴장과 불편이 쉽게 줄어들지 않고 상황이 나아지지 않는다. 점차적으로 당황하고 자신을 쓸모없게 느끼기도 하며 처음에는 그 문제에 직접적으로 접근하기 위해 노력하지만 행동에 옮겨지지는 않는다. 이에 흔히 비현실적인 방법으로 문제를 회피하거나 타인의 도움을 얻고자 하며, 현실을 부정하고 환상에 빠지기도 한다. 또한 위기상황 자체에 무관심해지거나 오히려 기분이 상승하기도 한다. 이 시기 동안에는 보통 부정, 합리화, 투사 등의 방어기제를 사용함으로써 고통스러운 상황으로부터 자신을 보호하고자 하는데, 이 단계에서 위기에 대처하지 못하고 실패하면 불안과 왜곡현상이 증가된다.

(3) 그 상황의 객관적인 현실을 깨닫게 되면서 긴장과 불안이 다시 상승하고 현실이 가혹하게 지각되는 승인단계이다

이 시기 동안에 내적 · 외적 자원을 동원하여 새로운 방법으로 문제를 해결하거나 이전 방법으로 해결할 수 있는지를 위해 그 위협을 재정리하게 된다. 또한 문제를 좀 더 잘 해결하기 위해 전문가의 도움을 구하기도 한다. 만일 이 시기에 새로운 방법이건, 이전 방법이건 간에 문제해결방법이 적용되어 효과가 있으면 4단계로 넘어가 위기가 해결된다.

(4) 위기상황을 긍정적인 면으로 인정하여 이전의 자아는 버리고 새로운 자아로 통합되는 시기이다

바람직한 문제해결이 일어나게 되고, 위기사건에 대한 감정을 표현할 수 있게 된다. 새로운 가치관을 받아들이고, 정체감이 확고해지며, 불안이 점차 감소된다. 자신의 적절한 자원과 능력을 이용하여 사고와 계획을 조직하고 신체적으로는 쾌적한 상태에서 기능하게 된다. 더불어 사회적으로 자신의 지위와 역할을 회복하고 적응하기 위해 자신의 행동을 재구조화하고 이를 통해 유사한 위기를 피할 수 있게 되고 이전보다 더 성숙되고 적응을 잘하게 되며, 새로운 적응기제도 배우게 된다.

문제해결이 비효율적으로 되거나 위기상태에 대한 감정표현이 부족하게 되면 문제가 억압되고, 계속 해결되지 못한 채로 위기를 부정하게 되면 신경증이나 정신증, 사회적 부적응행동 등이 일어날 수 있다. 이로 인해 기질적 · 병리적 변화가 나타나기도 하고, 격리감, 무가치감, 절망감, 죄책감 등의 감정과 더불어 자살시도나 술이나 약물 남용 등의 특성들이 나타날 수도 있다.

위기는 위험을 내포하고 있는 현상이기는 하지만, 다른 한편으로는 성장의 가능성도 내포하고 있다. 개인이 위기를 경험하게 되었을 때 적절하게 대응하지 못하면 회피하고, 갈등하고, 무력해지고, 절망감을 느끼는 등과 같은 부적응적인 상태에 이르게 되지만, 반대로 위기라는 불안정한 상태에 적절하게 대응하면 개인은 자신의 대처방식이나 대처기술을 보다 증진시키고 성장하는 기회를 갖게 된다.

2. 위기상담

01 위기평가와 위기중재

위기상황을 경험하는 내담아동을 면접하는 과정에서 위기에 대한 평가를 하게 된다. 위기 후에 일어나는 평가는 위기중재자의 능력에 따라 그 내용이 풍부할 수도, 그렇지 않을 수도 있다. 보통 위기피해자인 내담자의 특성에 따라 위기에 대한 인식이나 위기에 적응하는 방식이 다를 수 있음을 이해해야 하며, 위기를 경험한 내담자의 가족이나 친구들로부터 위기상황에 대한 정보나 위기 이전의 내담자의 일반적인 특성들, 성격, 대처방식 등에 대한 자료를 수집해야 할 필요가 있다.

흔히 위기 후에 나타나는 인지, 정서, 행동반응은 다음과 같다.

① 인지상태 : 인지적 혼란, 주의력 및 집중력 결핍, 신뢰감 상실, 결정능력의 부족, 감각 혹은 지각의 왜곡, 정보처리의 어려움, 흑백논리나 경직된 사고 등

② 정서상태 : 불안, 부정, 불편감, 피로, 불확실감, 공포, 우울, 무력감, 두려움, 혐오감, 죄책감, 조절능력 상실, 비애, 격노, 좌절, 부적절감, 분노, 안절부절함 등

③ 행동상태 : 위축, 수면장애(수면량 감소 혹은 증가), 화내고 소리 지름, 식욕변화, 피로감의 누적, 안절부절한 행동, 분노표출, 퇴행적 행동, 학업수행능력 감소, 히스테리성 반응, 무반응적 행동, 자신 혹은 타인에 대한 폭력, 자살시도 등

④ 신체상태 : 자율신경계의 흥분, 혈압상승, 숨가쁨, 현기증, 긴장성 두통이나 편두통, 소화기 궤양 등

흔히 위기상담이 이루어지기 전 위기중재가 이루어져야 한다. 위기중재란 위기가 발생된 후 즉시 발생된 문제를 다루는 방법을 의미하며, 위기상담은 위기중재 후에 이루어지는, 보다 재활적인 의미의 상담을 말한다.

위기중재가 효과적으로 이루어지기 위해서는 무엇보다도 위기가 발생된 후 즉시 위기를 다루어야 하며, 상황을 평가하고, 평가 후 위기상황을 어떻게 관리할 것인지 결정을 한 후 가능한 도움을 줄 수 있는 많은 사람들에게 의뢰를 하여 빠른 시간 내에 문제가 해결될 수 있도록 도와야 한다. 이 과정이 끝나고 나면 추후관리를 통해 위기피해자가 의뢰기관을 잘 이용하고 있는지도 확인한다. 위기중재는 위기가 발생된 후에 즉각적인 평가와 다양한 자원을 이용한 도움을 통해 빠른 해결을 이끌어낼 수 있다는 장점이 있는 반면, 가끔 문제가 완전하게 해결되지 못하고 위기피해자가 희생되는 경우도 있다는 단점이 있다.

02 특 징

위기상담은 일반상담과는 다른 특성을 가진다. 일반상담이 오랫동안 지속된 개인 내적인 갈등을 해결하고 장기적인 성장을 이루도록 돕는 것에 목표를 두는 것과는 달리 위기상담은 내담자가 당면한 문제를 해결하고 심리적인 평형상태와 위기 이전의 기능수준으로 회복하도록 돕는 것에 목표를 둔다. 그렇기 때문에 위기상담에서는 내담자의 말과 비언어적인 단서를 통해 문제상황 및 내담자의 대처능력에 관한 신속한 평가와 진단이 요구된다. 또한 위기상황으로 인해 내담자가 겪고 있는 다양한 증상을 완화시키기 위해 현재 내담자가 가장 힘들어하는 부분에 초점을 두고 단기 상담기법을 활용한 개입으로써 외상을 즉각적으로 통제하고 다스릴 수 있도록 돕는다. 위기상담이 효과적이었는지를 알아보기 위해서는 내담자가 위기를 경험하기 이전의 상태로 회복되었는지를 알아보는 것이 될 수 있다.

03 과 정

위기상담의 목표는 첫째, 내담자의 긴장을 포함한 다양한 심리적 증상 및 고통의 해소이고, 둘째, 내담자가 더 이상 혼란을 겪지 않도록 과거의 정상적인 상태를 회복할 수 있는 적응수행능력의 회복이고, 셋째, 내담자에게 위기의식을 촉발한 환경적 요인에 대해 이해를 하도록 만드는 것이다.

위기상담의 과정에 대해서는 학자들마다 견해를 가지고 있지만, 보통은 위기를 경험한 내담자의 상태를 파악하고, 계획을 수립하여 실행하도록 돕고, 개입활동을 전개하여 위기사례를 종결하는 내용을 포함하고 있다. 위기상담의 단계에 따른 활동내용을 살펴보면 다음과 같다.

첫 단계에서는 내담자의 관점에서 문제를 규정하고, 내담자의 말을 경청하면서 위기상황에 대해 이해를 한다. 두 번째 단계에서는 내담자의 안전을 확보하여 내담자 자신과 주변 사람들이 입을 수도 있는 신체적 · 심리적 손상을 최소화하도록 돕는다. 세 번째 단계에서는 내담자로 하여금 자신을 염려하고 도와주고 싶어하는 사람이 있다는 느낌을 갖도록 돕기 위해 무조건적으로, 긍정적으로, 있는 그대로 내담자를 받아 주도록 한다. 네 번째 단계에서는 내담자를 지지해 줄 수 있는 환경적인 자원과 내담자의 대처방식을 긍정적이고 건설적인 사고방식의 차원에서 검토하여야 한다. 다섯 번째 단계에서는 내담자에게 즉각적인 지지를 제공해 줄 수 있는 사람을 포함시키고 내담자에게 대처방식이 될 수 있는 행동이나 조치들을 제공해 준다. 여섯 번째 단계에서는 내담자가 상담자와 함께 수립한 계획을 정리 · 요약하면서 다짐을 얻어낸다.

(1) 위기상담에서의 평가

위기상담에서 내담자를 평가하기 위해서는 먼저 위기의 심각성, 내담자의 현재 정서 상태, 활용가능한 대안 및 방어기제, 자신 및 타인에 대한 피해 가능성을 검토해야 한다. 위기상담시 평가해야 할 내용들은 다음과 같다.

① 위기사건에 대한 평가

· 위기사건이 발생한 시간과 장소 파악
· 문제상황과 관련된 사람들간의 관계 이해
· 위기사건에 관련된 감정적인 반응
· 내담자의 심리적 욕구 파악

② 현재 대처반응에 대한 평가

· 부적응적 대처반응을 통해 내담자가 얻는 이득 검토
· 적응적인 대처반응의 파악과 분석

③ 위기상황 이전의 내담자의 기능 수준 평가

· 내담자의 대처행동의 내용과 특성
· 내담자의 정서적 특성과 의사소통 기술
· 내담자가 가진 사회적 지지체계
· 내담자의 장점과 단점
· 내담자 자신이 보고하는 성격특성

④ 내담자 평가에 관련된 영역

· 자살동기 및 성향에 대한 평가
· 복용하고 있는 약물
· 최근의 병력
· 현재의 건강상태(인지/현실검증력/지각/충동통제/사고과정)

⑤ 위기상황에서의 평가체크리스트

위기와 위기유발사건/지각/정서적 상태/행동/내부자원과 위기발생 이전의 기능수준/외적자원/동기/위기에 파괴적으로 반응할 가능성/면접시 내담자의 정신상태

(2) 위기개입기술

위기에 처한 내담자의 정서적 상태나 행동을 변화시키거나 그것에 영향을 주기 위해 상담자는 의도적으로 위기개입기술을 사용해야 한다. 많은 상담자들은 위기를 하나의 질병이나 증상으로 보고 그 원인을 찾아야 한다는 오류를 범하기 쉬운데, 위기는 질병이나 증상이라기보다는 문제행동 또는 위기에 처한 행동을 의미하므로 위기개입을 위해서는

장기적인 통찰지향적 접근보다는 문제해결적 접근을 사용하는 것이 바람직하다. 또한 위기상담은 아동의 성격변화와 같은 아동의 내적변화를 이끄는 것에 목적을 두지 않기 때문에 위기개입을 할 때에는 장기적이고 포괄적인 개입이 요구되지 않으며, 무엇보다도 위기행동과 관련된 위험 요인들을 모두 고려하는 것이 필요하다.

3. 아동들을 위한 위기상담

01 이혼가정 아동을 위한 위기상담

(1) 이혼가정 아동의 특징

부모의 이혼을 경험하면서 아동들은 다양한 심리적 · 사회적 · 경제적 · 법적으로 영향을 받게 된다. 부모가 이혼을 하게 되면서 아동은 그동안 함께 지내온 부모와 헤어져 살게 되고, 때로는 부모가 아닌 사람과 지내게 되거나, 지금까지와는 전혀 다른 환경 속에서 새로운 관계를 맺으면서 적응해가야 한다. 가족형태와 부모의 양육방식, 경제적인 환경, 학교환경 등이 변화하는 것과 같은 생활변화들은 아동들에게 긍정적인 감정을 유발시키기도 하고 부정적인 감정을 유발시키기도 하며, 때때로 부모의 이혼으로 인해 아동들은 이전에 비해 많은 책임감이나 스트레스를 경험하게 된다.

구체적으로 이혼가정 아동들이 경험하는 생활에서의 다양한 변화 중 대표적인 것은 부모의 감독이나 보호 없이 혼자 보내는 시간이 많아진다는 점이다. 또한 부모에 대한 신뢰감이 줄어들고, 부모가 겪을 슬픔을 걱정하기도 하며, 양쪽 부모에 대한 공정하고 객관적인 태도와 충성심이 중요한 문제로 대두된다. 더불어 학교생활에서 공격적이고 미성숙한 방법으로 교사를 자극하고, 또래를 괴롭히는 행동이나 지나치게 성숙한 태도를 보이고, 우울하고 고립된 행동을 보이기도 한다.

대체로 부모가 이혼을 하면 아동들은 초기에 부모의 이혼을 마치 부모의 죽음만큼이나 슬퍼한다. 비록 아동들마다 똑같은 반응을 보이는 것은 아니지만, 발달수준에 따라 일정한 유형의 반응을 나타낸다(Wallerstein, 1980). 유아들은 대부분 큰 스트레스 징후를 보이며, 울거나 고집을 부리고, 잠을 잘 자지 못하고, 다른 아동을 때리거나, 부모의 이혼을 자기 탓으로 돌리며, 공격적인 성향을 보이거나, 신체적인 접촉을 갈망하는 등의 퇴행 경향을 나타낸다. 유아들은 인지적으로 덜 성숙하여 아직 상황에 대한 인식이 부족하고, 이로 인해 더 두려움이 많아지고 불안이나 악몽에 시달리기도 한다. 소름끼칠 만큼 정교한 내용의 공상을 장황하게 이야기하기도 하는데, 부모가 이혼상황이나 새로운 생활방식에 대한 설명을 적게 할수록 공상은 더 커질 수 있다.

10세 이하의 학동기 아동들은 부모의 이혼에 대한 슬픔을 직접적으로 표현한다. 뚜렷하게 공상을 보이지는 않지만, 과장된 두려움을 나타내기도 한다. 보통 이 시기 아동들이 나타내는 두려움은 대부분 낯선 사람들과 함께 살게 되지 않을까 하는 것이며, 헤어져 살고 있는 부모를 그리워하기도 하며, 어머니에게 몹시 화를 내거나 장래를 걱정하기도 한다.

10세 이상의 학동기 아동들은 부모의 이혼에 대해 좀 더 침착하고 분명한 반응을 보인다. 갈등이 있는 익숙해지기 위해 적극적으로 노력하고 다른 사람들에게 도움을 요청한다. 그러나 여전히 마음 속에는 부모의 이혼 사실을 부인하는 마음과 상심하는 마음이 공존한다. 격렬한 행동과 허세부리기, 용기 있는 행동적 특성을 통해 자신의 무력함을 잊으려고 하는 한편, 도둑질을 하거나, 이혼을 자녀의 탓으로 돌리는 부모에게 화를 내고, 거짓말을 하거나, 복통이나 두통과 같은 신체증상으로 분노를 표현하기도 한다.

청소년기가 되면 아동들은 빨리 성인이 되어 독립하리라는 기대를 하게 되고, 부모의 훈육이나 통제가 부족한 틈을 타서 비행에 빠지게 될 가능성이 높다. 또한 인간관계에 대한 환멸과 더불어 성적 존재로서의 자신의 능력과 이후 결혼생활에 대한 의구심으로 혼란스러움을 경험한다. 그러나 한편으로는 부모가 헤어지는 것을 통해 더 이상 싸우거나 다투는 것을 보지 않아도 된다는 것에 대해 안도감을 느끼기도 한다.

이혼에 대한 반응은 발달단계에 따라 조금씩 다른 차이를 보이지만, 일반적으로 생물학적인 연령보다는 발달연령의 영향을 받는다. 정서적으로 문제가 있고 미성숙한 아동들일수록 퇴행이 심하고 더 강한 정서반응을 보이는 반면, 좀 더 성숙한 아동들은 퇴행반응이 심하지 않고, 성인과 같이 슬퍼하는 반응을 보이기도 한다.

또한 부모의 이혼을 경험한 아동이 적응해나가는 데 있어 아동의 연령뿐만 아니라 부모의 태도나 사회적 지지의 정도, 아동의 성별, 이혼을 경험한 시기, 양육을 담당한 부모의 성별, 아동의 기질 등 다양한 요인에 따라 그 영향이 다를 수도 있으므로 이러한 상황을 고려하여 적절한 상담을 제공해야 한다.

(2) 이혼가정 아동들을 위한 상담

이혼과 관련한 아동들을 상담할 때에는 아동들이 경험하는 감정이나 생각들을 조심스럽게 평가해야 할 필요가 있다. 이혼가정 아동의 심리적 · 정서적 위기를 극복하기 위해서는 다음의 여섯 가지 과업을 성취해야 한다(Wallerstein, 1983).

첫째, 가족해체의 현실을 인정해야 한다. 이혼가정 아동이 제일 먼저 극복해야 할 과제 중 하나는 부모의 부부관계가 붕괴되었다는 현실을 받아들이고 가족 구조 및 가정생활의 변화를 이해하는 것이다. 어린 아동들은 부모로부터 자신이 버려졌다고 느끼거나 가족이 처한 현재의 상황을 부인하려 하는 특성을 보이며, 때때로 공포스러운 공상에 빠지기도 한다. 그러나 아동들이 이러한 감정에 압도되어 환상에 빠지거나 퇴행하는 것을 막기 위해서는 아동들로 하여금 이혼상황에서 느껴지는 다양한 감정들에 대해 자유롭게 이야기할 수 있도록 도와 주면서 상황에 직면하도록 돕는 것이 바람직하다. 이혼에 대한 아동의 이해는 아동의 연령이나 욕구, 갈등, 바람뿐만 아니라 개인차가 있는 많은 요인들에 의해 형성되기 때문에, 아동의 발달수준에 맞춰 현실적인 변화를 수용하도록 돕는 것이 필요하다. 무엇보다도 부모는 자녀들이 겪을 수 있는 다양한 혼란스러움을 이해해 주고, 자녀들이 이러한 상황을 보다 잘 인식할 수 있도록 이혼이나 이혼으로 야기되는 상황을 정확하고 세심하게 이야기해 주고, 자녀의 감정을 잘 받아주는 등과 같은 지지를 충분히 해주어야 한다.

둘째, 학교나 또래 관계에서 하던 일상적인 활동이나 관계를 유지하면서 부모의 갈등과 고통에서 벗어나 일상의 적응기능을 회복해야 한다. 가족은 끊임없는 상호작용을 주고받는 체계이기 때문에 부모들 사이에 갈등이 있을 때는 그 갈등이 자녀들에게 그대로 전해지게 된다. 이렇게 부모가 고통 받고 우울하고 가정이 혼란스러울 때에는 부모로부터 어느 정도 심리적인 거리를 유지하는 것이 필요하다. 이를 통해 아동들이 평소 부모들이 보여주던 갈등이나 고통으로부터 벗어나 학교생활, 교우관계, 외부활동 등과 같은 일상적인 생활로 돌아오도록 도와야 한다.

셋째, 상실감을 극복해야 한다. 부모의 이혼을 통해 아동들은 한쪽 혹은 양쪽 부모와 헤어지게 되면서 상실감을 경험하게 된다. 또한 친밀했던 가족들과 헤어지게 되고, 친숙했던 일상적인 일이나 흥미있는 활동들, 이웃과의 이별, 전학 등을 경험하게 된다. 아동들은 헤어진 부모로부터 버림받았다는 감정으로 인해 자신이 사랑받지 못할 무가치한 존재라고 생각하기도 한다. 아동들은 한쪽 부모와 밀착되는 것은 다른 부모에 대한 충성스럽지 못한 행동이라고 여겨 한쪽 부모를 선택한다는 것이 다른 부모에 대한 배신이라고 생각하기도 한다.

넷째, 부모에 대한 분노의 감정과 자책감을 극복해야 한다. 아동들은 부모의 이혼을 불가피한 것으로 받아들이기보다 부모 중 누군가가 혹은 부모 모두가 결혼생활을 지속하길 원하지 않거나 포기하는 것이라고 생각한다. 아동들은 부모 중 누군가 혹은 부모 모두의 잘못으로 인해 이혼을 하게 되었다고 생각하여 부모에 대해 분노하고 질책하게 된다. 또한 아동은 자신이 부모의 이혼으로 인해 버려졌다고 생각하고, 그것이 자신의 문제 때문이라고 생각하기도 하여 자신에게 분노를 느끼는 경우가 많다. 아동들은 부모의 이혼 후에 이혼 상황에 대한 이야기를 해주고 상실감을 다루기 위한 정서적인 위안을 해주지 않는 무반응적이거나 무관심한 부모에 대해서는 특히 분노를 더 많이 느끼게 된다.

다섯째, 이혼은 영속적인 것임을 수용해야 한다. 아동들은 부모들이 이혼을 하고 난 후에 언젠가 부모들이 재결합하리라는 환상을 가지기도 하는데, 이러한 환상은 종종 부모가 재혼을 한 이후까지도 지속되는 경우가 많다. 부모가 사별한 경우와는 달리, 부모가 아직 살아있기 때문에 언젠가 부모가 재결합하리라는 희망과 원가족들이 다시 모이게 될 것이라는 희망은 오랫동안 지속될 수 있다.

여섯째, 대인관계에 대한 현실적 소망을 가져야 한다. 이혼가정의 아동들은 사람들과 관계를 맺는 데 실패할 수도 있고, 성공할 수 있다는 사실을 받아들이기보다는 대인관계에 대한 불안이나 두려움, 분노, 슬픔 등의 정서를 가지고 있다. 아동 스스로가 자신을 사랑하고 가치 있다고 느낄 수 있도록 도와야 한다.

이혼가정 아동들을 위해 놀이치료나 미술치료와 같은 다양한 방법의 상담이 이루어질 수 있지만, 같은 어려움을 겪고 있는 아동들을 위한 집단 프로그램이 매우 효과적일 수 있다. 이혼가정 아동들을 위한 집단 프로그램들과 그 특징을 살펴보면 아래와 같다.

표 16-1 ● 이혼가정 아동들을 위한 집단프로그램의 구성요소들

	구성내용	특 성
발달촉진 집단프로그램 (DFGP: Developmental Facilitation Group Program)	• 집단소개 • 이혼에 관해 부모와 대화 • 이혼에 대한 대화 • 양육 • 친교 • 재혼과 계부모 • 이혼신문 만들기 • 종결	• Kalter 등(1984)에 의해 고안된 초등학교 이혼가정 아동을 위한 프로그램 • 10~12세 아동 대상 • 8회기(각 60분)
이혼가정 아동개입 프로그램(CODIP: Children of Divorce Intervention Program)	• 이혼에 대한 이해 – 이혼관련 감정 및 경험 공유 – 이혼 개념 명료화 • 분노다루기 – 분노 원인 이해 – 분노 조절력 신장 방법 숙달 • 가족구조 변화 대처 – 이혼의 영향 이해 – 상황 변화 대처 전략 명료화 – 부모와 의사소통 증진 • 사회적 문제해결력 신장 – 대인관계 문제해결 능력 신장 – 문제해결 절차 숙지	• Alpert-Gills, Pedro-Carroll 그리고 Cowen(1989)이 기존의 이혼가정 아동을 위한 개입 프로그램을 보완하여 구체화함

표 16-1 ● 이혼가정 아동들을 위한 집단프로그램의 구성요소들(계속)

	구성내용	특 성
이혼가정 아동개입 프로그램(CODIP: Children of Divorce Intervention Program)	• 변화된 가족적응 – 다양한 가족형태 이해 – 가족문제 해결력 신장 • 자아존중감 제고 – 부모이혼 후 자존감 저하 극복 – 독립된 존재로서의 인식 제고	• 9~13세 아동 대상 • 10~12회기(각 60분)
오은순(2001) 프로그램	• 부모의 이혼과 자기비난 – 이혼에 대한 기본 이해 – 부모의 이혼 인정 – 부모가 이혼하는 이유 이해 – 자기비난에 대한 바른 인식 • 부모의 이혼에 따른 감정 변화 – 감정 확인 – 고립감과 수치심 줄이기 – 동질감과 상호지원적 환경조성 • 분노와 부모 비난 – 부모의 이혼으로 인한 분노와 부모 비난 확인 – 분노와 부모 비난의 원인 이해 – 분노 감정 지각, 긴장이완하기 • 분노 대처 방안 적용 – 분노 대처방안 평가 – 바람직한 분노 대처방안 선정 – 대처방안 적용 • 자기 언어와 방법 – 자기언어화 방법 이해하기 – 자기언어화 방법 적용하기 • 문제해결방법 학습 – 문제해결방법 이해하기 – 부모이혼 후 문제에 문제해결 방법 적용 – 해결 안되는 문제 가능성 인식	• 부모의 이혼을 인지적으로 받아들이고 정서적 안정과 부모의 이혼 인정에 대한 바른 태도를 가지고 감정변화와 상황변화에 대처하도록 돕는 것이 목적 • 8~12세 • 8회기(각 60분) • 게임과 활동, 집단토의, 역할극, 교사의 설명 등을 통한 활동

02 학대를 당한 아동들을 위한 위기상담

(1) 아동학대의 개념

아동기는 인간의 기본적인 성격이 형성되고, 아동기동안의 경험이 이후 전 생애에 걸쳐 아동의 발달에 지대한 영향을 미치는 시기이기 때문에 매우 중요하다. 이렇게 아동기 동안 경험하게 되는 다양한 환경의 영향 중 최초로 맺는 대인관계인 부모로부터 적절한 양육을 받는 것은 아동이 이후 신체적 · 정신적으로 건강하게 성장할 수 있는 기초가 된다. 그러나 부모로부터 폭력이나 학대와 같은 부정적인 양육을 받는 아동들은 자신의 잠재력을 개발시킬 수 있는 기회를 잃을 뿐만 아니라 이후의 삶에도 신체적 · 정신적으로 부정적인 영향을 받게 될 가능성이 높다.

아동학대가 사회적인 이슈가 된 것은 미국의 소아과 의사인 켐페(Kempe et al, 1962)가 피학대아동증후군에 대한 논문을 발표하면서부터였다. 그 이후로 부모로부터 신체적으로나 정신적으로 학대를 받아 독립된 한 인격체로서 존중받을 권리를 박탈당한 아동들에 대한 문제가 확산되면서 1974년 미국에서 '미국아동학대예방법' 이 제정되었고, 아동학대에 대한 신고와 고발이 의무화되었다(정혜원, 1992).

학대받는 아동에 대한 우리나라의 치료 · 발견 및 예방을 위한 노력은 아직 초기단계로, 1979년에 한국사회복지협의회가 서울에 '아동학대고발센터' 를 설립하였다. 그 이후 1983년 한국어린이보호회의 '어린이상담전화', 1985년 서울시립아동상담소 내에 '아동권익보호신고소' 등이 개설되었으나 활성화되지 못하였다. 우리나라는 장유유서와 가부장적 유교적 전통으로 인해 부모가 자녀를 양육할 때 벌을 사용하여 왔으며, 이러한 문화적인 전통으로 인하여 아동학대에 대한 심각성은 크게 문제시되지 않아왔다. 그러나 최근 아동학대의 실태나 심각성이 언론을 통해 자주 보도되면서 사회적인 관심이 집중되고, 아동의 인권에 대한 인식이 점차 변화하고 있다.

아동학대는 하나의 형태로 정해져 있는 행동이 아니라 시대의 흐름이나 각 문화권, 특정 사회만의 규범이나 표준에 의해 다르게 정의될 수 있는데(Gelles, 1983), 미국 아동학대예방법에서는 아동학대란 아동의 건강과 복지를 침해받고 위협받는 상황으로, 18세 이하의 아동에게 신체적 · 정신적 학대, 성적 학대, 무관심한 대우를 하는 것이라고 정의하고 있다. 우리나라의 아동복지법에서는 아동을 구타하거나 신체에 손상을 주는 행위, 아동에게 성적인 수치심을 주는 성희롱 · 성폭행, 아동의 정신건강 및 발달에 해를 끼치는 정서적 학대, 아동의 의식주를 포함한 기본적 보호양육 및 치료를 소홀히 하는 행위, 아동에게 구걸을 시키거나 아동을 이용하여 구걸하는 행위 등을 아동학대로 정의하고 있다. 민간차원의 한국아동학대예방협회(1998)에서는 아동학대란 자기의 보호 또는 감독을 받는 18세 미만의 자에 대한 학대행위라고 정의하여 아동에게 가해지는 행위로 인하여(우연한 것은 제외) 아동의 건강 혹은 복지를 해치거나 혹은 정상적인 발달을 저해할 수 있는 모든 신체적 · 정신적 상해, 성적 행위 및 방임을 포함시키고 있다.

(2) 아동학대의 유형

각 문화권이나 연구자들에 따라 학대의 유형은 다르게 분류될 수 있지만, 크게는 신체적 학대, 정서적 학대, 성적 학대, 방임 등의 네 가지 유형으로 나누어 볼 수 있다.

① 신체적 학대

화상을 입히거나 물건으로 때리고, 심각하게 체벌하는 것, 뺨을 때리는 것, 주먹이나 발로 치거나 차는 것, 무는 것, 불로 지지는 것, 내던지는 것 또는 아동에게 손상을 입히는 모든 행위를 포함한다. 이외에도 밀치기, 특히 상처가 나도록 밀거나, 의도적으로 해나 위험에 노출시키는 행동들도 모두 포함된다.

② 정서적 학대

정서적 학대에는 심각한 행동적 · 인지적 · 정서적 혹은 정신적 장애를 야기했거나, 야기할 수 있었던 부모나 양육자들에 의한 행위나 태만을 포함한다. 이외에도 습관적으로 죄를 전가시키고, 흠잡고, 욕하는 것뿐만 아니라, 언어적으로 위협하거나 무시하는 것 등이 포함된다. 보통 신체적 학대와 정서적 학대의 경계를 나누는 것도 쉽지 않으며, 정서적 학대에 해당하는 부모의 행동을 분명한 방법으로 측정할 수 있는 것이 아니기 때문에 정서적 학대를 정의하기는 더욱 어려울 수 있다.

③ 방 임

방임은 부모나 양육자가 아동의 안전을 보장하지 못하거나, 아동의 기본 신체적 · 정서적 · 교육적 요구를 충족시키지 못하는 것 등 수동적으로 학대하는 것을 의미한다. 신체적 방임은 부모나 양육자가 아동에게 적절한 주거공간, 음식, 옷, 위생상태, 의료적 지원 등을 제공해 주지 않는 것, 아동을 돌보지 않거나 내버려두는 것 등을 의미한다. 정서적 방임은 부적절한 보살핌과 애정, 아동 앞에서 행해지는 만성적이거나 극단적인 가정폭력, 약물이나 술을 남용하는 것, 혹은 다른 나쁜 행동을 의도적으로 허용하는 것, 정서적 · 행동적 문제에 대해 치료를 제공하지 않는 것 또는 아동의 발달적 · 정서적 요구에 관심을 기울이지 않는 것을 의미한다. 교육적 방임은 부모나 양육자가 아동을 학교에 보내지 않거나, 정당한 이유없이 학교에 가지 않는 것을 허용하는 것을 말한다.

④ 성적 학대

성적 학대는 아동보다 나이나 신체, 크기, 권위 등에서 우위에 있는 사람이 아동이나 청소년과 갖는 성적인 접촉이나 성적 착취를 의미한다. 성적 접촉은 성적으로 만지거나 주무르는 것, 질이나 항문성교, 아이로 하여금 가해자에게 하도록 시키는 기타의 성적 행동 등을 포함한다. 성적 착취에는 음란한 행위, 아동 포르노나 아동 매춘에 노출시키거나 개입하게 하는 것 등이 포함된다.

표 16-2 ● 신체적 · 정서적 학대 및 방임을 경험한 아동들에게서 나타나는 행동증후들

	신체적 학대 (Martin & Rodeheffer, 1980)	정서적 학대 및 방임 (Garbarino, Guttman, & Seeley, 1986)
행동증후들	• 타인의 행동에 대한 지나친 경계 • 어떤 종류의 위험에 대한 계속적인 불안 • 또래들과 적절히 상호작용하지 못함 • 사회적 상호작용에서의 방어적 행동 • 상황에 따라 인성과 상호작용에 계속하여 변화하는 카멜레온과 같은 행동 • 학습된 무력감, 도전적인 과업에 대한 시도의 거부 • 부모의 신체적 · 정서적 욕구를 돌보는 성향 • 모든 종류의 신체적 접촉을 분명하게 피함	• 불안감, 적대감, 공격성을 포함한 행동장애 • 자신은 원치 않는 아이이고, 가치가 없고, 사랑받지 못한다는 느낌과 같은 정서적 문제 • 연령에 적절하지 않은 염세적이고 냉소적인 세계관과 같은 부적절한 사회적 상호작용 열등감과 부적절감 • 부모에게 지나치게 의존적이거나 부모와의 상호작용을 회피함 • 낮은 자아존중감 • 비행행동이나 무단결석

학대 및 방임은 아동들에게 심리적으로 상당한 영향을 미치게 되는데, 그 이유는 아동학대가 보호적이고 지지적이며 양육적일 것으로 기대되는 부모와의 관계 내에서 발생하는 것이기 때문이다. 학대받은 아동들은 적절한 경험이나 기회를 제공해 주지 않는 가정 내에서 성장하기 때문에 신체적으로나 정서적으로 위험에 처할 수 있다. 아동들은 부모에 대한 불안과 두려움, 그리고 부모에 대한 충성심 사이에서 지속적으로 괴로움을 느낄 수도 있다. 부모가 한편으로는 자신을 해치고 두렵게 하는 대상이기도 하지만, 부모로부터 버려질 것이 두렵기 때문에 학대받는 아동들은 역설적인 딜레마에 빠지게 된다(American Psychological Association, 1996).

(3) 학대자 및 피학대자들의 특성

아동을 학대하는 가해자의 특성 및 학대의 피해자가 되는 아동들이 갖는 특성을 살펴보면 다음과 같다. 아동을 학대하는 사람들의 특성은 좌절에 대한 인내력이 부족하고, 감정이입이 안되며, 불만족스러운 의존적 욕구와 권위주의적인 문제를 가지고 있다. 뿐만 아니라 열등의식, 억압된 감정, 무기력감, 고독감 등의 경향을 가지고 있다(Germain et al, 1985). 또한 양육자가 가난하고 노동직에 종사하며 실직하였거나, 양육자 자신이 부모로부터 학대를 받은 경험이 있거나, 가족이 스트레스를 많이 받고 있거나, 벌을 자주 주는 엄한 가정분위기 속에서 자란 경우 아동학대와 관련있는 경우가 많다(김영숙 외, 1995).

피학대자의 경우 모든 연령에서 발생하지만, 돌봄과 관리를 가장 요하는 어린 아동들이 신체 방임의 가장 일반적인 희생양이 되기도 한다. 청소년 전기, 걸음마기 아동과 학령전기 아동들은 독립성과 부모와의 갈등이 출현하는 시기와 일치하면서 신체적 학

대와 정서적인 학대의 가장 일반적인 피해자가 되는 경향이 있다. 성적학대는 보통 3세 이후부터 비교적 일정하게 나타난다.

(4) 학대받은 아동들에게서 나타나는 증후들

신체적 · 정서적 학대와 방임을 경험한 아동들에게서 나타는 행동증후들은 다음과 같다.

성폭력은 성을 매개로 하여 상대방의 동의가 없는 상태에서 가해지는 모든 신체적 · 언어적 · 정신적 폭력을 포괄하는 개념으로, 상대가 원하지 않는데도 일방적으로 음란한 눈짓, 말, 포옹, 신체접촉, 입맞춤, 성교 등의 강제적인 성행동을 하는 것을 모두 포함한다. 사회적으로 가지고 있는 성적 학대와 관련된 몇가지 신화들은 다음과 같다.

첫 번째, 근친상간은 거의 일어나지 않으며, 일어난다 하더라도 사회경제적 지위가 낮은 가정에서만 발견된다고 생각한다. 그러나 성적인 학대는 사회계층이나 소득수준, 교육수준에 상관없이 나타나고 있다.

두 번째, 성적 학대는 피해자의 성적 매력에 의해 유발된 것이다. 그러나 성적 학대 행위는 성에 의해서가 아니라 힘에 의해 발생하는 것이며, 가해자는 아동과의 성행위를 통해 힘과 통제력을 휘두르고자 하는 것이다.

세 번째, 성적 학대의 가해자는 낯선 사람이다. 그러나 대부분의 경우 성적 학대의 가해자는 피해아동과 관계가 있는 사람인 경우가 대부분이고, 이들 중 대부분은 아동이 잘 알거나 사랑하고 신뢰하는 사람인 경우가 많다.

네 번째, 아동의 성적 학대현상은 성혁명의 영향으로 나타난 극히 최근의 경향이다. 그러나 아동포르노나 아동매춘은 성 혁명이 시작되기 훨씬 전부터 성행해 왔다.

다섯 번째, 아동 성학대 행위는 대개 일회성의 폭력 사건이다. 그러나 많은 연구에 의하면 학대행위는 피해자가 신고하지 않으면 여러 단계에 걸쳐 지속적으로 발생된다.

여섯 번째, 아동들은 성인과의 성행위를 했다는 이야기를 꾸며서 이야기하는 경우가 많을 것이다. 그러나 많은 학자들에 의해 아동들은 성학대를 보고할 때 진실을 말하는 경향이 있다는 사실이 보고되고 있다.

성학대 피해아동들이 보여주는 성적인 지표 혹은 성학대를 받았을 가능성이 있는 것으로 보이는 성과 관련되지 않은 행동지표들은 〈표 16-3〉과 같다.

(5) 학대받은 아동을 위한 상담

학대문제를 해결하기 위해 무엇보다도 필요한 것은 아동이 학대 사실에 대해 털어놓고 자신의 감정을 표현하는 것이다. 그러나 아동들은 보통 자신의 부모나 성인들이 자신을 보호하는 역할을 한다고 배워왔기 때문에 부모의 체벌은 당연하다고 생각하거나, 부모들

표 16-3 ● 성학대 혹은 성학대의 피해 가능성이 있는 유아 및 아동의 특징들

	유아(7세 이하)	아동(8세 이상)
성적 행동지표	• 무심코 조숙한 성지식을 나타내는 말들을 내뱉는 것 • 분명하게 성적인 묘사를 한 그림들 • 타인과의 성적인 관계 • 동물이나 장난감을 대상으로 하는 성적인 상호관계 • 하루에 여러 차례 자위행위를 하는 것 • 자위행위를 멈출 줄 모름 • 생식기나 항문 속에 물건을 삽입하는 것 • 자위행위를 하는 동안 신음소리나 끙끙거리는 소리를 냄 • 아동이 자위행위를 하는 동안 뭔가를 찔러대는 행위	• 회음부 출혈과 상처(유아에게서도) • 걷거나 앉기의 곤란 • 성병 • 소녀들이 상대를 가리지 않고 하는 • 난잡한 성관계 • 소녀들이 친구 혹은 가족 외의 사람에 의해 성적 피해자가 되는 것 • 청소년의 매춘
성학대를 받은 가능성이 있는 성과 관련되지 않은 행동지표	• 수면장애 • 유뇨증/유분증 • 퇴행행동 • 악몽/잠드는 것에 대한 두려움 • 자기파괴적 또는 위험을 무릅쓴 모험적인 행동 • 충동성, 산만함 및 주의집중장애(비학대적인 병력의 증거가 없는 경우) • 혼자 남아있기를 거부하는 것 • 가해자로 의심되는 자에 대한 두려움 • 동물에게 잔혹함(주로 남아들의 특징임) • 가족에서의 역할전도 혹은 거짓 성숙함	• 섭식장애(거식증과 폭식증) • 가출 • 자기파괴적 행동: 자살시도, 자살 • 흉내 혹은 자살에 성공함, 자해 • 개선의 여지가 없음 • 범죄행위 • 우울, 사회적 관계의 단절

이 자신을 해칠 수 있다는 것을 잘 이해하지 못한다. 일반 아동들을 상담하는 태도나 과정과는 달리, 학대받은 아동들을 면담할 때 가져야 할 다음과 같은 자세와 기술이 있다.

① 학대받은 아동과 상담을 할 때에는 아동이 학대받았다는 사실에 상담자가 놀라거나 가해자에 대해 감정적으로 격해지고, 분노를 표출하는 등 너무 흥분하거나 당황한 태도를 가지지 않도록 조심해야 한다.

② 아동이 학대의 피해자라는 것이 밝혀지면, 어느 누구보다도 피해자인 아동의 안전과 복지가 최우선임을 기억해야 한다.

③ 학대의 피해자인 아동은 신뢰로운 관계를 유지해야 하는 부모와의 관계가 깨어지거나 왜곡된 경우가 많기 때문에 상담자와 신뢰로운 관계를 맺기 어려운 경우

가 많으므로, 아동의 상황을 충분히 수용해 주고, 아동의 이야기를 충분히 경청하면서 신뢰로운 관계를 형성하도록 노력해야 한다.

④ 양육자가 학대의 가해자인 경우, 아동이 가해자와 함께 있으면 자신의 감정을 솔직히 표현하기 어려우므로 자신이 처한 상황이나 감정을 표출할 수 있도록 개인면담을 하는 것이 좋다.

⑤ 권위적인 태도로 아동을 면담하기보다 아동의 눈높이 정도에서 따뜻한 태도로 가까이 앉아 면담하는 것이 좋다.

⑥ 아동의 발달수준에 적합한 언어로 면담을 해야 하는 이유에 대해 설명해 주고, 아동의 수준에 적합한 어휘를 사용해야 한다.

⑦ 상담자는 학대상황이 아동에게는 힘들고 괴로운 상황이라는 것을 알고 학대가 아동의 잘못으로 인한 것이 아님을 전달해야 한다.

⑧ 아동과 또 다른 피해자인 가족들이 도움을 받을 수 있음을 알려 주어야 한다.

⑨ 학대가 발생하면 즉시 아동이 아동학대 예방 및 상담기관 또는 경찰서 등 누구에겐가 그 사실을 가능한한 빨리 알리도록 격려해 주는 것이 좋다.

학대가 일어난 것이 발견되면 일차적으로 아동의 요구에 즉각적으로 주의를 기울이는 것이 필요하다. 상담자는 아동이 위협적으로 느끼지 않는 상황에서 편안하고 자연스럽게 아동의 이야기를 경청 및 수용해 주어야 한다. 이 과정에서 상담자는 학대를 당하는 것이 아동의 잘못 때문이 아니라는 것을 이해해 주고, 아동이 상담자나 다른 성인들에게 학대 상황에서 있었던 일을 이야기하는 것이 중요하다고 말해 주어야 한다. 또

그림 16-1 ● 정서적으로 학대받은 아동의 집 그림: 비가 내리고 번개가 치고 있으며, 감옥과 같은 창

그림 16-2 ● 정서적으로 학대받은 아동이 그린 여자 그림 : 피눈물을 흘리고 있다고 함. 정서적으로 억제되어 있는 듯한 그림

그림 16-3 ● 정서적으로 학대받은 아동이 놀이치료 3개월 후 그린 그림 : 분노와 공격성이 표출되고 있는 것으로 보여짐

그림 16-4 ● 정서적으로 학대받은 아동이 놀이치료 1년 후 그린 상담자의 초상화

한 상담자는 아동을 보호해 주기 위해 최선을 다하고 지지해 줄 수 있는 사람이라는 것을 알려 줌으로써 아동을 안심시켜 주는 것이 좋다.

학대의 피해자인 아동과 상담을 함으로써 아동이 신뢰로운 관계를 유지할만한 성인이 있다는 안전감과 성인과의 안정적인 애착 및 보호적인 관계를 경험하고, 스스로가 사랑받고 존중받을 가치가 있다는 것을 경험하도록 돕는 것이 일차적으로 중요하다. 나아가 아동들이 공격성이나 적대감을 신체적으로 표현하기보다 상징적으로 표현하는 방법을 학습하고, 사회성 및 자아존중감을 향상시키고 적절한 문제해결방식을 배우는 것을 목표로 두어야 한다. 그 외에도 가족치료나 부부상담, 부모교육 등을 통해 가족체계를 재구조화하는 것도 도움이 될 수 있으며, 가족에게 이러한 서비스를 제공하기 어려운 경우에는 아동을 개인적으로 혹은 집단에 포함시켜 상담하는 것이 도움이 될 수 있다.

아동이 성폭력을 당했거나, 성폭력을 당한 것으로 의심될 때에도 역시 성폭력 피해 사실에 대해 아동에게 침착하게 대처하는 것이 필요하다. 아동들은 성인이 화를 내면 그것이 자신을 향한 것이거나 자기로 인한 것이라고 생각하여 성폭력 사실을 숨기려 하거나 더 이상 이야기하지 않을 수도 있다. 또한 성인이 너무 놀라거나 과민반응을 하면 아동들은 성폭력 사실에 관해 거짓말을 할 수도 있으므로 아동의 말을 있는 그대로 믿어주고, 이 상황이 아동의 잘못으로 이루어진 것이 아니며, 누구에게도 비난받을 일이 아니라는 것을 설명해 주고 어쩔 수 없는 상황이었다거나, 용기 있게 말해줘서 고맙다는 등의 긍정적인 반응을 해 주는 것이 필요하다.

또한 병원 진단을 통해 아동에게 또 다른 신체적인 피해가 있는지를 확인하고, 중요한 증거자료 확보 및 성병에 대한 예방과 임신 가능성에 대한 조치를 해야 하며, 일상생활을 그대로 유지하도록 도와 주는 것이 요구된다. 또한 자존감이나 죄책감, 무가치함에 빠진 아동에게 이런 일이 누구에게나 일어날 수 있는 일임을 알려 주어야 한다.

성학대 피해아동을 면접하는 과정에서 해야 할 것들과 하지 말아야 할 것들은 다음과 같다(추국화, 2007).

① 해야 할 것들

· 객관적이고 판단적이지 않은 태도를 보인다.
· 아동을 면접하기 전에 현재 가지고 있는 모든 자료를 검토한다.
· 아동이 면접자와 면접 목적에 대해 알고 있는 것이 무엇인지 파악한다.
· 아동이 학대사실을 폭로한 후에 가능한 한 빠른 시간 내에 면접한다. 아동이 어릴수록 이 문제는 매우 중요하다.
· 가급적 아동 혼자만을 면접한다. 아동을 단독으로 면접하는 이유와 과정을 면접 전에 부모나 보호자에게 설명한다.
· 중립적이면서, 조용하고 편안한 환경을 선택한다.
· 가해 용의자가 면접장소 주변에 있지 않은지 확인한다.
· 면접 전에 아동의 발달수준과 의사소통기술을 확인한다.
· 아동과의 라포 형성을 위한 시간을 갖고, 아동이 중립적인 주제에 대해서 놀이를 하거나 이야기할 수도 있음을 알게 한다.
· 면접자의 스케줄이 아닌, 아동의 스케줄에 맞추어 면접시간을 선택하도록 한다.
· 아동에게 면접자의 역할에 대해 설명한다.
· 아동에게 무슨 일이 발생하였는지 아동이 쓰는 말로 설명하도록 격려한다.
· 아동에게 면접에 적절한 지시사항을 설명한다.
· 아동이 학대사실을 폭로하는 데 방해가 되었거나 못하게 하였을 때 생길 수 있는 염려가 무엇인지 파악한다.
· 심층면접기법을 활용한다.
· 가급적 폭로사실에 대해 먼저 말하도록 하고 인형이나 그림, 기타의 도구는 후에 사용하도록 한다.
· 어린 아동을 면접할 때는 명확하게 하기 위해 '어떻게 했는지 보여줄 수 있니?' 하고 묻는다.
· 아동이 활용하는 단어를 사용한다. 아동의 발달연령에 맞는 언어를 쓴다. 아동의 시간에 대한 감각을 이해한다.
· 아동이 시간, 장소, 관계, 사건 등에 대한 지남력을 가질 수 있도록 하기 위해 지도, 그림, 도형, 비디오, 텔레비전 쇼 등을 활용한다.

· 추가적인 면접이 필요할 수 있음을 알리고, 아동이 많은 노력을 기울여준 것에 대해 감사하면서 면접을 종결한다.

② **하지 말아야 할 것들**

· 아동에게 한쪽 방향으로 영향을 미칠 수 있는 사람이 면접에 참여하지 않도록 한다. 이에는 아동학대의 피해자인 형제자매도 포함된다.

· 아동이 허락하지 않는 한, 아동을 만지지 않으며, 아동의 공간을 침범하지 않도록 한다.

· 아동과 라포를 형성하거나 아동과 민감한 문제에 대해 대화할 준비가 확실하다고 생각되지 않는 한 이 문제를 가지고 면접을 시작하지 않는다.

· 아동의 주의력보다 긴 시간동안 아동을 면접하지 않도록 한다. 쉬는 시간을 갖는다.

· 서둘러서 면접을 하지 않도록 한다.

· 다른 대안들을 모두 소모하지 않은 이상 유도질문이나 제안질문을 하지 않도록 한다. 유도질문이나 제안질문을 하게 되면 아동에게서 얻은 정보를 신뢰할 수 없다. 아동에게서 얻은 정보를 다른 곳에서 얻은 정보와 일치하는지, 모순되는지 비교해봄으로써 신뢰성을 측정한다.

· 질문을 반복하는 이유를 설명하지 않는 한 같은 질문을 반복하지 않도록 한다.

· '왜' 라는 질문을 피하도록 한다. '왜' 라는 질문은 죄책감이나 책임감을 유추시키는 경향이 있다. 또한 질문에 답하는 것은 아동이 갖고 있지 못한 기술을 요구한다.

· 아동이 학대사실을 폭로할 때 그 사실에 대해 관심을 보이는 것 이외에 다른 반응을 보이지 않도록 한다.

· '잘했어', '네가 그렇게 말해서 나는 참 기뻐' 와 같은 촉구, 강화방법을 사용하지 않는다.

· 아동이 학대사실을 폭로한 것에 대해 음식, 장난감, 혹은 부적절한 보상물로 아동을 유인하지 않는다.

· 지킬 수 없는 약속을 하지 않는다.

· 아동이 '잘못했다' 혹은 '문제를 유발했다' 는 생각이 들지 않도록 한다.

· 학대사실을 입증하거나 설명하기 위해 옷을 벗도록 요구하지 않는다.

· 여러 명이 동시에 한 아동을 면접하지 않도록 한다.

성학대를 경험한 아동들과의 상담을 할 때 경험하게 되는 어려움 중 하나는 아동들과 상담관계를 맺는 것이 어렵다는 점이다. 성학대의 피해자가 된 많은 아동들은 대부분 자신이 신뢰하고 의지하던 사람들로부터 깊은 상처를 받아 사람을 신뢰하지 못하게 된 경우가 많기 때문에 상담상황 내에서도 아동과 상담자 간에 신뢰할만한 관계를 형성하는 데에는 어려움이 많다.

이러한 성학대 피해아동과의 상담을 원활하게 진행하기 위해서는 다음과 같은 점에 주의해야 할 필요가 있다(김영숙 외, 1995).

- 상담자는 아동이 상담자를 향해 반복적으로 사랑을 시험하는 행동에 준비가 될 수 있도록 아동에게 완전히 전념해야 한다.
- 아동이 성적 학대를 받은 경험을 통해 얻게 된 자신에 대한 무가치감과 죄의식을 극복하고 자존감을 회복하도록 돕기 위해 시각적 상상기법을 활용하여 아동이 불쾌하고 위험한 상황을 성공적으로 해결하는 장면을 상상하게 도울 수 있다.
- 사무실보다는 놀이실에서 아동을 만나 놀잇감을 통해 아동이 자신의 감정을 전달하도록 도움을 준다. 놀이실의 자연스러운 분위기는 아동에게 편안함과 통제감을 제공해 줄 수 있다.
- 아동의 발달정도에 따라 독서치료, 역할놀이, 놀이치료, 집단상담 등의 다양한 상담기법들을 활용할 수 있다.
- 아동들과 함께 좋은 접촉과 나쁜 접촉에 대해 이야기를 나눈다. 아동들에게 나쁜 접촉이 일어날 수도 있다는 것을 분명히 알려 주고, 자신의 신체를 누군가가 만지거나 자신이 누군가의 신체를 만지는 것에 대해 이야기를 나눈다.
- 학대가 일어날 수 있는 상황에서 큰 소리로 '싫어요'라고 말하거나 적절하게 대처하는 방법에 중점을 두는 주장훈련을 활용한다. 또한 역할놀이 기법 등을 활용하여 아동이 학대행위의 신호를 파악하여 대처할 수 있는 능력을 키울 수 있도록 돕는다. 가해자가 아는 사람이더라도 자신의 의사를 정확히 밝히고 적극적으로 대항하도록 가르친다.
- 학대를 당했을 때에는 누군가에게 즉시 보고하도록 가르친다. 가해자가 비밀을 유지하도록 아동을 협박하는 경우가 있을 수 있지만, 어떤 비밀을 지켜야 하고 어떤 비밀을 다른 사람과 이야기해야 하는지, 성인들이 자신의 이야기를 믿지 않을 때 어떻게 해야 하는지 가르쳐 주어야 한다.

성학대의 피해자들인 아동들과 이후에 상담을 계속 해야 하는 경우에, 아동은 아동발달에 기초하여 개입방법을 결정해야 한다. 보통 초등학교 아동들에게는 놀이치료를 사용하는 것이 도움이 될 수 있으며, 초등학교 고학년 이상의 아동들에게는 집단치료나 미술치료를 혼합하여 사용하는 것도 도움이 될 것이다(Hussey & Singer, 1989). 어떠한 개입전략을 사용하든지 간에 학대를 받은 아동을 다루는 상담자들은 이러한 아동들의 측성에 대해 이해해야 하며, 상담과정에서 계속적으로 나타날 아동들의 문제에 대해서 다룰 준비를 해야 할 것이다.

참고문헌

강문희(2000). 유아생활지도. 서울: 교문사

강문희(2004). 반응성 애착장애 아동의 놀이치료접근을 통한 심리치료효과. 심리치료, 4(2), 1-24.

강문희 · 박경 · 정옥환(1998). 아동심리검사. 서울: 교문사.

강문희 · 신현옥 · 정옥환 · 정정옥(2004), 아동발달. 서울: 교문사.

강문희 · 이명희 · 심호규 · 소용주 · 고강호 · 현태옥 · 윤숙진(2007). 놀이치료사례연구. 서울: 시그마프레스.

강문희 · 장연집 · 문미옥 · 최석란 · 조은진(2003). 아동학의 이해. 서울: 양서원.

강문희 · 정옥환 · 김승경(2007). 아동을 위한 감성지능 촉진 프로그램. 서울: 시그마프레스.

강승아(2002). 미술치료. 아동상담사 워크샵 자료집.

곽금주(2002). 아동심리평가와 검사. 서울: 학지사.

곽금주 · 박혜원 · 김천택 외(2001). K-WISC-III(한국웩슬러아동지능검사). 서울: 도서출판 특수교육.

김경집(2005). 이혼가정 아동을 위한 학교 집단상담 프로그램 개발 연구. 연세대학교 대학원 박사학위논문.

김광웅 · 유미숙 · 유재령(2004). 놀이치료학. 서울: 학지사.

김군자(1998). 음악치료의 이론과 실제. 서울: 양서원

김나영(2004). 아동을 위한 표현예술치료적 접근. 한국심리치료학회 학술대회 자료집.

김동연(2000). 미술치료 비디오 활용지침서. 서울: 마이코미디어.

김보애(2003). 모래놀이치료의 이론과 실제. 서울: 학지사.

김순혜(2004). 현대아동상담. 서울: 학지사.

김영숙 · 이재연 편역(1993). 아동을 위한 상담이론과 방법. 서울: 교육과학사.

김영숙 · 이재연 편역(1995). 아동을 위한 상담이론과 방법. 서울: 교육과학사.

김유광(1983). Psychodrama: J. Moreno 기법을 중심으로. 정신의학보, 8(3), 70-85.

김유숙(1996). 유치원 아동의 심리치료과정을 통한 모래상자놀이의 치료적 의의. 서울여대 사회과학논총, 2, 291-305.
김유숙(2003). 모래놀이치료 작품이해에 관한 고찰. 서울여대 학생생활연구, 16, 46-56.
김춘경(2004). 아동상담: 이론과 실제. 서울: 학지사.
김태련 · 서봉연 · 이은화 · 홍숙기(1976). 한국판 아동용 회화 통각검사. 이화여자대학교 인간발달연구소.
노상우 · 송재홍 · 천성문 · 이영순 · 이연숙(1999). 아동 · 청소년을 위한 집단상담. 서울: 문음사.
문수백(1997). K-ABC 워크샵 자료집. 서울: 학지사.
박경숙 · 윤점룡 · 박효정(1989). 기초학습기능검사(실시요강). 서울: 도서출판 특수교육.
박은규(2002). 무용치료를 통한 아동의 표현활동. 서울: 조원사
박혜원 · 곽금주 · 박광배(2002). K-WPPSI(한국웩슬러유아지능검사). 서울: 도서출판 특수교육.
변학수(2005). 문학치료. 서울: 학지사.
山中康裕 · 김유숙(2005). 모래놀이치료의 본질. 서울: 학지사.
서봉연 · 홍숙기(1996). 심리진단과 놀이치료를 위한 장면구성검사. 서울: 중앙적성검사.
신숙재 · 이영미 · 한정원(2007). 아동중심 놀이치료–아동상담. 서울: 동서문화원.
염숙경(2002). 아동상담과 놀이치료. 서울: 상조사.
오경자 · 홍강의(1997). K-CBCL 실시요강. 서울: 중앙적성검사.
오수성(1985). 싸이코드라마와 그의 적용. 전남대학교 대학원 석사학위논문.
오은순(2001). 이혼가정 아동의 적응을 위한 학교중심 집단상담 프로그램 개발. 열린교육연구, 9(1), 한국열린교육학회.
유미숙 · 이영미 · 이정화 · 정윤경(2003). 놀이치료 핸드북. 서울: 도서출판 양지.
유미숙 · 최명선 공역(2006). 놀이치료 : 아동 중심적 접근 제2판. 서울: 상조사.
이상금(1998). 그림책을 보고 크는 아이들. 서울: 사계절.
이숙 · 정미자 · 최진아 · 유우영 · 김미란(2004). 아동상담. 서울: 양서원.
이숙희 · 고인숙 편저(2003). 놀이치료–아동세계의 이해. 서울: 교육아카데미.
이은해(1995). 아동발달의 평가와 특성. 서울: 교문사.
이장호(1983). 상담심리학 입문. 서울: 문성출판사.
이장호 · 정남운 · 조성호(2005). 상담심리학의 기초. 서울: 학지사.
이재연(2001). 이동 문제해결을 위한 독서치료의 적용과 전망. 숙명여자대학교 아동연구소, 15.
이재연 · 서영숙 · 이명조(2004). 아동상담과 치료. 서울: 양서원.
이종인 역(2003). 비블리오테라피–독서치료 책 속에서 만나는 마음치유법. 서울: 북키앙.
이형득 편저(1987). 상담이론. 서울: 교육과학사.
이형득 · 김성회 · 설기문 · 김창대 · 김우정(2005). 집단상담. 중앙적성출판사.
장미경 외(2007). 아동상담의 이론과 실제. 서울: 태영출판사.
장연집(1994). 아동이 그린 가족화 분석. 서울: 교문사.

장휘숙(2002). 아동발달-아동의 심리적 세계. 서울: 박영사

정선아(2003). 정신지체청소년을 위한 집단무용치료 효과연구. 원광대학교 석사학위논문.

정영조(2002). 음악치료. 서울: 하나의학사.

정현주(2005). 음악치료학의 이해와 적용. 서울: 이화여대출판부.

정혜원(1992). 가정 내의 아동학대, 훈육태도와 아동의 성격 간의 관계. 연세대학교 교육대학원 석사학위논문.

차정화(1998). 비행여고생에 대한 싸이코드라마 중심의 집단프로그램 효과성 연구. 이화여자대학교 대학원 석사학위논문.

최병철(1994). 음악치료학. 서울: 음악춘추사.

최윤미(1992). 심리극 준비단계의 다양한 기법활용을 위한 연구: 대학장면에서 심리극 집단상담 및 심리극 공연에의 적용을 위하여. 강원대학교 학생생활연구, 12, 31-41.

최정윤(2002). 심리검사의 이해. 서울: 시그마프레스.

추국화(2007). 우리자녀 몸과 맘 돌보기. 서울여자대학교 여성연구소 하계여성연수자료집(미간행).

河合隼雄(1969). 箱庭療法. 모래상자놀이치료법(심재경 역, 1994). 서울: 양영각.

한국독서치료학회(2005). 독서치료. 서울: 학지사.

한국아동학대예방협회(1998). 가정 내에서의 아동학대. 한국아동학대예방협회 세미나, 19회.

홍강의 · 신민섭 · 조성준(2004). 주의력장애진단시스템(사용설명서). (주)아이큐빅.

홍경자(2007). 자기이해와 자기지도력을 돕는 상담의 과정. 서울: 학지사.

홍종관(1999). 상담자의 인간중심적 기본태도에 관한 고찰, 대학상담학회 발표논문.

Achenbach T.M.(1982). *Developmental Psychopathology*(2nd ed.). NY: Wiley & sons.

Ackerman, N. W. & Sobel, R.(1950). Family diagnosis: An approach to the preschool child. *American Journal of Orthopsychiatry*, 20, 744-753.

Allan, J. & Anderson, E.(1986). Children and crises: A classroom guidance approach. *Elementary School Guidance and Counseling*, 21, 143-149.

Alpert-Gills, L., Pedro-Carroll, J., & Cowen, E.(1989). The Children of Divorce Intervention Program: Development, Implementation, and Evaluation of Program for Young Urban Children. *Journal of Consulting and Clinical Psychology*, 57(5), 583-589.

Amatruda & Helm-Simpson(1997). *The scared healing.* Novato CA: Trance *Sand* dance press.

American Association for Counseling and Development(1988). *Ethical Standards.* Washington, DC: Author.

American Psychiatric Association(1994). *Diagnostic and Statistical Manual of Mental Disorder*(4th ed.), Washington DC.

American Psychological Association(1981). *Ethical Principles of Psychologists.* Washington, DC: Author.

American Psychological Association(1996). *Violence and the family.* (Report of the American

Psychological Association Presidential Task Force on Violence and the Family). Washington, DC: Author

Axline, V.(1947). *Play Therapy.* New York: Ballantine.

Axline, V.M.(1969). *Play Therapy.* Boston: Houghton Mifflin Co.

Barrickman, J.(1989). A developmental music therapy approach for preschool hospitalized children. *Music Therapy Perspectives,* 7, 10-16.

Blatner, H. A.(1988). *Foundations of psychodrama: history, theory, & practice.* New york: Springer.

Blau, B., & Reicher, D.(1995). *Early intervention with children at risk for attachment disorders.* In Levy, F.J., Fried, J.P., & Leventhal, F. (Eds), Dance and other expressive art therapies: When words art net enough(1995). NY: Routledge.

Bowen, M.(1982). *Family Therapy in Clinical Practice.* Jason Aronson, Inc.

Bowlby, J. P.(1949) The study and reduction of group tensions in the family. *Human Relations,* 2, 123-138.

Boxill, E.H.(1985). *Music therapy developmentally disabled.* 발달장애인을 위한 음악치료(김태련 · 염현경 · 정현지 · 김현정 편역, 1994). 서울: 이화여대 출판부.

Brammer, L.P.(1988). *The Helping Relationship.* Engelwood Cliffs, Nj: Prentice-Hall.

Brems, C.(2002). *A comprehensive guide to child psychotherapy.* Long Grove, IL: Waveland Press. Inc.

Brooks, D.M.(1989). Music therapy enhances treatment with adolescents. *Music Therapy Perspectives,* 6, 37-39.

Bruscia, K.E.(1989). *Defining music therapy.* 음악치료(최병철 역, 2003). 서울: 학지사.

Buber, M.(1965). *Between man and man.* NY: Macmillan.

Buck, N.J.(1948). The H-T-P test. *Journal of Clinical Psychology,* 4, 151-159.

Burgess, E. W., Locke, H. J., & Thones, M. M.(1971). *The Family.* NY: norstrand Reinhold.

Burns R.C. & Kaufman, S.H.(1972). *Kinetic Family Drawing(KFD): An introduction to understanding children through kinetic drawing.* 아동이 그린 가족화 분석(장연집 역, 1997). 서울: 교문사.

Burns, R.C.(1987). *Kinetic House-Tree-Person drawing(K-HTP).* 성인화의 분석(장연집 역, 1998). 서울: 학지사.

Carkhuff, R.R.(1980). *Helping and human relations,* I. NY: Holt, Rinehart & Winston.

Carmichael, K.D.(2006). *Play Therapy: An introduction.* New Jersey: Person Education, Inc.

Chodorow, J.(1991). *Dance therapy and depth psychology: The moving imagination.* NY: Routledge.

Cohen, B.M., Barnes, M.-M., & Rankin, A.B.(1995). *Managing traumatic stress through art.* 상처 입은 마음의 성형(이윤희 · 주리애 공역, 2003). 한국미술연구센터.

Compton, B. R. & Galaway, B.(1979). *Social work processes.* Homewood, IL: Dorsey Press.

Coppolillo, H.P.(1987). *Psychodynamic Psychotherapy of Children.* Madison, CT: International Universities Press.

Corey, G.(2001). *The Art of Integrative Counseling.* 상담 및 심리치료의 통합적 접근(현명호 외 역, 2001). 서울: 시그마프레스.

Cornett, C.E. & Cornett, C.F.(1980). *Bibliotherapy: The right book at the right time.* Indiana: Bloomington.

Davis, W.B., Gfeller, K.B., & Thaut, M.H.(1999). *An introduction to music therapy: Theory and practice.* McGraw-Hill Companies.

Dodds, B.(1985). *A Child Psychotherapy Primer.* NY: Human Sciences Press.

Dreikurs, R.(1957). *Psychology in the Classroom.* NY: Harper.

Eichoff, L.(1952). Dreams in sand. *British Journal of Psychiatry,* 98, 235-243.

Ellis, A.(1974). *How to live with a "neurotic"* (revised ed.) NY: Crown.

Ellis, A.(1977). Rational-emotive therapy: Research data that supports the clinical and personality hypotheses of RET and other modes of cognitive-behavior therapy. *The Counseling Psychologist,* 7. 2-42.

Erfer, T.(1995). *Treating children with autism in a public school system.* In Levy, F J., Fried, J.P., & Leventhal, F. (Eds), Dance and other expressive art therapies: When words art net enough(1995). NY: Routledge.

Ferber, S., Demartino, R.A., & Thompson Prout, H.(1991). *Ethical and legal issues in psychological interventions with children and adolescents.* In H. Thompson Prout & D.T. Brown(Eds). Counseling and Psychotherapy with Children and Adolescents. Vermont: CPPC.

Freud, A.(1965). The psychoanalytic view of childhood: long-distance and close-up. *The writings of Anna Freud* (Vol.6). NY: International Universities Press.

Freud, S.(1909). *Analysis of Phobia in a five-year-old Boy.* Standard edition.: (Vol.10). London: Hogarth Press, 1957

Freud, S.(1922). *Beyond the Pleasure Principle.* London and Vienna: International Psychoanalytic Press.

Freud, S.(1933). *Collected Papers.* London: Hogarth Press.

Fromm-Reichmann, F.(1948). Notes on the development of treatment of schizophrenics by psychoanalytic psychotherapy. *Psychiatry,* 11, 263-274.

Garbarino, J., Guttman, E., & Seeley, J.(1986). The psychologically battered child. San Gil, E.(1991). *The healing power of play.* NY: Guilford.

Gaston, E. T.(Ed.)(1968). *Music in therapy.* NY: MacMillan Company.

Gazda, G. M.(1989). *Group counseling: A developmental approach.* Boston: Aiiyn & Bacon.

Gelles, R. J.(1983). An exchange/social control theory. In D. Finkelhor, R. J. Gelles, G. T. Hotaling, & M. A. Straus(Eds.). *The dark side of families*(pp. 151-165). Beverly Hills, CA: Sage.

Gelso, C.J., & Carter, J.A.(1985). The relationship in counseling and psychotherapy: Components, consequences, and theoretical antecedents. *The Counseiling Psychologist,* 13, 155-243.

Germain, C. B., & Gitterman, A.(1980). *The life model of social work practice.* NY: Columbia University Press.

Germain, R., Brassard, M., & Hart, S.(1985). Crisis intervention for maltreated children. *School Psychology Review,* 14, 291-299.

Gladding, S.T. & Gladding, C.(1991). The ABCs of Bibliotherapy for school counselors. *School Counselor,* 39(1), 7-13.

Glasser, W.N.(1988). *Control Theory.* In W.N. Glasser(Ed), Control theory in the pratice of realty therapy. NY: Harper & Row.

Goldsmith, H.H.(1987). Roundtable: What is temperament? Four approaches. *Child Development.* 58, 505-529.

Greenspan, S.(1986) *The Clinical Interview of Child.* NY: Wiley & sons.

Greenspan, S.I., & Greenspan, N.T.(2003). *The Clinical Interview of the Child*(3rd ed). Washington DC: American Psychiatric Publishing Inc.

Gumaer, J.(1984). *Counseling and Therapy for Children.* NY: Free Press.

Harter, S.(1990). Issues in the assessment self-concept of children and adolescents. In A. LaGreca(Ed.) *Through the Eyes of a Child*(pp.292-325). Boston: Allyn & Bacon.

Hebert, T.P. & Kent, R.(2000). Nurturing social and emotional development in gifted teenagers through young adult literature. *Roeper Review,* 22(3), 167-171.

Hebert, T.P.(1991). *Meeting the affective needs of bright boys through bibliotherapy.* In B. Doll & C. Doll(1997). Bibliotherapy with young people: Librarians and mental health professionals working together. Englewood, Colorado: Libraries Unlimited.

Henley, D.R.(1991). Facilitating the development of object relations through the use of clay in art therapy. *Journal of Art Therapy,* 29, 69-84

Hollis, F.(1972). *Casework: A psychosocial therapy.* NY: Random House.

Homeyer, L.E. & Sweeney, D.S.(1998). *Sandtray : A Practical Manual.* 모래상자기법: 실제지침서(황명숙 역, 2007). 서울: 학지사.

Hussey, D., & Singer, M.(1989). Innovations in the assessment and treatment of sexually abused adolescents: An inpatient model. In S. Sgroi(Ed.). *Vulnerable populations:* Vol. 2(pp.

43-64). Lexington, MA: D.C. Health.

Hynes, A.M. & Hynes-Berry, M.(1994). *Biblio/Poetry therapy-The interactive process: A handbook.* St. Cloud, MN: North Star Press of St. Cloud.

Johnson, A. M., & Szurek, S. A.(1954). Etiology of anti-social behavior in delinquents and psychopaths. *Journal of the American Medical Association*, 154, 814-817.

Jongsma E.Jr., Peterson, L.M., Mclnnis, W.P.(2000). *The Child Psychotherapy Treatment Planner.* 아동심리치료 치료계획서(강위영 외 역, 2000). 서울: 시그마프레스.

Kalter, N., Pickar, J., & Lesowitz, M.(1984). School-based developmental facilitation groups for children of divorce: A preventive intervention. *American Journal of Orthopsychiatry*, 54, 613-623.

Kellerman, P. F.(1987). A proposed definition of psychodrama. Journal of group psychotherapy, *Psychodrama & Sociometry*, 40(2), 76-80.

Kempe, C. H., Silverman, F. N., Steele, B. F., Droegenmueller, W., & Silver, H. K.(1962). The battered child syndrome. *Journal of the American Medical Association*, 181, 17-24.

Kestenberg, J.(1975). *Children and parents : Psychodynamic studies in development.* NY: JasonAronson.

Kline, P.(1993). *The handbook of psychological testing.* NY: Methuen & Co.

Knell, S.M.(1993). *Cognitive-Behavioral Play Therapy.* New Jersey: Jason Aronson Inc.

Kohut, H.(1966). Forms and transformations of narcissism. *Journal of the American Psychoanalytic Association*, 14, 243-272.

Kohut, H.(1994). *How does analysis cure?.* Chicago: International University Press.

Kottman, T.(1995). *Partner in Play : An Adlerian Approach to Play Therapy.* Alexandria: American Counseling Association.

Kramer, E.(1998). *Childhood and art therapy*(2nd ed.). Chicago: Magnolia Street.

Kubie, L.(1961). *Neurotic distortions of the creative process*(2nd ed.). Kansas: University of Kansas Press.

Landgarten, H.B.(1987). *Clinical art therapy: A comprehensive guide.* N.Y.: Brunner/Mazel.

Landreth, G.(1982). *Play Therapy.* Springfield: Charles C. Thomas Publisher.

Landreth, G., Homeyer, L.E. & Sweeney, D.S.(1996) *Play Therapy Intervention with Children's Problems.* New Jersey: Jason Aronson Inc.

Landreth, G.L.(1987). Play Therapy: Facilitative use of child's play in elementary school counseling. *Elementary School Guidance and Counseling*, 21, 253-261.

Landreth, G.L.(1991). *Play Therapy: The At of the Relationsip.* Muncie, IN: Accelerated Development Inc.

Landreth, G.L.(1993). Child-centerd play therapy. *Elementary School Guidance and Counseling,*

28, 17-29.

Landreth, G.(1999). 놀이치료-아동중심적 접근(유미숙 · 이영미 · 장미경 역). 서울: 상조사.

Laplanche, J. & Pontails, J.B.(1973). *The language of psycho-analysis*(2nd ed.). London: The Hogarth Press.

Lasch, C.(1979). *Culture of narcissism.* NY: Warner Books.

Lauffer, A.(1982). *Assessment tools for practitioners, managers, and trainers.* Beverly Hills, CA: Sage.

Lazarus, A.A.(1976). *Multimodal Behavior Therapy.* NY: Springer.

Leutz, G.(1974). *Das Klassische Psycho drama nach J. L. Moreno.* Berlin: Springer.

Levick, M.(1998). *See what I'm saying: What children tell us through their art.* Dubuque, IA: Islewest.

Levy, F.J., Fried, J.P., & Leventhal, F.(1995). *Dance and other expressive art therapies: When words art net enough.* NY: Routledge.

Machover, K.(1952). *Personality projection in the drawing of the human figure.* Springfield, IL: Charles C. Thomas.

Malchiodi, C.A.(1998). *Understanding Children's Drawing.* 아동미술심리이해(김동연 · 이재연 · 홍은주 공역, 2001). 서울: 학지사.

Marlowe, M. & Maychoc, G.(2000). Phenomenology of bibliotherapy in modifying teacher punitiveness. *Journal of Genetic Psychology,* 161(1), 325-336.

Martin, H. & Rodeheffer, M.(1980). *The psychological impact of abuse on children.* In Marvasti, J.(1989). Play therapy with sexually abused children. In S. Sgroi(Ed.), Vulnerable populations: Vol. 2 (pp. 1-42). Lexington, MA: D.C. Health.

Mash, E. J. & Wolfe, D. A.(1991). Methodological issues in research on physical child abuse. *Criminal Justice and Behavior,* 18, 8-29.

Masterson, J.F.(1985). *The real self: A developmental self and object relations approach.* NY: Brunner/Mazel.

Minuchin, S.(1974). *Families and Family Therapy.* Cambridge, MA: Harvard University Press.

Minuchin, S., Rossman, B. L., & Baker, L.(1978). *Psychosomatic families: Anorexia nervosa in context.* MA: Harvard University Press.

Moreno, J. L.(1985). *Psychodrama.* Vol 7. New York, Beacon house inc.

Muro, J.J. & Dinkmeyer, D.C.(1977). *Counseiling in The Elementary and Middle Schools.* Dubuque, IA:Wm.C.Brown.

Naumberg, M.(1966). *Dynamically oriented art therapy: Its principles and practice.* NY: Grune and Stratton.

Neuman, E.(1973). *The child, structure and dynamics of the nascent personality.* NY: G.P.Putnam' s Sons.

Nichols, M. P., & Schwartz, R. C.(2001). *Family Therapy: Concepts and Methods*(5th ed). Needham Heights, MA: Allyn & Bacon.

Niebergall, G.(1987). Group psychotherapy and psychodrama. In H. Remschmidt(Ed.). *Psychotherapy with children and adolescents*. England: Cambridge University Press.

Niebergall, G.(1987). *Soziometrische Erfrassung von Stationsgruppen-und Familienstrunkturen*, In Kinder-und Jugendpsychiatrie, ed. H. Remschmidt, pp. 78-81. Stuttgart: Thieme.

Nugent, F.A.(1990). *An Introduction to the Profession of Counseling*. Columbus, OH: Merrill.

O'Conner, K. & Braveman, L.M.(1997). *Play Therapy Theory and Practice: A Comparative Presentation*. NY: John Wiley & Sons.

O' Conner, K.J.(1991). *The Play Therapy Primer*. NY: Wiley Interscience.

Ogden, D.(1979). *Psychodiagnostics and personality assessment: A handbook*(2nd ed.). L.A.: Western Psychological Corp.

Orff, G.(1980). *Orff music therapy: Active furthering of the development of child*.(M. Murray, 번역). N.Y.: Schott Music Corporation.

Oster, G.D. & Gould, P.(1987). *Using drawings in assessment and therapy: A guide for mental health professionals*. N.Y.: Brunner/Mazel.

Pardeck, J.A. & Pardeck, J.T.(1984). *An overview of the bibliotherapeutic treatment approach: Implications for clinical social work practice*. In B. Doll & C. Doll(1997). Bibliotherapy with young people: Librarians and mental health professionals working together. Englewood, Colorado: Libraries Unlimited.

Pardeck, J.T.(1994). *Using literature to help adolescents cope with problems*. In B. Doll & C. Doll(1997). Bibliotherapy with young people: Librarians and mental health professionals working together. Englewood, Colorado: Libraries Unlimited.

Payne, H.(1999). *The use of dance movement therapy with troubled youth*. In C. Schaefer(Ed.), Innovative psychotherapy techniques in child and adolescent therapy(2nd ed.). pp.36-76. NY: Wiley.

Petzold, H.(1978). Das Psychodramaals Methode der klinischen Psychotherapie. In *Klinische Psychologie*, vol. 2, ed. L. J. Pongratz, pp. 2751-2784. Göttingen: Hogrefe.

Rambert, M.L.(1964). *The use of drawings as a method of child analysis*. In M. R. Haworth(Ed.), Child Psychotherapy(pp.340-349). NY: Basic Books.

Riordan & Wilson(1989). Bibliotherapy: Does it work?. *Journal of Counseling and Development*, 67, 506-509.

Rogers, C.R.(1980). *A Way of Being*. Boston: Houghton Mifflin Co.

Rubin, J.A.(1998). *Art therapy: An Introduction*. Philadelphia: Taylor & Francis.

Rubin, J.A.(2001). *Approaches to art therapy: Theory and technique*. Philadelphia: Psychology

Press.

Rubin, R.J.(1978). *Using Bibliotherapy: A guide to therapy and practice.* London: Mansell.

Rubin, R.(1978). *Bibliotherapy sourcebook.* Phoenix, AZ: Oryz Press.

Rutter, M.(1980) *Helping Troubled Children*(5th ed.) NY: Penguin Books.

Ryce-Menuhin, J.(1992). *Jungian sandplay: The wonderful therapy.* London: Routledge.

Sandel, S.(1980). Counter transference stress in the treatment of schizophrenic patients. *American Journal of Dance Therapy,* 3, 20-32.

Satir, V. (1988). *The new people making.* CA: Science and behavior Books.

Schaefer, C.E. & O'Conner, K.(Eds)(1983). *Handbook of Play Therapy.* NY: John Wiley & sons.

Schaefer, C.E.(1979) *Therapeutic Use of Child's Play.* NY: Jason Aronson Inc.

Schmais, C.(1985). Healing processes in group dance therapy. *American Journal of Dance Therapy,* 8, 17-36

Schroder C.S. & Gordon, B.N.(2002). *Assessment and Treatment of Childhood Problems*(2nd ed.). NY: The Guilford Press.

Schützenberger, A.(1979). *Psychodrama. Ein Abriss. Erläuterungen der Methoden.* Stuttgart: Hippokrates.

Terkelsen, K. G.(1980). Theory of the family life cycle. In E. A. Carter and M. McGoldrick(Eds.). *The family life cycle: A framework for family therapy.* NY: Gardner Press.

Thompson Prout H. & Brown, D.T.(1991). *Counseling and Psychotherapy with Children and Adolescents.* Vermont: CPPC.

Thompson, C.L. & Rudolph, L.B.(1991). *Counseling Children*(2nd ed.), NY: John Wiley & Sons.

Wallerstein, J. S.(1980). Children and divorce. *Pediatrics in Review,* 1(7), 211-217.

Wallerstein, J. S.(1983). Children of divorce: The psychological task of the child. *American Journal of Orthopsychiatry,* 53, 230-243.

Walsh, F.(1998). *Strengthening family resilience.* NY: Guilford.

Weinrib, E.(1983). *Images of self: The sandtray therapy process.* Boston, MA: Sigo.

Weisz, F. & Benoit, C.(1991). *Psychoanalytic approaches.* In Thompson Prout H. & Brown, D.T.(Eds.), Counseling and Psychotherapy with Children and Adolescents. Vermont: CPPC.

Widlöcher, D.(1974). *Das Psychodrama bei Jugendlichen.* Olten: Walter.

Yalom, I. D.(1995). *The theory and practice of group psychotherapy*(4th Ed.). NY: Basic Books.

Young, M.E.(1992). *Counseling Methods and Techniques.* NY: Merrill.

찾아보기

ㄱ

가계도 63
가상놀이 136
가장놀이 136
가족 탄력성 287
가족관계 63
가족구조 2, 292
가족상담 101
가족생활주기 294
가족지위 299
가족체계 291, 296
가족환경 293
가치체계 35, 112
갈겨 그리기법 202
갈등 23
감각운동기 226
감정미술 200
감정차트만들기 기법 200
감정표현 135
감정표현하기 200
강도(세기) 229
강화 31
강화물 32
개방식 질문 109, 116
개방적 질문 38
개방적이고 확장적인 매체 53
개방집단 263
개별상담 54
개인상담 101
개인적 효율성 96
개인화(personalizing)단계 181
객관적 검사 73
거울기법 176
게임놀이치료 129
격려 120
결정내리기 117
경계 291
경계선 300
경제적 구조 20
경험적 집단모래놀이치료 프로그램 162
고찰 216
공간배치 161
공감 106
공감적 이해 106
공격성 131
공격적인 놀잇감 50
공고화(consolidating)단계 181
공동협력자 250
공예재료 191
공포증 126
과정해석 186
관객 168
관계치료(relation therapy) 128

광범위성 발달장애 91
구강기 21
구체적 조작기 228
그림 완성법 202
극놀이 136
근육이완 30
글쓰기 치료(journal therapy) 206, 207
급식 및 섭식장애 92
긍정적 관계 135
긍정적 자아개념 96
긍정적인 정서표출 113
기능적이고 조작적인 매체 53
기질 8, 63
기초학습기능검사 85
꿈의 분석 25

ㄴ

나무 그림검사 199
난화 상호 이야기 만들기 201
남근기 22
내용해석 188
내재된(또는 잠재된) 내용에 대한 해석 189
냉담한 아동 68
노이만 157
놀이치료 50, 101, 126
놀이치료실 130

ㄷ

다양성 49
단기 목표(일차적 목표) 100
단기상담 55
단순 수용 37
대기실 48
대립자 167
대치증상 32
도라 칼프 144, 145
도시집중화 4
도입 195
독백 175
독서치료(bibliotherapy) 206
동식물의 세계 157
동일시 24
동작성 가족화 197
동작성 가족화 검사 79
동작성 학교화 198
또래관계 11

ㄹ

로샤검사 82
로웬펠드 144
리듬 230
리비도(libido) 21

ㅁ

마가렛 로웬펠드 145
마루게임 145
마무리 단계 253
마술상자 145
만다라 그리기 203
머물러 있기(containing)단계 181
면담과정 61
명료화 36, 37, 108
모델링 32
모래 155
모래놀이 작품의 해석 157
모래놀이치료 50, 101, 129, 144
모래놀이치료사의 역할 156
모래놀이치료의 이점 148
모래상자 132, 152
모래상자치료 144
모자 일체성(mother-child unity) 145
모호한 느낌의 인식 215
목표행동 31
무대공간 169
무서운 놀잇감 51
무용/동작치료 101

무용/동작치료사의 역할 250
무용/동작치료의 개념 244
무용/동작치료의 과정 252
무용/동작치료의 목표 249
무용/동작치료의 원리 245
무용/동작치료의 중요성 248
무의식 20
무조건적인 긍정적 존중 105
문장완성검사 81
문제목록 87
문제해결 117
문제해결능력 3
문제행동 29
문학의 치료적 가치 205
문학치료 50, 101, 204
문학치료 활동 218
문학치료사의 역할 210
문학치료의 개념 205
문학치료의 과정 215
문학치료의 단계 213
문학치료의 목적 209
문학치료의 자료 210
물놀이장 132
물리적 환경 251
물리적 환경구성 46
미니모형(figure) 146, 153
미술매체의 특성 191
미술의 목적 179
미술의 의미와 가치 180
미술작업의 해석 186
미술창작의 발달단계 180
미술치료 50, 101, 129
미술치료기법 196
미술치료사의 역할 194
미술치료의 과정 195
미해결된 문제 52

ㅂ

반동형성 24
반영 37, 105
반영적 질문 116
반응성 애착장애 92
반응유형의 인식 216
발달사 63
발달상태 64
발달의 정상범위 7
발달적 위기 306
방어행동 119
방임 318
배경음악을 사용한 다른 활동들 240
배설장애 92
벤더 게스탈트 검사 80
병렬 217
보상 24, 32
보조자아 168
부모교육 101
부모를 통한 놀이치료 126
부모면담 62
부모상담 101
부모치료(filial therapy) 129
부정 24
부정적 피드백 35
분리경험 63
분리불안장애 92
불쾌감 갖기 41
비밀보장 47
비지시적 상담 54
비합리적인 신념 39
빈 의자 기법 177

ㅅ

사례개념화 86
사회극 167
사회성숙도 검사 83
사회적 동의 49
사회적 적응 33
삶을 위한 리듬활동 241
삼각관계 298
상념 39
상담계획 46, 92

상담계획단계 93
상담과정 46, 102
상담기술 105, 113
상담도구 49
상담목표 112
상담목표 합의 104
상담의 목표 설정 94
상담이슈 103, 121
상담자의 윤리 15
상담전략 101
상담환경 103
상동증적 운동장애 92
상징 70, 104
상징적 가치 52
상황적 위기 306
생식기 22
생활양식 111
선택적 함구증 92
선행사건 42
성감대 21
성격검사 79
성격의 구조 20
성장 184
성장 잠재력 19
성적 학대 318
세계놀이(world technique) 145
속마음 170
수용 36
숙련감 49
스냅 임프레션 68
스키너(Skinner) 27
스트레스 2
승화 24
시쓰기 치료(poetry therapy) 206
시치료 207
신념 39
신체윤곽 그리기 199
신체적 학대 318
신체적 · 신경학적 발달 66
실험(experimenting)단계 181
심리검사 73
심리극 50, 101, 163

ㅇ

아동면담 65
아동미술치료 183
아동미술치료의 목표 183
아동발달과 음악치료 226
아동상담의 유형 54
아동을 위한 집단상담 프로그램의 예시 : 아동을 위한 정서지능증진 프로그램 275
아동의 세계 111
아동학대 316
악기 선택 231
안전감 50, 102
안전함 47
애정에 굶주린 아동 68
애착 8
애착유형 63
양성성 2
억압 24
엘렉트라 콤플렉스(Electra complex) 22
여성취업 4
역동적 구조 20
역할 교환법 201
역할놀이 175
역할전환 175
연상된 내용해석 189
연주형태로서의 음악집단활동 236
연출자 167
영유아의 상담 57
오이디푸스 콤플렉스(Oedipus complex) 22
요구하기 40
요약 37
운동기술장애 91
운동성 66
원초아 23
원형적 아동 68
위기 304
위기상담 310

위니컷 143
위축 131
유도된 심상과 음악 240
유언, 사망기사, 비문쓰기 220
유전적 구조 20
윤리강령 17
윤리적 항목 13
은유 104
음색 230
음악치료 50, 101
음악치료사의 역할 232
음악치료실의 환경 230
음악치료의 과정 233
음악치료활동들 235
음악활동계획 234
음정 229
응집력 297
의뢰 61
의사소통장애 91
이름붙이기(naming)단계 181
이상행동 7, 64
이야기나 시완성하기 220
이야기치료(narrative therapy) 206, 207
이완요법(release therapy) 128
이중구속 292
이중자아 176
인간관계 능력 67
인간중심 상담이론 33
인물화 검사 196
인생색칠하기 기법 200
인생선 219
인식 215
인지능력 10
일기쓰기 220
일시적 퇴행현상 110
임상적 증후군 89
임상현장 19

ㅈ

자극(manipulating)단계 181
자기노출 38, 47, 116
자기적용 217
자기통제 9
자기통찰 117
자기평가 41
자기-패배적 행동 119
자기-표현 49
자발적 참여 110
자발적인 자기노출 103
자서전 219
자아개념 11
자아개념의 발달 97
자아분화수준 296
자아상 111
자아수용 113
자아와 자기의 건설과 관련된 세계 159
자아존중감 11, 135
자연화(naturalizing)단계 181
자유감 34
자유연상 25, 126
자유화와 주제화 202
자율성 9
작품해석의 기본요소 160
잠복기 22
잠재능력 3
잠재능력의 개발 96
장기 목표(이차적 목표) 101
장기상담 55
저항 119
적극적인 음악감상과 말하기 유도활동 240
적극적인 음악감상과 상상활동 240
적극적인 음악감상과 인식활동 240
적응적 구조 21
전개단계 253
전문적 자질 13
전반적 외모 66
전이 151
전이의 분석 25
전조작기 227
접수 면담 60
정서상태 66

정서의 범위 69
정서의 종류 69
정서의 풍부함과 깊이 70
정서적 반응행동 297
정서적 지지 128
정서적 학대 318
정신건강의 촉진 95
정신건강전문가 3
정신분석이론 20
정신역동(psychodynamic) 19
정신장애 23
정신지체 91
정신활동의 법칙 19
정화(catharsis) 127, 184, 216
제안 113
조소재료 191
조소활동법 203
종결단계 102, 121
주관적 반응 72
주도하기 117
주양육자 63
주의력 64
주의력장애진단검사 85
주의력-결핍 및 파괴적 행동장애 91
주인공 167
주제 161
주제 발달 72
주제의 조직화 72
주호소 문제 63
준비과정 46, 170
준비단계 252
중기단계 102, 110
즉각성 119
즉흥극 164
즉흥연주활동 238
지능검사 75
지시적 상담 54
지정학적 구조 20
직면 118
직면하기 37
진단목적을 위한 기법 196
진단평가(assessment) 233
질문 115
집단상담 54, 55, 101, 256
집단적응과 관련있는 단계 159
집-나무-사람 그림검사 79, 197

ㅊ

창의성 49
창의적 활동 135
창작활동 239
창조성 34
체계적 둔감법 30
체계적인 관찰 65
초기단계 102
초등학생 상담 58
추후 접촉 123
출발그림 200
충동 23
충분히 기능하는 사람 34
치료놀이(theraplay) 129
치료매체의 종류와 특성 191
치료목적과 목표설정 234
치료의 형태 233
치료적 가치 50
치료적 관계 103, 120
치료적 환경 103
치환 24
친숙하고 안정적인 매체 53
침묵 38, 107

ㅋ

콜라주 기법 200

ㅌ

탐색과정 117
탐색적 질문 116

테두리법 201
토론 195
토큰경제 32
통합성 160
퇴행 24
투사 24, 114
투사적 검사 73, 74
투쟁의 세계 159
틱장애 92

ㅍ

파블로프(Pavlov) 27
편지쓰기 220
평가 183
평가과정 46, 60
폐쇄식 질문 116
폐쇄집단 263
표상 70
표상(representing)단계 181
표현적 · 창의적인 놀잇감 51
풍경구성법 203
프로이트 19, 143

ㅎ

학교상담 101
학습장애 91
학업수행능력 10, 64
한국 웩슬러 아동지능검사 76
한국 웩슬러 유아지능검사 76
한국 웩슬러 지능검사 75
한국판 아동용 성격검사 83
한국판 아동용 주제통각검사 81
한국판 아동행동척도 84
한국판 K-ABC 77
합리적-정의적 치료 39
합리화 24
항문기 22
해석 26, 114
핵가족화 4
행동문제 3
행동제한 9
행동조성 31
행동주의적 상담이론 27
행동치료방법 32
현상학적인 세계 106
현실적인 놀잇감 50
협동화법 203
협응성 66
형성단계 181
형식적 조작기 229
형태해석 187
호기심 9
혼돈의 세계 157
화성 230
환상 131
활동 195
활동수준 64
회화재료 191
훈습 111
훈육방식 63

ADS 85
BGT 80
CAT검사 81
DSM-IV 89
HTP 79
K-CBCL 84
K-PIC 83
K-WISC-III 76
K-WPPSI 76
KFD 79
SCT 81

저자 소개

강문희

캐나다 마니토바대 교육심리학과 졸업(교육학 석사)
이화여자대학교 대학원 교육심리학과 졸업(문학석사, 문학박사)
현재 서울여자대학교 아동학과 명예교수
상담심리전문가, 발달심리전문가, 아동심리치료전문가
저서 유아생활지도, 아동심리검사(공저), 아동발달(공저), 영유아발달의 이해(공저), 아동을 위한 감성지능 촉진 프로그램(공저) 등

손승아

서울여자대학교 대학원 아동심리전공(문학박사)
서울여자대학교 겸임교수, 초빙강의교수 역임
서울여대 아동연구원, 심리건강증진센터 연구원 역임
현재 서울여대, 경기대 등 강사
차일즈 마인드 심리상담센터 소장
상담심리사 1급, 청소년상담사 1급, 아동심리치료전문가, NLP practitioner

안경숙

서울여자대학교 대학원 아동심리전공(문학박사)
서울여자대학교 겸임교수 역임
서울여대 아동연구원, 심리건강증진센터 연구원 역임
현재 서울여대, 명지대 등 강사
차일즈 마인드 심리상담센터 소장
상담심리사 1급, 청소년상담사 1급, 아동심리치료전문가, NLP practitioner

김승경

서울여자대학교 대학원 아동심리전공(문학박사)
서울여대 아동연구원, 여성연구소 연구원 역임
현재 서울여자대학교 학생생활연구소 레지던트 상담원
서울여자대학교 연구교수
저서 영유아발달의 이해(공저), 아동을 위한 감성지능 촉진프로그램(공저), 현대사회와 아동(공저)

아동상담

2008년 1월 30일 초판 발행
2009년 1월 30일 초판 2쇄 발행

지은이 강문희 · 손승아 · 안경숙 · 김승경
펴낸이 류 제 동
펴낸곳 (주)교 문 사

디렉터 양계성
책임교정 김지연
본문편집 우일미디어
표지디자인 반미현
제작 김선형
영업 김재광 · 정용섭 · 송기윤

출력 우일미디어
인쇄 동화인쇄
제본 대영제책사

우편번호 413-756
주소 경기도 파주시 교하읍 문발리 출판문화정보산업단지 536-2
전화 031-955-6111(代)
FAX 031-955-0955
등록 1960. 10. 28. 제 406-2006-000035호

홈페이지 www.kyomunsa.co.kr
E-mail webmaster@kyomunsa.co.kr

ISBN 978-89-363-0864-3 (93590)

*잘못된 책은 바꿔 드립니다.

값 16,000원